普通高等教育医学类系列教材

医学文献检索

第2版

主　编　李彭元　何晓阳　耿　鹏
副主编　徐成兵　武海东
编　者　（以姓氏拼音排序）
　　　　耿　鹏　何晓阳　江银凤　李彭元　李　斯　刘　静
　　　　王　岩　武海东　徐成兵　张精理　张　杨　赵　岩

科学出版社
北　京

内 容 简 介

本教材是在吸收和消化大量医学文献检索理论和实践成果的基础上，参考同类教科书编写而成的。内容主要有文献检索和图书馆利用的基本理论、基本知识和基本技能的介绍。教材精选生物医学和药学领域具有代表性的重要数据库、检索系统进行重点介绍和解读。为适应军医大学医学文献检索课程教学的特殊需要，在同类教材的基础上特别增加了军事医学信息检索的内容。考虑到参考文献管理软件对科学论文写作和投稿的重要参考价值，还选取国内外具有代表性的参考文献管理软件予以介绍。另外，为了读者利用教材的方便，在附录部分增加了内容索引。

本教材内容丰富、语言精练、可读性强，是医学文献检索课程教学的重要参考教材和参考书，适合高等医药院校相关专业学子和医药学相关领域工作人员使用。

图书在版编目（CIP）数据

医学文献检索 / 李彭元，何晓阳，耿鹏主编. —2版. —北京：科学出版社，2017.1
  ISBN 978-7-03-051458-5

Ⅰ. ①医… Ⅱ. ①李… ②何… ③耿… Ⅲ. ①医学-情报检索-医学院校-教材 Ⅳ. ①G252.7

中国版本图书馆CIP数据核字（2017）第001161号

责任编辑：王 颖 / 责任校对：张怡君
责任印制：李 彤 / 封面设计：陈 敬

科学出版社 出版
北京东黄城根北街 16 号
邮政编码：100717
http://www.sciencep.com

北京虎彩文化传播有限公司 印刷
科学出版社发行 各地新华书店经销
*
2010 年 8 月第 一 版　开本：787×1092　1/16
2017 年 1 月第 二 版　印张：21
2023 年 1 月第九次印刷　字数：500 000
定价：75.00元
（如有印装质量问题，我社负责调换）

前　言

语云"知识的一半，就是知道要到哪里去寻找它"。面向大学生开设的文献检索课，就是讲授如何在浩如烟海的文献集合中，准确而无重大遗漏地查找到特定文献的一门课程，这在知识和信息成几何级数增长的今天，其重要性和必要性自不待言。可以说，文献检索技能的掌握也就是在知识的海洋中获取特定知识能力的掌握，在很大程度上决定了一个有志于学的青年开始起步的高度。对于正在高等医学院校学习的莘莘学子，不论他将来从事教学、科研、临床还是管理，如果希望自己的工作能够事半而功倍，能够站在巨人的肩膀上看得更远，医学文献检索都是一门需要认真学习和掌握的基本技能。

本教材是为适应军医大学医学文献检索课程教学实践的需要而编写的，对于普通医学院校文献检索课程教学同样具有参考意义。第1版出版以后，医学科学有了长足的进步，信息环境也有了很大的变化。现在结合医学文献检索课程教学实践的需要和信息获取环境的变化对教材进行修订。修订时注重吸收近年来文献检索学术研究和教学实践领域的学术成果并保持原教材的基本特色。文献检索的基础理论和基本知识部分继续保留。医学文献检索涉及的生物医学相关领域具有代表性的重要数据库、检索系统仍然作为教材重点内容并进行了知识更新。在第1版的基础上增加了循证医学证据检索和学术评价系统的相关内容。在章节处增加了练习题，便于学生课后加深对教学内容的理解和掌握。搜索引擎和生物医学网站则因其日益普及并且检索方法简单而不再保留。为适应军医大学医学文献检索课程教学实践特殊需要而编写的军事医学信息检索部分则进行了精炼。

教材的编写是随着课程建设的需要而不断完善的。由于参加本次修订的人员学养和水平有限，教材中不足和错舛之处仍然难免，恳请学界同仁不吝赐教，惠予指正，以便将来修订时参考。

编　者
2016年10月

目 录

第一章 绪论 ... 1
- 第一节 文献的基本知识 ... 1
- 第二节 信息检索语言 ... 7
- 第三节 文献检索基础 ... 15
- 第四节 计算机信息检索系统 ... 21

第二章 图书馆资源利用 ... 25
- 第一节 图书馆服务简介 ... 25
- 第二节 馆藏图书利用 ... 28
- 第三节 学术期刊利用与评价 ... 35
- 第四节 图书馆数字资源利用 ... 39

第三章 常用生物医学文摘数据库检索 ... 41
- 第一节 CBM 数据库检索 ... 41
- 第二节 PubMed 检索 ... 57
- 第三节 EMBASE 数据库检索 ... 75
- 第四节 BIOSIS Previews 检索 ... 92

第四章 药学信息检索 ... 105
- 第一节 药学信息资源概述 ... 105
- 第二节 SciFinder 检索 ... 109
- 第三节 Integrity 数据库检索 ... 126

第五章 全文数据库检索 ... 132
- 第一节 电子图书数据库检索 ... 132
- 第二节 中文期刊数据库检索 ... 145
- 第三节 外文期刊数据库检索 ... 159

第六章 循证医学证据检索 ... 169
- 第一节 循证医学信息资源概述 ... 169
- 第二节 BMJ 临床证据检索 ... 172
- 第三节 考克兰图书馆 ... 177

第七章 引文数据库检索 ... 184
- 第一节 引文和引文数据库 ... 184
- 第二节 中国科学引文数据库检索 ... 190
- 第三节 WOS 核心合集检索 ... 194

第八章 学术评价系统 ... 210
- 第一节 F1000 ... 210

第二节　基本科学指标（ESI）……………………………………………………215
　　第三节　期刊引证报告（JCR）……………………………………………………222
　　第四节　InCites 数据库……………………………………………………………227
第九章　特种文献信息检索………………………………………………………………233
　　第一节　学位论文检索……………………………………………………………233
　　第二节　会议文献检索……………………………………………………………243
　　第三节　专利信息检索……………………………………………………………255
　　第四节　军事医学信息检索………………………………………………………267
第十章　文献管理工具……………………………………………………………………287
　　第一节　NoteExpress………………………………………………………………287
　　第二节　EndNote……………………………………………………………………299
参考文献……………………………………………………………………………………314
附录…………………………………………………………………………………………316
　　附录1　国内外主要图书分类法简介……………………………………………316
　　附录2　MeSH 范畴表主要类目…………………………………………………319
　　附录3　MeSH 副主题词等级表…………………………………………………323
索引…………………………………………………………………………………………326

第一章 绪 论

第一节 文献的基本知识

一、文献的概念

文献（Document，Literature）是"记录有知识的一切载体"，（见《中华人民共和国国家标准：文献著录总则》，GB3792.1-83），是指以文字、图像、公式、声频、视频、代码等手段，记录或描述有信息、知识的一切物质载体。人类在漫长的生产实践、科学实践和社会实践中逐步地认识客观世界，产生和积累了大量的知识和信息。为了更好地把这些知识和信息存储起来，便于传播、交流和利用，需要用一定的方法和手段，将这些知识和信息记录在一定的物质载体上，这就形成了文献。文献由三个基本要素构成，一是内容上的知识或信息，这是文献的实质内容；二是记录知识和信息的手段，即揭示和表达知识或信息的标识符号，如文字、图像、公式、声频、视频、代码等；三是载体，即供记录知识或信息符号的物质材料，举凡泥版羊皮、龟甲兽骨、金石泥陶、竹木缣帛、纸张胶片、磁性材料等等。

知识和信息是文献的实质内容。知识是经过人的思维整理过的信息、数据、形象、意象、价值标准以及社会的其他符号化产物，不仅包括科学技术知识，也包括人文社会科学知识，还包括商业活动、日常生活和工作中的经验和知识，人们获取、运用和创造知识的知识，以及面临问题作出的判断和提出解决方法的知识。显然，信息里面包含的知识是人们利用信息的主要目的。信息是物质存在的一种方式、形态或运动状态，也是事物的一种普遍属性，一般指数据、消息中所包含的意义，可以使消息中所描述事件的不确定性减少。

与知识和信息密切相关的概念还有情报。情报是指人们为一定的目的而收集的有使用价值的知识或信息。文献与信息、知识和情报之间有着密切的联系。信息、知识、情报必须固定在一定的物质载体上，形成文献后才能长期进行传递，文献是信息、知识和情报存储、传递和利用的重要载体。因此，有的教材称文献检索为情报检索、知识检索或信息检索。

二、文献的特征

文献的特征是文献检索的入口，也是设计情报检索语言的基础。充分认识文献的特征对文献检索具有重要意义。从文献检索的角度来看，文献的特征可分为内部特征和外部特征。文献的内部特征主要是指作为文献所记录的知识和信息的科学分类和研究主题。以文献的内部特征为依据形成的检索语言是文献检索的重点和难点。文献的外部特征主要包括文献的题名、责任者、摘要、关键词、参考文献、特有的序号如专利号和数字对象唯一标识符（DOI）等。

科学分类是根据一定的原则，全面研究某个时代各门学科之间的联系与区别，用一定的结构形式，把它们连成一个整体，从而确定每门学科在整个科学体系中的地位，揭示各个学科领域之间的联系和区别，其结果就是科学的分类体系。文献是记录科学知识和信息的重要载体，因此文献分类以科学分类为基础，结合文献特有的属性，把相关的文献纳入既定的分类体系，完成对文献的分类整序，建立起文献分类体系。以科学分类为基础的文献分类，为分类检索文献提供了可能。科学分类法能很好地体现现有学科的知识体系，但不能处理大量的非学科文献。

"主题"一词源于德国，最初是一个音乐术语，指乐曲中最具特征并处于优越地位的那一段旋律——主旋律。它表现一个完整的音乐思想，是乐曲的核心。后来这个术语被广泛用于文艺创作和科学研究。主题词特指能代表文献内容实质的经过严格规范的专业名词术语或词组。文献检索则将表达文献主题内容的主题词按字顺排列，并利用参照系统和其他方法来间接显示概念之间的关系，提供按照反映文献主题的主题词字顺检索途径。文献的主题有主要主题和次要主题之分，因此，描述文献主题内容的主题词也有主要主题词和次要主题词之别。

利用文献的外部特征作为标识和检索点可以设计检索语言。例如把文献的著者收集在一起，按字顺排列，形成倒排文档，可以提供从著者途径检索文献的方法。把化学物质的分子式按元素符号字顺排列，元素符号相同再比较原子数目。分子式相同的物质，按母体名称排列，若还相同，再比较取代基前缀，形成倒排文档。可以提供从化学物质的分子式出发检索化学文献的方法。有关文献的特征与文献检索之间的关系和对文献检索的作用，请参见本章第二节情报检索语言部分。

三、文献的社会职能

（一）文献是人类的精神财富和人类文明的重要结晶

自从有了文字以来，人类在长期的改造自然和改造社会的实践过程中，一代又一代把自己所获得的实践结果，包括成功的经验和失败的教训，记录在一定的物质载体上形成文献，并传之久远。文献是人类从事社会活动、科学活动和生产活动的真实反映，是人类的共同精神财富和人类文明的重要结晶。文献在保存、积累和传承文化知识和科学技术方面的作用是不可低估的。

（二）科技文献是衡量科学技术发展水平的重要标志

从现代社会的观点来考察，人们所从事的每一项科学研究和技术发明，都必须撰写和发表出反映科研成果、发明创造的文献。科技文献是记录、揭示和传播最新科研成果和科学知识的重要手段和媒介。因此，科技文献的产出和质量往往成为衡量一个国家或地区、一个学科或一个机构科技发展状态，某一学者学术水平的重要标志，是表现个人或团体科学创造力和确认其科学地位的一个公认指标。

（三）科技文献是传播科技知识最为重要的手段之一

人类已有的知识、信息，都存储在文献中，文献成为了人类社会最重要的情报源。文献从纵向保存和继承了人类社会自古至今的文化科学知识，横向形成了连接知识创造和利用的纽带，为继承和传播前人和同时代人的科学研究成果提供了物质基础。虽然自 19 世纪以来，先后出现了电话、广播、电视、因特网等各种先进的现代化通讯技术，知识信息的传播手段有了巨大的进步。人们可以通过书信往来、学术会议、课堂讲授、网络传输等多种形式来传播科学知识，开展学术交流，但最重要、最基本，也是最为规范的手段和途径仍然是科技文献。文献不仅是展示科研成果的园地，同时也是获取最新信息，实现知识更新的最主要信息来源。

（四）科技文献是确认科学发现和技术发明优先权的权威依据

科学荣誉与优先发表相关联是学术界的惯例。科学发展史上的任何一项发现或发明总是和第一个发表相应学术文献的作者姓名联系在一起的。即科技文献成为认定科学发现和技术发明优先权的权威依据。因此，在获得新知识、新发现等研究成果时，都要尽快、尽早地以科学文献的形式公开发表或申请专利，以便获得社会的承认。日本京都岛津制作所的工程师田中耕一因在质谱学、分裂蛋白质分子领域研究出新的方法而获得 2002 年诺贝尔化学奖，当时曾在学术界引起激烈争论。部分科学家认为另外两位德国化学家仅比田中耕一晚 2 个月发表了类似研究成果，但是方法比田中耕一更见成效，因此更应该获得此项大奖。对此，诺贝尔奖金化学委员会主席本特·努登予以严厉驳斥，因为"该奖本来就是要授予第一个改变人们思维方式的发明者"，田中耕一获奖理所当然。

（五）科技文献是进行科学评价研究的基本素材

科技文献与科学技术发展水平密切相关。科技文献是科技成果的真实描述和客观反映。科学技术能够通过科技文献反映出来。对于科学技术来说，科技文献具有多方面的评价功能。这种评价具有很高的准确性和可靠性。采用数学与统计学方法来描述、评价与预测科学技术的现状与发展趋势的文献计量学，对科学活动过程与管理实施量化评估、刻画与预测的科学计量学，采用定量方法来描述和研究信息现象、过程和规律的信息计量学，以及以科学为研究对象的科学学，无一不是依靠科技文献为研究的直接取材，离开了科技文献，这些关于科学评价的研究就无法进行。

四、文献的分类

根据不同的标准，可以将文献划分为不同的类型。

（一）按文献的出版形式划分

1. **图书** 图书是各种文献中最为古老、利用率最高，至今仍在频繁使用的文献之一。图书的主要特征是：主题突出、内容系统、论述全面、观点成熟、可读性、知识性、学术性较强，它是人们系统了解和掌握某一学科知识或某一创造内容的基本文献。联合国教科文组织将篇幅（封面除外）不少于 49 页的非定期出版物称为图书，5~48 页的出版物则称为小册子，4 页以下者称为零散资料，以与期刊等连续出版物相区别。常用的图书有教科书、专著和参考工具书等。

在每一种公开出版的图书版权页都标有一个国际标准书号（ISBN）。2007 年 1 月 1 日前，ISBN 由 10 位数字组成，分四个部分：组号（国家、地区、语言的代号），出版者号，书序号和检验码。2007 年 1 月 1 日起，实行新版 ISBN。新版 ISBN 由 13 位数字组成，分为 5 段，即在原来的 10 位数字前加上 3 位 EAN（欧洲商品编号），图书产品代码为"978"。读者可以通过 ISBN 检索或查询特定的图书。

2. 期刊　期刊是连续出版物的一种。期刊具有比较固定的名称和出版周期、比较一致的开本、稳定的栏目，并以分期形式逐次刊行。以报道最新科技知识和科研成果为主的期刊为科技期刊。学术性的期刊刊名中常有"杂志"（Journal）、"学报"（Acta，Bulletin）、"纪事"（Annals）、"文献"（Archives）、"会刊"（Proceedings）"评论"（Reviews）、"进展"（Progress、Advances in……）等字样。

与图书一样，每种期刊均有国际标准连续出版物号（ISSN）。其目的是使世界上每一种不同题名、不同版本的连续出版物都有一个国际性的唯一代码标识。ISSN 号因而成为文献检索中查询某一种期刊的检索途径之一。ISSN 由 8 位数字组成，分为前后两段各 4 位，中间用连接号相连，前 7 位数字为顺序号，最后一位是校验码。ISSN 通常印在期刊的封面或封底。

除期刊外，连续出版物还包括以刊载新闻和时事评论为主的报纸，汇编一年内各方面或某方面的情况、资料、数据的年鉴等。

3. 学位论文　根据国家标准（GB7713-87），学位论文是表明作者从事科学研究取得创造性的结果或有了新的见解，并以此为内容撰写而成、作为提出申请授予相应的学位时评审用的学术论文。简而言之，学位论文就是学生为了获取学位向高等学校或其他学术研究机构提交的学术研究论文。学位论文有学士论文、硕士论文和博士论文之分。学位论文的水平参差不齐，其中以博士论文价值最高。

4. 会议文献　一般指在各种学术会议上发表和交流的学术报告、会议录和会议论文集。通常学术会议只涉及某个学科领域的一个或几个相关主题，与会者大多为该领域的研究人员，他们对会议主题的历史、现状及发展趋势有着不同程度的研究和了解。会议论文代表了各自的最新研究成果，因此，与学术会议密切相关的会议文献具有专深性、新颖性、前瞻性和导向性。按发表时间的不同，会议文献可划分为会前文献和会后文献。

5. 专利文献　是指实行专利制度的国家及国际性专利组织在审批、公布专利过程中所产生的官方文件及有关出版物的总称。专利文献一般按功能分为三类：①详细描述发明创造具体内容及其专利保护范围的各种专利说明书；②刊载专利题录、专利文摘和专利索引的专利公报、专利年度索引；③专利分类表等。专利文献是集技术、法律、经济信息于一体的科技文献。其中专利说明书是专利文献的核心部分。绝大多数医学研究成果属于科学发现，而不是技术发明的范围，因而不能享受专利保护。但医学科研中的医疗设备、医疗仪器、化学物质、微生物菌种、药品开发等则属于专利保护的范围。

6. 其他文献　除了上面提到的图书、期刊等主要的文献类型外，还有科技报告、政府出版物、技术标准、产品资料、技术档案、产品说明书等文献类型。这些文献都是我们获取有关科学技术信息的重要途径。

（二）按文献的载体形式划分

1. 纸质型文献　又称印刷型文献，是以纸张为记录载体，以书写或印刷技术为记录手段而产生的文献。纸质型文献携带方便、不需要借助其他特殊的阅读设备，符合传统的阅读习惯，是目前人类交流信息和传递知识的最重要、最常用的手段。缺点是存储密度小、占用空间大，现代的纸质文献因纸张的理化特性，不易长期保存。

2. 缩微型文献　缩微型文献是以感光材料为载体，以照相技术为记录手段而形成的一种文献，包括缩微胶卷、缩微平片和缩微卡片等。缩微型文献的优点是占用空间小，便于收藏和长期保存，价格便宜，复制性能好，但缺点是需要借助复杂的阅读设备才能进行阅读，保存和使用需要一定的条件。目前，在整个文献体系中，缩微型文献只占较少的比例，一般图书馆较少入藏。

3. 声像型文献　又称视听型文献。是以感光材料、电磁材料为存储介质，以电磁或光学手段将文字、图像和声音记录下来而形成的一种动态型文献。声像型文献必须通过相应的视听设备才能"阅读"。声像型文献主要包括录音带、录像带唱片和光盘等。声像型文献的优点是有良好的直观性能、存储密度高、便于远距离传输。

4. 电子型文献　又称数字型文献，是将文字、声音、图形、图像等信息，以数字编码的方式存储在磁盘、光盘等载体上，通过电子计算机等设备进行阅读利用的文献类型。主要包括电子图书、电子期刊和各种数据库等。与传统的文献类型相比，电子文献具有占用空间小，传递速度快，便于检索、易于复制、利于共享等特点。电子型文献的大量问世是信息时代来临的重要标志之一。随着计算机技术和网络技术的迅速发展和日益普及，电子型文献越来越受到人们的重视。

在上面的四种文献类型中，印刷型文献和电子型文献占到了整个文献体系的绝大多数，而缩微型文献和声像型文献所占比例则相对而言逐渐萎缩。

（三）按文献的加工层次划分

1. 一次文献　又称原始文献。一次文献是文献的基本类型，是著者根据自己的研究成果（如科学实验、调查研究、观察分析的结果等）为基本素材撰写而成的文献。包括期刊论文、学术专著、科技报告、专利说明、会议论文、学位论文、技术标准等。译文属于一次文献。一次文献是对知识的第一次加工，其特点是具有新颖性、原创性和系统性。文献检索就是要通过二次、三次文献等检索工具，最终获取一次文献，即原始文献。

2. 二次文献　是为了更好地报道和便捷的检索一次文献，由相关机构对一次文献进行收集、分析、加工、整理后，并抽取一次文献的内部特征和外部特征，按照一定的规则加以编排而形成的文献，具体包括各种书目、索引和文摘等出版物。它将大量分散、无序、庞杂的原始文献转变为有序的、便于管理和检索的系统。因此，二次文献浓缩了大量的同一内容的一次文献，是文献检索工具的主体。

3. 三次文献　是在利用二次文献的基础上，选择一次文献加以分析、综合而编写出来的专题报告，如文献综述、述评报告、技术预测、数据手册、百科全书、年鉴、进展、指南等。三次文献具有综合性特点，一般说来综述文献蕴涵的信息量大，可使读者不必阅读大量一次文献，就能了解当前某一课题领域研究水平与动态，从而节约了时间。三次文献的后面往往附有大量的重要参考文献，为科研人员开展研究提供非常重要的线索，因此备受科研人员的欢迎。

4. 零次文献　零次文献即形成一次文献之前非正式出版的文献。如手稿、笔记、信函、发言稿、实验数据、观察记录、调查材料、统计数字以及各种口头交流的信息、经验等。这些尚未正式出版的文献，往往反映的是科研工作中的新进展、新设想，或是遇到的新问题，具有新颖性、及时性、启发性等特点。由于零次文献不公开发表，查找和获取比较困难。

此外，学术界还有关于灰色文献和黑色文献的概念。灰色文献指非公开发行的内部文献或限制流通范围的特种文献，主要包括一些控制在内部范围发行的刊物、教材、技术报告和会议资料等。黑色文献指尚未破译或辨识其中信息的文献，处于保密状态或不能公布其内容的文献。如考古发现的古文献，内部档案，私人日记等。零次文献、灰色文献和黑色文献的内涵和外延具有一定的重叠。

五、文献的发展趋势

（一）数量增长迅速，内容交叉重复

根据联合国教科文组织统计，20世纪50年代，全世界每年出版图书约20万种，期刊约2万种，现在每年出版图书100万种以上，期刊约20万种，图书出版平均20年增长一倍，期刊10年就翻一番。除正常的科学技术进步和新兴学科、边缘学科的诞生带来的文献增长外，同一篇文献用不同的形式，不同的语种，在不同的地区发表，使得文献总量大大增加。比如一篇会议论文可以在科技期刊上发表，也可以写进学位论文，或将已经发表的期刊论文结集出版。再版、重版的文献大量增加。这些现象使得文献数量增长迅速，载体和出版形式交差重复，大大增加了文献的冗余。

（二）老化速度加快，分布聚散有序

现代科学技术的迅速发展使得新理论、新技术、新方法、新成果不断地取代原有的理论、技术、方法和成果，知识更新和老化的速度相应地加快。作为科学知识载体的文献的更新速度也越来越快，更新周期愈来愈短。1958年美国科学家贝尔纳在其发表的《科技情报的传递：用户分析》一书中，借用放射线元素衰变过程中的"半衰期"这一术语来描述文献的老化速度。文献的半衰期是指各学科被利用的文献总量中，一半文献失去利用效率所经历的时间。各种文献形式和各个学科文献的半衰期是不同的，而且呈现出越来越短的趋势。在各个学科中，医学文献的半衰期是比较短的。

科技文献分布聚散有序是说现代科技文献呈现出既集中又分散的不均匀现象。20世纪30年代英国文献学家布拉德福率先提出的描述文献分散规律的经验定律——布拉德福定律就是描述科技文献分布聚散规律的经验定律。布拉德福定律的文字表述为：如果将科技期刊按其刊载某学科专业论文的数量多少，以递减顺序排列，那么可以把期刊分为专门面对这个学科的核心区、相关区和非相关区。各个区域的文章数量相等，此时核心区、相关区，非相关区期刊数量呈 $1 : n : n^2$ 的关系。

（三）质量参差不齐，无用文献增加

文献内容交叉重复和文献老化速度加快，大大增加了文献的冗余度，导致文献质量参差不齐和无用文献增加。据统计，约有35%的期刊论文发表后从未被人引用过，有49%的文献仅被引用过一次。学术失范，科研工作低水平重复又为无用文献的增加起到了推波助澜的恶劣作用。此外，要求发表的文献太多，技术发明为了抢占首创权等原因，致使许多文献未经严格审查就发表出来等也使得无用文献大量增加。计算机和因特网技术的普及，在为学术交流和文献获取带来极大方便的同时，也使得因特网上的电子文献蕙获同器，良莠不齐。

（四）发表时滞严重，传播速度加快

科技技术飞速发展，科技论文大量增加，导致科技论文从投稿到发表的时间越来越长，有的达到一年以上，而且时滞仍在不断延长中。特别是核心期刊的稿源丰富，编审校人员工作认真，编辑质量较高，从收稿到论文发表的时间更长，有的论文从投稿到经过编辑加工、作者修改到发表有的长达两年之久。

但是，随着现代交通工具和通讯手段的进步，文献的传播速度越来越快，甚至瞬间即至。科学文献一旦公开发表，进入学术交流系统，读者通过网络获取文献，几乎不受时间和地域的限制。而 15 世纪末，哥伦布发现新大陆的消息过了半年才传到西班牙女皇那里；100 多年前，美国总统林肯遇刺的消息经过了 12 周才被英国王宫所获知；因特网普及以前，一篇科技论文在美国出版的科技期刊上发表，到中国读者阅读到这篇论文，至少需要两个月的时间。真可谓是时移世易，不可同日而语。

（五）文献载体多元，语言障碍增加

文献的载体种类繁多，有传统的纸质文献，也有缩微胶片、缩微胶卷、缩微卡片等缩微型文献、录像带、录音带、电影、幻灯片等各种视听型文献，大量的电子文献，更是以惊人的速度增加。一篇科技论文在科技期刊上发表后，又被收录进数据库，成为电子文献，供用户使用。

发表文献的语种也越来越多。20 世纪初，科研人员只要掌握英语、德语和法语，就能够阅读全世界化学化工文献的 92%。20 世纪 50 年代以后，这三种语言的化学化工文献只占到整个化学化工文献的 66.6%。目前，科技文献常用的语言有六七十种之多。美国的《化学文摘》收录的语种多达 70 多种。在医学文献中，以英语发表的文献占了 70%，其余的医学文献都是用英语以外的其他语种发表的。发表文献的语种增加，阻碍了科技信息的交流。

正因为现代文献具有以上的发展趋势，要在浩如烟海的杂乱无序的文献集合中检索到自己需要的特定的文献，必须学习和掌握文献检索的基本知识和基本技能，才能做到事半而功倍。

练 习 题

1. 文献有哪些体征，它们与文献检索有什么关系？
2. 按加工层次划分，文献有几种类型？译文是几次文献？

第二节 信息检索语言

科技文献浩如烟海，用户需求又各不相同，我们如何才能找到自己所需的信息呢？这就需要一个能将文献与用户需求联系起来的"桥梁"——即把信息存储与检索联系起来、把信息组织人员与信息用户联系起来以便理解与交流的共同约定或规范，它就是信息检索语言。

信息检索语言的作用表现在两个方面：首先，检索语言被用来描述文献以及文献中信息内容的特征，把文献转换为一定的文献标识，构成信息检索系统的各种检索途径，这个过程称为信息组织；同时，它也被用来描述检索提问以及需求内容的特征，把提问转换为一定的提问标识或检索标识，以便在检索系统中查找特定的文献信息，这个过程则称为信息检索。信息组织是信息检索的前提和基础，信息检索是信息组织的出发点和归宿，二者相辅相成。信息检索语言则是将信息组织与信息检索联系起来的纽带。

一、信息检索语言的种类

现在的信息检索系统，由于信息组织方式、用户群体、学科覆盖范围不同，往往采用不同的检索语言，以适应不同的检索特性和需求。据统计，单就检索语言来看，目前世界上已存在数千种。在目前常用的文献检索系统中，我们常能见到系统内采用多种检索语言，形成多种不同的检索途径的情况。尽管如此，我们仍然需要对其分类作一个简单介绍。

信息检索语言有多种分类方式，本教材从文献揭示的角度来划分，将其分为两大类：第一大类是揭示文献自身特征的检索语言，它又可分为两类，一是揭示文献自身外部特征的检索语言，如题名、责任者、出版单位、代码序号等；二是揭示文献内部特征的检索语言，主要有分类语言和主题语言。分类语言是历史最为悠久的一种检索语言，它按学科性质进行分类和排列。主题语言则以事物为聚类核心，它虽然仅有百余年的历史，但在信息检索领域占据了极其重要的地位，尤其是检索性能较为完善的叙词语言，在计算机检索领域内得到了广泛认可和应用。第二个大类是揭示文献之间结构关系的引文检索语言，它利用文献之间的引用与被引用关系，作为检索中文献主题之间的相关关系，无需词表，也不必标引文献，检索简单而有效。引文语言以其独特的检索方式方法及索引结构在传统目录学基础上产生了重要突破，从而获得学术界的广泛认同。下面将对目前国内外影响最大的分类语言及医学领域内的主题语言作重点介绍，引文语言请参见第七章第一节。

二、分 类 语 言

分类语言是将表示各种知识领域的类目按知识分类原理进行系统排列并以代表类目的数字、字母符号作为文献主题标识的一类情报检索语言，亦称分类法。文献内容属于某个类目的范围，即用该类目的分类号标引，并被反映在与分类体系一致的序列中特定的位置，分类语言的优点是逻辑结构清晰。分类语言也可以分为等级列举式和分面组配式两种。等级体系分类语言属于先组式语言，分类体系明显，容易理解，但因其采用列举式分类方法和类目的单线排列方式，所以存在着不能无限容纳概念的局限性和集中与分散的矛盾。分面组配式分类语言就本质而言属于后组式语言，它基本克服了等级体系分类语言的缺点，但分类体系不够明显，理解起来有一定困难。使用分类检索语言建立的文献情报检索系统能够使检索者鸟瞰全貌、触类旁通，对系统地掌握和利用某学科或专业范围的知识便捷有效。

国内外比较重要的分类语言表有《中国图书馆图书分类法》、《国际十进分类法》、《杜威十进分类法》和《国际专利分类表》等。

（一）中国图书馆分类法（CLC）

《中国图书馆分类法》是我国编制出版的大型综合性分类法，是目前国内图书馆使用最为广泛的分类法体系，简称《中图法》，现为第五版。它是目前我国应用最为广泛的图书分类法，不仅用于图书馆图书的分类排架、目录组织等，也用于其它文献如期刊论文的分类、数据库的检索等。

《中图法》由类目表、注释和说明、标记符号、索引4部分构成，类目表为其主体，共分5个基本部类，22个一级类目。采用汉语拼音字母与阿拉伯数字相结合的混合号码，用一个字母代表一个大类，以字母顺序反映大类的次序，在字母后用数字作标记。为适应工业技术发展及该类文献的分类，对工业技术二级类目，采用双字母，各类目按概念之间的逻辑关系逐级展开，当分类号的数字超过3位时，为了醒目加上小圆点。

其一级类目名称如下：

A 马克思主义、列宁主义、毛泽东思想
B 哲学
C 社会科学总论
D 政治、法律
E 军事
F 经济
G 文化、科学、教育、体育
H 语言、文字
I 文学
J 艺术
K 历史、地理
N 自然科学总论
O 数理科学和化学
P 天文学、地球科学
Q 生物科学
R 医药、卫生
S 农业科学
T 工业技术
U 交通运输
V 航空、航天
X 环境科学、劳动保护科学
Z 综合性图书

医药卫生（R）类基本类目如下：

R-0 一般理论
R-1 现状与发展
R-3 医学研究方法
R1 预防医学、卫生学
R2 中国医学
R3 基础医学
R4 临床医学
R5 内科学
R6 外科学
R71 妇产科学
R72 儿科学
R73 肿瘤学
R74 神经病学与精神病学
R75 皮肤病学与性病学
R76 耳鼻咽喉科学
R77 眼科学
R78 口腔科学
R79 外国民族医学
R8 特种医学
R9 药学

在类目表展开时，不少类目多需采用相同的划分标准，从而得到相同的子目，为了缩小类表的篇幅，同时也增强分类表类目设置的规范性和伸缩性，一般分类法均会采用复分表的形式，《中图法》也不例外，它的复分表可分为通用复分表和专用得分表两种。通用复分表是供整个文献分类法有关类目共同使用的复分表，如总论复分表、世界地区表、中国地区表、国际时代表、中国时代表、世界种族与民族表、中国民族表、通用时间地点表等。专用复分表只适用于某一基本大类或专门学科，一般设置于相应门类之中。《中图法》

第四版共设有 67 个专用复分表,如在 R25/278 中医各科及中医急症学类目下,设置了专门复分表如下:

01　预防和控制　　　　　　06　并发症
02　病理和病因　　　　　　07　预后
03　免疫　　　　　　　　　08　诊疗器械
04　诊断　　　　　　　　　09　急症
05　治疗

注释和说明是图书分类法的重要组成部分,它可以帮助分类人员正确理解图书分类法,明确类目的含义,保证文献资料归类的准确性。注释是对类名的补充说明。主要用以解释类目的内容范围,指明类目之间的关系,规定了类目的细分方法及某一类的特殊分类规则。《中图法》的说明分为编制说明和使用说明两种。编制说明包括编制原则、体系结构、编号制度、标记符号等方面的问题;使用说明则阐述了各大类的结构原理、一般分类规则和特殊分类规则等。

(二)《国际十进分类法》(UDC)

《国际十进分类法》,即 UDC(Universal Decimal Classification),又称为通用十进制分类法,是目前世界上规模最大、用户最多、影响最广的一部文献资料分类法,现有 20 多种语言的各种详略版本。近百年来,UDC 已被世界上数十个国家的 10 多万个图书馆和情报机构采用,目前已成为名副其实的国际通用文献分类法。目前,国内的硕士、博士论文系统均要求标引 UDC 分类号,以便于信息交换和处理。

《国际十进分类法》是通用型分类法,包括所有学科,其版本依照详略程度,可分为 4 类:足版、节版、缩版和口袋版。其中,足版类目最为完整,多用于校对;节版用得最多,其内容为足版的 1/3 左右;缩版约占中版内容的 1/10;口袋版则单纯供教学使用。

UDC 由主表、辅助表及索引组成。

主表分为以下 10 大类:

　0　总类、科学和知识　　　　5　数学和自然科学
　1　哲学、心理学　　　　　　6　应用科学、医学、技术
　2　宗教、神学　　　　　　　7　艺术、娱乐、体育
　3　社会科学　　　　　　　　8　语言、语言学、文学
　4　(语言)　　　　　　　　　9　地理、传记、历史

其中的第 4 类现已被归并到第 8 类,空出位置拟作扩充科技类目之用。

下面以医学为例作说明:

6 应用科学、医学、技术
　61　医学
　　　611　解剖学,人类和比较解剖学
　　　612　生理学,人类和比较生理学
　　　613　卫生学总论,个人健康和卫生
　　　　613.6　职业危险,工业健康卫生

614　公共健康卫生，意外事故防止
　614.7　空气卫生学，水，土壤污染和控制
　　614.71　空气卫生，空气污染
　　　614.715　尘土、烟造成的空气污染
　　614.76　土壤空气共同污染，动植物分解，动物粪便
　　　614.777　水，水卫生
　614.8　事故，危险，灾害，事故防止，个人保护，安全
615　药理学，治疗，毒物学
　615.3　药剂
616　病理学，临床医药
617　外科，整形，眼科
618　妇科，产科
619　兽药

UDC 采用单纯阿拉伯数字作为标记符号。它用个位数(0~9)标记一级类，十位数(00~99)标记二级类，百位数（000~999）标记三级类，以下每扩展（细分）一级，就加一位数，每三位数字后加一小数点。

辅表

UDC 的辅助表有语言、文献类型、地点、民族和种族、时间、观点、材料、人物等10个，如下所示。

1a 联结-附加

1b 关系—子类—固定顺序

1c 语言复分

1d 形式复分

1e 地理复分

1f 种族与国籍复分

1g 时代复分

1h 非 UDC 标记

1i 属性复分

1k 特性复分（材料及人物）

辅表以加号、冒号等符号连接，表达类号之间的关系。通用辅助表适用于整个主表，表示地方、语言、时代、媒体等出现于各主题的概念；专属辅助表适用于特定的主题。

《国际十进分类法》是全球公认的分类标准之一，它在等级列举制的基础上采取了多种符号进行组配，因而发展成一部等级列举与组配相结合的混合式分类法，具有不受特定语种限制，类号组合方式灵活，足以表达文件或资源的复杂性及详细程度等优点。当然，它也有其自身缺点，如更新速度不够及时、部分主题的类目设置太过简略、使用太复杂等。

《国际十进分类法》目前由位于荷兰海牙的 UDC Consortium 负责维护，在其网站 UDC Website（http://www.udcc.org/）上可查询到 UDC 分类号及其它相关信息。

文献分类与科研人员的工作是分不开的，如目前国内绝大多数学术期刊编辑部在接受稿件时，均要求科研工作者在论文中标注中图分类号，硕博论文提交时也要求标出 UDC 分类号。

在人类认知发展的历史长河中，分类是认知发展的重要内容和过程，同时也是人们进行科学研究的重要方法。图书分类法主要用于文献的分类和检索，了解它可方便地在图书馆书架中快速找到所需文献，但其作用不仅限于此，它同时也体现了知识的逻辑结构体系。因此，在工作、学习和科研过程中，我们可以通过学习和借鉴各种分类体系中"活"的思想，来帮助自己开阔视野、理清思路、弥补不足等。

三、主题检索语言

主题检索语言是以语词作为概念标识，按字顺编排的检索语言。主题检索语言由主题词汇构成，也就是将自然语言中的名词术语经过一定规范化处理后作为文献信息标识，按照字顺排列，并通过参照系统揭示主题概念之间的关系，因此也称为主题语言、主题词语言或主题法，有时甚至直接用主题词表来代替。

主题语言包括标题词语言、单元词语言、叙词语言和关键词语言。标题词语言属于先组式语言，单元词语言和叙词语言属于后组式语言。其中，标题词语言及单元词语言现在已使用较少，不再赘述。关键词语言因其性能与上述几种语言相似，因而通常也归入主题检索语言一类，实质上它是一种在情报检索中直接使用自然语言的方法，对取自文献本身的语词只作极少量的规范化处理，也不显示文献主题概念之间的关系，是一种准情报检索语言。在计算机网络、人工智能技术高速发展的今天，关键词语言呈现出良好的发展势头，目前搜索引擎主要使用的就是基于关键词语言的搜索技术。

叙词语言以其高度规范化和专指性特点，大大提高了文献标引及检索能力而长期受到人们关注和利用，医学领域内著名的 PubMed 数据库，则是采用了 MeSH 词表，而另一著名的医学文献数据库 Embase，则是采用了 Emtree 词表，上述两个医学主题词表均属于叙词词表。此外，需要注意的是，国内学者习惯上亦将叙词语言直接称之为主题词语言，如下面要讲到的医学主题词表。

（一）医学主题词表（MeSH）

1. 概述　《医学主题词表》（Medical Subject Headings，简称 MeSH），是美国国立医学图书馆编制的医学领域内权威性的专业叙词表。它是一部规范化的、可扩充的动态性叙词表。美国国立医学图书馆以它作为生物医学标引的依据。数据显示，2016 年的 MeSH 已汇集了 27,883 个医学主题词。

2. 构成　MeSH 由主题词变更表、字顺表、树状结构表和副主题词表 4 部分组成，其中字顺表和树状结构表是 MeSH 的主要组成部分。

（1）《主题词变更表》：主题词表是用来标引医学文献的，医学文献反映医学科学的发展和进步，所以词表具有动态性的特点。美国国立医学图书馆每年都要给词表增加一些新主题词，同时还要删掉一些文献量萎缩、不经常使用的旧主题词，《主题词变更表》被用来反映主题词的增删情况。

（2）《字顺表》（Alphabetic List）：是医学主题词表的主表。它由主题词、款目词和副主题词混合按英文字顺排列组成。

在进行文献标引时，主题词又分为主要主题词（Major MeSH Descriptors）和次要主题词（Minor MeSH Descriptosr）两种，在计算机检索时，限定在主要主题词中检索文献时，可进一步提高文献查准率。主题词在 MeSH 中的表现形式可能是单词或词组，词组则有可能会用倒置形式表示，如 Cardiogenic Shock，在词表中会表示为："Shock, Cardiogenic"，这种现象就称为主题词倒置。为什么要这样表示呢？主要是因为在主题词字顺表中，主题词是以字顺排列的，通过把复合主题词中被修饰的名词作为标目，放在前面，修饰词放在名词之后，并用逗号分开（注意：逗号为半角状态下的逗号，并且逗号后会有一个半角空格），这样就可以使医学概念相近的族性词汇集中在同一主题下，便于我们在检索过程中根据需要进行选择。

款目词（Entry Term）是指《MeSH》收入的一部分不用作主题词的同义词或近义词，亦称为入口词。

（3）字顺表中的参照系统

1）用代参照：用"see"和"X"表示，由款目词参见正式主题词。这种参照使具有等同关系、近义关系的大量自然语言词汇得到了人为的控制，使该表成为一种规范化的文献检索语言。

用代参照的格式示例如下，其中 Neoplasms 为正式主题词，而 Cancer、Tumors 为款目词。

Cancer
    see Neoplasms
Tumors
    see Neoplasms
Neoplasms
    X Cancer
    X Tumors

2）相关参照：用"see related"和"XR"表示。用以指出主题概念相关的其他主题词，其作用是扩大检索范围，达到全面检索的目的。

Naval Medicine
    see related Diving
  Diving
    XR Naval Medicine

3）属分参照：一种已取消的参照格式，用"see under"和"XU"表示。用以表示上下位词之间的包含与被包含、属与种、整体与部分的等级关系。美国国立医学图书馆于 1992 年取消了属分参照，增加了两种相关概念参照注释：Consider also Terms At（考虑注释）和 Main Heading/Subheading Combination（主题词/副主题词限定注释）。考虑注释主要用于解剖学主题词，指出还有与该词语言上相关的其他主题词，此种注释所指引的并非某一单词，而是指有共同词干的一组词。这种注释所建议的词一般是该概念以希腊或拉丁词根为首的主题词，其作用是将同一概念的文献查全。主题词/副主题词组配参照与用代参照使用的参照符号相同，但没有用代参照的对应符号，是单向性的，作用是将一种无效或者说是应避免的限定指向表达相同概念的首选的先组主题词，用于向用户提示不要用主题词/副主题词进行无效组配，而须用先组的主题词表达同一概念，如：Arsenic / Poisoning see Arsenic Poisoning。

4）字顺表中的注释：各种注释只出现在主题词下，在次要主题词和款目词下没有任何注释。

树状结构号注释：所有主题词下边都有树状结构号注释。树状结构号反映该词在学科体系中的位置，表示主题词间的族性关系。每个词最少有一个，由于有些词具有多重属性，就有多个树状结构号。

历史注释：历史注释是注明某一具体主题词的使用年代及其变化情况，能帮助检索者在进行回溯性检索时选择准确的主题词。每个主题词都有历史注释，位于主题词树状结构号下边。

（4）树形结构表：树形结构表（Tree Structure）又叫范畴表或分类表。它将字顺表中所有的主题词按学科性质、词义隶属关系，分别归属于 16 个大类下，以层级的方式展现词间关系，树形结构表共分成 16 大类，每一大类以一个字母依次用 A—N、Z 代表，每大类之下再以数字细分成若干小类，小类之下又再细分，最多可以细分成十一个阶层，下层代表该概念更具专指性。例：

GASTROINTESTINAL NEOPLASMS　　　胃肠肿瘤
　INTESTIINAL NEOPLASMS　　　肠肿瘤
　　CECAL NEOPLASMS　　　盲肠肿瘤
　　　APPENDICEAL NEOPLASMS　　　阑尾肿瘤
　　COLONIC NEOPLASMS　　　结肠肿瘤
　　　COLONIC POLYPS　　　结肠息肉

树形结构表是字顺表的辅助索引，帮助读者了解每一个主题词在医学分类体系中的位置，便于读者认识主题词所属学科体系和逻辑关系，从而帮助主题词的选择与确定。其次，通过树形结构表，也可方便实现检索策略的调整，轻松实现扩检或缩检。在检索过程中如需要扩大或缩小检索范围，可根据树状结构表中主题词的上下位等级关系选择主题词。需要扩大检索范围时，选择其上位概念的主题词；需要缩小检索时，选择其下位概念的主题词。

（5）副主题词表（Subheadings）：最新数据显示，《MeSH》中的副主题词表分为 3 级，共设 82 个副主题词（详见附录 3）。副主题词主要用于对主题词进一步的限定，通过限定把同一主题不同研究方面的文献分别集中，使主题词在数据标引与检索时具有更高的专指度。副主题词表也具有动态性特点，随着主题词表的修订而变化，但总体而讲，副主题词表相对固定，变化不大。但值得注意的是，某些词如"治疗"，既可是作主题词，也可是副主题词，但作为主题词时，仅用于治疗学总论的研究，而不能用于某种疾病的治疗。

（二）EMTREE 词表

Emtree 词表是 Embase 所用的医学叙词表，由 48,000 多个主题词构成，分为 14 个大类，此外，它将 MeSH 的所有主题词吸收为 Emtree 的同义词，用户可在检索 Embase 时可利用自己熟悉的 MeSH 词作为检索入口词，再与 Emtree 首选术语稍加比较分析，即可最终确定检索策略。

Emtree 词表每年更新，目前包含了超过 55,000 条药物与医学索引术语、10,000 条代码和 200,000 条同义词，配以 17 个核心的药物关联词、47 个投药途径关联词和 14 个疾病关联词，可在 Embase 和 Medline 间同时检索，优化了学科检索的相关性和精确性。

需要注意的是，Emtree 具有以下特点：①采用自然语序，未使用主题词倒置形式；

②名词采用单数形式；③多采用美式拼法；④很少采用缩写或简称；⑤希腊字母用英语字母拼写；⑥通常不用边字符、撇号、省字号和逗号等（化学名称例外）。

使用过程中应在这些小的环节上加以留意，以免影响检索效果。

（三）主题检索的优点

1. 主题标引对医学文献中的自然语言进行规范，使概念与主题词一一对应，因而有助于提高查全率和查准率。
2. 用户通过主题词与副主题词组配的方式，可有效提高检索的专指度，提高查准率。
3. 用户通过主题检索可方便地实现扩检和缩检，从而提高查全率和查准率。

分类语言的基本特征是知识的系统性，主题语言的基本特征是知识的专指性。分类语言根据科学领域划分进行归类，而不是按知识的对象进行归类，但同一对象可以从不同的科学角度去研究它，因而关于同一对象的资料便分入不同的学科、不同的类了。主题语言归类的标准是知识对象的本身，这样就集中了不同观点、不同方法去研究同一对象的资料，这是主题语言的优势。

练 习 题

1. 试比较两大医学主题词表 MeSH 与 EMTREE。
2. 主题检索语言有哪些优点与不足？

第三节 文献检索基础

一、文献检索原理

文献检索原理可以抽象、概括为"对文献集合和文献需求集合的匹配和选择"。所谓文献集合是指某一学科、某一领域的，经过收集、加工和整理的文献集合体。文献需求集合是指用户不同形态的文献需求的汇集。如在科研活动中，各类科研项目或课题对特定文献的需求，就构成了文献需求集合。匹配与选择则是一种机制，它负责把文献需求集合与文献集合进行比对，然后根据一定的标准输出符合要求的文献记录。文献检索的全过程实际上包括了文献的存储和检索两个部分。文献的存储是为了文献的检索，文献的检索必须先要进行文献的存储。

文献的存储即文献集合的形成过程，也就是编制手工检索工具或开发文献数据库的过程。该过程首先是对每一将要进入检索系统（手工检索工具或文献数据库）的文献单元，由专业人员对其从内容到形式进行分析，并提炼出文献的内容特征和外表特征。然后将这些特征按照预先制定的检索语言或名称规范，按一定的规则和方式转换成文献标识，即检索入口，或检索点。一个文献单元，可以由若干文献标识来完整地表示。将这些文献标识输入检索系统，按一定的规则组织和排列，可供用户检索所需的文献，形成文献检索系统（图 1-3-1）。

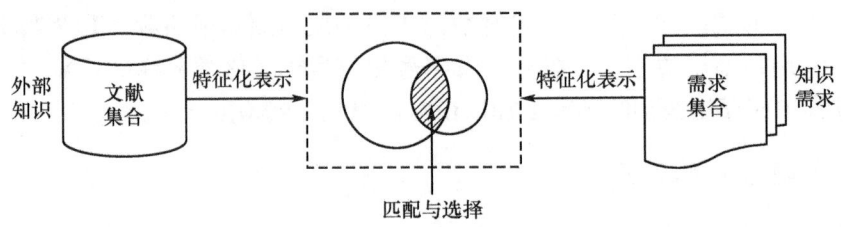

图 1-3-1 文献检索的基本原理示意图

对文献需求集合中每一项检索需求同文献集合中的文献单元进行匹配、选择的过程就是文献检索，即利用事先开发的检索系统，按照用户的需求从检索系统中找出相关文献的过程。该过程首先由用户或专业的检索人员，对特定的检索课题进行分析，提炼出检索提问信息；然后根据文献存储过程中所采用同一检索语言或名称规范，将检索提问信息转换成检索提问标识，如检索词等。将检索提问标识按系统的要求输入检索系统，并与检索系统中已有的信息标识进行比对、匹配和选择，最后输出匹配度或相关度高的文献单元作为检索结果，满足用户特定的信息需求。

从文献检索的基本原理可以看出，检索语言是联系文献存储和文献检索过程的桥梁和纽带；是信息与需求进行匹配与选择的相似性标准；是影响检索系统检索效率和效果的决定性因素。因此对检索语言的正确理解和运用是掌握文献检索技能的关键。在图 1-3-2 中，上半部分是文献的存储过程，下半部分是文献的检索过程。

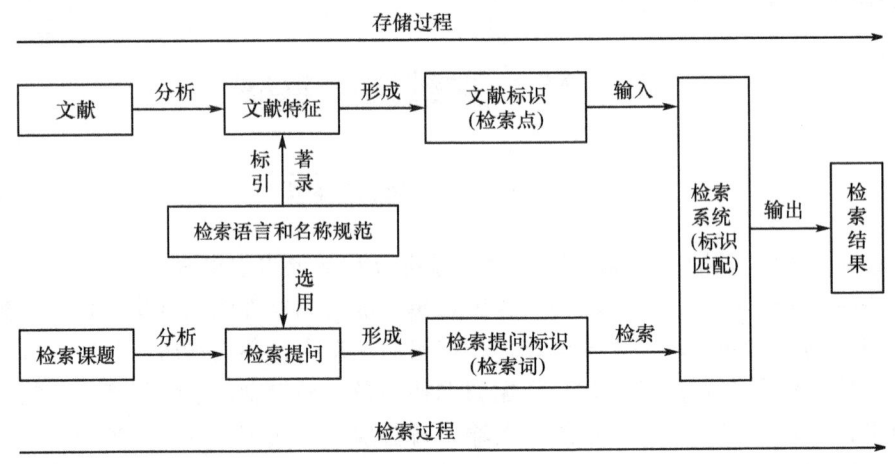

图 1-3-2 信息存储与检索过程

检索的过程是检索词与标引词比较的过程，当用户输入检索词（可以是关键词、标题名、著者名等）时，计算机会自动在索引数据库中查找与之匹配的标引词，这个过程是一个逻辑思维过程，如果计算机找到与检索词相匹配的标引词，则该记录检出；否则会显示"无相关记录"等字样。

二、文献检索的方法、途径与步骤

（一）文献检索的方法

1. 手工检索方法　手工检索方法是传统的文献检索方法。主要利用印刷版的书本式或期刊式的检索工具查询文献线索。印刷版的期刊式检索刊物现在各个图书馆已经基本不用或较少使用，但书本式检索工具仍在发挥作用。比如纸质版的手册、百科全书和药典等。印刷版的检索有它的优点，比如在通过浏览与检索结果相关的其他记录时，具有触类旁通、开阔视野的效果，这是计算机检索所不具备的优点。

手工检索方法主要有顺查法、倒查法、抽查法和引文法等。顺查法是按照确定的年代由远及近，按时间顺序查找，直到获得最新文献的一种方法。而倒查法与顺查法正好相反，它是从现在开始，逐年逆时间顺序查找，直到获得满意的文献的一种检索方法。抽查法是选择确定的时间段检索文献的方法，一般为检索学科发展活跃或特定的研究阶段文献的方法。引文法是直接利用某些文献（如综述、述评或专著等）后面所附的参考文献作为线索，找到所需的相关文献，再查询这些相关文献后面的参考文献，逐级检索所需文献的方法。

2. 计算机检索方法　计算机用于文献检索经历了脱机批处理检索、国际联机检索、光盘数据库检索和因特网联机检索等阶段。

（1）脱机批处理检索。1946年世界上第一台电子计算机问世，20世纪50年代初就有人开始研究计算机在信息检索领域中的应用。20世纪50年代中期至60年代是计算机检索的脱机批处理阶段。当时计算机还没有通讯网络互相连接，也没有远程终端装置，不能提供实时检索，只能进行定题检索、回溯性检索和编辑出版检索性刊物等。

（2）国际联机检索。20世纪70年代，远程通讯技术、微型计算机技术和数据库产业的同步发展，使计算机检索技术从脱机批处理检索阶段进入联机检索时代。联机检索系统由主机系统、通讯系统和终端设备组成。用户能将个人的提问通过终端输入，在系统存储的文献数据库中实时进行检索。国际联机检索费用昂贵，检索用户不断减少。随着因特网的普及，国际上著名的联机检索系统如OCLC、Dialog和STN等现在都已经通过Telnet、WWW等方式向用户继续提供检索服务。

（3）光盘数据库检索。光盘数据库检索具有计算机联机检索的优点，检索速度快，操作方便，可实现布尔逻辑检索并提高检全率和检准率。光盘检索对设备要求不高，检索费用低廉，实用性强。所以光盘数据库检索问世后，很快就取代国际联机检索成为文献检索的主流技术。光盘网络化的发展使得不仅可以实现本机检索，还可以实现联机光盘数据库检索。常用的医学光盘数据库有CBMWeb、Medline和CA、BA和EM等。

（4）因特网联机检索。因特网技术的雏形初显于20世纪60、70年代，80年代末在世界范围内流行，如今已经普及到世界各地。利用因特网技术，出现了各种信息利用和检索平台，如WAIS、Gopher、Archie、BBS和搜索引擎等。20世纪90年代以后，万维网（WWW）的崛起和普及，使得传统的联机检索数据库纷纷向因特网上转移。通过因特网检索各种文献数据库成为今天文献检索的最重要的方法和手段之一。

3. 核心期刊浏览　核心期刊是指刊载某学科文献密度大，载文率、利用率、被引率和学术水平较高的期刊。核心期刊具有数量少（一般只占期刊总数的5%），但信息量大（占期刊信息总量的50%以上）的特点。定期或不定期地浏览核心期刊上发表的论文，除了可以克服原始文献从发表到被收入检索系统之间的时滞外，还对我们了解学科最新研究动态，保持对学科发展前沿的敏感性具有重要意义。浏览核心期刊也是文献获取和利用的重要方法之一。

4. 各种方法综合运用　在文献检索实践中，要达到理想的检索效果，防止重要文献被漏检并降低检索噪音,需要综合运用各种检索方法。既要充分运用计算机检索和网络检索快速便捷的优点,尽量缩短科研活动中用在文献检索上的时间消耗;又要根据实际情况,对通过手工检索工具和核心期刊浏览获取相关文献的方法给予应有的重视。防止单一的检索方法所带来的弊病。

(二) 文献检索的途径

文献检索的途径是指根据文献的内容特征或形式特征设计的检索入口或检索点,是文献数据库中一条记录的某一字段。从文献本身的角度来看,文献检索途径通常体现为文献的内容特征或外表特征;从文献数据库的角度来看文献检索途径则体现为字段检索。

1. 题名检索　题名途径检索是根据文献的题名(包括书名、刊名和篇名)检索文献的途径。它以题名为检索入口,检索出文献题名中包含有输入的检索词的所有文献。

2. 著者检索　著者检索途径是以著者姓名、学术团体或机构名称作为检索入口,检索同一著者或机构发表的多种著作或文献的途径。团体著者检索时需要注意同一机构的不同拼写方法。欧美国家的著者发表论文时,署名习惯是名在前姓在后,但在检索系统中,则要求姓在前用全称,名在后可缩写。

3. 主题词检索　主题词又称叙词,它与关键词的区别在于通过对同义词、近义词、拼写变异词和全称缩写等进行归并,是规范了的关键词。主题词由主题词表进行控制。主题词检索能将同一主题的文献一次性检索出来,具有较高的检全率和检准率。主题词检索的关键在于分析和提炼主题概念,通过主题词表准确地确定主题词。

4. 引文检索　引文检索是以被引用文献即参考文献为检索入口来查找施引文献的过程。被引文献和施引文献之间在内容上或多或少地存在一定的联系,通过引文检索可以获得一系列具有内在联系的文献。

5. 号码检索　号码检索是指利用文献的各种编号作为检索入口,如专利号、合同号、技术标准号、科技报告号、化学物质登记号等进行文献检索的途径。号码一般具有唯一性,因此在已知号码的情况下,通过号码途径来检索文献方便而且快捷。

6. 缺省检索　缺省检索又称默认检索,是指检索系统预先设定的多字段检索。如CBMWeb 中的"缺省字段"检索是默认在中文标题、摘要、作者、关键词、主题词和刊名 6 个字段中进行检索。Web of Science 中的 Topic 检索是在篇名、关键词和文摘 3 个字段中进行检索。

7. 其他检索　其他检索途径还有分类检索、自由词检索、关键词检索、特征词检索、分子式检索等。在检索实践中,应根据检索系统的特点、研究课题的需要和各种已知条件,综合应用各种检索途径,取长补短、优化组合,目的在于提高检全率和检准率,获得最佳检索效果。

(三) 文献检索的步骤

1. 分析检索课题,弄清检索要求　进行文献检索实践之前,首先要分析检索课题的主要内容和检索目的要求,弄清检索课题的学科范围和时间跨度,是一般性课题检索还是查新检索,是申请专利检索还是跟踪研究进展检索,检索目的和要求不同,将直接影响到后面检索系统的选择和策略的制定。只有充分弄清了检索课题的内容和目的要求,才能确保检索系统和检索途径的正确选择,检索出符合课题要求的文献,确保检全率和检准率。

2. 选择检索工具，确定检索方法　各个检索系统或数据库都有各自的一些特点。明确检索课题的主要内容和目的要求之后，就需要从检索系统或数据库收录文献的学科范围、标引文献的规则、所能提供的主要检索途径等方面考虑，选择最适合的检索系统或数据库，并确定具体的检索方法。在传统的手工检索工具中，这些信息主要出现在正文之前的前言、编制说明、使用范例等部分，而计算机检索系统则可以通过在线阅读系统提供的帮助信息来获取。

3. 遴选检索途径，明确检索标识　选择好检索系统或数据库后，就要认真地研究检索系统的检索途径，明确检索标识。检索途径的选择要依据检索系统的索引体系，并与检索标识进行对照。检索标识是能确切地表达文献内容特征和外表特征的一些符号或语词，文献的外部特征容易确认，如题名、著者和关键词等，而文献的内容特征则需要进行仔细的分析和推敲，如主题词和分类号、类名的确定等。无论采取哪种检索途径和检索标识，都要遵守检索的基本原理，即让检索者所使用的检索标识与信息存储人员所使用的文献的特征标识最终达到一致。

4. 尝试初步检索，调整策略再检　确定检索途径和明确检索标识后，就在检索系统的入口，将检索标识与检索途径进行匹配，初步检索出一批文献。并对初步检索出来的结果进行浏览和判读，决定检索记录的取舍。一般来说，很难一次检索就获得满意的检索结果。当检索结果不满意时，就需要重新分析检索要求，调整检索途径、检索方法和检索提问式，扩大或缩小检索范围，反复检索和查询，直到获得理想的检全率和检准率，保证得到最满意的检索结果。

5. 评价检索结果，获取原始文献　经过反复的试检和再检，对检索记录进行判读，得到比较满意的检索结果后，就需要对检索结果进行必要的处理。对于传统的手工检索结果，通常是对文献进行摘录和复印。对于题录数据库或文摘数据库，检索结果一般不包括原始文献，检索者还需要通过其他的信息源如全文数据库、图书馆馆藏目录、联合目录、馆际互借、给原文著者发送电子邮件请求帮助等方式获取原始文献。现在有的题录数据库和文摘数据库与全文数据库通过协议和程序实现了链接，购买了全文数据库后可以直接点击全文字段如"Full Text"或表示全文的图标就可以直接打开阅读或下载全文。

三、检索的效果评价

（一）检索效果的主要评价指标

检索效果是指检索系统满足检索者检索要求的全面准确程度。就一个检索课题而言，理想的检索结果是没有遗漏、没有误差地检索出系统中检索者所需要的全部文献。但是，由于多方面的原因，实际上很难达到这样的状态。一般而言，检索效果通常以检全率、检准率、漏检率和误检率等指标来衡量，主要是检全率和检准率。

1. 检全率和漏检率　检全率指从检索系统中检出的相关文献与系统中所有相关文献总量的百分比，是对所需文献被检出程度的衡量。

$$检全率 = \frac{检出的相关文献量}{检索系统中相关文献总量} \times 100\%$$

漏检率指检索系统中未检出的相关文献与检索系统中所有相关文献总量的百分比，是检全率的误差。检全率和漏检率在实际评判中往往显得比较困难。

$$漏检率=\frac{未检出的相关文献量}{文献库中相关文献总量}\times100\%$$

2. 检准率和误检率　　检准率指从检索系统中检出的相关文献与检出文献总量的百分比，检准率是衡量检索系统拒绝非相关信息的能力。

$$检准率=\frac{检出的相关文献量}{检出文献总量}\times100\%$$

误检索是指从检索系统中检出的不相关文献与检出文献总量的百分比，是检准率的误差。检准率与误检率的评判方法简单而明确。

$$误检率=\frac{检出的不相关文献量}{检出的文献总量}\times100\%$$

检全率和检准率是检索系统及检索效率评价的重要指标，漏检率和误检率是测量检索误差的指标。检全率和检准率必须结合使用，单独使用两者中的任何一个指标都不能全面说明检索效果的好坏。检全率与检准率之间存在着互逆的关系。提高检全率，误检率也随之上升，检准率必然降低；反之提高检准率，检全率必然降低，漏检率也随之上升。在实际的检索实践中，由于检索目的不同，不同的用户对检全率与检准率的要求也不一样。特定的事实检索并不特别强调检全率，而科技查新则要求较高的检全率。

3. 其他评价指标　　检全率和检准率是基于与检索提问相关的文献数来计算的，而所谓的相关文献是由检索者或用户来判定的，不同的用户有不同的判定标准。因此，人们提出了一种基于用户的评价方法。如覆盖度、新颖度等。覆盖度表明在检出的文献中，读者掌握的文献有多少。新颖度则表明在检出的文献中，有多少是用户原来并不知道的相关文献。新颖度的高低也可以左右用户对检索价值的判定。

（二）提高检索效果的措施

影响检索效果的因素比较复杂，如检索语言的性能，检索系统的著录和标引质量，检索系统提供检索途径的多少等等，都是影响检索效果的因素。从检索者的角度考虑，提高检索效率的措施主要有以下几个方面。

1. 弄清课题检索要求　　在着手进行检索操作之前，缜密地分析并把握检索课题的主要内容和目的要求，才能根据检索课题的要求选择好检索系统、确定好检索方法并遴选出检索途径，为提高检全率和检准率打下基础。

2. 合理选择检索系统　　就医学文献检索而言，国内外大型的权威检索系统较多，例如中国生物医学文献数据库、PubMed、EMBASE、BIOSIS Previews、SciFinder等。应根据检索要求合理选择检索系统。选择检索系统应考虑的因素有检索系统收录文献的广泛性、全面性、及时性，检索系统著录和标引文献的质量，提供检索途径的多少等等。

3. 熟练掌握检索语言　　检索语言是联系文献存储和文献检索过程的桥梁和纽带，熟悉并掌握检索语言的基本知识，如分类语言中的交替类目、参照类目和复分，主题语言中的语义参照系统、主题词与副主题词的关系等知识等，对于提高检索效率大有帮助。

4. 灵活调整检索策略　　科学地设计检索流程，初步试检后根据命中记录过多和过少的具体情况，及时地调整检索用词，灵活运用布尔逻辑检索、截词检索、范围检索、位置检索等，逐步达到理想的检索效果。

练 习 题

1. 文献检索的效果评价主要有哪些指标？
2. 文献检索的途径主要有哪些？

第四节 计算机信息检索系统

计算机信息检索是利用计算机对一定数量的同类信息的有序集合进行处理，建立数据库，并从中查找所需信息的过程。计算机信息检索最早开始于20世纪50年代，经历了脱机批处理、联机检索、光盘检索等几个阶段，随着网络技术和计算机技术的发展，目前网络检索已成为最主要的信息检索方式。计算机信息检索系统包括计算机硬件、软件、数据库、通讯线路、检索终端5个部分，本书中仅对数据库部分进行介绍。

一、文献数据库

根据 ISO 1D IS5127 号标准（文献与情报工作术语），数据库定义为：至少由一种文档组成，并能满足某一特定目的或某一特定数据处理系统需要的一种数据集合。当数据集合中的数据为文献信息时，就是文献数据库。

（一）文献数据库的结构

文献数据库一般由多个文档组成，每一个文档包含多条记录，每一条记录包含若干个字段。

1. 文档（File） 文档可分为顺排文档和倒排文档。顺排文档是指依照存取号顺序排列而成的文献记录集合，是数据库的主体部分；而倒排文档是将文献的某一特征（如作者、标题、刊名等）按字顺进行排列，并标以存取号和位置标识符，用以检索顺排文档，因此数据库中可以有多个倒排文档，是顺排文档的索引部分。在进行计算机检索时，首先按照字顺查找倒排文档，找到与检索词相匹配的词后，依据其存取号在顺排文档中找到相应的记录。

2. 记录（Record） 在文献数据库中一条记录代表一篇文献，是构成数据库的基本单元。记录描述了文献的外部信息和内部信息，不同类型的数据库中，一条记录可以代表一本图书、一篇期刊论文、一篇学位论文或一篇会议论文，也可以是对某项具体事物、过程的描述。

3. 字段（Field） 字段是记录的组成单位，用以描述文献的具体特征，包括外部特征（如标题、作者、出处、专利号、语种等）和内部特征（如主题词、分类号等），其中可用于各类检索的字段称为可检索字段。一般来说，每个字段都有特定的字段标识符，便于数据库的管理和数据的检索，如 Medline 数据库中的篇名的字段标识符是 TI，著者的标识符是 AU，摘要的标识符是 AB，出版年的标识符是 PY 等等。

（二）文献数据库的类型

按照数据库中存储内容形式的不同，文献数据库可以划分为以下几种类型。

1. 书目数据库（Bibliographic Database） 书目数据库是二次文献数据库，收录了大量一次文献、三次文献的书目信息，记录中包括篇名、著者、文献出处、摘要、关键词等文献的特征信息。书目数据库是经过加工提炼的数据库，仅提供文献的获取线索，一般具有收录文献范围较广、标识规范、检索功能强大等特点，如医学工作者常用的中国生物医学文献数据库、Medline、PubMed 和 Embase 等。

2. 事实数据库（Fact Database） 又称指南数据库，收录有关人物、机构、事物、过程、现象等方面事实性的描述信息，人物传记数据库、机构名录数据库、药典数据库、行业标准数据库等都属于事实数据库。此外，电子版的词典、年鉴、指南、百科全书等也属于事实数据库。医学和药学方面的事实数据库有 Physician Data Query、Drug Information Fulltext 等。

3. 数值数据库（Numeric Database） 主要收录各类统计、测量以及科学实（试）验中产生的数据，如人口统计、发病率、死亡率、动物的生理参数、药物的理化参数等。这类的数据库包括世界卫生组织的 WHOSIS（世界卫生组织统计信息系统）、PubMed 网站中提供的 Protein、Genome 等。

4. 全文数据库（Full-text Database） 全文数据库收录了文献的原文，其最大的优点是在检索完成后就可以方便地得到文献的原文，是目前广受科研工作者欢迎的数据库种类。有些全文数据库还提供了全文字段的检索，但与书目数据库相比，全文数据库普遍存在着文献收录范围较小、可检索途径较少、文献标引深度较浅等问题。国内的全文数据库主要由数据集成商开发，如中国期刊全文数据库、中国科技期刊全文数据库、万方数字化期刊全文数据库等；国外多由出版商或代理商开发并发行，如 Elsevier 公司的 ScienceDirect、Springer 公司的 SpringLink、OVID 公司的期刊全文库等。

5. 多媒体数据库（Multimedia Database） 收录了图像、声频、视频、动画和文字等多媒体信息。如国内爱迪克森的网上报告厅、中新金桥的软件通，国外的大不列颠百科全书、美国国立医学图书馆的人体结构图像库、蛋白质结构数据库（PDB）等。

二、计算机信息检索基本技术

在计算机信息检索中，我们检索的对象是经过一定的规范，整理加工而成的数据库，因此，必须掌握一些基本的计算机检索知识，才能够达到有效的检索目标，也就是说，用户必须输入计算机检索系统能够识别的检索提问式，计算机才能在数据库中进行匹配检索。基本的检索技术包括计算机检索运算符和检索策略的构建两部分。

（一）计算机检索运算符

1. 布尔逻辑运算符 布尔逻辑运算符是计算机检索中最常用的运算符号，利用布尔逻辑运算符对若干检索词进行组配以得到检索结果的方法称为布尔逻辑检索。布尔逻辑运算符包括以下 3 种（图 1-4-1）：

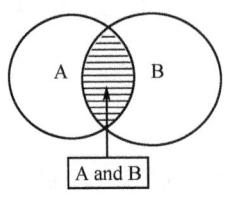
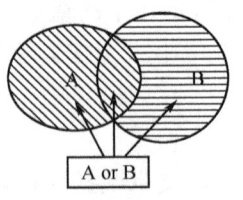
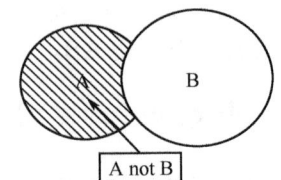

图 1-4-1

（1）逻辑与（AND）：表示两个概念之间具有交叉关系，即概念 A 与概念 B 进行逻辑与运算时，命中的每条结果都要求既包含概念 A 也包含概念 B。在不同的数据库中代表"逻辑与"的符号不同，主要有"AND"、"and""*"、"&"和空格几种，其主要作用是缩小检索范围，提高查准率。

（2）逻辑或（OR）：表示两个概念之间具有并列关系，即概念 A 与概念 B 进行逻辑或运算时，命中的每条结果可以既包含概念 A 也包含概念 B，也可以仅包含其中之一。用来表示"逻辑或"的符号主要有"OR"、"or"、"|"和"+"，其主要作用是扩大检索范围，提高查全率。

（3）逻辑非（NOT）：与前两种运算符不同，逻辑非具有顺序性，即概念 A 与概念 B 进行逻辑非运算时，命中的结果仅包含在运算符前的概念 A，并去除既包含概念 A 也包含概念 B 的部分。用来表示"逻辑与"的符号主要有"NOT"、"not"、"!"和"-"，其主要作用是缩小检索范围，提高查准率。

布尔逻辑运算符具有顺序性，当一个检索式含有多个布尔逻辑运算符时，系统将首先执行 NOT，其次 AND，最后 OR。在检索需要时，可以使用圆括号改变先后顺序，将需要优先运算的检索式放在括号中，系统将首先执行圆括号内的检索策略，然后再依照顺序执行其他检索式，即优先性为（）＞NOT＞AND＞OR。

2. 截词符　截词符是检索中用以代替检索词中一个或多个字符的符号，不同的检索系统中使用的符号不同，一般用"*"、"$"、"?"、"#"等表示。利用截词符检索称为截词检索，主要功能是同时对多个具有同一词根或词尾，以及对拼法不同的同一单词进行检索，从而扩大检索范围。当截词符用来代替检索词前面的字符时，称为前截词或左截词；用来代替检索词中间的字符时，称为中间截词；用来代替检索词后面的字符时，称为后截词或右截词。多数检索工具仅支持中间截词和后截词。如 Medline 数据库中的截词符号为"*"和"?"，不支持前截词，其中"*"可代替零或多个字母，如 pharma*，表示词根为 pharma，可以检索 pharmacal、pharmaceutic、pharmaceutical、pharmacology 等多个单词；而"?"可代替零或一个字母，如 colo?r 可检索 color 和 colour，rat?可检索 rat 和 rats。

3. 位置算符　位置算符是用来表示检索词间位置关系的符号，可以是检索词间的距离，也可以是检索词的先后顺序等。位置算符主要应用在西文数据库中，其目的主要是弥补布尔逻辑运算符的不足，进一步提高查准率。不同的数据库中使用的符号和方法略有不同。常见的位置算符有以下几种：

（1）NEAR：用"NEAR"连接两个检索词，即要求两个词出现在同一句中，但不要求前后顺序，可以用"NEARn"（n 代表一个正整数）限定两个词之间的可以间隔的单词数，如"liver near3 cancer"表示在同一句中 liver 和 cancer 之间最多可以有 2 个单词存在(n-1)。

（2）WITH：用"WITH"连接两个检索词，即要求两个词出现在同一字段中，也不要求前后顺序。如"hepatitis with therapy"。

（3）ADJ："ADJ"的功能与"NEAR"类似，但 ADJ 有前后顺序限定，如"liver ADJ cancer"表示在同一句中 liver 一定在 cancer 前出现。

除此之外，还有 BEFORE、FAR、PRE、SAME、ONEAR 等位置算符。需要注意的是即使是同一算符，在不同的数据库中其功能可能也会不同。

4. 限定检索　为了进一步缩小检索范围，提高查准率，各种数据库往往还提供了对数据中的字段进行限定检索的方法。如期刊数据库中大多提供了对标题、作者、期刊名、机构名称、发表年代等字段的限定，使用户得到的检索结果更加准确。各种数据库提供的限定符号及检索方式不尽相同，如在 CNKI 数据库中，用户可以在专业检索中利用字段缩写 SU=主题、TI=题名、AF=作者单位、JN=期刊名称、FT=全文等进行字段限定；而在 PubMed 数据库中，用户可以直接在基本检索页面的检索输入框中利用字段缩写[AU]（作者）、[AD]（作者单位）、[PT]（文献类型）、[MH]（主题词）等。

（二）计算机检索策略的构建

检索策略的构建是计算机检索中极其重要的一步，关系到检索结果的质量。一个好的检索策略，就是在准确分析课题主题的基础上，选择合适的检索词和检索路径，明确各检索词之间的关系和先后顺序，构建符合需求的检索提问式的过程。一般来说，要构建一个恰当的检索策略，必须要做好以下几项工作：

1. 课题分析进行检索之前，首先要对需要检索课题的内容有所了解，特别是专业检索人员必须分析课题所涉及的学科、主题，了解用户检索的目的，对查新、查准以及查全方面有何要求等等。
2. 选择能满足检索需求的数据库和检索途径。
3. 经过对检索课题的概念分析，提炼出能满足检索需求的检索词。
4. 运用布尔逻辑运算符、截词符、位置算符和限定检索等方式构建检索表达式。
5. 进入数据库查找，分析检索结果，根据需要进一步调整检索表达式。
6. 将调整后的检索表达式代入数据库中执行，如有必要则再次调整检索表达式。反复执行此步骤，直到达到满意的检索结果。

练 习 题

1. 按照存储内容形式的不同，文献数据库可以划分为哪几种类型？
2. 简述三种布尔逻辑运算符的作用。

（李彭元　何晓阳　耿　鹏）

第二章 图书馆资源利用

第一节 图书馆服务简介

图书馆是储藏知识、发掘知识和创新知识的场所,其本质就是信息的集散地。作为收集、整理和保存文献资料并向读者提供利用的科学、文化、教育机构,图书馆具有保存人类文化遗产、进行社会教育、传递科学情报、开发智力资源等社会职能。随着科学技术尤其是网络通信技术的高速发展,纸质图书消亡论对传统图书馆的发展带来了严峻的考验。然而,网络环境下的纸质图书不仅没有消亡,反而在科学与文化的历史传承方面扮演着越来越重要的角色。近年来,图书馆工作人员审时度势,及时调整服务理念,创新服务模式,增强服务意识,保证服务质量,提升服务层次,拓宽服务领域,扩大服务人群,从而使图书馆的资源得到最大效益地利用,这已成为各个图书馆建设的共同目标。图书馆服务始终贯彻以人为本的服务理念,把服务看成是图书馆的生命线,方便读者充分开发利用图书馆资源,是图书馆在网络时代占有一席之地的重要保障,也是图书馆界在现代化转型时期需要深入研究的重要课题。

图书馆服务经历了从封闭到开放,从仅提供一次文献到逐步提供二、三次文献服务的漫长过程,馆员和读者对图书馆服务的认识逐步提高。传统图书馆主要通过外借、阅览等服务满足读者的需要。现代科学技术,特别是计算机网络技术,通信技术等在图书馆的广泛应用,使图书馆的服务方式和服务手段日益多样化,服务范围也日益扩大。随着网络技术的发展,图书馆拥有了更加丰富的资源,信息的载体也更加丰富,读者对文献信息的获取有了更多、更便捷的途径。除了传统的印刷型文献之外,读者可以通过图书馆虚拟馆藏如各种各样的数据库、开放站点、搜索引擎或通过馆际互借、文献传递服务来获取所需文献。为了提升图书馆的服务档次,进一步方便读者,近年来国内外图书馆大都开展了多种形式的服务,如参考咨询、定题服务、文献检索、馆际互借、文献传递以及科技查新等。但现阶段,纸质型印刷文献仍是图书馆资源利用的主要形式,文献借阅仍是图书馆读者工作中最基本的服务方式。本节将详细介绍图书馆的外借、阅览、传递和科技查新服务。

一、借阅服务

文献借阅是图书馆最基本的服务功能,也是传统图书馆的主要服务方式。读者使用借阅证可在图书馆借阅馆藏文献,并按要求在一定期限内归还。目前多数图书馆将外借书库与阅览室合二为一,实行全开架的借阅方式,读者可以自己在书库中选择需要的图书资料,进行借阅。期刊由于其复本数少、时效性强、利用率高等特点,一般不提供外借服务,只提供馆内阅览和复印。

随着计算机和网络技术的不断发展与普及,图书馆集成管理系统和 RFID 射频管理系统在图书馆得到广泛应用。读者可以通过图书馆网站上的目录查询系统,了解文献的馆藏分布、借还日期,获得图书准确的定位信息,还可以在网上进行预约、续借,通过自助借还书系统完成图书的借还。部分图书馆还通过图书馆集成管理系统向读者提供新书书目电子邮件服务、新到期刊即时邮件通知服务、电子邮件图书催还服务、预约通知服务、新刊目次推送等服务等,使读者充分享受现代信息技术所带来的方便。图书馆也由过去单一的服务方式逐渐发展为多层次多功能的服务。

二、文献检索

开展文献检索服务,可以帮助读者快速准确地获得所需的文献,使图书馆收藏的丰富的书刊资料得到充分的揭示和利用,大大节省读者查找文献的时间。尤其是自RFID射频管理系统在图书馆应用以来,文献的定位信息更加准确,读者借还书的方式不再局限在图书馆借书处,而是可以通过自助借还机完成文献借还,更加方便快捷。此外,文献检索还可以通过各种检索工具,扩大读者的视野,使读者迅速获得所需国内外有关文献资料,及时了解和掌握国内外科学技术的最新成就以及发展的前沿动态。

三、参考咨询

传统的参考咨询服务是由图书馆员利用各种参考书籍、检索工具,为读者解答和解决问题的一种服务方式。《美国图书馆协会术语名词字典》对参考咨询工作(Reference Services)所下的定义是:"直接地帮助读者寻求知识,以及利用图书馆的资料从事研究的工作"。即以读者的信息需求为线索,以信息载体为纽带,由馆员向读者揭示信息、传递信息以及向读者指示检索方法并从存储信息中找出所需问题之结果的业务过程。参考咨询在报道文献资源、提供信息服务、引导读者利用、扩大图书馆影响等方面一直发挥着至关重要的作用。

随着网络技术和信息科学的飞速发展,参考咨询的形式和内容都发生了根本性的改变。在线咨询、实时咨询、互动咨询、可视咨询等各种方式纷纷涌现。这些服务形式为读者提供了网络时代实时、动态、便捷、高效的信息服务。许多图书馆设有专门的参考咨询部门,集中参考工具书和检索工具书等建立参考馆藏,配备具有一定专业知识和熟悉检索工具的专职参考馆员开展此项工作。网络环境下参考馆员的职责包括提供面对面、电子邮件和网络参考在内的咨询;承担技术工作,包括网络管理、编写辅导材料、学习怎样利用新软件;对其他用户和馆员进行培训等等。

四、科技查新

科技查新工作是我国对科学研究和科研成果实施科学管理,由科研管理部门提出并委托科技情报机构进行的一项情报服务工作,是文献检索和情报调研相结合的情报研究工作。它通过科技信息检索手段或计算机检索,运用综合分析和对比的方法,说明查新课题在创新点或技术要点上是否具有新颖性,为科研立项、成果鉴定或申报奖项等提供文献方面的事实依据的一种信息咨询服务。国家科技部《科技查新规范》对查新概念的描述为:"查新是科技查新的简称,是指查新机构根据查新委托人提供的需要查证其新颖性的科学技术内容,按照《科技查新规范》操作,并做出结论"。

目前,开展科技查新业务的图书馆,多是一些高校图书馆、专业图书馆和大型公共图书馆等,其类型主要有科研立项查新,科技成果查新,专利申报查新等。通过科技查新,可以为科技项目立项和成果鉴定等科技活动的新颖性评价提供可靠的科学依据,可以和专家鉴定相结合，确保科技项目研究质量，防止科研的低水平重复，促进科技项目和成果管理的科学化和规范化。因此，科技查新工作具有很强的客观性和权威性，是一项要求高、难度大且十分复杂的情报服务工作。

当前医药卫生系统的查新咨询工作主要有科技项目立项查新和成果评审查新两种类型。医药卫生科研项目的查新工作主要是通过科技文献检索和综合分析的方法，对医药卫生科研项目（包括立项、鉴定和评奖项目）提供"创造性、科学性、实用性"的情报证明或依据，其实质是对医药卫生科技项目新颖性的审查，即有无与查新课题相同或相类似的文献报道，一般不对科学性、实用性做评价。

五、定题服务与学科服务

定题跟踪服务（Selective Dissemination of Information service，简称 SDI）是一种根据读者需求定期向其传送新信息的一种服务模式。根据用户的教学科研情况和需要，图书馆参考咨询部门为用户定期或不定期对某一特定主题进行跟踪检索，把经过筛选的最新检索结果，以书目、索引、全文或研究报告等方式提供给用户；同时接受用户的委托，在课题前期调研、开题立项、中期成果、直到成果验收整个过程中提供信息服务，并及时将专题信息通过专人专送、网上速递等传递方式送交用户。为节省用户查询、检索所需文献信息的时间，便于用户随时跟踪本研究领域或本行业的最新发展动态，图书馆还可利用馆内外传统文献资源、网络电子资源等为用户开展定题文献资源服务。

学科服务（Information Commons，简称 IC）是一项开拓性的主动参与式的创新服务，是图书馆面向院系开展的一种全方位、多层次的服务，起源于 1992 年美国爱荷华大学（University of Lowa）图书馆宣布成立的"信息拱廊"（Information Arcade，简称 IA）。学科服务的应用给图书馆界带来了新的服务模式，图书馆为学科用户提供了信息资源共享的物理空间和虚拟空间，一方面图书馆为所服务的学科专门设立学科分馆，分馆内配有丰富的专业图书、期刊及其他配套的硬件和软件；另一方面，图书馆以学科为单位向服务学科提供更多的、专业性更强的数字资源，除提供专业性的数据库、专业信息导航之外，还提供学科介绍、学科研究发展动态、重要人物、会议通知、核心期刊、精品课程、参考咨询的学科资料库等多项特色服务信息。

六、宣传辅导与用户培训

为提高图书利用和流通的效率，更好地为读者服务，图书馆还采取一些更为主动的服务方式，如读者宣传、读者辅导和用户培训工作等等。

举办宣传图书的活动形式有新书报导、专题书刊展览、报告会、书评等。新书宣传报道的形式很多，主要形式有新书展览陈列、新书通报、报刊资料索引、科技文摘、科技快报、科技动态等。

阅读辅导工作包括以下一些内容：辅导读者利用图书馆，辅导读者使用图书馆目录以及辅导读者利用各种工具书。图书馆员有责任帮助读者了解馆藏情况及其使用方法、使用规则，使读者获得利用图书馆各种书刊资料的知识和技能，了解各种文献资料的性能以及它们的使用方法，帮助读者学会利用图书馆的各种书目工具，掌握查找书刊资料的方法，并根据自己的需要,选择最恰当的书刊,获取所需要的信息,有效利用图书馆资源。

用户培训多是图书馆有目的、有计划地开展一些能够提高用户的信息意识和检索技能,使其能充分利用图书馆及其信息资源的教育活动。高校图书馆的用户培训活动主要有以介绍图书馆利用基本知识为主的新生入馆教育培训和以推广宣传利用文献资源或讲座为主的一系列培训活动等。

七、馆际互借与文献传递

馆际互借(Interlibrary Loan)是图书馆之间相互利用对方馆藏来满足本馆读者需求的一种资源共享服务。对于本馆没有的文献,在本馆读者需要时,根据馆际互借制度、协议、办法和收费标准,向外馆借入;反之,在外馆向本馆提出馆际互借请求时,借出本馆所拥有的文献,满足外馆的文献需求。馆际互借一般针对图书,是一种返还式的文献资源共享方式。目前开展此服务的有全国高校系统的 CALIS 系统以及由北京高校图工委启动的 BALIS 馆际互借中心等。

文献传递(Document Delivery)是将用户所需的文献复制品以有效的方式传递给用户的一种文献提供服务,是馆际互借的一种,但又优于馆际互借,是一种非返还式的文献资源共享方式。一般而言文献传递是一种付费服务,它具有快速、高效、简便的特点。用户可以通过本单位图书馆或自行与收藏图书馆进行联系,索取自己所需要的文献。传递文献类型包括图书、期刊论文、会议论文、学位论文、报告、标准等。随着信息技术的发展,文献传递服务质量有了很大提升。目前国内除了国家科技图书文献中心(NSTL)在提供网络文献传递服务外,全国高校系统的 CALIS 系统、中科院系统的文献服务网络也在开展此项服务。

练 习 题

1. 图书馆主要有哪些服务?
2. 文献传递和馆际互借有哪些异同点?

第二节 馆藏图书利用

图书馆收藏的印刷型文献主要有图书和期刊两大类,每一本书和刊在书架上有一个固定的位置,它们分别以一定的规则排列,便于读者查询与利用。

一、图书分类和排架

(一)图书分类

图书分类的依据是分类法,国内常用的分类法有《中国图书馆分类法》、《中国人民大学图书馆图书分类法》和《中国科学院图书馆图书分类法》等。目前国内大多数图书馆中外文藏书,多依据《中国图书馆分类法》(简称《中图法》)进行分类排架,采用字母与阿拉伯数字相结合的混合制号码进行编号。(参见第一章第二节检索语言)

（二）图书排架

图书馆文献的排架遵循一定的规则以利于查找。常用的排架方法有分类排架法、刊名排架法、固定排架法等。图书馆的图书按索书号顺序进行排架。索书号由图书分类号、书次号、辅助区分号组成，是图书唯一的索取号。分类号的作用是使相同学科范畴的图书集中排列，然而同一类的图书可能有多种，但具体内容不同，或者内容相同，作者、版本、译本不同，这些同类书需要做进一步区分，书次号和辅助区分号就是用来进一步区分相同分类号但不同种的图书，以使每一种图书具有自己唯一的识别码。书次号主要采用种次号、著者号两种编法。辅助区分号主要有版次号、卷次号、年代号等。

索书号有两种表示方法，一种是分类号与书次号之间加斜线"/"表示，如：R622/6872；另一种分两行表示：

R622
6872

辅助区分号一般需加括号书写在书次号后或在索书号的第三行，如《肿瘤分子细胞生物学》索书号为：

R730.21
5665（2）
2004

其中括号内容表示第2版，第三行2004表示出版发行年。

图书排架是按照同一书架从上到下，从左往右的顺序进行排列，同一层图书先比较分类号码，若分类号码相同再比较书次号。

1. 分类号的排列

（1）分类号的排列采用由左至右逐位对比的方法进行排列，先比较字母部分，再比较数字部分。字母部分按英文字母顺序排列。

（2）分类号中的阿拉伯数字由小到大排列。

（3）数字之后如还有字母，则在前部类号相同的基础上，再按字母顺序排列。

（4）分类号中有辅助符号时，在其前面的各位符号相同的情况下，按-、（）、" "、=、〈 〉、+、：的次序进行比较排列。

2. 书次号的排列　当分类号相同时，需按书次号由小到大排列。但当各种版本图书合用一个书次号时，就必须再用版本号、版次号和年代卷册号等来进一步排序。

二、期　刊　排　架

图书馆一般将中文和外文期刊，现刊和过刊分别陈列。中文期刊多按刊名的汉语拼音顺序排架；西文、俄文期刊按各文种的刊名字母顺序排列；日文期刊按五十音图排列。其中英文刊名中的介词、冠词、连词等不参加排序。同种合订本期刊按照年卷期顺序排列。

当年出版的期刊称为现刊，图书馆将其陈列在阅览室；过刊是出版一年后装订成合订本的期刊，存放在过期期刊书库。但也有图书馆为了提高利用率，将近两年出版的期刊陈列在期刊阅览室，将两年以前的期刊装订成合订本陈列在过期期刊库。

三、馆藏目录

（一）馆藏目录的概念

馆藏目录是按一定的原则和方法组织起来能够揭示和查找馆藏图书的检索系统。每个图书馆都有自己特有的馆藏目录和查询系统，馆藏目录在一定程度上反映了图书馆的文献入藏情况、文献使用状态以及文献所在位置，能够帮助用户查询和利用图书馆馆藏资源，是连接图书馆与用户的桥梁。

（二）馆藏目录的作用

馆藏目录主要有以下几个方面的作用：①揭示图书馆是否藏有某一特定的图书、某一图书的特定版本；②揭示馆藏文献中有哪些著者的著作、某一著者有哪些著作；③揭示馆藏文献某一特定的学科门类有哪些图书；④揭示馆藏文献某一特定的出版社有哪些图书；⑤揭示馆藏文献的借阅方法及其排架位置。

（三）馆藏目录的分类

按载体可分为：卡片式目录、书本式目录以及自动化系统。卡片式目录、书本式目录和自动化系统相比较，自动化以查询方便，便于管理和存储等诸多优点取代了卡片式目录和书本式目录。

20世纪90年代以前，我国图书馆大都使用卡片式目录和书本式目录。为了方便读者查询，卡片式和书本式目录又分为：书名目录、著者目录、分类目录、主题目录等。

目前各图书馆均已采用自动化管理系统来管理馆藏，各管理系统不尽相同，但检索功能大同小异，一般都能提供书（刊）名、责任者、索书号、关键词、标准编码（ISBN、ISSN）等检索入口。

（四）馆藏目录查询

以使用由以色列 ExLibris 公司开发的图书馆集成管理系统的国家图书馆为例，在国家图书馆网页中点击"馆藏目录"即可进入国家图书馆联机公共目录查询系统即 OPAC（Online Public Access Catalogue）。

OAPC 系统是图书馆自动化管理集成系统的一个重要组成部分，查询馆藏信息是 OPAC 系统最基本的功能，不同的 OPAC 系统有不同的检索途径，一般包括基本检索、多字段检索、多库检索、组合检索和通用命令语言（CCL）检索等。用户可以根据个人的爱好、检索策略等选择不同的检索手段。同时还提供分类浏览功能，用户可按照分类号逐级浏览。

除查询馆藏信息，该系统还提供更多个性化功能，如：我的图书馆，用户可以查询到自己的借阅权限、借还书日期以及续借和预约等；新书推荐与介绍；随书光盘管理系统以及提供借阅排行等功能，方便读者更好地利用图书文献资源。

以《现代骨科基础与临床》为例重点介绍多字段检索和多库检索查询情况。

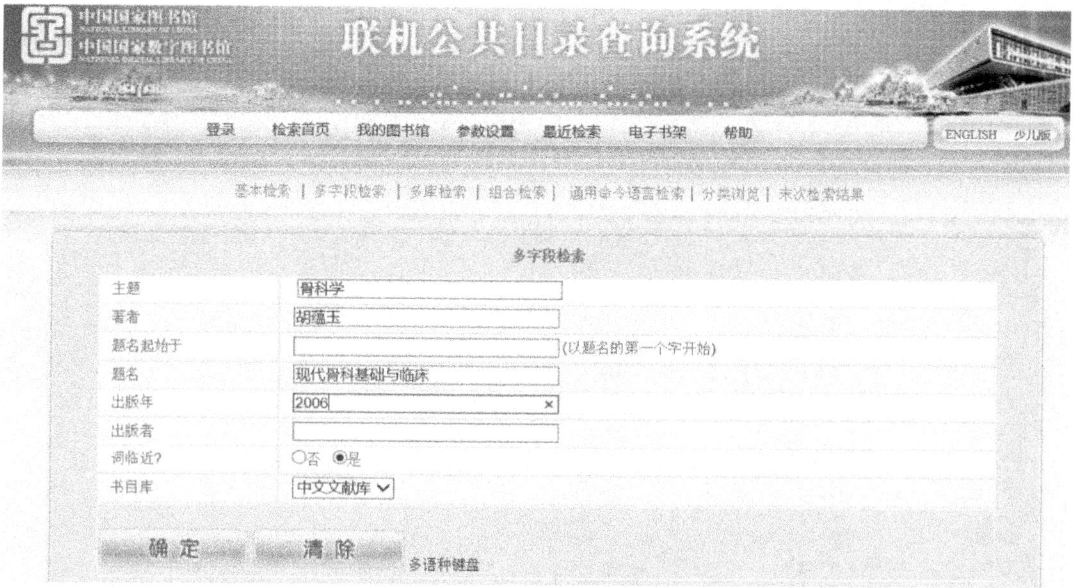

图 2-2-1　多字段检索界面

在主页界面选择多字段检索进入多字段检索界面，根据提示选择输入主题、著者、题名起始于、题名、出版年、出版者或书目库等检索字段（图 2-2-1），然后单击"确定"即可得到检索结果。

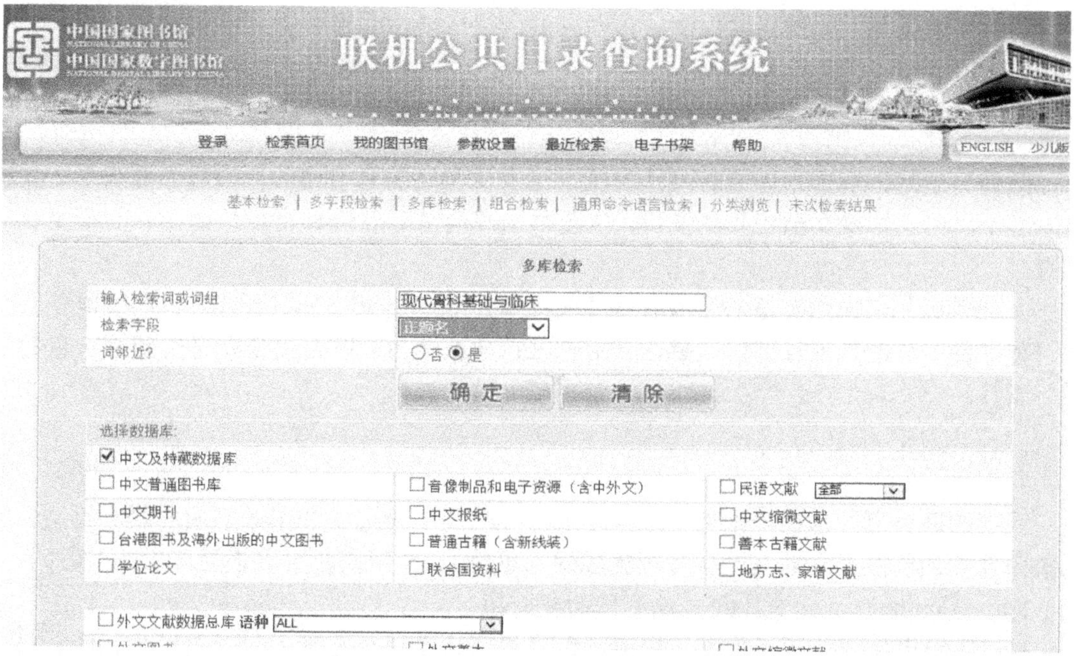

图 2-2-2　多库检索界面

同样在主页界面选择多库检索进入多库检索界面，根据提示选择检索字段、数据及语种等（图 2-2-2），然后单击"确定"即可得到检索结果。

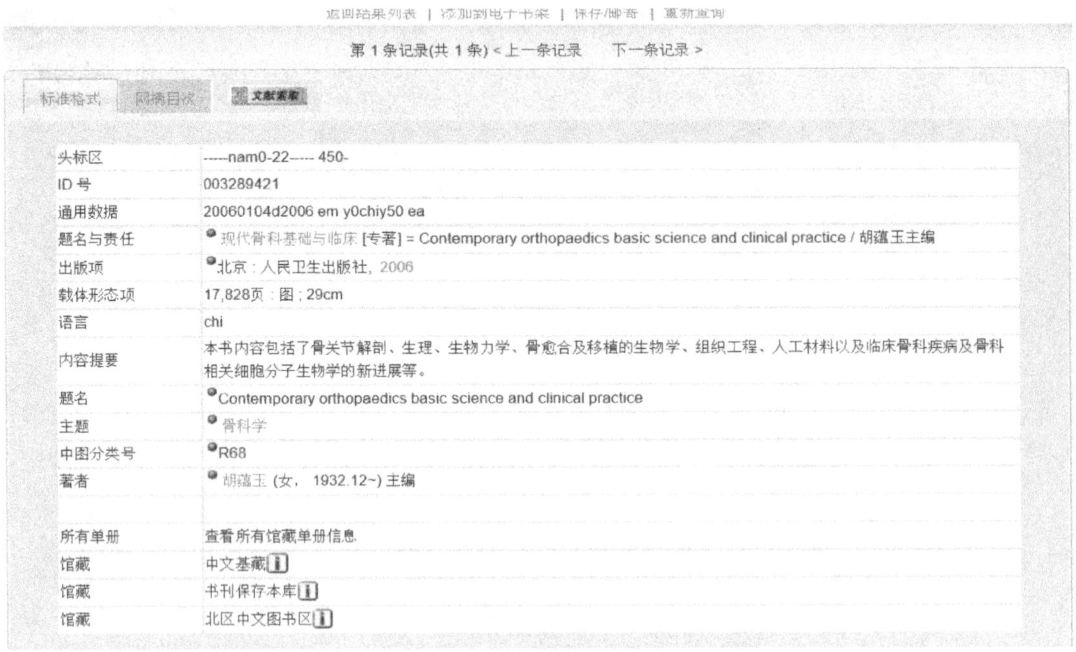

图 2-2-3 检索结果界面

在检索结果界面（图 2-2-3），用户可以查看该图书不同格式的馆藏信息，包括标准格式、卡片格式、引文格式、字段名格式及 MARC 格式。读者还可以点击"文献索取"按钮索取该文献以及"网摘目次"浏览该图书的网络摘要，作者简介及目录结构。

四、联 合 目 录

联合目录是由多个相近或有共性的图书馆合作编制的具有统一检索界面的目录，能够反映各个图书馆馆藏文献资源的情况，是图书馆开展馆际互借和资源共建共享的重要参考工具。

文献资源共享的前提是书目信息资源的共享。用户要想随时随地获取自己所需要的文献，首先要了解世界上有哪些文献，分别收藏在什么地方。联合目录就是实现这一目的的最好工具。

（一）国内联合目录

我国的联合目录包括全国性、地区性或专业性等多种形式和不同层次的联合目录。以目前国内参加单位最多的《联合目录集成服务系统》（以下简称《联合目录 UNICAT》）为例（http://union.csdl.ac.cn/index.jsp）作简要介绍。

UNICAT 系统属于题录信息数据库，以联机联合编目数据库（包括全国中、西、日、俄文期刊联合目录数据库、中国科学院中西文图书联合目录数据库）和电子资源知识库为底层支持，实现印本资源和电子资源的集成揭示，该数据库学科范围覆盖数学、物理、化学、天文、地理、生命科学、农业、医药、信息科学、工业技术、社会科学等。近年来，联合目录数据库积极推进与第三方系统的集成和互连。联合目录数据库通过 OpenURL 与 CSA，Web of Knowledge，OVID 等大型数据库实现了链接，国内近 250 家图书馆主页连接联合目录服务系统。2006 年，联合目录数据库与 Google Scholar 和百度连接成功，用户可以通过 Google Scholar 和百度获取联合目录数据库的服务。联合目录集成服务系统独特的情景敏感功能，可以使用户方便地获取许可电子资源的全文，同时了解中国科学院所属图书馆关于该资源印本和电子版的收藏情况以及国内 400 余家图书馆关于该资源印本的收藏情况。

从 2009 年 7 月 16 日开始系统切换，切换后的系统名称为《联合目录集成服务系统》，包含电子资源知识库、全国期刊联合目录、图书联合目录、定制服务 4 个板块。

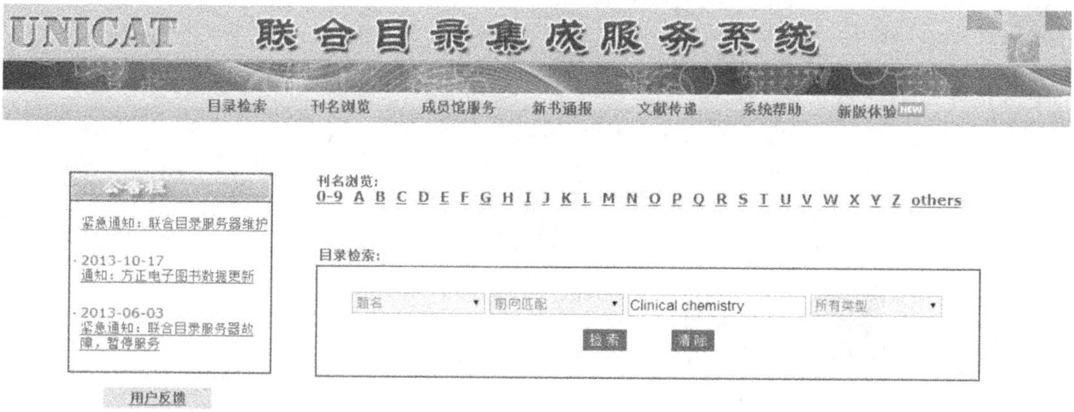

图 2-2-4　联合目录集成服务系统查询界面

例如：在《联合目录》数据库里查找哪些图书馆收藏有《Clinical Chemistry》杂志（图 2-2-4）。在检索结果界面点击检索到的期刊名称，就可了解该期刊责任者、出版项、ISSN、版本等期刊信息，点击"查看更多馆藏信息"得到该期刊收藏馆信息（图 2-2-5），从图可知，中国科学院上海生命科学信息中心收藏了本刊。

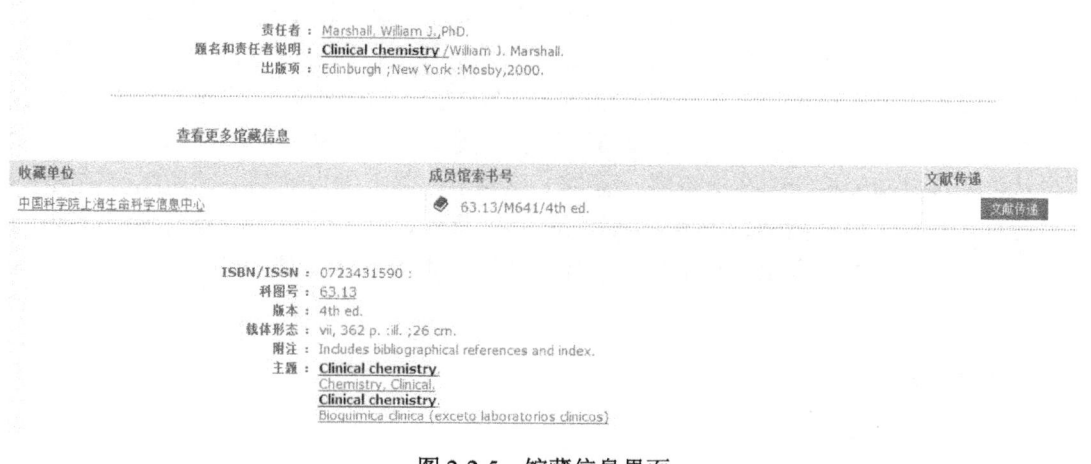

图 2-2-5　馆藏信息界面

（二）CALIS 联合目录公共检索系统

CALIS（China Academic Library Information System）全称为中国高等教育文献保障系统，始建于 1997 年，目前该数据库已有书目记录 560 余万条，按语种分为中文、西文、日文和俄文 4 个数据库。该系统所含文献类型多样，数目内容丰富，囊括了各学科领域的印刷型图书、连续出版物和古籍等文献资源。

如图 2-2-6 所示，该检索系统提供简单检索、高级检索和古籍四部类目浏览等功能，检索功能可选择题名、责任者、主题、分类号等多个检索字段，而古籍四部类目浏览则按照经、史、子、集四部分别提供树形列表浏览。除此之外，该系统还提供检索历史、收藏夹、规范检索以及我要提问等辅助服务。

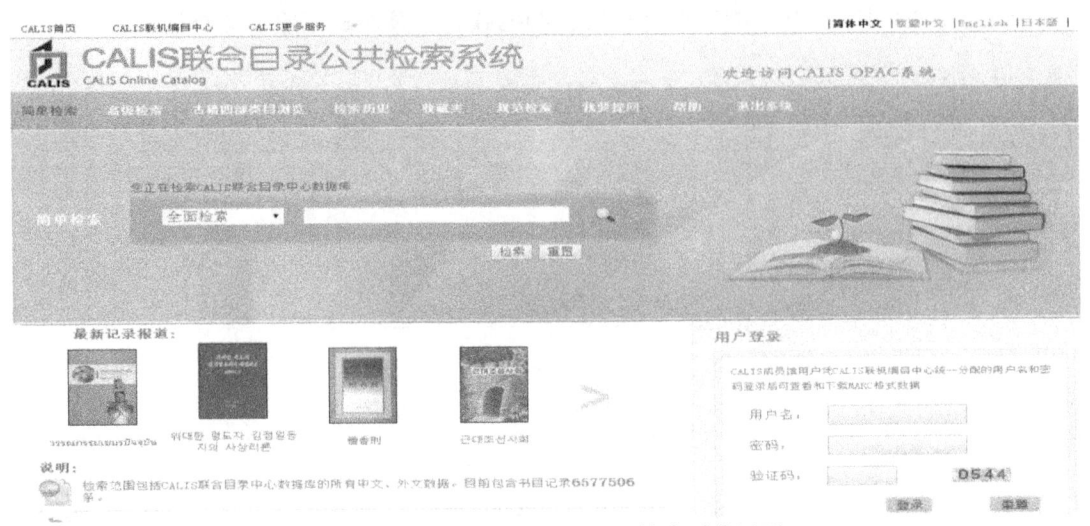

图 2-2-6　CALIS 联合目录公共检索系统界面

（三）世界书目（OCLC WorldCat）

OCLC（Online Computer Library Center）联机计算机图书馆中心是一个非营利组织。该组织于 1971 年联合世界各国 1 万多家 OCLC 成员馆共同创建全球联合编目数据库 WorldCat。该数据库属于事实型数据库（馆藏信息），展现世界图书馆的"集体馆藏"思想，免费向全球用户推出公众服务。WorldCat 数据库是世界上最大的图书馆联合目录，收藏内容丰富、覆盖范围广泛，拥有超过 10,000 家的成员馆，平均每 10 秒就有一个图书馆增加一条新纪录，收录了 13 亿多条目录和馆藏信息（图 2-2-7）。WorldCat 主题范畴广泛，覆盖从公元前 1000 年到现在的资料，基本上反映了世界范围内的图书馆所拥有的图书和其他资料。资料类型有图书、Web 站点和 Internet 资源、计算机程序、胶卷和幻灯片、期刊和杂志、文章，章节和论文、手稿、地图、乐谱、报纸、录音带、录像带等。

图 2-2-7　世界书目网络检索界面

用户可通过简单检索（Search）或高级检索（Advanced Sarch）进行期刊或图书的检索，

检索界面如图 2-2-8 所示。检索结果界面分为两部分内容，左侧为相关检索的导航信息，右侧为相关检索的推送信息，用户可以点击题名，查看该文献的详细信息，并进行打印或下载。

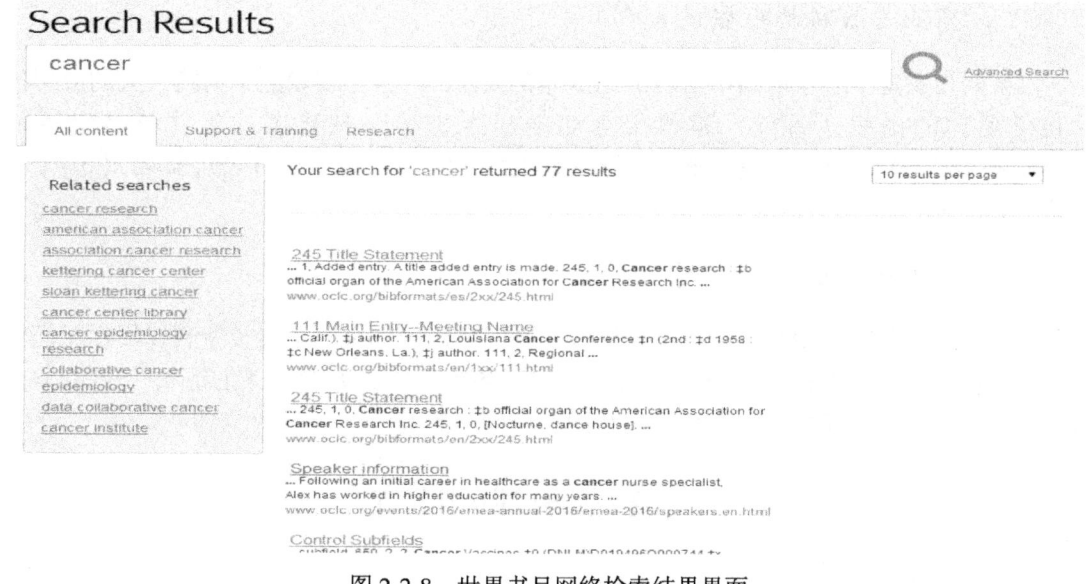

图 2-2-8　世界书目网络检索结果界面

练 习 题

1. 图书的分类和排架遵循的原则和依据分别是什么？
2. 利用图书馆 OPAC 系统检索《烧伤治疗学》。
3. 利用 WorldCat 检索"stem cell"相关图书。

第三节　学术期刊利用与评价

一、学术期刊概述

学术期刊是自然科学研究的主要信息来源，据资料统计，科研利用的各类文献中，学术期刊所占的比例约为 70%，显然它应该成为医学科技工作者关注的最为重要的信息源之一。应该怎样去认识和理解学术期刊呢？丹尼斯曾经对学术期刊作出过归纳，他认为，学术期刊必须具备 3 个必要条件或特征：由专家撰写、经同行评审、学术论文。因此，我们可以将学术期刊定义为以专业学者为作者和读者对象、主要发表由专家撰写的并经同行评审的研究报告、学术论文、综合评述为主要内容的期刊。学术期刊以学术交流为宗旨，具有学科性、学理性、探索性、专业性、资料性、准确性、规范性和交流性的特点。

二、学术期刊的主要出版渠道

（一）学术团体出版的期刊

这类期刊包括学会、协会、高等院校及研究所等编辑出版的期刊。这类刊物一般发表学术团体成员的最新科研成果,具有较高的学术水平,为广大研究人员所重视,如中华医学会的大多数期刊、美国医学会出版的《JAMA》、美国国家科学院院刊《PNAS》等。

(二)商业出版机构出版的期刊

这类期刊在整个学术期刊中所占的比例非常大,在内容上较偏重于销路较大的应用技术科学期刊的出版。目前,世界上著名的出版机构包括德国的施普林格出版社(Springer-Verlag)、荷兰的爱思唯尔科学出版集团(Elsevier Science Publishers)和美国的学术出版社(Academic Press)等。

(三)政府机关出版的期刊

这类期刊也称官方期刊,是指由各级政府部门所出版的期刊,这类期刊以提供新闻信息报道或以反映管辖范围内的统计报告、研究任务等为主。如世界卫生组织(WHO)出版的《世界卫生组织简报》和《世卫生组织药物信息》等。

三、学术期刊的评价

(一)学术期刊评价理论

学术期刊的评价目的源自于社会和期刊自身竞争发展的需要。毋庸置疑,期刊评价对于促进科学研究、推动科学事业发展具有重要意义。最常见的功能就是期刊评价研究为人们提供了各种核心期刊表。核心期刊可以说在国内是引起关注最多的,也是饱受争议的热门话题之一。一般来讲,核心期刊,指的是刊登与某一学科或专业有关信息较多、水平较高的论文,且能够反映该学科最新成果和前沿动态,受到该学科读者和检索类期刊特别关注的那些期刊。或者说,在本学科中刊载专业学术论文量大,文摘率、引用率和利用率均高,被专家公认为代表该学科或该领域发展水平和方向的少数期刊。核心期刊表具有优化图书馆或其他文献单位的馆藏、指导读者高效阅读或投稿及改进科学评价管理工作的功能。

核心期刊起源于1934年英国文献计量学家布拉德福(S.C.Bradford)提出的文献集中分散定律。布拉德福研究指出:"对某一学科或主题而言,将科学期刊按其登载相关论文数量递减的顺序排列时,都可以划出对该学科或主题最有贡献的核心区,以及论文数量与之相等的几个区,这时核心区与相继各区的期刊数量成 $1:n:n^2:……$ 的比例关系。"布拉德福在此首次提出了核心区(即其中的"1"部分)的概念,并以"润滑"为主题,提出了计算核心区及其他区域的方法。后来,人们将核心区的期刊称之为核心期刊。随着研究的不断深入发展,1963年美国著名情报学家加菲尔德(E.Garfield)提出以引文作为文献组织和检索的新思路,并在此基础上开发出了著名的新型文献检索工具"SCI"。加菲尔德以SCI数据为统计对象研究后发现,SCI数据库中所有引文的73%来自不到1,000种期刊,500种期刊提供的参考文献占SCI收录引文的70%。这说明被引文献高度集中于少数的核心期刊中,这种趋势比布氏定律描述的论文分布更加明显。布氏定律揭示的往往是单一学科或特定专业、主题的统计结果,而引文索引揭示的则是所有自然科学被引期刊文献的宏观结果,即在更广泛的意义上证实了布氏定律,因而在确定核心期刊时,采用加氏定律比布氏定律更有优越性。

随着核心期刊评价研究讨论的不断深入以及用途的不同，人们也提出了其他一些评价方法。总结起来，我们大致可以将所有相关研究分为以下 6 类。

1. 载文量法　将某一学科期刊按载文量多少进行递减排列，排在前面的 n 种累积载文量与所统计的全部期刊总载文量的百分比达到了选定的要求，例如 80%，则称前 n 种期刊为核心期刊。由于一般要求百分比达到 80%，所以这种方法也被称为 80% 法。

2. 文摘量法　以某学科著名的、带有权威性的文摘期刊对论文的摘录次数作为统计依据，或以某期刊被二次文献摘录的频率来确定核心期刊的一种方法。

3. 引文量法　根据期刊上文献被引用情况的统计，如按文献被引量、影响因子、即时被引指数等将期刊排序，靠前的、被引用率高的期刊被认为是某一学科的核心期刊。

4. 流通量法　对馆藏期刊在一定时间内的外借、馆内阅览、复印次数等进行统计分析（或馆藏期刊的利用频次进行统计），次数高的即为核心期刊。

5. 专家读者意见法　先请某学科领域的权威专家、主编等推荐本学科的核心期刊，通过调查统计再分析读者对该期刊的评价，然后进行归纳，最终定出该学科的核心期刊。

6. 综合法　由于以上各种方法都有各自的局限性，不能满足对期刊评价的要求，因此将上述多种评价指标科学的组织在一个评价体系中，即综合评价法。

常见的核心期刊评价指标有以下 5 个。

1. 总被引频次（Total Cites）　指该期刊自创刊以来所登载的全部论文在统计当年被引用的总次数。它可以显示该期刊被使用和受重视的程度，以及在科学交流中的作用和地位。

2. 影响因子（Impact Factor，IF）　是一个国际上通行的期刊评价指标，即某期刊前两年发表的论文在统计当年的被引用总次数与该期刊在前两年发表的论文总数之比。该指标是相对统计值，可克服大小期刊由于载文量不同所带来的偏差。一般来说，影响因子越大，其学术影响力也越大。

3. 即年指标（Immediacy Index，II）　也称立即指标，这是一个表征期刊即时反应速率的指标，主要描述期刊当年发表的论文在当年被引用的情况。

4. 期刊被引半衰期（Journal Cited Half-life）　指该期刊在统计当年被引用的全部次数中，较新的一半是在多长一段时间内发表的。引用半衰期和被引半衰期都是测量期刊老化速度的一种指标。这两种半衰期通常不是针对个别文献或某一组文献，而是针对某一学科或专业领域的文献总和而言的。

5. 来源文献量　指来源期刊在统计当年的全部论文数，它们是统计期刊引用数据的来源。

（二）中文期刊评价体系

目前，国内应用较多、影响力较大的有三大核心期刊遴选体系。

1.《中文核心期刊要目总览》　它是囊括社会科学与自然科学领域的核心期刊评价表。该表由北京大学图书馆主持编撰，自 1992 年起每 4 年出版一次；2008 年之后改为每 3 年出版一次，2015 年 9 月已出版第七版，从我国近 1 万种中文期刊中筛选出 1,983 种期刊为 74 个学科及分支学科的核心期刊。该评价体系的优点是分学科进行评价，评选指标比较全面，包括被索量、被摘量、被引量、他引量、被摘率、影响因子、获奖或重要检索系统收录、基金论文比、Web 下载量。缺点是核心期刊表时间滞后，周期过长。该期刊评价表目前已被部分高校用于衡量专业技术人员职务晋升时发表论文的质量评定标准。

由于《中文核心期刊要目总览》出现最早，因而在国内产生了广泛的影响，"核心期刊"一词成为《中文核心期刊要目总览》的代名词，在使用时要注意区别。

2.《中国科技期刊引证报告》 它是科学技术类期刊的核心期刊评价表，由国家科技部委托中国科技信息研究所编制而成，具有一定的"官方"色彩。自1997年起，通过同行评议和定量评价的方法对我国科技论文进行统计与分析，每年出版一本《中国科技期刊引证报告》，2015年版收录2,485种科技期刊。其中的核心期刊被人们习惯性称为"统计源期刊"，近年来也有人把它叫做"中国科技核心期刊"。

3.《中文社会科学引文索引》（CSSCI） 它是人文社会科学类核心期刊评价表，由南京大学主持研制而成。CSSCI遵循文献计量学规律，采取定量与定性评价相结合的方法从全国2,700余种中文人文社会科学学术性期刊中精选出学术性强、编辑规范的期刊作为来源期刊。目前收录包括法学、管理学、经济学、史学等在内的25大类的500多种学术期刊，数据回溯至1998年，其来源文献现已累积达100余万篇，引文文献达1,000余万篇。CSSCI的来源期刊或来源文献，不仅包括中国（内地、香港、澳门、台湾），而且包括欧美等各国出版的中文人文社会科学学术期刊。目前CSSCI越来越受到各社会科学研究机构的重视。

（三）外文期刊评价体系

目前，被广泛认知的外文期刊评价体系是由美国科学情报研究所（Institute for Scientific Information，ISI）每年出版的Journal Citation Reports（期刊引证报告，JCR）。JCR是一个综合性、多学科的期刊分析与评价工具。JCR包括JCR Science Edition（自然科学版）和JCR Social Sciences Edition（社会科学版）两个版本。

JCR Science Edition，2015年收录了83个国家或地区的8,700多种科技期刊，涉及农学、天文学、生物化学、生物学、计算机科学、医学、精神病学、肿瘤学、药理学、儿科学、外科学等176个学科领域。

JCR Social Sciences Edition，2015年收录了52个国家或地区的3,200多种社会科学期刊，涉及人类学、考古学、传播学、信息科学与图书馆学、精神病学、心理学、卫生政策、护理学、老年医学、健康与康复、药物滥用等56个学科领域。

JCR目前可在汤森路透公司的Web of Science平台上进行检索，称为JCR Web。JCR Web客观地统计了Web of Science收录期刊所刊载论文的数量、论文参考文献的数量、论文的被引用次数等原始数据，再应用文献计量学的原理，计算出各种期刊的影响因子、5年影响因子、立即指数、被引半衰期、特征因子等反映期刊质量和影响的定量指标，全面综合地评价和分析了国际性学术期刊。因此，JCR Web能帮助用户找到某一学科领域学术影响最大的期刊，受到了全世界各学术团体的重视。

练 习 题

1. 学术期刊包括哪些出版途径？请列举3种医学类外文期刊。
2. 我国的核心期刊和统计源期刊有何区别？
3. JCR中的期刊评价指标包括哪些？

第四节　图书馆数字资源利用

一、免费网络资源与图书馆数字资源的区别

互联网已演变为一个国家提供知识和信息服务的公共基础设施，数字媒体已成为科研文献的主要信息形态。而 Google、百度等网络搜索产品的出现和不断完善，使得搜索引擎变得几乎无所不能，似乎可满足所有用户的信息需求。许多用户以为，只需要用好搜索引擎就可万事大吉了，图书馆及其数字资源可以忽略。

然而现实并非如此。首先，图书馆不仅没有消亡，反而由于数字资源的不断涌现，呈现出新的生机与活力。大多数高校图书馆的网站上，都排列着长长的数据库列表，据资料显示，国内院校图书馆中的数字资源最多的达数百种，少则也有数十种。针对不同用户群体不同需求的数据库可谓琳琅满目。事实上，免费搜索引擎并未能取代这些价格不菲的各类专业数据库，原因何在？

整个 Web 看似杂乱无章，但如果按其所蕴涵信息的"深度"可以划分为 Surface Web 和 Deep Web 两类。Surface Web 是指通过超链接可以被传统搜索引擎索引到的页面集合，而 Deep Web 则是指由于技术、权限以及其他原因导致 Web 中不能被传统搜索引擎索引到的内容。Deep Web 中的 Web 数据库不但数量众多，为 Surface Web 内容的若干倍，而且数据质量也颇高，覆盖了现实世界的各个领域。一般来讲，搜索引擎的搜索结果是网页，而 Deep Web 中的搜索结果主要是结构化的数据。高校图书馆每年花费巨资订购的各类专业数据库，均属于 Deep Web 资源。因此，免费搜索引擎不能取代图书馆的各类专业文献数据库。

二、如何利用好图书馆数字资源？

信息对科学研究的重要性不言而喻，每一名医学科研工作者均应了解其学科信息资源的分布特点、资源类型、使用条件以及常用技术等问题，方可充分发挥其作用。可从四个层面来掌握图书馆数字资源的利用。

（一）学科层面

作为一名医学从业者，应当对生物医学领域内的数字资源有一个宏观的了解，只有这样才能在利用时做到心中有数，有的放矢。许多学员在文献检索学习时不重视数据库的基本情况介绍，对本专业学科数字资源缺乏宏观通览，只专注于操作步骤和检索技巧，导致该查的资源没有查，不用查的资源中查不到相关文献，结果是大量相关文献的漏检。事实上，我们不仅应当充分了解本单位数字资源的分布，还应当从学科专业、职业行业等多角度来掌握所需信息资源的分布特点，做到成竹在胸。

要掌握这些信息并不难，通过询问老师、查询相关文献、查看数据库产品介绍或帮助信息等方式均可以得到不少信息。

（二）资源层面

需要掌握的数字资源层面的信息包括收录文献的类型、数量、质量、学科覆盖范围、数据回溯时限、著录详细程度、数据库特色功能等。每一个数据库都有其特色，如 PubMed，

它便具有收录文献全面、回溯时间长（目前数据已回溯至1950年）、数据著录规范、检索途径多样、可免费使用等特点，因而在国内外享有很高的声誉，得到了广泛的应用。但有些特点是相比较而言的，如PubMed与Embase比较而言，它更注重收集北美地区的文献，其英文文献占70%以上，Embase涵盖了大量欧洲与亚洲的医学文献，其药物检索、疾病检索与医疗设施检索功能更为强大，而且目前Embase包含了PubMed的核心数据内容（MEDLINE），所以其收录范围更广。

数字资源的分类有多种标准，可以根据文献类型分为电子图书、电子期刊、电子学位论文、电子会议论文、电子工具书、多媒体资源等。还可以根据所属权限分为外购、自建、网络免费、试用数据库等。也可按照信息著录级别分为题录型、文摘型、全文型资源。还可以根据存放的地理位置分为本地资源（镜像资源）、在线访问资源（网上包库）等。这些分类从不同角度对资源进行了界定，目的在于帮助人们提高对资源的认识。如期刊论文，作为科技信息的主要来源，应该成为我们医学科技工作者关注的重点信息源，而图书则相对而言其内容更成熟，系统性更强，大多是对已发表的科技成果、生产技术知识和经验的概括论述，更适合于系统学习。

（三）操作层面

在操作层面应关注数据库的检索途径和技巧。需要掌握的知识点有数据库的记录和字段，检索平台支持哪些运算符的操作，提供哪些检索途径入口，每一个检索途径中应掌握哪些相应的技巧等。这一部分历来作为文献检索课程的重点学习内容。

（四）综合层面

在熟练掌握各类数字资源的检索利用知识后，我们还应该通过对它们之间的比较、分析和评价等，进一步巩固、强化所掌握的知识和技能，提高对数字资源的认识和评价能力。这是掌握医学文献检索知识必不可少的一个环节，同时也是读者信息素质的更高要求。

比较既可以在宏观的学科和资源层面上进行，如从其收录学科范围、年限、文献数量等方面入手，加深对各类数据库的了解，进而更好地把握这些信息资源的利用时机；也可以在微观的操作层面上进行，如通过比较各类数据库可支持的检索运算符以及它们在表示方法、使用效果上的差异等，从而深入和牢固地掌握这些信息资源的利用技巧，提高检索效率。

练 习 题

1. 图书馆的数字资源与网络免费资源有何区别？
2. 国内外的医学信息资源很多，如何才能快速有效地利用好这些资源？

（王 岩 李 斯 何晓阳）

第三章　常用生物医学文摘数据库检索

第一节　CBM 数据库检索

一、数据库简介

中国生物医学文献数据库（CBM）是中国医学科学院医学信息研究所研制开发的生物医学文献数据库。该数据库收录了1978年以来1,800多种中国生物医学期刊以及资料汇编、会议论文的文献题录，年增长量约40万条，至2016年已收录900余万条题录。学科范围涉及基础医学、临床医学、预防医学、药学、口腔医学、中医学及中药学等生物医学的各个领域。是目前国内最权威的医学文摘数据库。

（一）版本变更

伴随着计算机和网络技术的发展，CBM数据库的检索平台已经经历了DOS版、Windows版和Web版等多个版本的变化，功能上也更加强大。2009年8月，中国医学科学院医学信息研究所正式发布了《中国生物医学文献服务系统》（SinoMed），以替代原有的CBM数据库版本，并新增西文生物医学文献数据库（WBM）、日文生物医学文献数据库、俄文生物医学文献数据库、英文文集汇编文摘数据库、英文会议文摘数据库、北京协和医学院博硕学位论文数据库、中国医学科普文献数据库7种资源。本节中仅对新版CBM进行介绍。

（二）CBM数据库的功能特点

1. 标引规范　中国生物医学文献数据库的全部题录均根据美国国立医学图书馆最新版《医学主题词表（MeSH）》（中译本），以及中国中医研究院中医药信息研究所《中国中医药学主题词表》进行了主题标引，并根据《中国图书馆分类法·医学专业分类表》进行了分类标引，对文献内容进行了更加全面、准确的揭示，提高了查全率和查准率。

2. 检索方式灵活多样　CBM可以进行字段、智能主题、多内容限定、主题词表辅助、主题词与副主题词扩展、著者机构限定、定题检索、引文及被引文献等多种检索，还具有多知识点链接、检出结果统计分析等功能，使检索过程更快、更高效，使检索结果更细化、更精确。

3. 全文获取方便　目前，中国医学科学院医学信息研究所与重庆维普资讯公司达成协议，为CBM数据库中1989年以来的文献提供全文链接，使用户获取全文更加方便快捷。此外，CBM数据库还对每一条检索结果提供了"原文索取"链接，拓宽了全文获取路径。

二、检索途径与方法

检索时首先进入中国生物医学文献服务系统（图3-1-1）。用户登录后可以直接对包括CBM数据库在内的多个数据库进行单独或跨库检索，其检索功能较为简单，要实现CBM数据库中强大的检索功能，需点击页面中"中国生物医学文献数据库"链接，进入CBM检索界面（图3-1-2）。

图 3-1-1　中国生物医学文献服务系统

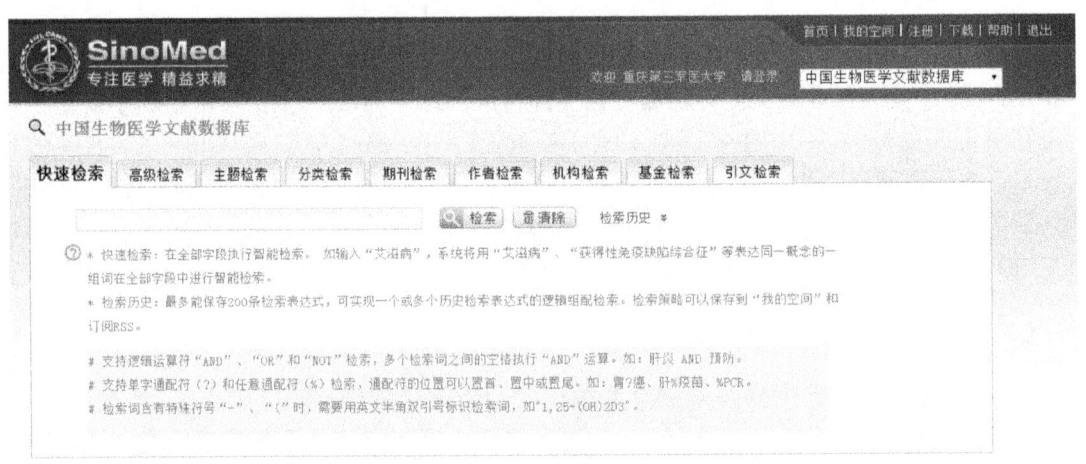

图 3-1-2　CBM 数据库（快速）检索页面

CBM 提供了快速检索、高级检索、主题检索、分类检索、期刊检索、作者检索、机构检索、基金检索以及引文检索等 9 种检索方式；此外，在不同检索界面中，还可以进行限定检索、链接检索、通过检索历史进行复合检索等操作。

（一）快速检索

快速检索页面是 CBM 数据库默认的检索页面，在各个检索界面完成检索后均返回快速检索页面。快速检索是在全部字段中对检索词进行智能检索，支持通配符及布尔逻辑运算符的使用，检索词含有特殊符号 "-"、"(" 时，需要用英文半角双引号标识检索词，如 "1,25-（OH）2D3"。

1. 智能检索　系统自动实现检索词、检索词对应主题词及该主题词所含下位词的同步检索。如输入"艾滋病"，点击检索后，通过页面右侧的"详细检索表达式"，可以看到系统实际执行的检索式为"('艾滋病'[全字段]OR '获得性免疫缺陷综合征'[全字段]OR '后天性免疫缺陷综合征'［全字段］OR 'AIDS'［全字段］OR '获得性免疫缺陷综合征'［主题词］)"。

2. 通配符检索　指在检索词中使用通配符的一种检索方式，可用于提高检索效率。SinoMed 系统支持两种通配符检索，分别为单字通配符"?"和任意通配符"%"，通配符的位置可以置首、置中或置尾。

单字通配符"?"：替代一个字符。

如：输入"血?动力"，可检索出含有以下字符串的文献：血液动力、血流动力等等。

任意通配符"%"：替代任意个字符。

如：输入"肝炎%疫苗"，可检索出含有以下字符串的文献：肝炎疫苗、肝炎病毒基因疫苗、肝炎减毒活疫苗、肝炎灭活疫苗等。

3. 二次检索　在完成一次检索后，"快速检索"及"高级检索"页面中会出现"二次检索"选择框，输入新的检索词，选中"二次检索"前面的复选框，点击"检索"按钮即可在上一次检索结果的范围内查找新的检索词，与上次检索之间的关系为"AND"，能够缩小检索范围。

4. 检索历史　在"快速检索"及"高级检索"页面中有"检索历史"链接。点击"检索历史"按钮后可进入检索历史页面，主要用于显示之前已完成的各项检索式，并可实现一个或多个历史检索表达式的逻辑组配检索。检索历史显示时按时间顺序排列，从上到下依次显示，最后完成的检索式总在"检索表达式"列表的最上面，最多可以显示 100 条检索式。

在选定特定的检索式后，点击检索式上方或下方的逻辑组配按钮 AND、OR 或 NOT 之后，系统会将执行后的检索式自动置入检索词输入框中，点击"检索"按钮后开始检索。也可以直接在检索词输入框中输入检索式，如：#1 and #2、#1 not #2 等。

此外，用户还可以在检索历史页面中清除检索史、保存策略和订阅 RSS（需要注册并登录进入"我的空间"）。

（二）高级检索

高级检索是系统提供的构建较为复杂检索策略的检索途径，点击图 3-1-2 页面上端的"高级检索"标签，进入高级检索页面（图 3-1-3）。

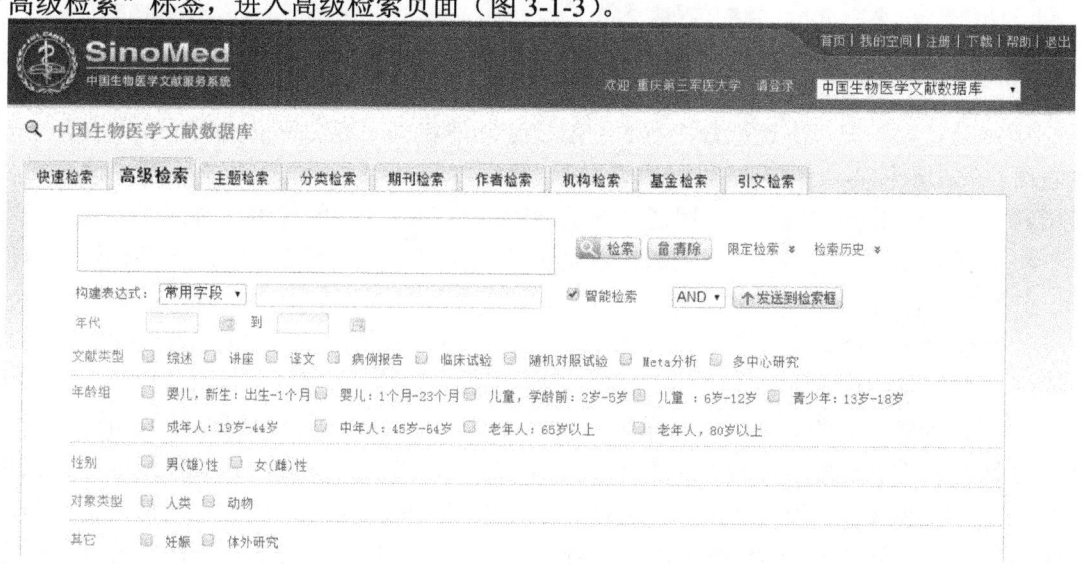

图 3-1-3　高级检索页面

在此检索界面中可进行以下几种检索操作：

1. **字段检索** 高级检索共提供了 18 个检索字段，包括常用字段、全部字段、中文标题、英文标题、摘要、关键词、主题词、特征词、分类号、作者、第一作者、作者单位、国省市名、刊名、出版年、期、ISSN、基金（图 3-1-4）。系统默认的查找范围是"常用字段"，即在中文标题、摘要、关键词和主题词 4 个字段内进行查找；特征词是对文献中有关人类或动物、性别、年龄等内在特征进行描述的词。在进行字段检索时，首先在"构建表达式"后选择要检索的字段名称，然后再检索输入框中键入任意的检索词（可包含通配符），点击右侧的"发送到检索框"按钮，将其发送到检索框中，然后点击"检索"按钮，系统将在指定的字段范围内进行查找。

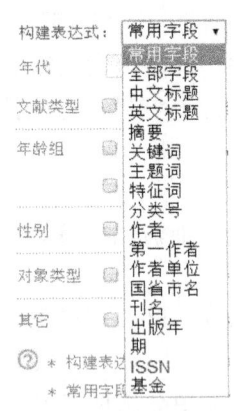

图 3-1-4 字段选择框

2. **复合检索** 即以布尔逻辑运算符对相同或不同字段中 2 个以上的检索词进行组合，构建检索表达式进行检索。以检索第三军医大学发表的由国家自然科学基金项目资助的文章为例：

步骤 1：首先在"构建表达式"后选择字段"作者单位"，在检索词输入框中输入"第三军医大学"，点击右侧的"发送到检索框"按钮。

步骤 2：再次选择检索字段"基金"，在检索词输入框中输入"国家自然科学基金"，在其后的逻辑运算符选择菜单中选择"AND"（图 3-1-5），点击右侧的"发送到检索框"按钮，在检索框中形成检索式"（'第三军医大学'[作者单位]）AND '国家自然科学基金'[基金]'"，点击检索按钮，完成检索。

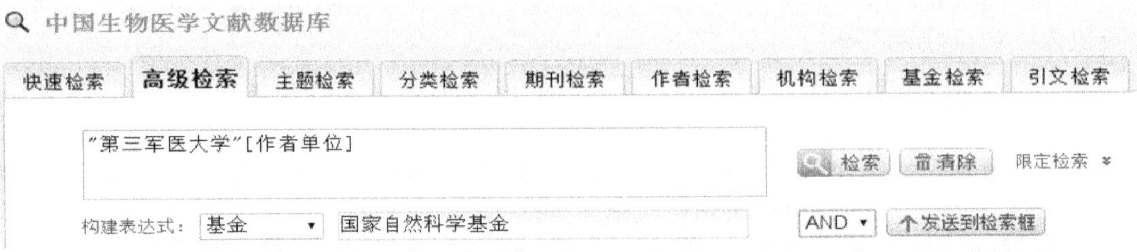

图 3-1-5 复合检索

3. **智能检索** 与"快速检索"中的智能检索功能相同，可实现检索词及其同义词（含主题词）的扩展检索，但仅在选择全部字段、常用字段、中文标题、英文标题、摘要和关键词 6 个字段时出现该选项，使用时勾选检索输入框后的"智能检索"框即可。

4. **精确检索** "精确检索"要求检索词与检索字符串完全相等，仅限于关键词、特征词、分类号、作者、第一作者、刊名、期、ISSN 字段，选择以上字段后，检索框后就会出现精确检索的选框。如检索作者"张军"，选择"精确检索"后，仅检索出作者为张军的文献，而不会将其他作者名中含有张军（如张军山、张军文等）的文献检出。

5. **限定检索** 在检索词输入框下方，提供了文献出版年代、文献类型、年龄、性别、研究对象的类型等 6 组限定条件的选择（图 3-1-3），除年代限定外，其他各组内的关系为"OR"，各组之间的关系为"AND"。进行文献出版年代的限定时，点击输入框后会弹出出版年选择，年代范围为 1978 到最新出版数据，可通过选择项上方的左右箭头翻看年代，选择后点击"确定"按钮即可，也可以手工输入。可点击检索框右侧的"限定检索"链接，隐藏或显示限定条件。

进行限定检索时，可以在检索前设置限定条件，也可以在检索后设置限定条件，还可以根据需要随时修改限定条件。

如果是在检索后设置限定条件，或对限定条件进行了修改，需点击检索输入框下"检索条件："后的检索式，才能对当前检索条件执行新限定检索。

提示：建议限定检索放在检索课题的最后一个检索式进行。开始新的检索时，应点击限定条件旁的"清除"按钮，清除之前选择的限定条件。

（三）主题检索

主题检索即在记录的主题词字段中查找文献，与"高级检索"中的"主题词"字段检索不同。在"主题检索"界面下，能够实现主题词的选择调整、副主题词的组配、主题词与副主题词的扩展等。而在"高级检索"中的"主题词"字段检索，则难以实现上述功能。其中的主题词是根据《医学主题词表》（即 MeSH 词表）、《中国中医药学主题词表》进行标引，对同义词、近义词进行了统一，不同文献中的同一事物使用相同的主题词进行标引，可检索更宽广的概念，并具有较高的查准率。

点击页面上端的"主题检索"标签，进入主题检索界面。在检索入口处的下拉菜单中，可选择使用中文主题词或英文主题词进行检索。若检索英文主题词，只需用鼠标选中"英文主题词"即可。系统默认为中文主题词。

以检索题"肝炎药物治疗（加权检索）"为例，主题检索分 5 步进行：

*分析：该题可拆分为"肝炎"和"药物治疗"两个检索点，其中"药物治疗"作为一种治疗方法，可以考虑采用副主题词进行检索。

1. 在检索入口处的下拉菜单中，选择使用中文主题词或英文主题词进行查找。在检索输入框输入检索词"肝炎"，点击查找按钮，进入主题词轮排索引页面，显示含有该词或字片段的所有款目词、主题词列表以及每个主题词相对应的文献数量（图 3-1-6）。本次检索中共显示有 5 页、93 条含"肝炎"的款目词，可翻页查找适当的主题词。

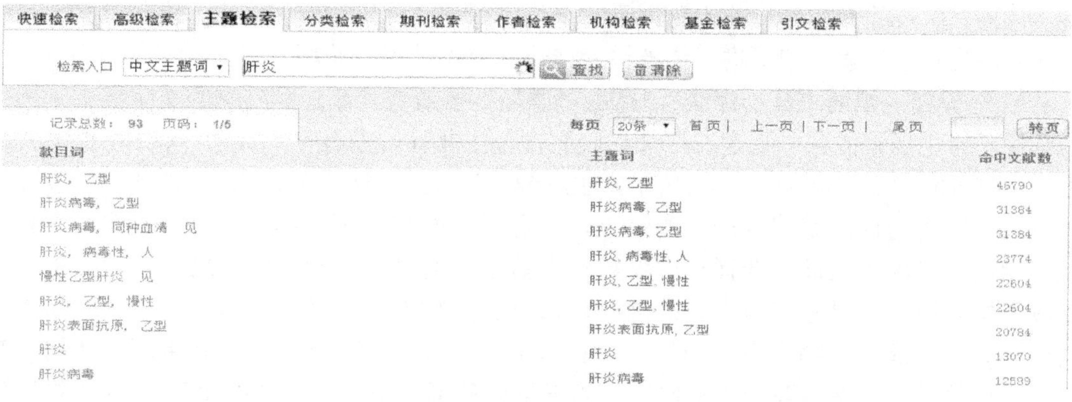

图 3-1-6 主题词轮排索引页面

2. 找到主题词"肝炎"，点击该主题词即可进入如图 3-1-7 所示的页面，在此页面中，用户可以对主题词选择是否"加权检索"、"扩展检索"，以及副主题词及其扩展检索进行操作，在页面下方还可以浏览主题词详细信息（包括主题词、英文名称、树形结构号、相关参照、标引注释、主题词详解等）和树形结构表等。树形结构表位于页面的下端，主要说明了主题词上下位的类属关系，由上位概念词到下位词逐层打开，形似倒置的树枝形状。用户可以参照主题词详细信息了解该词是否是要查找的概念，并点击树形结构表中的上位词或下位词变换查找的主题词。

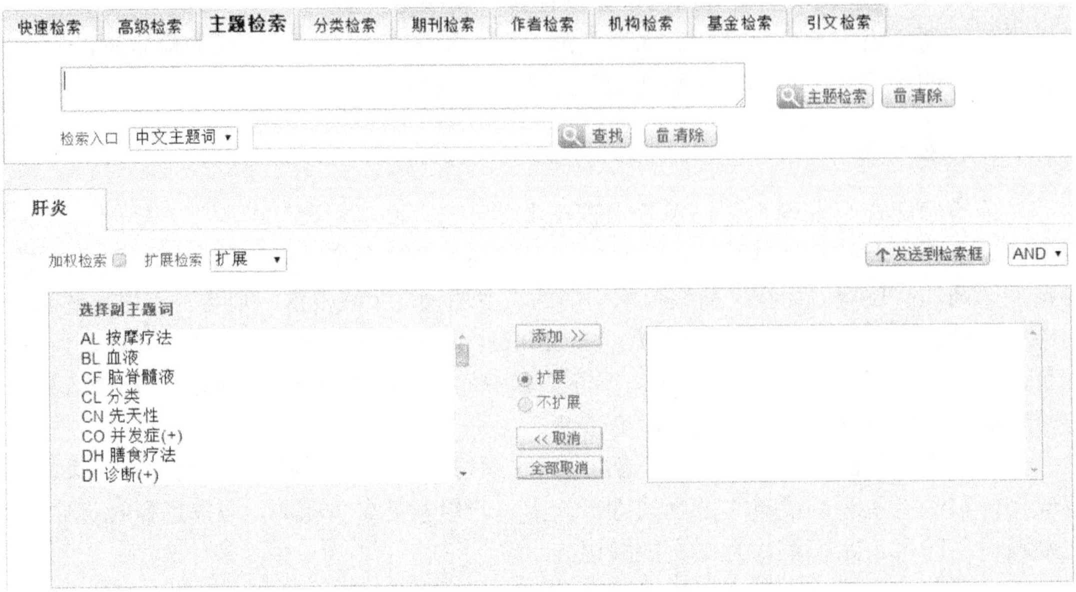

图 3-1-7 副主题词及详细信息页面

3. 选择加权检索　在 CBM 数据库中每一篇文献会有多个主题词，其中相对比较重要、能够反映文章论述的主要内容的主题词，被称为主要概念主题词（主题词字段中用"*"标示），加权检索表示仅对主要概念主题词检索，非加权检索表示对主要概念主题词（加星号主题词）和非主要概念主题词（非加星号主题词）同时进行检索。若进行加权检索，对"加权"选框进行标记即可。

此外，扩展检索指对当前主题词及其下位主题词（参见树形结构表）进行检索。系统默认状态为扩展检索，若不进行扩展检索请选择"不扩展"选项。

4. 选择副主题词"药物疗法"，点击"添加"按钮将其添加到右侧的文字框中。副主题词用于对主题词的某一特定方面加以限制，使主题词检索具有更高的专指性。CBM 数据库中有 MeSH 副主题词、中医药学副主题词共计 90 多个，特指同一主题的不同方面。主题词与副主题词的组配有严格的规定，不是所有的副主题词都能与每个主题词进行组配，检索中"副主题词"选择框中仅显示当前主题词可以组配的副主题词。如在疾病类主题词检索时，会显示病理学、病因学、诊断、药物治疗、外科学等，而在药物类主题词检索时，会显示生物合成、副作用、药理学、药代动力学等。一些副主题词之间也存在上下位关系，如副主题词"副作用"的下位词包括"中毒"和"毒性"，选择"扩展副主题词"，指对该副主题词及其下位副主题词进行检索，非扩展检索则仅限于当前副主题词"副作用"。

5. 点击"发送到检索框"按钮，再点击"检索框"旁的"主题检索"按钮，系统完成检索，返回快速检索页面，并显示检索结果。

(四) 分类检索

分类检索是从文献所属学科角度查找文献的方法，CBM 数据库依据《中国图书馆分类法》医学专业分类表对文献进行分类，有类号、类名检索及分类导航 3 种途径。一般用于对某一具体类别的内容做比较全面地收集时使用。点击如图 3-1-2 所示界面中的"分类检索"标签，进入分类检索页面（图 3-1-8）。

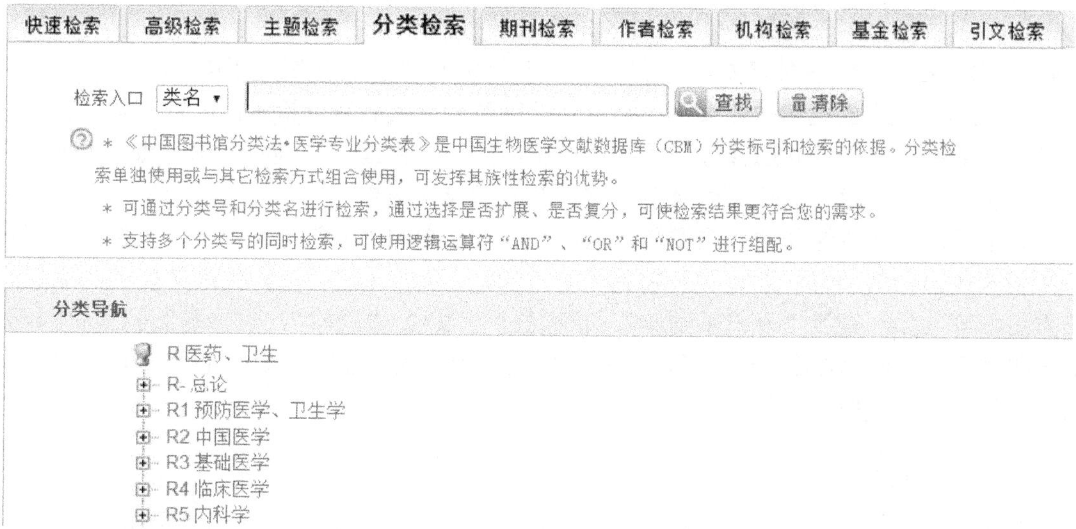

图 3-1-8 分类检索页面

如已知具体的分类号或类名，则可按以下步骤进行：

1. 在检索入口处选择"类名"或"类号"，在检索输入框中输入相应的类名或分类号，点击查找按钮，若查找的是类名，则显示所有含有检索词的类名及对应的分类号的列表；若查找的是分类号，则显示以此分类号开始的分类表，可以前后翻页查看其他的分类情况。点击要查找的分类号或分类词进入选择复分号页面（图 3-1-9）。

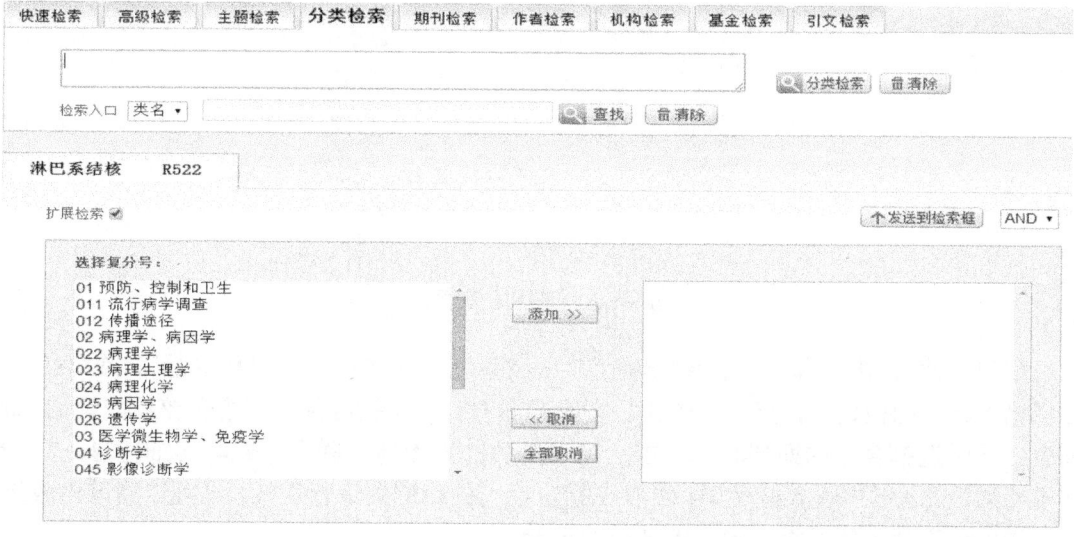

图 3-1-9 分类检索复分页面

2. 在选择复分号页面中可进行"扩展"检索和选择复分号。分类检索中的扩展检索与主题检索中的扩展概念类似,选中"扩展检索"表示对该类目及其下位类进行查找,不选"扩展检索"则表示仅对该类目检索。选择复分号用于对分类号某一特定方面加以限制,强调其专指性。如:复分号"022"表明主类号的"病理学"方面。类号及其类名下列出了可与当前主类号组配的全部复分号,不选择任何复分号表示检索当前类号下的所有文献。需要注意的是,不是所有类号都有复分组配,仅下列类号可进行复分组配:①R25/278 中医各科及中医急症学、R5/8 临床各科疾病与"临床医学复分表"进行复分组配;②R282.71/.77 各种药材与"各类药材专类复分表"进行复分组配。

3. 点击"发送到检索框"按钮,如需要进行多个分类的复合检索,可输入新的类名或类号,重复步骤1、2,并选择适当的布尔逻辑组配符,将其发送到检索框,点击"分类检索"按钮,完成检索,返回快速检索页面,并显示检索结果。

如果不清楚具体的分类号或类名,也可以在页面中的"分类导航"中,直接用鼠标选择需要查找的分类类目。通过类目前的"+"可以打开下一级类目。找到需要的类名后直接点击即可。如:查找"淋巴系结核",首先找到"R52 内科学",点击前面的"+"打开下一级类目,找到"R52 结核病",再向下找到"R522 淋巴系结核",直接点击"淋巴系结核",进入选择复分号页面。

(五)期刊检索

该途径提供了期刊查找、期刊分类导航和首字母导航 3 种检索途径(图 3-1-10),可以查询 CBM 中收录的全部期刊的相关信息,并可直接查看期刊中收录的文献。

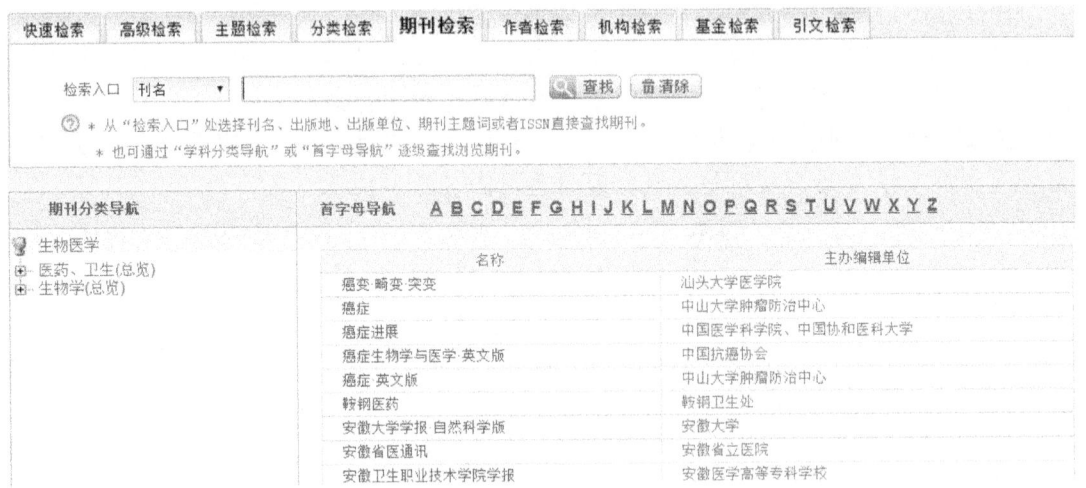

图 3-1-10 期刊检索页面

期刊查找:在检索入口处选择"刊名"、"出版单位"、"出版地"、"期刊主题词"或"ISSN",然后输入相应的检索词,点击"查找"按钮开始查找。查找结果显示含有该检索词的期刊列表,从中选择合适的期刊名,点击后显示期刊的出版地、联系方式等详细信息。"在本刊中检索"输入框中输入检索词,可以在指定期刊的范围内进行检索,还可以通过出版年、期,浏览该期刊全部或限定的某年某期的记录。

"期刊分类导航"是按照期刊主题浏览查找期刊的一种方式,依照"医药卫生"和"生物学"两个大类排列,逐级浏览。"首字母导航"是按照期刊刊名的拼音首字母进行查找期刊的方式,使用时,点击想要查找的期刊的首字母,然后在显示的刊名列表页中浏览。

(六)作者检索

点击页面上端的"作者检索"链接,进入作者检索页面。与高级检索中选择"作者"字段进行检索不同,在作者检索途径中除了可以对作者和第一作者进行检索外,还支持第一作者单位限定检索与分析评价,提高查准率。

第一作者检索的具体步骤为:①输入作者姓名,勾选"第一作者";②选择要检索或分析的"第一作者"姓名;③选择要检索或分析的"第一作者"所在机构;④点击"查找"或"分析"按钮,查看相应结果。

第一作者分析报告可显示该作者年出版文献数、年被引频次、总被引频次、主要研究领域和主要合作者等图表数据,如图 3-1-11 为第三军医大学西南医院阴正勤教授以第一作者发表的文献分析报告。

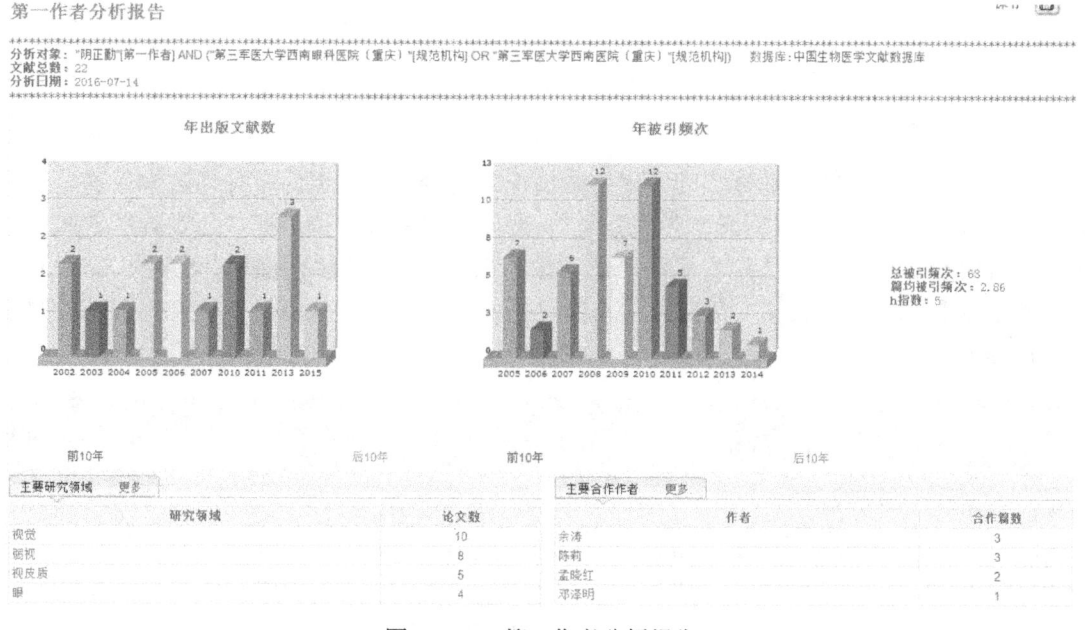

图 3-1-11 第一作者分析报告

(七)机构检索

机构检索是 CBM 数据库提供的专用于检索机构发表文献情况的途径,与高级检索中选择"作者单位"字段进行检索不同,机构检索途径不仅可通过输入机构名称直接查找机构,也可通过首字母导航或分类导航逐级查找所需机构,同时提供了指定机构及作为第一机构时论文发表情况和被引用情况(图 3-1-12)。

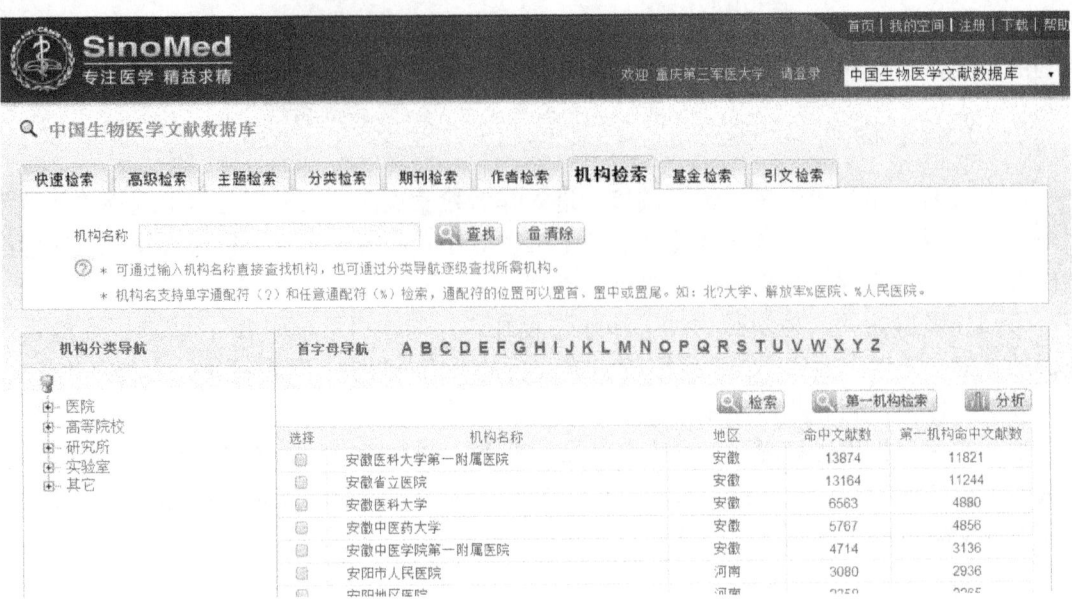

图 3-1-12　机构检索页面

（八）基金检索

基金检索是查找特定基金资助发表文献情况的途径，在此页面中可通过输入基金名称或者基金项目（"项目名称"或"项目编号"）直接查找基金，也可通过分类导航依照国家级、高等院校、研究所、医院、军队、省市地方政府及其他逐级查找浏览（图 3-1-13）。与作者检索和机构检索类似，基金检索途径也提供了特定基金项目发表论文情况及论文被引情况的分析功能。

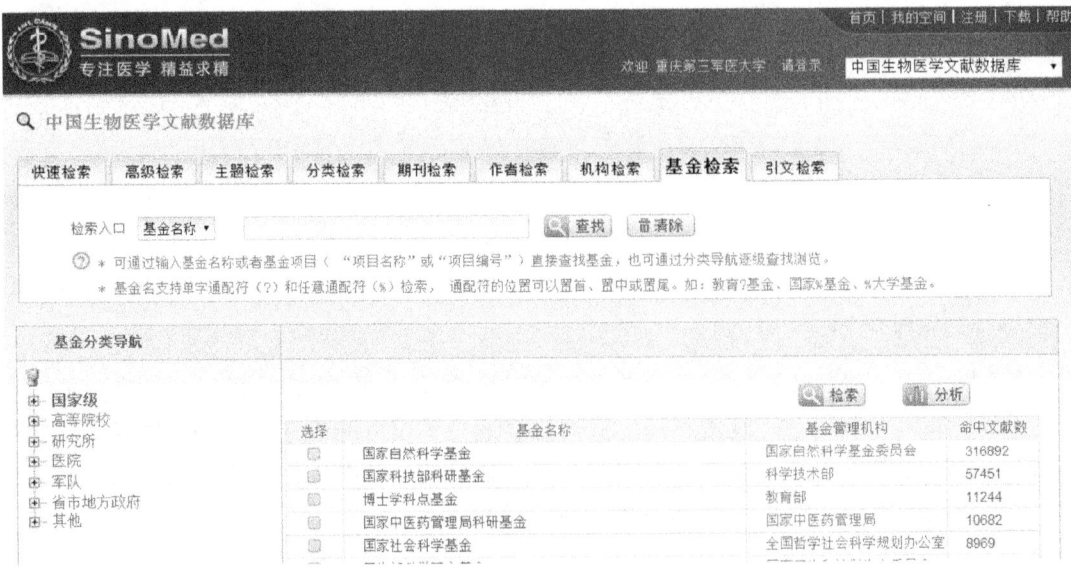

图 3-1-13　基金检索页面

（九）引文检索

引文检索是 CBM 数据库新增的功能，主要用于查看特定论文、作者、机构等论文被引情况。引文检索提供了常用字段、被引文献题名、被引文献主题、被引文献作者、被引文献第一作者、被引文献出处、被引文献机构、被引文献第一机构和被引基金 9 个检索字段，其中常用字段由被引文献题名、被引文献出处和被引文献主题 3 个检索项组成，被引文献主题由被引文献题名、关键词和主题词 3 个检索项组成。

与快速检索和高级检索页面类似，引文检索页面也有限定条件及检索历史链接。但引文检索页面中的限定条件仅有被引年代和发表年代的选择，检索历史仅显示已完成的引文检索历史。

如以主题"丙型肝炎"为例，查看 2006 年以来有关"丙型肝炎"的论文被引情况：

1. 在引文检索页面中，选择检索字段为"被引文献主题"，在输入框中输入检索词"丙型肝炎"，在限定条件下的发表年代中选择 2006 至今，点击检索按钮，显示引文检索结果页面（图 3-1-14），检索结果默认按被引频次排列，每篇论文下都显示被引频次及参考文献数，点击后可查看具体的文献；

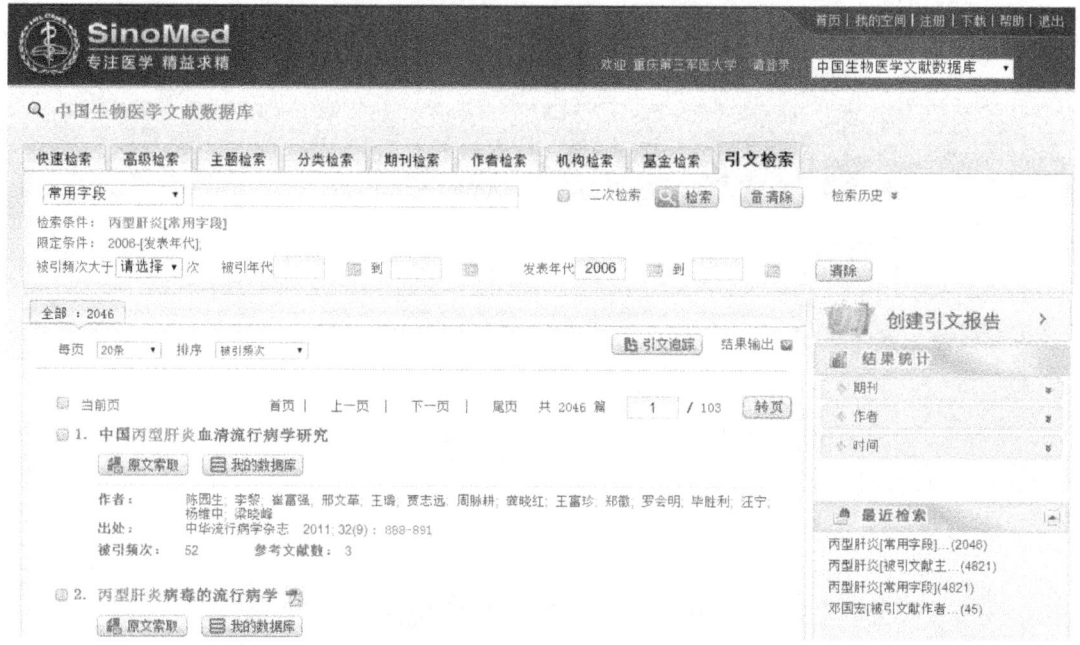

图 3-1-14　引文检索结果页面

2. 点击页面右侧的"创建引文报告"，可查看 2006 年以来有关"丙型肝炎"的论文的引文分析报告（图 3-1-15），包括年出版文献数、年被引频次、总被引频次、篇均被引频次、h 指数、论文近 5 年被引情况等。

3. 在引文检索结果页面中点击"引文追踪"按钮可查看某一篇论文的被引情况分析。例如选择检索结果中的第一篇（即默认被引频次最高的论文），点击"引文追踪"按钮，得到该论文近 5 年被引频次追踪情况（图 3-1-16）。

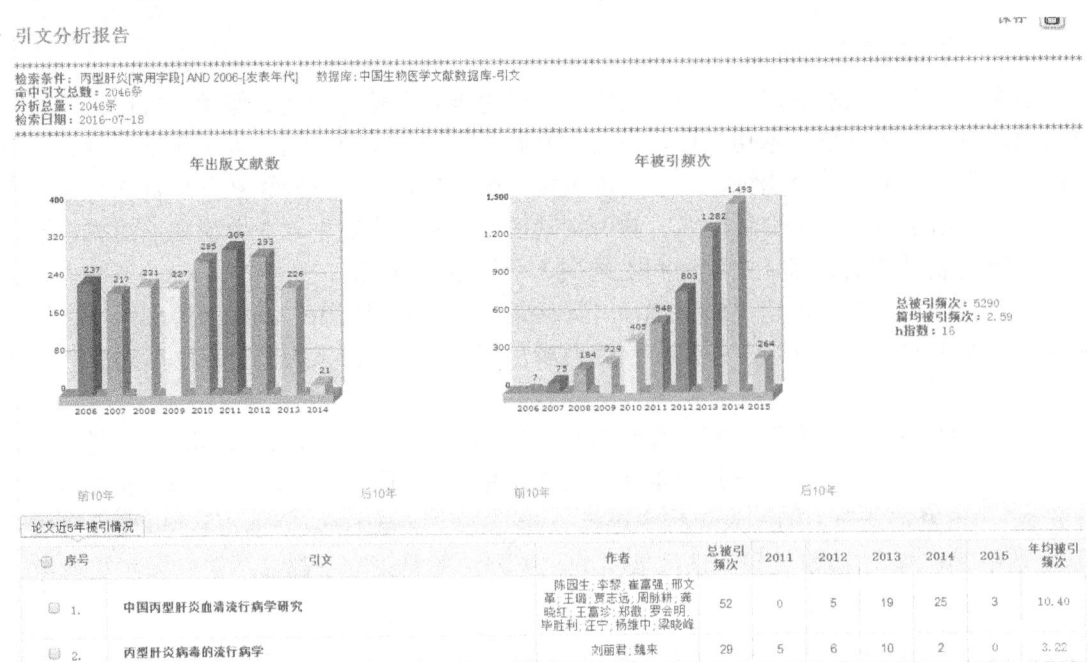

图 3-1-15

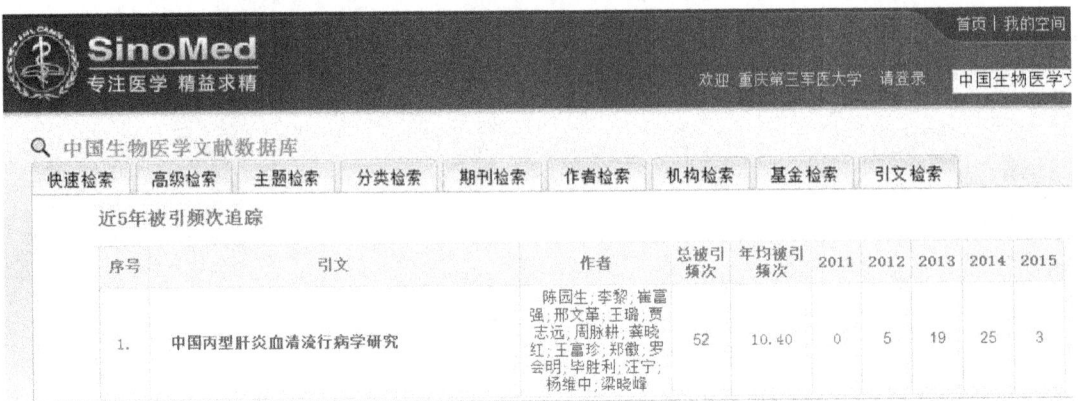

图 3-1-16 近 5 年被引频次追踪

三、检索结果的处理

（一）结果显示

在除"引文检索"外的其他几种检索完成后，系统会回到快速检索页面，并显示检索出的文献。系统提供了全部、核心期刊、中华医学会期刊、循证文献 4 种检索结果。点击相应的页面标签，可以在几种检索结果之间切换。检索结果页面提供"题录"、"文摘"两种显示格式，默认情况下显示题录格式，即仅显示文献的题录信息，包括标题、著者、著者单位、出处和相关链接字段。"文摘格式"比"题录格式"多了摘要、主题词、关键词、被引频次等（不同文献显示字段可能不同），点击文献的标题可查看文献的详细格式。

默认状态下，每页显示 20 条检索记录，可以通过"每页"后的下拉菜单选择每页显示的文献条数，有 20、30、50、100 四种选项。还可以通过"排序"后的下拉菜单选择按入库（时间）、年代、作者、期刊、相关度、被引频次 6 种方式，改变结果的排序。不指定排序格式时，记录按数据入库时间显示。此外，还可以对需要的记录进行标记（点击文献前的方形选框），点"显示标记"按钮，则仅显示被标记的文献。

（二）链接检索

CBM 数据库中对记录中的作者、期刊、关键词、特征词、主题词、副主题词做了超链接。在查看检索结果的过程中，如果对其中某篇文章中的作者、关键词、主题词等感兴趣，可以直接点击该词，系统将直接开始检索并显示结果。同时，数据库还提供了"相关链接"字段，点"主题相关"，系统将按照内置算法检出与该篇主题内容相关的文献；点"共引相关"将显示与该文献有共引关系的文献；点"作者相关"将显示该篇文献同名作者发表的文献。点击"被引频次"可显示引用该篇文献的施引文献。

（三）结果输出

CBM 结果的输出有 4 种方式：打印、保存、Email 和写作助手。

输出结果的范围可以自行设定，包括全部记录、标记记录和当前页记录，此外还可以设置具体的记录范围，如记录号 100 到 200。输出的记录格式可以选择，如保存记录时，可选择的格式有题录、文摘和自定义（可选择 24 个字段中的任意几个字段）。单次"打印"、"保存"的最大记录数为 500 条，单次"E-mail"发送的最大记录数为 50 条。

（四）结果统计与分析

在检索结果页面的右侧，数据库提供了主题、学科、期刊、作者、时间和地区 6 个字段的结果统计，点击后可查看各字段的统计结果。点击"结果统计"旁的"分析"链接，进入结果分析界面（图 3-1-17），可查看从主题、学科、作者、期刊、时间、地区 6 方面的分布统计。点击"结果浏览"可查看限定后的结果。系统还通过统计图来展示限定检索后的详细内容，并提供保存或打印功能。

主题统计是按照美国国立医学图书馆《医学主题词表（MeSH）》中译本进行展示的，主题统计最多可以展示到第 6 级内容。

学科统计是按照《中国图书馆分类法·医学专业分类表》进行展示的，学科统计最多展示到第 3 级内容。

期刊、作者和地区的统计是按照由多到少的统计数量进行排序的，默认显示 10 条，点击更多显示统计后的前 50 条。

时间统计是按照年代进行排序的，默认显示最近 10 年，点击更多显示最近 50 年。

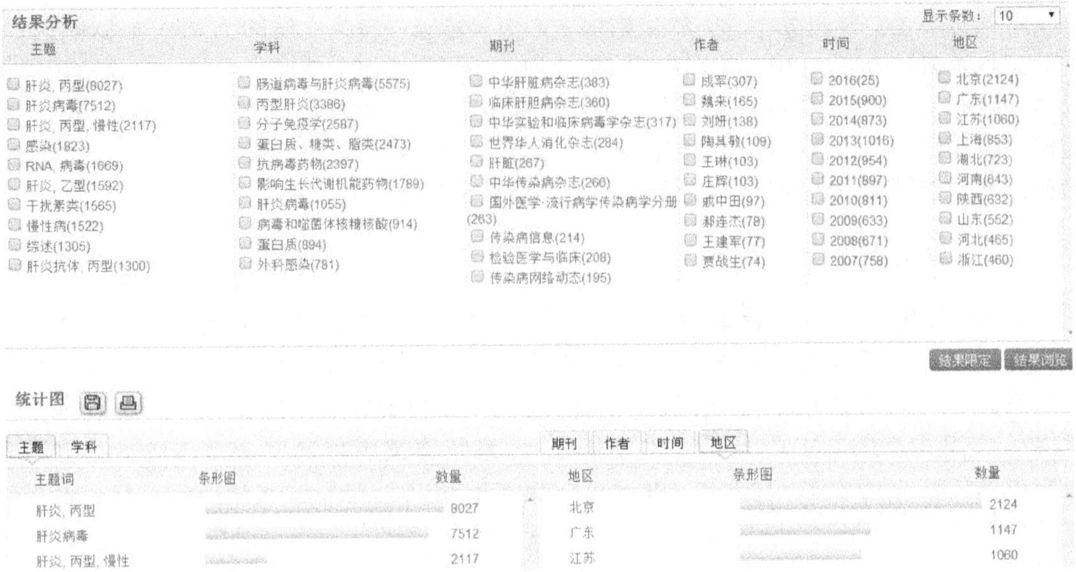

图 3-1-17　结果统计与分析

（五）全文获取（仅在已购买全文服务功能的数据库中可用）

在浏览检索结果时，对于 1989 年以后的文献，每一条记录标题右侧位置都有一个小的 PDF 文件图标，点击图标即可链接至相应的全文，全文可用 PDF 阅读器打开。此外，对于部分未显示 PDF 图标的记录，可以点击标题下的"原文索取"按钮，输入 E-mail 地址索取原文。

四、我的空间

"我的空间"是 CBM 数据库为用户提供的个性化功能，需要注册后使用，点击页面上方的"我的空间"链接，进入用户登录页面。第一次使用需点击"注册"按钮，按要求进行注册；已注册用户在用户登录界面中输入正确的用户名和口令后即可进入我的空间界面（图 3-1-18）。

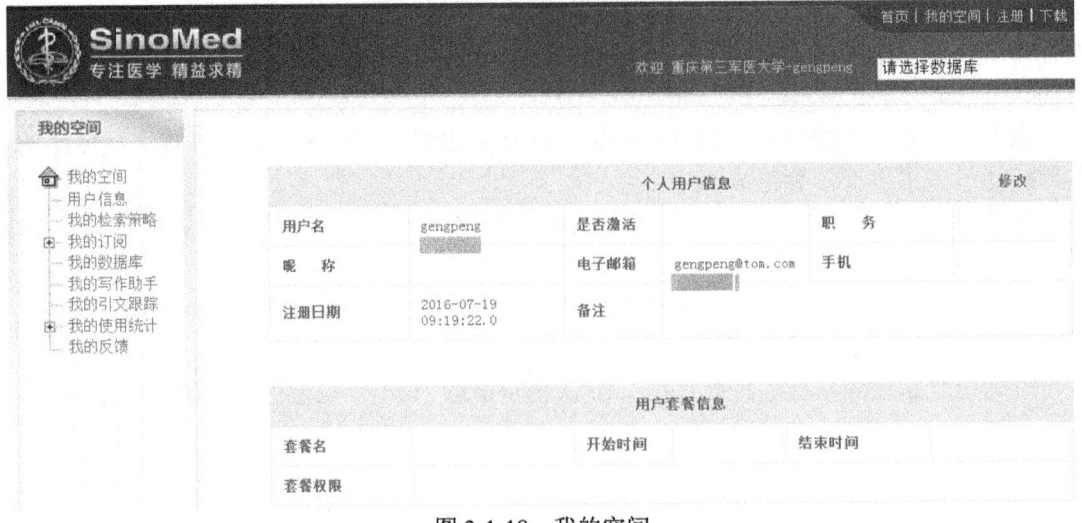

图 3-1-18　我的空间

我的空间分"我的检索策略"、"我的订阅"、"我的数据库"、"我的引文跟踪"等几部分。

(一) 我的检索策略

"我的检索策略"可以保存已运行过的检索策略，一般用于下一次进行本次未完成的检索任务或定期跟踪某一课题的最新文献。保存检索策略时，直接在"检索历史"页面，选中要保存的检索策略，点击"保存策略"按钮，并输入需要保存策略的名称，即可保存到"我的检索策略"中。在以后用户登录时，可以点击"重新检索"按钮对数据库中的所有文献再次进行检索。

如果有不需要的检索策略文件，选择要删除的检索策略前的复选框，点击"删除"按钮即可删除。"导出"可以将检索策略转换为文本文件。

(二) 我的订阅

"我的订阅"主要用于对已保存检索策略的结果进行推送，在检索历史页面，点击某条保存的检索策略，可以对其进行邮箱订阅和 RSS 订阅。邮箱订阅是指将有更新的检索结果定期推送到用户指定邮箱，可以设置每条检索表达式的推送频率，并可浏览和删除任意记录的邮箱推送服务；RSS 订阅则支持对每条 RSS 订阅记录的浏览和删除。

(三) 我的数据库

"我的数据库"用于在检索过程中随时保存检索结果，供再次查阅或索取原文，是根据自我需求建立的个人数据库。点击我的空间中的"我的数据库"标签即可进入。

在浏览检索结果的过程中，可以点击自己需要的文献记录下方的"我的数据库"按钮，将该记录添加到"我的数据库"中（必须要登录后方可使用），"我的数据库"最多保存 500 条记录，每页显示 50 条记录。

在"我的数据库"中，可以对其中的数据进行查找，可选择的检索字段有"标题"、"作者"、"标签"3 种，此外，还可以对每一条记录添加"标签"或"备注信息"。查找时也可以根据"标签"进行查找。

(四) 我的引文跟踪

"我的引文跟踪"用于对用户关注论文的被引情况进行追踪。当有新的论文引用此论文时，用户将收到登陆提示和邮件提示。

在登录了"我的空间"的前提下，显示关注论文的详细格式，点击标题下的"创建引文追踪器"按钮，此论文被发送到"我的空间"，可以该引文的最新被引情况。

五、综合检索举例

(一) 利用主题途径查找有关消化性溃疡药物治疗方面的综述文献

检索分析："消化性溃疡"作为一种疾病，可利用主题词进行查找，"药物治疗"与副主题词"药物疗法"对应，"综述"是文献的一种类型，可利用"限定检索"来实现。

步骤 1：进入主题检索界面，在检索框中输入"消化性溃疡"，点击查找按钮，系统显示含有该词的所有款目词、主题词列表以及每个主题词相对应的文献数量。

步骤 2：点击列表中主题词"消化性溃疡"，进入副主题词选择及主题词详细信息页面，选择副主题词"药物疗法"，如图 3-1-19 所示。

图 3-1-19 副主题词选择

步骤 3：点击"发送到检索框"，将组配后的检索式""消化性溃疡/药物疗法"[不加权：扩展]"发送到检索框，点击"主题检索"按钮，回到快速检索界面，并显示主题检索结果。

步骤 4：点击"限定检索"，在"文献类型"一栏中选择"综述"，点击检索输入框下的检索条件项（此时检索条件为"消化性溃疡/药物疗法[不加权：扩展]"字样），即可得到检索结果，完成检索。

（二）检索第三军医大学吴玉章教授 2000 年以来发表的有关 T 淋巴细胞的文献

分析："第三军医大学"可利用作者单位字段进行查找，"吴玉章"可利用作者字段查找，"2000 年以来"可利用限制检索中的出版年进行限制，"T 淋巴细胞"可根据查全或查准的需求利用快速检索或主题检索查找，本例中选择主题检索查找。

步骤 1：在高级检索页面中选择"作者单位"字段，然后输入"第三军医大学"，发送到检索框，点击"检索"按钮，得到检索结果。

步骤 2：在高级检索页面中选择"作者"字段，输入"吴玉章"，发送到检索框，点击"检索"按钮，得到检索结果。

步骤 3：在主题检索界面中查找"T 淋巴细胞"，找到后点击进入副主题词选择页面，系统默认为扩展全部树和全部副主题词，可直接点击"发送到检索框"，再点击"主题检索"按钮，得到检索结果。

步骤 4：点击"检索历史"，进入检索史界面，找到以上 3 个检索式的位置，点选前面的复选框,点击"AND"按钮,将组合后的检索式添加到检索框中(也可以直接通过键盘输入检索式,如"#1 and #2 and #3"),然后选择"年代"限定为2000年至今,即只在第一个年代选择框中选择2000,第二个不选(图3-1-20),点击"检索"按钮,完成本题检索。

图 3-1-20 检索历史及年代限定

练 习 题

1. 检索标题中含有"风湿性心脏病"的论文。
2. 用主题途径检索支气管炎药物治疗的文献(限加权检索)。
3. 查找白血病基因治疗方面的文献。
4. 查看新生儿窒息护理方面的综述文献。
5. 分别用快速检索和主题检索查找高压氧治疗一氧化碳中毒方面的文献,并比较其异同。
6. 利用分类途径检索肺结核的诊断方面的文献。
7. 查看第三军医大学邓国宏教授近5年发表论文被引情况。

第二节 PubMed 检索

PubMed(https://www.ncbi.nlm.nih.gov/pubmed/)是美国国立医学图书馆(National Library of Medline,NLM)国家生物信息技术中心(National Center for Biotechnology Information,NCBI)开发和维护的基于 Web 平台的生物医学文献检索系统,是 Entrez 集成检索系统的重要组成部分。该系统于 1997 年开始使用,具有收录范围广、更新速度快、检索功能强大、免费使用等特点,并且提供丰富的链接信息。

一、PubMed 简介

PubMed 收录全球 80 多个国家和地区的 5,200 余种生物医学期刊所发表论文的文摘及题录数据。到目前为止，累计收录题录总数已经达到 2,600 余万条，回溯时间为 1946 年。内容涉及生物医学、健康科学和生命科学相关领域，包括行为科学、健康专业所需要的化学、生物工艺学，基础研究和临床、护理、公共卫生、卫生政策发展或相关教育活动的内容。从 2000 年起增加了生物学、环境科学、海洋生物学、植物和动物学、生物物理学和生物化学等生命科学方面的研究内容。

PubMed 的数据主要由 3 个部分组成，即 Medline、In-Process Citations、Publisher Supplied Citations，每条记录均有唯一的识别号 PMID（PubMed Unique Identifier）。

Medline：PubMed 的主要来源，是 NLM 最重要的生物医学文献书目数据库，包含 1946 年以来已标引审核完毕的所有数据，以[PubMed - indexed for MEDLINE]标记。

In-Process Citations：又称 PreMedline，收录了正在处理中的题录和文摘信息，以[PubMed- in process]标记，经过标引主题词和文献类型等加工后转入 Medline。

Publisher Supplied Citations：出版商提供的期刊文献信息，以[PubMed- as Supplied by Publisher]标记。此外，有些文献已超出了 Medline 的收录范围（如《Nature》、《Science》等综合性学术期刊上刊载的地理地质等非医学专业文献或 PubMed Central 数据库中的作者手稿等），未能收入 Medline，但仍然存在于 PubMed，2003 年以前的标记仍为[PubMed- as Supplied by Publisher]，2003 年以后的这类文献则以[PubMed]标记。

二、PubMed 检索

在浏览器地址栏输入 Pubmed 网址：https://www.ncbi.nlm.nih.gov/pubmed 然后回车即可进入到 PubMed 数据库首页。PubMed 检索界面简洁，首页面按功能可划分为 3 个区：检索功能区、辅助功能区、个性化服务区（My NCBI）以及 PubMed Commons（图 3-2-1）。

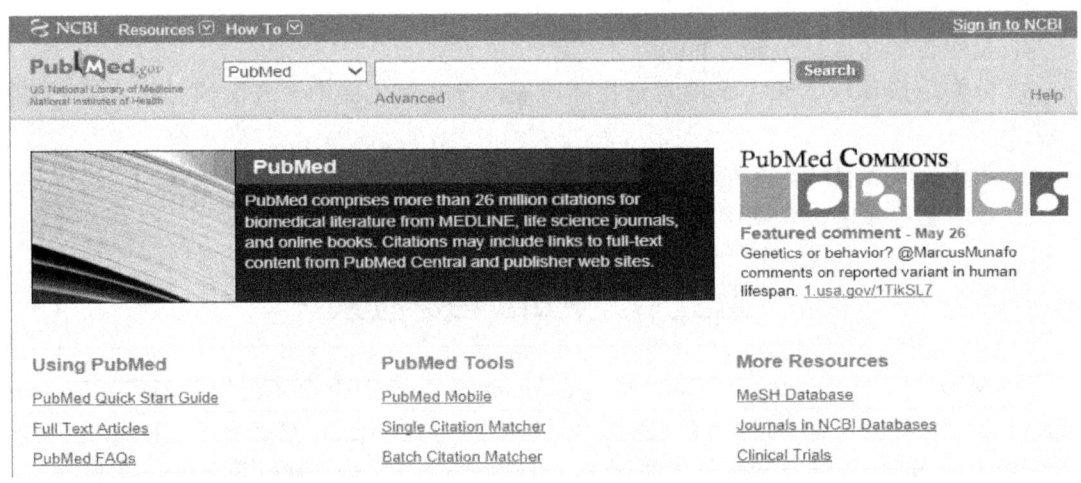

图 3-2-1　PubMed 主页

（一）PubMed 的检索功能区

1. 基本检索　PubMed 主页即基本检索界面，用户可在检索提问框内输入任意一个或多个具有实际意义的检索词，如主题词、人名、刊名、期刊 ISSN 号等，然后回车或点击"Search"执行检索。基本检索界面，系统对未加限定条件的检索词提供了自动完成

（Autocomplete）、拼写检查（Spell Check）、引文探测（Citation Sensor）、基因探测（Gene Sensor）、药物探测（Drug Sensor）等功能，自动对检索词进行辨识以帮助用户得到理想的检索结果。

基本检索规则：

（1）逻辑组配检索：PubMed 支持布尔逻辑运算符的使用，可使用括号"（ ）"改变运算顺序（参见本书第一章第四节）。逻辑运算符则必须大写，系统默认空格为 AND 检索。

（2）字段检索：PubMed 可根据需要选择字段标识符进行字段检索，字段标识符可用全称，也可用缩写（常用字段见表 3-2-1），且不需区分大小写，格式为：检索词[ ]，其中检索词按词组匹配。例如：Chinese[LA]、Coronary Diseas[mh] 或 Coronary Disease[MeSH Terms]。

表 3-2-1 PubMed 常用字段

字段标识	字段名称	简要说明
AD	Affiliation	第一责任者的工作单位、地址、合同号
ALL	All Fields	全部字段
AU	Author	著者姓名
CN	Corporate Author	合作者或团体作者
CRDT	Create Date	记录创建日期
RN	EC/RN Number	国际酶学协会规定的酶编号和 CAS 的化学物质登记号
EDAT	Entrez Date	收录入 PubMed 的日期
FILTER	Filter	用于过滤
IP	Issue	国际标准连续出版物号
TA	Journal Title	期刊名称或 ISSN 号
LA	Language	语言文种
MHDA	MeSH Date	标引 MeSH 主题词的日期
MAJR	MeSH Major Topic	主要 MeSH 主题词
MH	MeSH Terms	全部 MeSH 主题词
PG	Page Number	期刊页码
DP	Publication Date	文献出版日期
PT	Publication Type	文献类型包括综述、临床试验、通讯等
TW	Text Words	题名词和文摘词
TI	Title words	题名词
VI	Volume	期刊卷号

（3）自动词语匹配：当输入一个未加任何限定的检索词，系统将按顺序自动使用以下 6 个表，对检索词进行匹配转换后再进行检索。

MeSH Translation Table（MeSH 转换表）：包括 MeSH 词、参见词、副主题词、出版类型、药理作用词、来源于一体化医学语言系统（UMLS）的英文同义词和异体词、补充概念（物质）名称及其异体词。如果系统在该表中找到了与检索词相匹配的词，就会自动将其转换为相应的 MeSH 词，然后将其拆分后在所有字段中进行检索，并用"AND"组配，最后将检索词作为一个词组在所有字段中检索，3次检索完成后以"OR"组配。例如：键入"biomarker"，系统将其转换成"'biological markers'[MeSH Terms]OR（'biological'[All Fields]AND 'markers'[All Fields]）OR 'biological markers'[All Fields]OR 'biomarker'[All Fields]"后进行检索。

Journal Translation Table（刊名转换表）：包含刊名全称、缩写和ISSN号。输入期刊全名时，系统将其转换为刊名缩写形式进行检索，同时将检索词在所有字段中进行拆分和整体检索。例如：键入"endocrine pathology"（内分泌病理学），系统将其转换成"'endocr pathol'[Journal]OR（'endocrine'[All Fields]AND 'pathology'[All Fields]）OR 'endocrine pathology'[All Fields]"后进行检索。如果输入形式为刊名缩写或ISSN，系统只在[Journal]字段中检索。

Full Author Translation Table（著者全名转换表）：包含了2002年以后已标引的著者全名。输入著者全名时，不限词序，系统会自动识别，但该表中有的姓名会有所区分，比如：键入"james ryan"，系统找到两个匹配词："Ryan, James[Full Author Name]"或"James, Ryan[Full Author Name]"，为了查准，可按"Last name, First name"格式输入。

Author Index（著者索引）：如果检索词在以上转换表中均未找到匹配词（Full Author Translation Table除外），且非单个单词，PubMed便会在著者索引查寻，而即使在著者全名转换表中找到匹配词，仍然会在著者索引中查找。

Full Investigator（Collaborator）Translation Table（调研者或合作者全名转换表）：包含了已标引的NASA资助项目研究人员全名。

Investigator（Collaborator）Index（调研者或合作者索引）：如果在以上转换表中未找到匹配的词（Full Author Translation Table除外），且输入的并非单个单词，PubMed会在该索引中查找。

如果仍然查不到相匹配的词组，PubMed就会把该词组拆开后再重复上述自动词汇转换过程，直到找到为止。假如仍然不能找到匹配的词，系统将把各单词在全部字段中进行查找再用"AND"组配。

（4）自动扩展检索：在检索过程中系统自动对主题词、副主题词进行扩展检索，如："Hypertension Therapy"将对高血压的下位词及治疗的下位词进行扩展检索。

（5）强制检索：也称精确短语检索，是为了避免自动词语匹配将短语拆分而导致误检，使用双引号强制系统进行短语检索，如输入"Single Cell"，并用双引号引起来，系统会关闭自动词语匹配功能，将其作为一个不可分割的词组在数据库全部字段中进行检索（"single cell"[All Fields]）。

（6）截词检索：PubMed允许使用星号"*"作为通配符进行截词检索。例如：键入injur*，系统将对前一部分是injur的单词（injure、injury、injured、injuries等）分别进行检索。最多可截取600个单词，若超过600个，系统将显示警告信息，并建议增加词根的长度。使用截词检索时，PubMed系统将关闭自动转换匹配功能。

（7）著者检索：直接输入著者姓名（姓全称+空格+名缩写），如"Miller R"，系统将进行自动词语匹配查找该作者发表的文献。或是使用著者字段实现，即在检索词后加上字段标记[au]，如：shires[au]、Miller R[au]。对于2002年以后的文献可以使用著者全名进行检索，使用全名检索时，一般不需区分姓和名的顺序，可按自然语序（名+姓）输入，若按倒置语序（姓+名）输入，建议使用间隔符"，"（也可不用），如"julia s wong [fau]"、 "wong，julia s[fau]"。

（8）期刊检索：输入刊名全称、缩写或 ISSN 号，同样可通过自动词语匹配功能进行检索，如果刊名与 MeSH 词表中的词相同，系统会先将这些词作为 MeSH 词检索，然后在所有字段中检索该词，这时可以利用期刊字段（[jo]、[ta]、[so]）进行限定，如：Burns[jo]、N Engl J Med[ta]或 0028-4793[so]。

例 1：检索有关干细胞研究的文献，并查看历年发表文献数量的趋势。这些文献有多少是发表在《Science》杂志上的？

检索示范：检索框内键入"Stem cell"，系统会查找包含所输入检索词在内的词或词组，并自动以下拉菜单显示，如图 3-2-2 所示。本例中直接选择"Stem cell"即可，选择所需词组后，点击检索框后的"Search"按钮或直接回车进行检索。

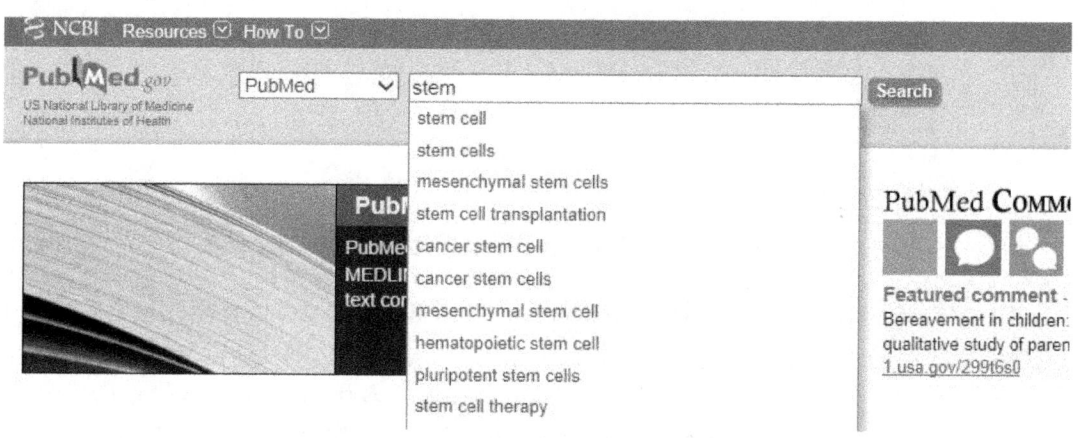

图 3-2-2　PubMed 的检索词提示

在检索结果页面的右下方，如图 3-2-3 所示，有"Search Detail"显示区，显示检索词经过系统自动转换后实际执行的检索式"（'stem cells'[MeSH Terms]OR（'stem'[All Fields]AND 'cells'[All Fields]）OR 'stem cells'[All Fields]OR（'stem'[All Fields]AND'cell'[All Fields]）OR'stem cell'[All Fields]）AND（'review'[Publication Type]OR 'review literature as topic'[MeSH Terms]OR 'review'[All Fields]）"

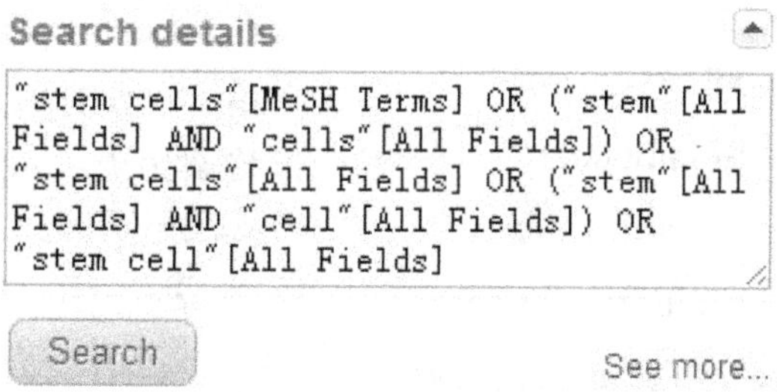

图 3-2-3　Search Detail 展示框

用户可根据需要直接修改"Search Detail"区域内文本框内的检索式，也可以点击"See more"按钮，在 Detail 页面内修改"Query Translation"文本框内的检索式后，点击"Search"按钮或直接回车进行检索。

在检索结果页面的右侧上部，有"Results by year"示意图，显示历年发表干细胞研究的文献数量柱形图，可以看出 20 世纪 80 年代以后干细胞的文献数量呈现明显的增长趋势，2000 年之后文献快速增长至今，可以推断出干细胞研究目前仍然是一个热点。

要查看这些文献中有多少是发表在《Science》杂志上的，需要对检索式进一步限定。添加期刊的限定，检索式为（Stem cell）AND "science"[Journal]，检索后即可查看。

2. 高级检索（Advanced Search） 点击检索输入框下方的"Advanced"链接即可进入高级检索页面，如图 3-2-4 所示。PubMed 高级检索可实现检索式编辑、构建（Search Builder）、检索史操作（Search History）、预览检索结果（Preview）、查看检索细节（Details）等功能。

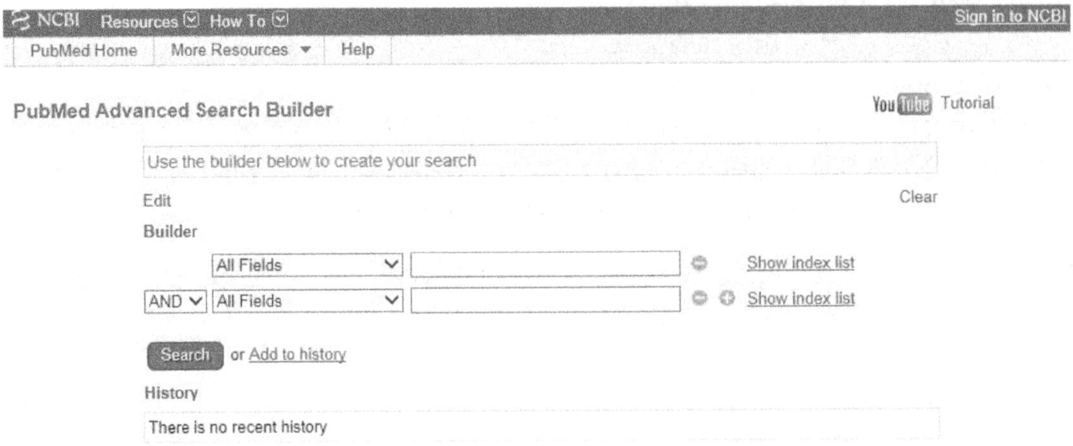

图 3-2-4 高级检索（advanced search）界面

（1）检索式编辑、构建（Search Builder）：点击 Edit 按钮，可以直接在检索框中手动输入检索式进行检索。通过构建区（Builder）下拉菜单提供的检索字段，选择"AND"或"OR"或"NOT"可以实现多个检索词之间的逻辑组配。其中 Author 和 Journal 两个字段还设有自动完成功能，能够提高输入的速度和准确性。在添加检索词时，可使用"Index"按钮浏览并从索引词表中选择适当的词来调整检索策略。Builder 区域默认提供两个检索框，通过点击检索框后的"-"符号以及最后一个检索框后的"+"符号，可以减少或增加检索框来调整检索项。

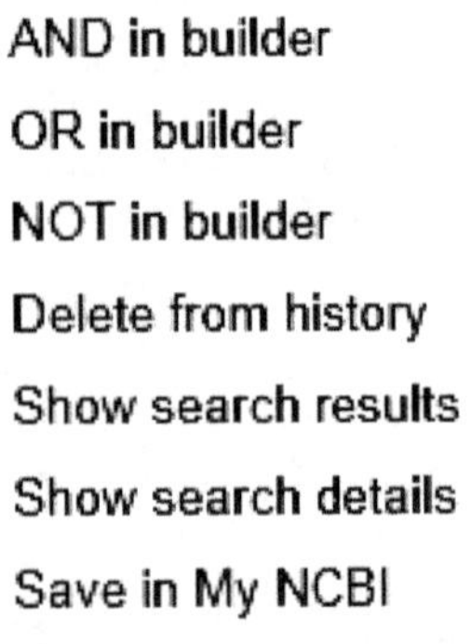

（2）检索史操作（Search History）：检索史包括检索序号、检索策略、检索时间、命中文献数，点击"More History"按钮可显示全部检索历史。点击命中文献数即可显示相应的检索结果。点击检索式编号可弹出包括 AND in bulider、OR in bulider、NOT in bulider、Delete from history、Show search results、Show search details 和 Save in MyNCBI 的菜单，如图 3-2-5 所示。

通过点击对应选项可进行逻辑组配、删除、显示检索结果、查看检索细节、保存检索式等操作。检索式的组配也可通过直接在检索框中输入检索序号，并用逻辑运算符连接的方式进行，如：#2 AND #3、seasonal allergies drug therapy AND #1。在 Search History 中最多保留 100 条检索式，暂存时间为 8 小时，超过 100 条时，系统将按时间顺序自动清除前面的检索项。

图 3-2-5 检索式操作选项

（3）添加到检索史（Add to History）：即输入检索词后，点击"Add to History"按钮，系统将不直接显示检索结果记录，而只是显示命中文献的数量，方便用户灵活地调整检索策略。

（4）查看检索细节（Show Search Details）：用于查看检索操作的详细情况。由于 PubMed

检索系统具有词汇的自动转换功能，因此系统在实际检索中所使用的词与用户输入的词可能有所不同，点击检索式编号弹出菜单中的"Show search details"即可跳转到"Details 页面"查看转换的详细情况。Details 页面包括 Query translation（实际的检索策略）、Rusult（命中文献数）、Translations（检索词转换的过程）、Database（检索数据库范围）和 User query（用户输入的检索式）5 个部分。

例 2：通过高级检索的方式，检索作者 Harald zur Hausen 最近发表的文献。并查看作者在同一刊物上是否发表有其他文献。

分析：检索作者 Harald zur Hausen 最近发表的文献，只需要检出作者发表的文献，然后按发表时间排序即可看出。Pubmed 中文献作者的名字为缩写形式，对英文人名的缩写规则不熟悉，为了检全和检准，可以先用作者全名检索，获取准确的名字缩写后再使用缩写名进行检索。本例中使用 Builder 构建检索式。

检索步骤：

（1）进入高级检索页面，在 Builder 区域第一个检索框前选择字段"Author"，检索框中输入作者名字"Harald zur Hausen"，点击 search 按钮进行检索。根据检索结果可以知道作者正确的名字缩写"zur Hausen H"。

（2）仍然选择字段"Author"，输入作者名缩写"zur Hausen H"，点击 search 按钮完成检索。

（3）在检索结果页面，选择检索结果排序依据为"Publication Date"，第一篇文献即为作者最新发表的文献。点击查看文献信息，即可看到文献发表的期刊信息，本例中为期刊"Nat Rev Clin Oncol"。

（4）作者发文较多，故通过逻辑组合的形式同时检索作者名和期刊名。在 Builder 区域第一个检索框前选择字段"Author"，检索框中输入作者名缩写"zur Hausen H"，在第二个检索框前选择字段"Journal"，检索框中输入"Nat Rev Clin Oncol"，二者之间的逻辑组合选择 AND，点击 search 按钮进行检索。从检索结果可以看出，作者在该期刊只发表了一篇文献。

3. 主题检索　通过 MeSH 词表，PubMed 能够实现主题检索。主题检索的文献只限于 Medline 部分。MeSH（Medical Subject Headings）是由 NLM 控制的用于标引 PubMed 文献的主题词。

（1）点击页面左上方的 Resource＞Literate＞MeSH Database。

（2）点击辅助功能区的 More Resources 下方的 MeSH Database。

（3）在检索输入框前面的数据库选择下拉表中点击选择 MeSH 选项，即表示在 MeSH Database 中进行检索。

MeSH Database 中同样有基本检索、高级检索功能。操作方法类似于 PubMed 检索，检索结果显示的是与检索词有关的医学主题词，而非文献记录。

在主题词检索页面输入任意检索词，比如"exhaustion"，点击检索按钮，将得到与该词有关的主题词，如图 3-2-6 所示。页面右上角为"PubMed Search Builder"检索框。

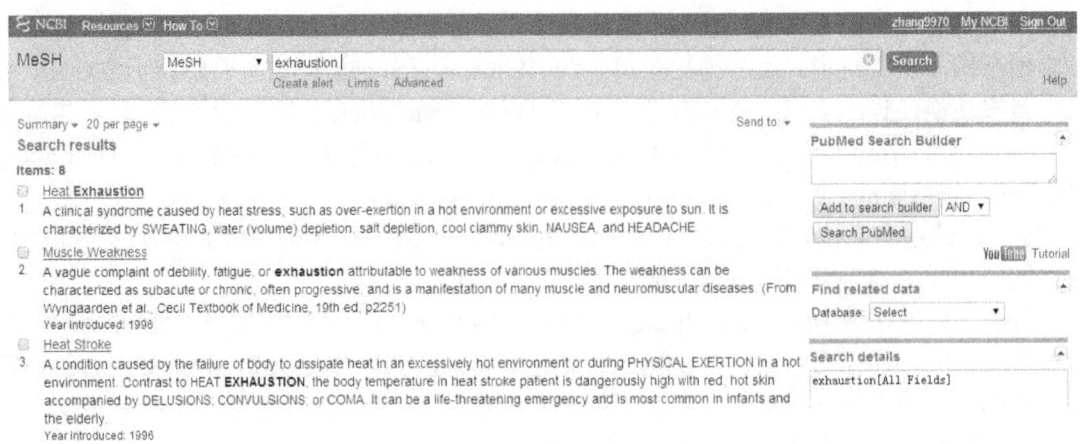

图 3-2-6　主题词检索列表

该页面内可以直接勾选所需主题词,在"PubMed Search Builder"检索框选择逻辑组配关系后,点击右上角"Add to search builder"按钮将检索式添加到检索框中,再点击"Search Pubmed"完成检索并显示检索结果。

直接点击所需主题词,如点击"Heat Exhaustion",系统将显示与该主题词相关的详细信息,包括词义注释、可组配副主题词、词汇 ID 号、款目词以及树形结构等,如图 3-2-7 所示。

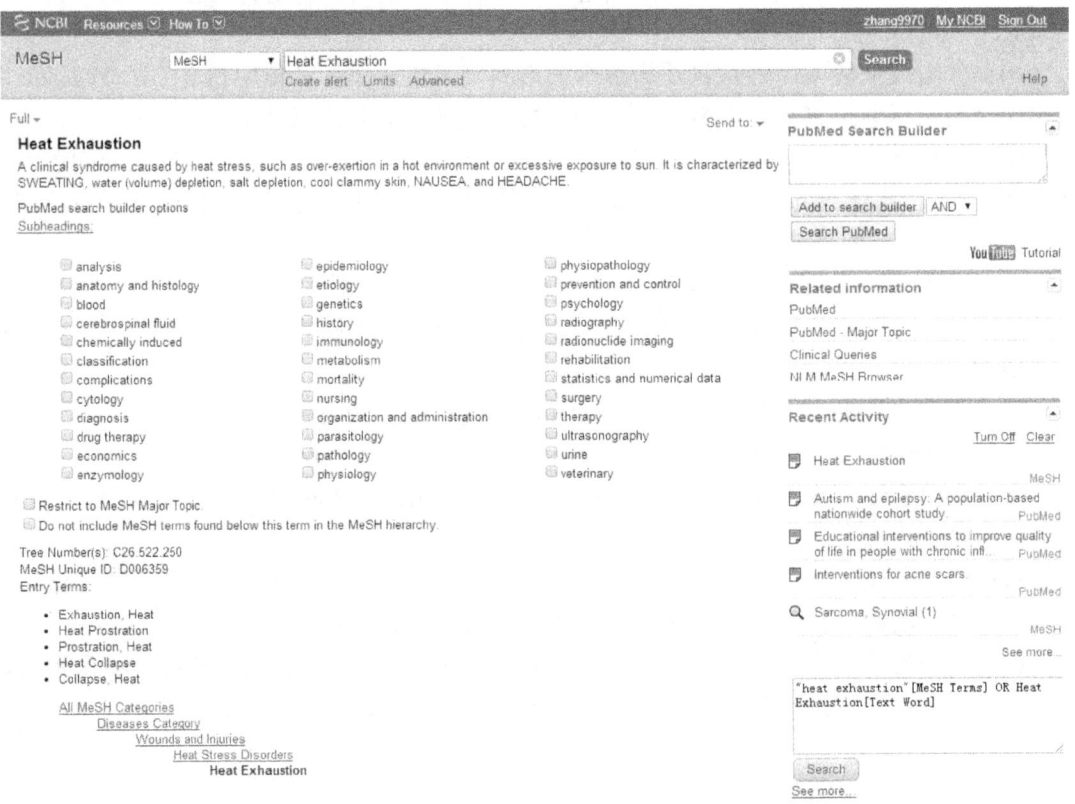

图 3-2-7　主题词详情页面

勾选"Restrict to MeSH Major Topic"表示该词作为主要主题词进行检索，即实现加权检索；勾选"Do not include MeSH terms found below this term in the MeSH hierarchy"仅对该词进行检索，不对其下位词进行扩展检索。

为了提高检准率，主题词可以和副主题词搭配，通过副主题词进一步限定检索文献的指向。副主题词一共82个，通过点击特定主题词注释页面左上角的"Subheadings"超级链接，可进入到副主题词介绍页面，查看每一个副主题词的解释和用法。

勾选了副主题词（不做选择系统将默认为可组配的全部副主题词）及其他选项后，点击页面右侧的"PubMed Search Builder"检索框下的"Add to search builder"，将检索式添加到检索框中，点击检索框下的"Search Pubmed"完成检索并显示检索结果。

如果要完成多个主题词的组配检索，可重复以上主题词查找步骤，并在右上角点击"Add to search builder"后选择逻辑组配关系"AND"、"OR"、"NOT"，点击"Add to search builder"添加到检索框后点击"Search PubMed"按钮完成检索并显示结果。

例3：使用主题词检索方式查询最近5年来有关咽炎药物治疗的文献。

分析：先查询与咽炎有关的主题词，药物治疗可以通过副主题"drug therapy"来限制，年代可以通过过滤器或限定选项来实现。

检索步骤：

（1）在主题词检索页面输入检索词咽炎"pharyngitis"，点击检索按钮，发现"pharyngitis"即为咽炎的主题词。页面结构类似图3-2-7所示。

（2）勾选副主题词"drug therapy"，点击页面右侧的"PubMed Search Builder"检索框下的"Add to search builder"，将检索式"Pharyngitis/drug therapy"[Mesh]添加到检索框中，点击检索框下的"Search Pubmed"完成检索并显示检索结果。

（3）在检索结果页面左侧 Publication date 选项下点选"5 years"，即得到咽炎药物治疗方面最近5年的文献。

4. 限定检索 限定检索是通过增加过滤条件，对 Pubmed 检索结果作进一步限定。在 Pubmed 检索结果显示页面左侧，列出了对检索结果进行过滤的限定条件，默认有文献类型、文本类型、出版时间和物种等，如图3-2-8所示。

过滤选项下面有"Clear all"、"Show additional filters"两个按钮。点击"Show additional filters"按钮，显示系统其他过滤条件如年龄、语种、期刊等。

在过滤选项中，Article types（文献类型）、Publication dates（出版时间）以及 Languages（语种）等选项下有子选择项"Customize..."、"Custom range..."。点击这些子选项，系统会显示更多可选项，如图3-2-9所示。勾选临床试验分期后点击"Show"，即可添加文献类型的过滤选项，如图3-2-10所示。

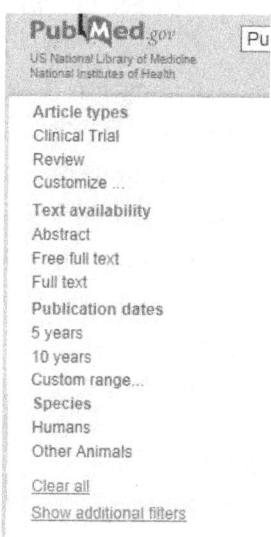

图3-2-8 默认过滤选项

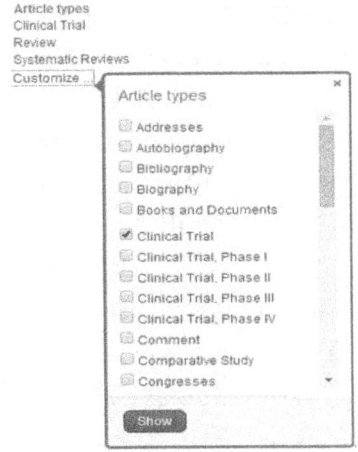

图 3-2-9　文献类型的更多选项　　图 3-2-10　文献类型增加选项后示意图

限定条件及其解释：

（1）Publication dates（出版时间）：有近 5 年内出版、近 10 年内出版或设置具体时间过滤等选项。

（2）Article types（文献类型）：PubMed 中的文献出版类型目前有 68 种，涉及 Clinical Trial、Editorial 和 Review 等等。

（3）Languages（语种）：列出了 PubMed 中收录文献的全部语种，选择后可以将检索结果记录限制在特定的语种范围之内。

（4）Species（物种）：限定文献中所研究的对象为人或其他动物。

（5）Sex（性别）：该选项是对研究对象的性别进行限制。

（6）Subjects（主题）：对 PubMed 数据库中收录的文献按文章主题分为 AIDS、Bioethics、Cancer 等 9 个主题。

（7）Journal categories（期刊类别）：分为 Core clinical journals（核心临床期刊）、Dental journals（牙科期刊）、Medline、Nursing journals（护理学期刊）。

（8）Ages（年龄）：通过 Ages 限定，可将检索结果记录限定在特定的年龄阶段。

（9）Text availability（文本类型）：可将检索记录结果限定在全文、免费全文或带摘要的记录。

（10）Search Field（检索字段）：通过直接选择特定字段实现字段检索。其缺省选项为"All Fields"，可选项包括：Affiliation（联系方式）；Author（作者）和 Corporate Author（集体责任者）等。

**特别提示：限制了出版物类型、年龄、人或动物、性别中的任何一项，检索将只在标记为[PubMed - indexed for MEDLINE]的数据中进行检索。

在完成检索后，需要及时清除过滤选项，否则后续检索均在设定的过滤条件之内进行检索。点击页面左侧过滤选项底部的"Clear all"或检索结果顶部的 Filters activated 后的"Clear all"均可清除全部过滤选项。点击页面左侧过滤器名称后的"Clear"则清除对应的单个过滤选项。

例 4：要求检索肺肿瘤患者手术治疗方面的文献，其中可免费获取全文的有多少？最近 5 年内的综述文献有哪些，这些综述文献中是否有 F1000 专家推荐的文献？

分析：

（1）肺肿瘤患者手术治疗可采用主题词组配副主题词的方式进行检索。

（2）其他检索要求可通过限制查询和过滤器来实现。

检索步骤：

（1）选择 MeSH Database，输入"lung cancer"查询主题词。

（2）根据主题词解释，选择"Lung Neoplasms"作为查询主题词，点击主题词"Lung Neoplasms"进入主题词详情页面。

（3）在"Lung Neoplasms"主题词详情页面中勾选副主题词 surgery，点击页面右侧的"Add to search builder"添加到检索框后，再点击"Search PubMed"按钮完成检索并显示结果。

（4）在检索结果页面左侧"Text availability"过滤项下点选"Free full text"，即可查看能免费获取全文的文献。

（5）在检索结果页面左侧"Text availability"过滤项下再次点击"Free full text"或在"Text availability"右侧点击"clear"清除免费获取全文选项。点击"Article types"下的"Review"限定文献类型为综述，点击"Publication dates"下的"5 years"限定出版时间，即可查看最近五年内发表的综述性文献。

（6）在 PubMed 的检索结果中获取 F1000 文献的方法有二。

方法一：登录个人 PubMed 帐号，在 PubMed 个性化服务区设置过滤器 F1000，详见后文 PubMed 的个性化服务区过滤器设置。即可在检索结果页面右侧"Filter your results"下查看是否有 F1000 相关的文献。

方法二：PubMed 中 F1000 过滤器用"loprovf1000"[Filter]表示，对检索项添加该过滤器，命中文献即是 F1000 专家推荐文献。使用该方法无需登录 My NCBI 个人账户设置过滤器。在第 5 步的基础上点击高级检索，选择第 5 步的检索式"Lung Neoplasms/surgery"[Mesh]Filters：Review；published in the last 5 years，并与"loprovf1000"[Filter]进行逻辑与运算即可。详细检索式为："Lung Neoplasms/surgery"[Mesh]AND"loprovf1000"[Filter]AND（Review[ptyp]AND"2011/09/17"[PDat]："2016/09/14"[PDat]）。

（二）PubMed 的辅助功能区

辅助功能区位于 PubMed 首页下半部分，包括 3 个方面的内容，即 Using Pubmed、PubMed Tools 和 More Resources。

1. Using Pubmed 包括 PubMed Quick Start、New and Noteworthy、PubMed Tutorials、Full Text Articles、PubMed FAQs，主要功能是对 PubMed 使用过程中的相关问题提供帮助解答，用户可通过链接学习 PubMed 的使用、全文获取方法以及了解 PubMed 的更新、发展动态等信息。

2. PubMed Tools 主要提供了一些满足特殊需求的检索工具，包括以下几种：

（1）PubMed Mobile（移动 PubMed）：适用于手机和平板电脑等移动终端，只具备 PubMed 基本检索功能，检索结果显示页面提供了结果过滤选项（文献类型、可否获取全文以及出版时间限制）和排序选项（相关性、出版时间、标题等），如图 3-2-11 所示。点击文献标题可进一步查看文摘等信息，点击该页面底部的"Previous"、"Next"按钮可以向前或向后浏览文献，点击"Back to results"超链接可返回到检索结果显示首页。

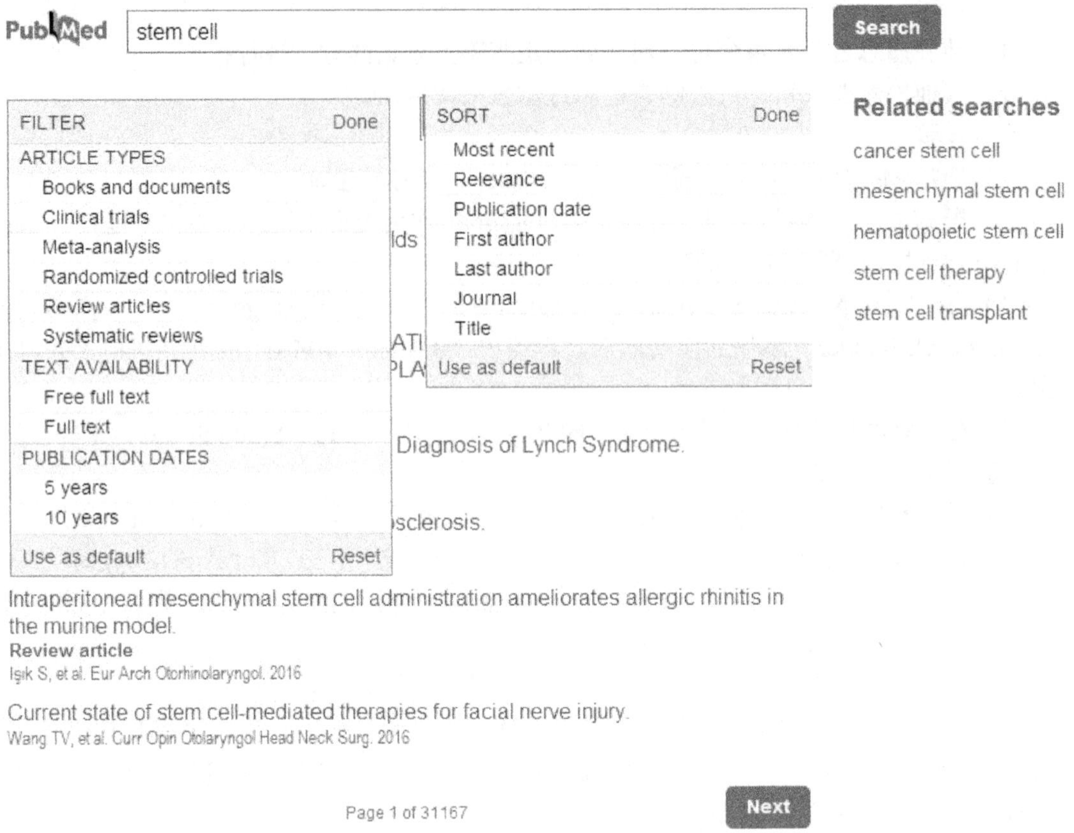

图 3-2-11　PubMed Mobile 界面

（2）Single Citation Matcher（单篇引文匹配器）：用于已知某文献的部分题录信息，查找某篇文献更完整的信息。检索项有：刊名、出版日期、卷、期、首页页码、著者、标题等（图 3-2-12），检索时，允许遗漏以上任意一项或几项，刊名输入可使用全称或缩写。

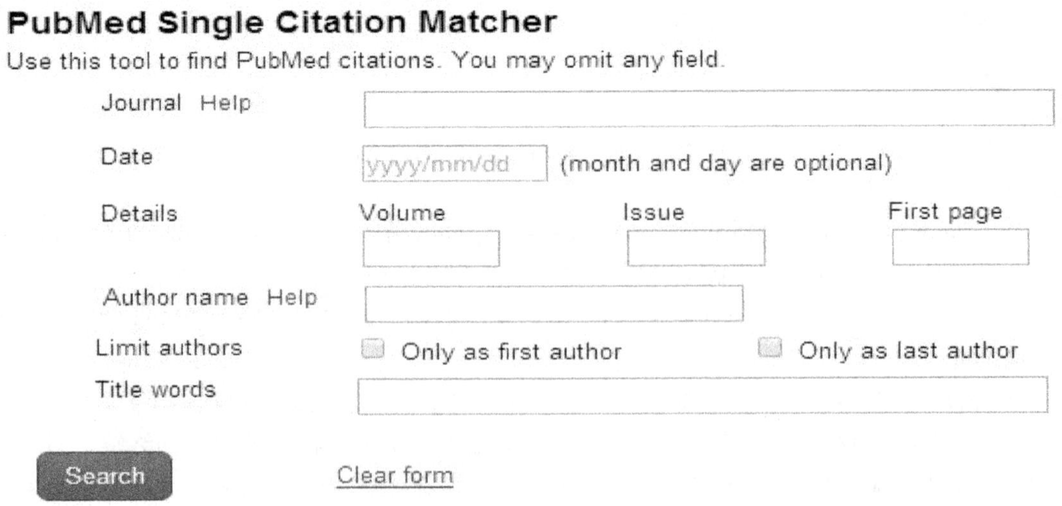

图 3-2-12　Single Citation Matcher 检索界面

（3）Batch Citation Matcher（批量引文匹配器）：可批量核对文献信息，用于查找或返

回 PubMed PMIDs 和 PubMed Central IDs。检索结果将发送到指定的邮箱中。每条提问式单独成行，对应一篇文献，其格式为：journal_title|year|volume|first_page|author_name|your_key|，其中 your_key 是可自定义的用于标记引文信息的任意字符串，如：P32022-1，12345，xy-1 等。如果某项信息缺失，可不填写，如：virus genes|1992|6|393||P27423-1|，将返回 virus genes|1992|6|393||P27423-1|1335631。如果文献无法查到，将显示以下三种情况：INVALID_JOURNAL（说明刊名缩写不正确）；NOT_FOUND（说明刊名正确，但其他信息错误）；AMBIGUOUS（说明输入信息不完整，检出了多篇文献，建议使用 Single Citation Matcher 或者 ESearch 查找）。

（4）Clinical Queries（临床文献查询）：是 PubMed 通过内置的检索"过滤器"，专门为临床医生和临床试验工作者设计的检索服务，主要包括：Search by Clinical Study Category、Find Systematic Reviews 和 Medical Genetics Searches。Search by Clinical Study Category 即通过内置的"过滤器"查询疾病的病因（etiology）、诊断（diagnosis）、治疗（therapy）、预后（prognosis）和临床预测指南（clinical prediction guides）等 5 个方面的文献，用户可选择保证查准率（narrow, specific search）还是保证查全率（broad, sensitive search）；Find Systematic Reviews 用于检索系统评价（systematic reviews），Meta 分析（meta-analyses），临床试验评论（reviews of clinical trials），循证医学（evidence-based medicine）方面的文献；Medical Genetics Searches 供检索医学遗传学方面的文献，图 3-2-13 所示。

图 3-2-13　临床文献查询检索结果界面

（5）Topic-Specific Queries（特定主题查询）：是针对不同的用户、不同的学科专题以及不同类型的期刊而提供 PubMed 各种主题的专项信息检索服务，直接点击需要查询的主题即可。

3. More Resources　提供了几种可以与 PubMed 数据库配合使用的重要资源，包括：

（1）MeSH Database（医学主题词数据库）：检索界面如图 3-2-14，使用详情参见主题检索部分。

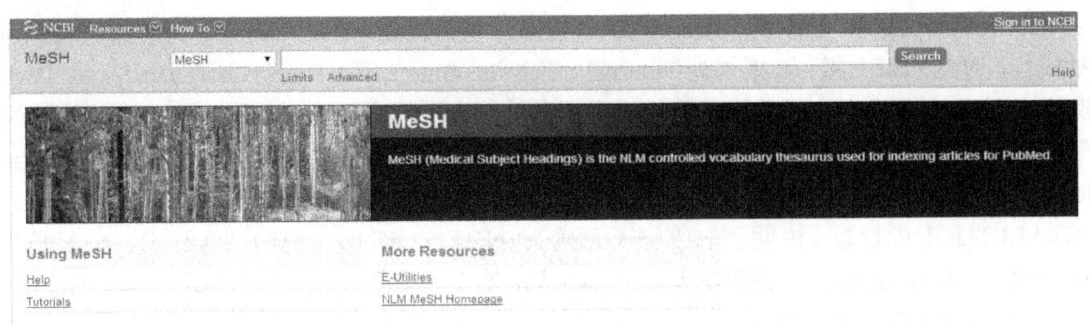

图 3-2-14　MeSH Database 主题词检索界面

（2）Journals in NCBI Databases（期刊数据库）：查找期刊信息的检索途径，NLM Catalog 的一部分。可以通过期刊全称、Medline 刊名缩写、NLMID、ISO 刊名缩写或 ISSN 号查找包括 PubMed、Nucleotide、Protein 等所有 Entrez 数据库中的期刊。在检索框内输入一个检索词执行检索后，如输入"cell"，会出现所有与该词相关的刊名，如图 3-2-15 所示。点击期刊的全称，即可浏览该刊的详细信息，其中 Electronic Links 指向刊物的外链。如需在 PubMed 数据库中查找该期刊上发表的文献，可通过"Add to search builder"菜单构建检索式再点击"Search PubMed"完成检索。

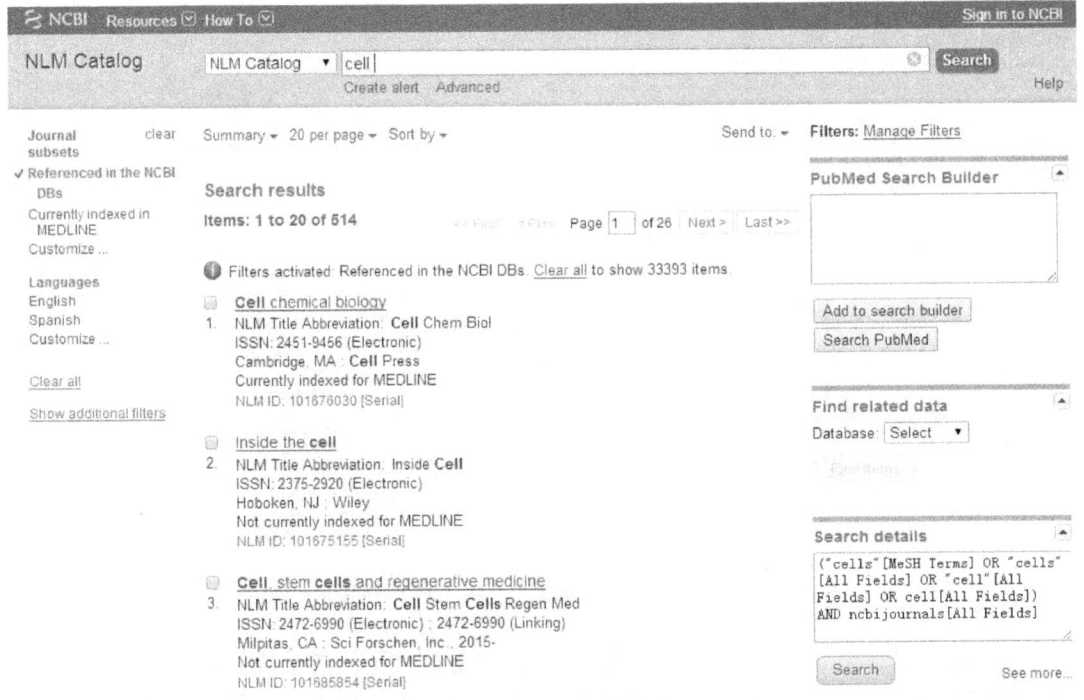

图 3-2-15　Journal Database 期刊检索界面

（3）Clinical Trials（临床试验数据库）：收录了 193 个国家 21 万多项临床试验研究记录，为病人及其家属、医疗卫生工作者和社会大众提供相关信息服务。

（4）E-Utilities：即 Entrez Programming Utilities，提供对几种二次检索软件的介绍。这些软件作为提供外部 Entrez 数据网络查询的接口，有利于检索结果在不同的平台使用。

（5）LinkOut：PubMed 中的记录通过 LinkOut 与期刊出版商或信息提供商、期刊全文、图书馆馆藏信息、生物学数据库、大众健康信息和研究工具等建立广泛链接，从而为用户获取 PubMed 的外部资源提供了方便。

(三) PubMed 的个性化服务区（My NCBI）

My NCBI 是 PubMed 为用户提供的一项个性化服务，点击 PubMed 页面右上角"Sign in to NCBI"进入登录页面，输入用户名和密码后点击"Sigh in"按钮即进入"My NCBI"。初次使用需要进行注册。

个性化服务主要用于保存和管理用户的检索策略、检索结果，对存储的检索策略进行自动更新并将检索结果发送到指定的 E-mail 邮箱，根据需要对检索结果设定 Filter（过滤器）和 LinkOut，另外还可以设置高亮关键词、显示格式、关闭或开启 Auto Suggest 功能等个性化参数。

登录后的个人 NCBI 页面如图 3-2-16 所示。页面右上方有"Customize this page"、"NCBI Site Preferences"等超链接。页面主体为不同栏目，各栏目左侧为栏目名称，右侧有 ▼ × 符号，可自由调整栏目顺序。点击右侧三角形符号可以折叠和打开各栏目内容，"×"符号可以删除栏目。点击"Customize this page"超链接，通过勾选栏目可将被删除栏目重新恢复到个性化首页。个性化首页栏目较多，有"My Bibliography"、"Saved Searches"、"Filters"等栏目。根据需求可自行对各栏目进行设置。常用的主要有"Saved Searches"、"Filters"栏目。

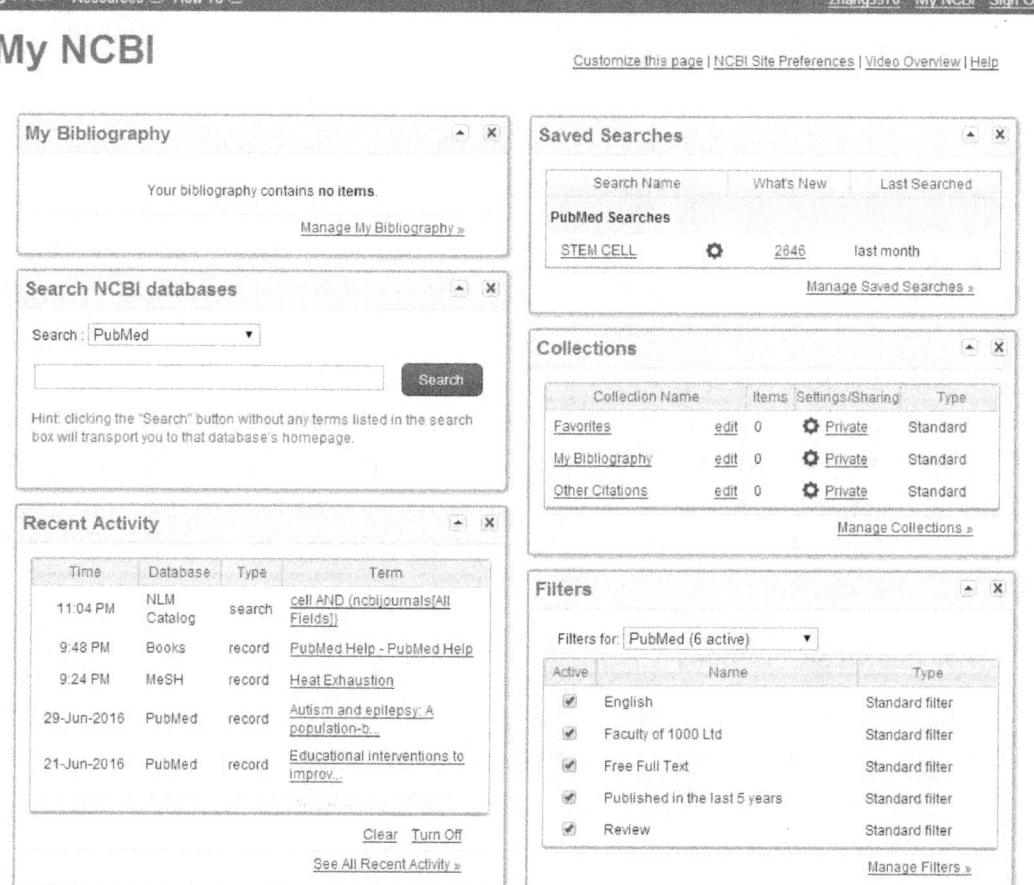

图 3-2-16 个人 NCBI 页面

"Saved Searches"栏目适用于订制个人关注领域。在高级检索页面界面，点击检索史编号，选择"Save in My NCBI"，可以将检索策略加入到 My NCBI 并保存在"Saved Searches"栏目下。该栏目每一个检索式后有一个齿轮状图标 ⚙，点击该图标进入对应检索式的"Saved Search Settings"页面，在该页面内可以选择是否通过邮件通知新的检出文献，并可对发送频率（月/周/天）以及发送格式和发送条数等进行限制。设置后点击页面下方的 save 按钮保存。

"Filters"栏目用于设置过滤条件。"Filters for"按钮的下拉菜单可以选择数据库如 PubMed、PMC 等。选择相应数据库后，点击右下角超链接"Add filters for the selected database"（数据库首次设置过滤条件时有该选项）或"Manage Filters"进入过滤器设置页面，如图 3-2-17 所示。

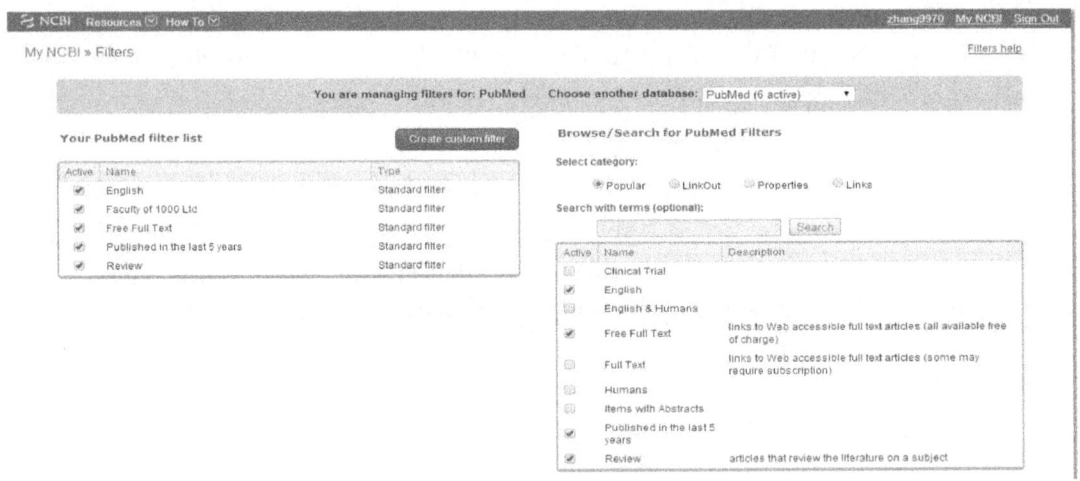

图 3-2-17　过滤器设置页面

过滤器包含"Popular"（常用）、"LinkOut"（外部资源链接）、"Properties"（特征）、"Links"（链接到其他 NCBI 数据库）4 种类型。根据需要勾选过滤条件即可自动增加到页面左侧过滤清单。

例：如何设置 F1000 过滤选项。

点选 LinkOut，在"Search with terms （optional）"检索框内输入 F1000，点击 search 按钮，显示"F1000 Research Ltd"和"Faculty of 1000 Ltd"两个选项，如图 3-2-18，勾选检索结果之后即增加了过滤选项。

若自定义了过滤条件，在检索结果显示页面的右侧可以看到每一个过滤条件下命中的文献数量，如图 3-2-19 所示。

（四）PubMed Commons

PubMed Commons 通过与 PubMed 整合，为用户提供针对 PubMed 收录文献进行科学讨论的渠道，PubMed 收录文献的作者都可以加入和发表评论。

如果文献有相关的评论，可以在文献详情页面查看，详见后文检索结果部分图 3-2-21。

图 3-2-18　添加 F1000 过滤选项

三、检索结果的处理

PubMed 检索结果缺省显示方式为 Summary 格式，包括标题、作者、出处、PMID 号，如图 3-2-20，检索记录按出版日期排列，每页显示 20 条记录。如果检索结果只有一条文献，则直接显示 Abstract 格式。在检索结果的上方，可以点选"Summary"、"20 per page"、"Sort by Most Recent"对显示格式、每页显示数量和排序方式进行调整。

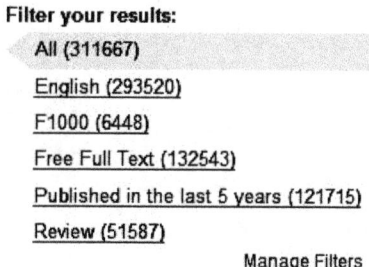

图 3-2-19　过滤条件下命中文献数量显示

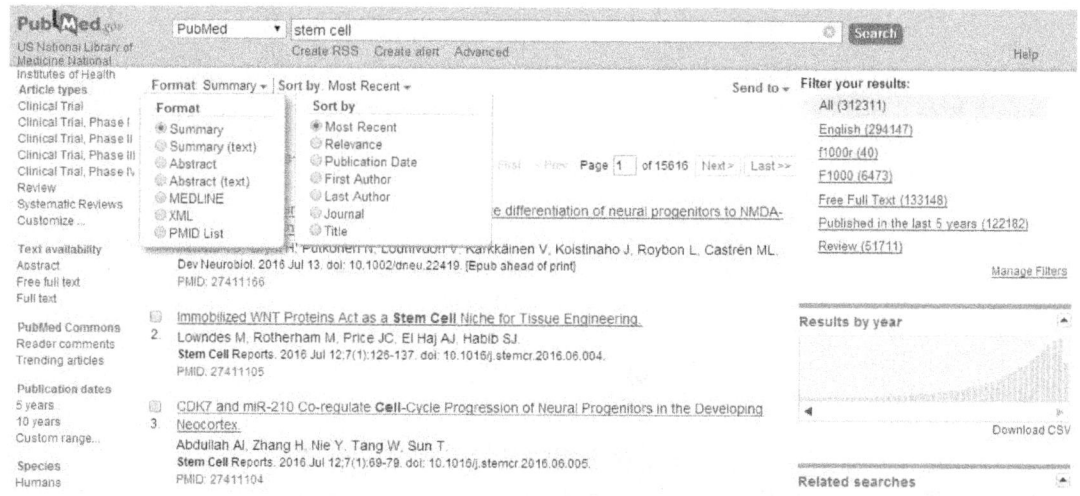

图 3-2-20　检索结果页面显示

要查看某一篇文献的详细记录，直接点击该文献题目超链接即可，如图 3-2-21 所示。

此外,PubMed 首页下方为 More resources 区,提供了 PubMed 的 MeSH database、Journal database、Single citation matcher、Clinical queries、Topic-specific queries 等检索服务链接。

通过登录 My NCBI,可以保存检索结果到 My NCBI 或创建 RSS Feed。检索结果的输出由"Send to"来实现,有 7 种选项:File(保存为文件)、Clipboard(添加到剪贴板)、Collections(添加到 My NCBI Collection)、E-mail(通过 E-mail 发送结果)、Order(申请全文传递服务)、My Bibliography(我的书目)、Citation manager(导出到文献管理软件),一次最多可以处理的记录为 500 条。

如需打印检索结果,可利用浏览器的打印功能。在显示检索结果之后直接打印,或加入到剪贴板后进行打印。

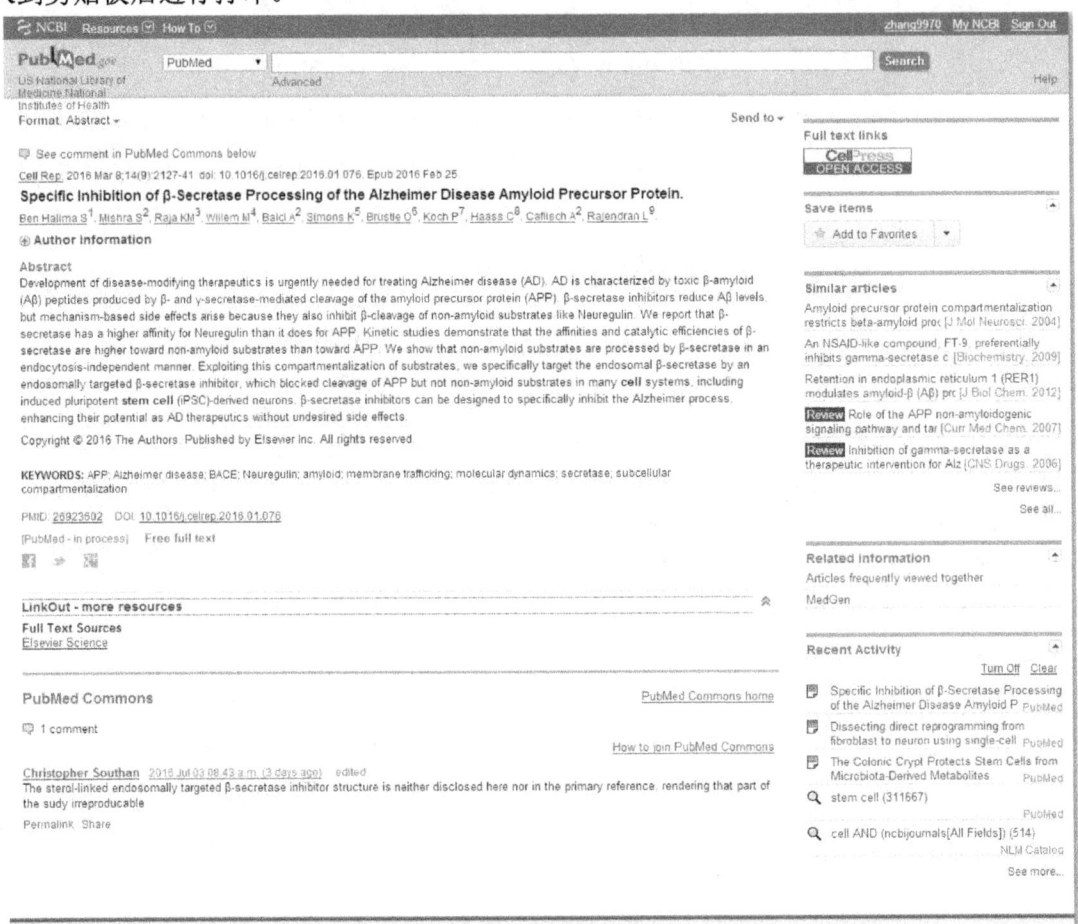

图 3-2-21 文献详情页面

练 习 题

1. 检索近 5 年来有关 H7N9 禽流感方面的英文和中文非综述性文献。
2. 检索最近 3 年来扁桃体炎手术治疗方面的文献(要求加权)。
3. 德国科学家哈拉尔德·楚尔·豪森(Harald zur Hausen)因发现导致宫颈癌的 HPV(人乳头状瘤病毒)而获得 2008 年诺贝尔生理学或医学奖。检索豪森发表的且能获得全文的文献。

4. 检索自己学校发表在期刊新英格兰医学上的文献。

5. 2015 年 Fuso A 在 PLoS One 上第 10 卷第 2 期发表有一篇文章,请查找有哪些作者在 PubMed Commons 上评论了该文献。

第三节 EMBASE 数据库检索

一、Embase 数据库简介

荷兰是世界上出版业最发达的国家之一,Elsevier 是世界上最大的出版机构,其公司总部就在荷兰。Embase 则是 Elsevier 公司开发的生物医学与药学文摘数据库。Embase 收录文献内容广泛,不仅包括基础和临床医学,还包括与医学相关的许多研究领域,如药物研究、药理学、配药学、药剂学、药物副作用、毒物学、生物工艺学、保健策略与管理、药物经济学、医疗公共政策管理、公共职业与环境卫生、药物依赖性及滥用、精神科学、替代与补充医学、法医学和生物医学工程等。Embase 数据库收录了世界上 70 多个国家和地区的 8,400 多种期刊上发表的论文文摘信息,收录的文献最早可以回溯到 1947 年,到目前为止总的文献记录已超过 2,900 万条,而且以每个工作日增加 5,500 条记录,每年增加 140 万条记录的速度递增。Embase 数据库整合了 MEDLINE 数据库的全部内容,收录的文献涵盖了大量欧洲和亚洲的生物学、医学和药学期刊,与 PubMed 数据库主要收录北美地区以临床医学为主的文献正好形成互补之势。各种疾病信息、药物信息和医疗设备信息的检索是 Embase 数据库的重要特色。Embase 的主题词库 Emtree 有主题词 7 万个,覆盖所有 MeSH 术语。除了期刊文献外,2009 年以后,Embase 每年还收录世界上 1,000 多个重要学术会议约 30 万条会议文献摘要。

二、检索途径和检索方法

与 PubMed 数据库强大而又稍显复杂的检索途径和检索方法比较起来,Embase 数据库检索界面则显得更加简洁。Embase 数据库提供了循证医学检索、快速检索、高级检索、药物检索、疾病检索、医疗设备检索、文章检索、词表检索、期刊浏览和作者检索等多种检索途径,支持布尔逻辑检索、截词检索、位置检索和强制检索等多种检索技术。

(一) 快速检索 (Quick Search)

Embase 的默认检索界面即快速检索界面,如图 3-3-1 所示。

在其他界面点击"Search"按扭或"Search"下拉菜单中的"Quick"均可进入快速检索界面。快速检索界面可以一次实现多字段的布尔逻辑检索,还可以对记录出版年和记录进入 Embase 的时间进行限定。

例 1:检索近 5 年来有关急性呼吸窘迫症的研究文献

对相应的字段进行选择后,在检索输入框中键入"Acute Respiratory Distress Syndrome",Embase 将自动从 Emtree 词表中提供与检索词相关的主题词供选择,时间选择近 5 年,系统自动完成检索过程并显示命中记录数,结果如图 3-3-2 所示。

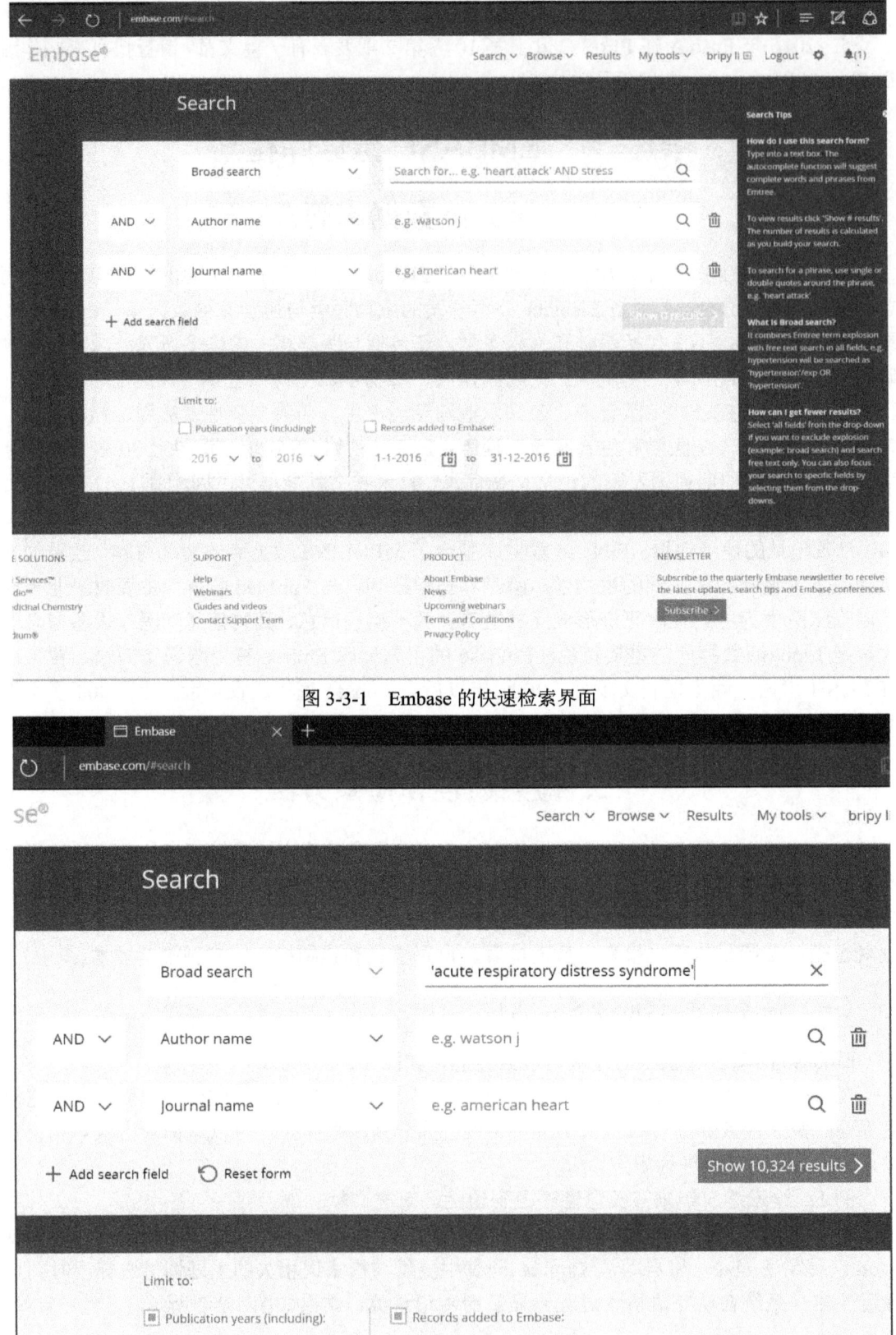

图 3-3-1　Embase 的快速检索界面

图 3-3-2　近 5 年急性呼吸窘迫症研究文献

(二) 高级检索 (Advanced Search)

点击"Search"下拉菜单中的"Advanced"按钮即进入到 Embase 的高级检索界面，如图 3-3-3 所示。

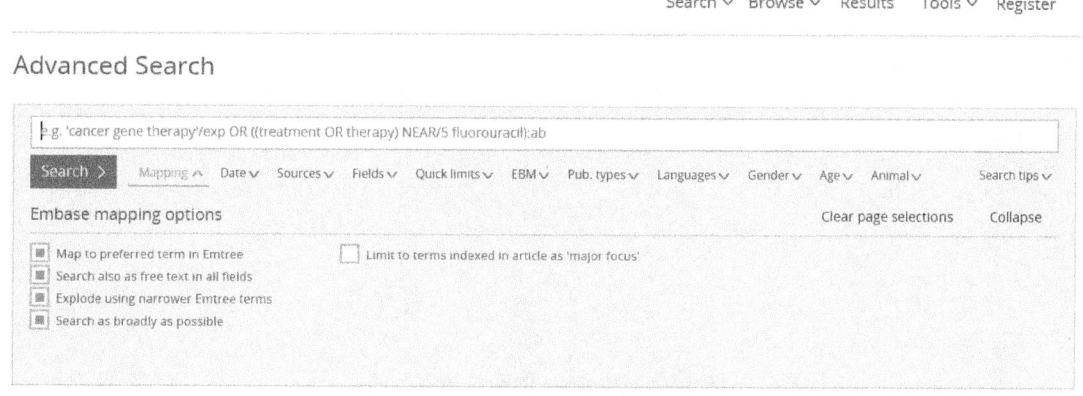

图 3-3-3　Embase 的高级检索界面

与 Embase 的快速检索界面比较起来，高级检索界面提供了更多的限定选择，其目的在实现更为专指或精确的检索。比如：①选择"Mapping"选项中的"Map to preferred term in Emtree"、"Search also as free text in all fields"、"Explode using narrower Emtree terms"和"Search as broadly as possible"可提高检全率；而选择"Limit to terms indexed in article as 'major focus'"则可实现加权检索。②选择"Fields"可将检索词限定在特定的字段进行检索。③选择 Pub.types 可将检索结果限定在特定的文献类型。

例 2：检索近 5 年来有关急性呼吸窘迫症研究的综述性文献

在高级检索界面的输入框中输入"Acute Respiratory Distress Syndrome"，注意加引号，在"Date"选项中将时间调整为近 5 年，在"Pub.types"选项中点选"Review"，然后点击"Search"按钮，检索结果如图 3-3-4 所示。循此思路，我们还可以通过其他的限定选择，进一步缩小检索结果的范围，直到达到我们的检索要求为止。

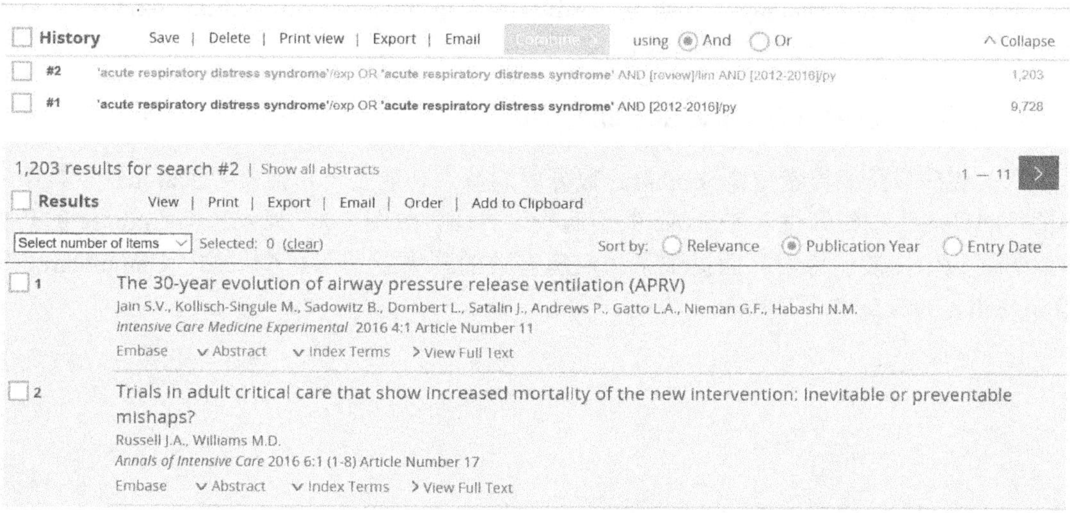

图 3-3-4　近 5 年急性呼吸窘迫症研究的综述性文献

(三)药物检索(Drug Search)

点击"Search"下拉菜单中的"Drug"按钮即进入 Embase 的药物检索界面,如图 3-3-5 所示。

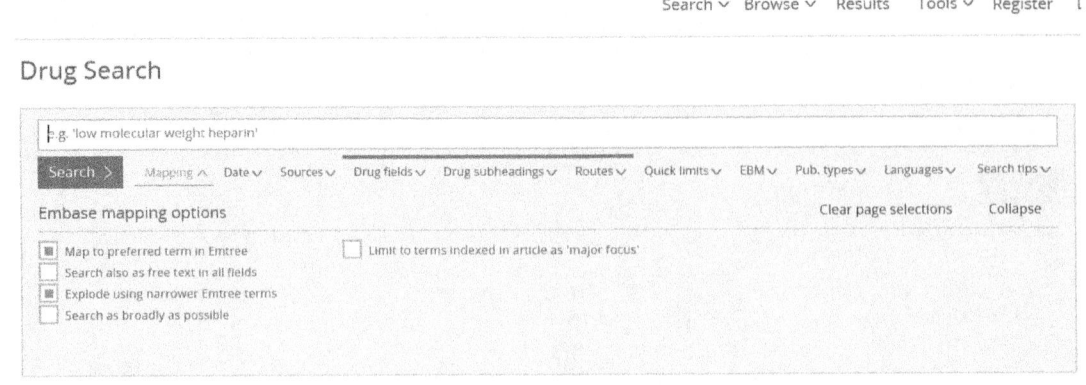

图 3-3-5　Embase 的药物检索界面

药物检索是 Embase 的重要特色之一,除了检索治疗用药物信息外,还可检索包括内源性化合物、实验室化学物质、环境化学物质和化学毒素等多种化学物质的信息。与高级检索界面比较,药物检索界面除了提供"Date"、"Sources"和"Pub.types"等常用选项之外,还特别提供了"Drug Fields"、"Drug Subheadings"和"Routes"等与药物检索密切相关的选项。"Drug Fields"可以将检索词限定在制药企业、药物贸易名等字段进行检索。检索时,可输入药物的通用名、商品名、实验室代码或化学名等,系统自动将检索词转换为与之匹配的 Emtree 药物主题词进行检索。如输入"Aspirin",系统将提示 Aspirinuse:Acetylsalicylic Acid,并将"Aspirin"转为主题词"Acetylsalicylic Acid"进行检索。Embase 提供 17 个与药物有关的副主题词和 47 个投药途径用词,进一步增强了药物检索的专指度。

例3:检索沙格列汀(saxagliptin)毒副作用的文献

在 Embase 的药物检索界面检索词输入框中输入"saxagliptin",然后在与药物有关的副主题词"Drug Subheadings"中点选"Adverse drug reaction"和"Drug toxicity",点击"Search"按钮,检索结果如图 3-3-6 所示。

(四)疾病检索(Disease Search)

有关疾病信息的检索也是 Embase 数据库的特色功能之一。点击"Search"下拉菜单中的"Disease"按钮即进入 Embase 的疾病检索界面,如图 3-3-7 所示。与 Embase 的药物检索界面相似,疾病检索界面提供了与疾病有关的副主题词 14 个,如"Complication"、"Congenital disorder"、"Diagnosis"等。

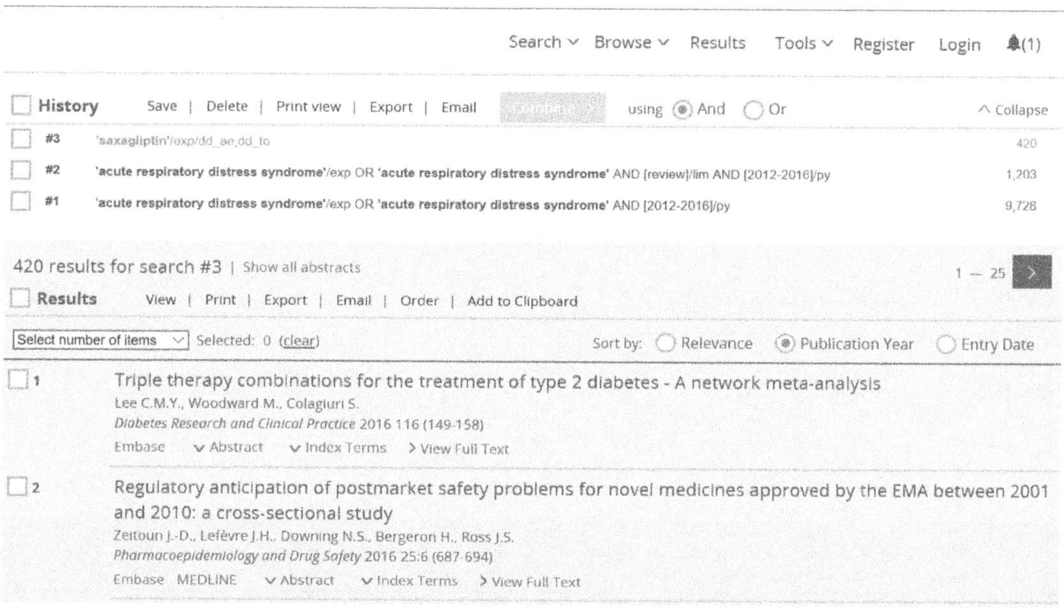

图 3-3-6　检索沙格列汀毒副作用的文献

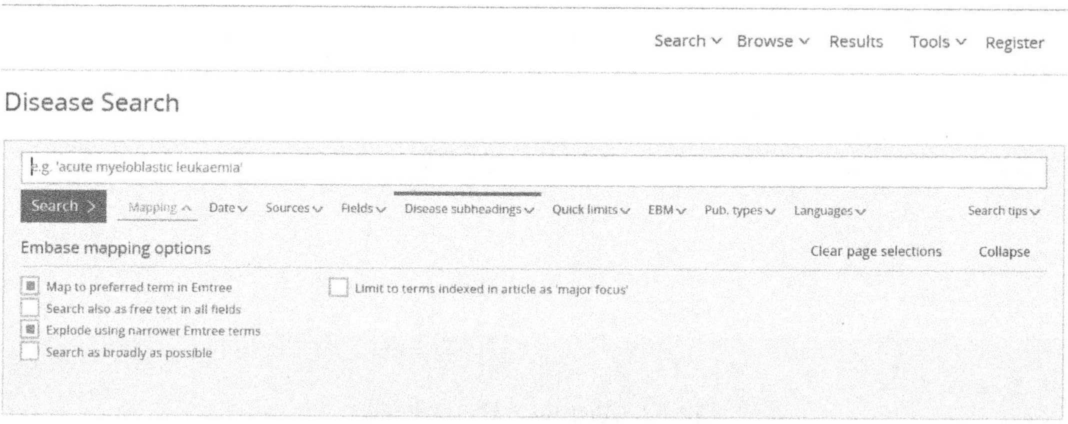

图 3-3-7　Embase 的疾病检索界面

例 4：检索沙格列汀治疗 2 型糖尿病的相关文献

步骤 1：先通过药物检索获得沙格列汀作为药物治疗的相关文献。步骤 2：再通过疾病检索获得 2 型糖尿病药物治疗的相关文献。步骤 3：将步骤 1 和步骤 2 所得检索结果进行布尔逻辑"与"运算，得到沙格列汀治疗 2 型糖尿病的相关文献，如图 3-3-8 所示。

（五）设备检索（Device Search）

设备检索（Device Search）是 Embase 数据库近年来新增加的检索途径和方法，用于检索医疗设备和医疗设施的相关信息，也是 Embase 数据库的特色之一。点击"Search"下拉菜单中的"Device"按钮即进入 Embase 的设备检索界面，如图 3-3-9 所示。

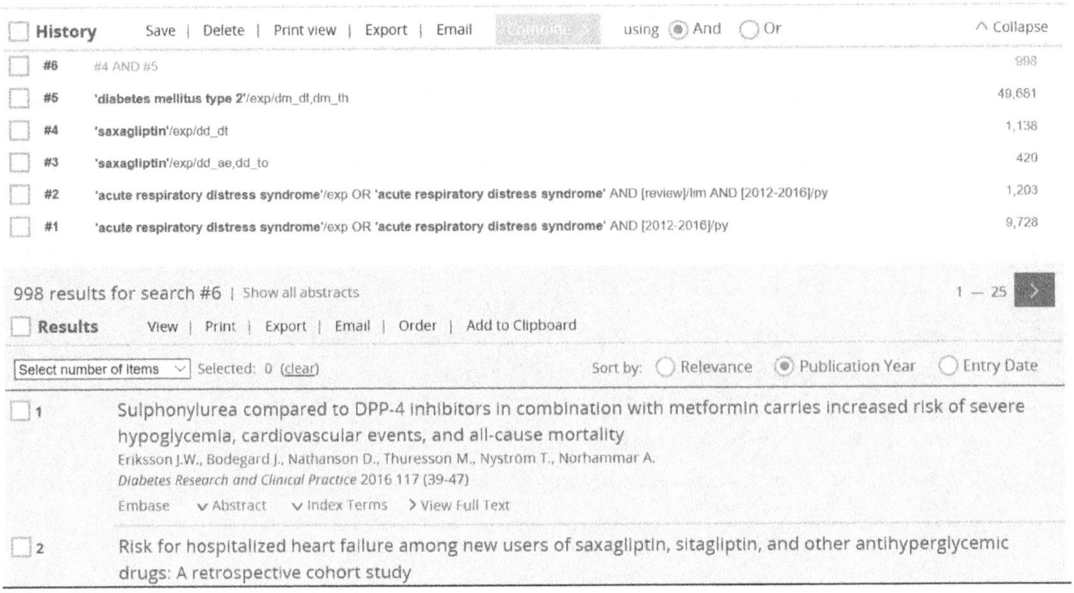

图 3-3-8　沙格列汀治疗 2 型糖尿病的相关文献

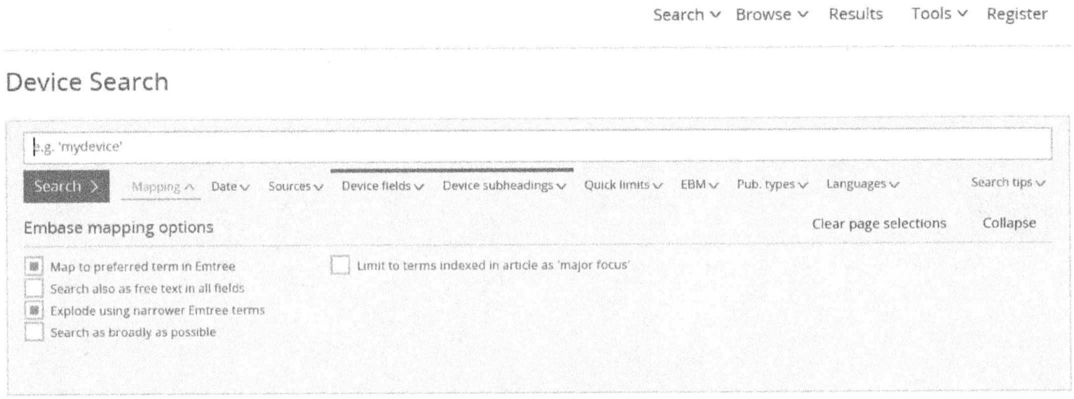

图 3-3-9　Embase 的设备检索界面

与 Embase 的药物检索界面和疾病检索界面相似，设备检索界面只是将药物与疾病相关的副主题词换成了与医疗设备、设施相关的副主题词，如"Adverse device effect"、"Device comparison"和"Clinical trials"等。

例 5：检索冠状动脉支架（coronary stent）副作用的相关文献

在 Embase 的设备检索界面输入框中"coronary stent"，注意加引号。在"Device subheading"中点选"Adverse device effect"，点击"Search"按钮，检索结果如图 3-3-10 所示。

（六）文章检索（Ariticle Search）

Embase 数据库的文章检索类似于 PubMed 的单引文匹配器，提供从部分字段信息检索文献的方法。当已知文献的题名、作者、刊名全称、刊名缩写、ISSN 号、卷、期和文章起始页等部分字段信息的时候，通过 Embase 的文章检索可获得所需特定的文献。点击"Search"下拉菜单中的"Article"即进入 Embase 的文章检索界面，如图 3-3-11 所示。

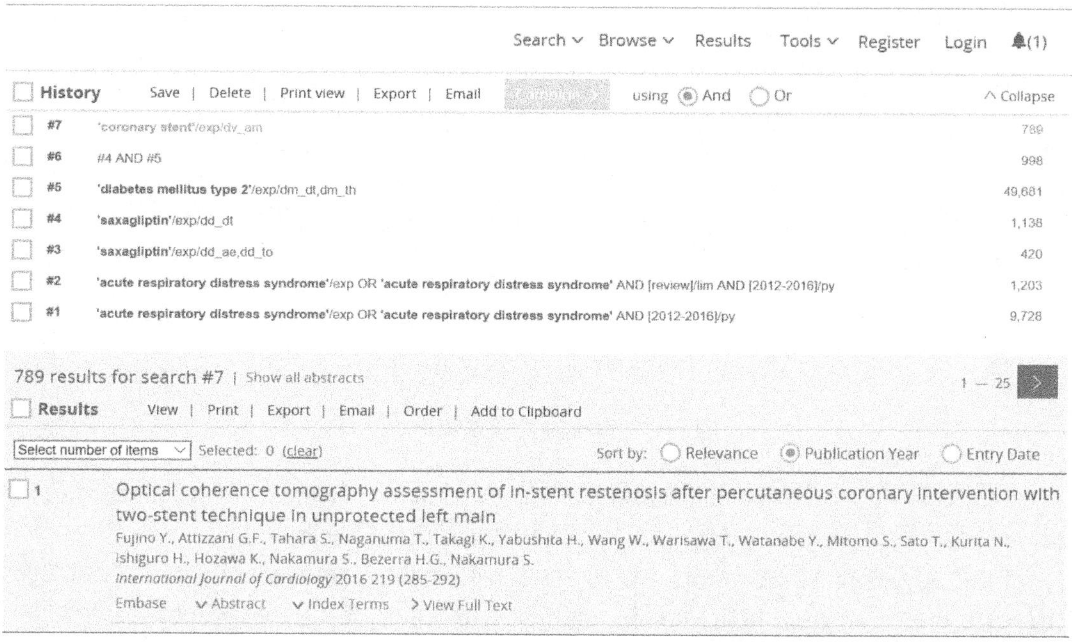

图 3-3-10　冠状动脉支架副作用的相关文献

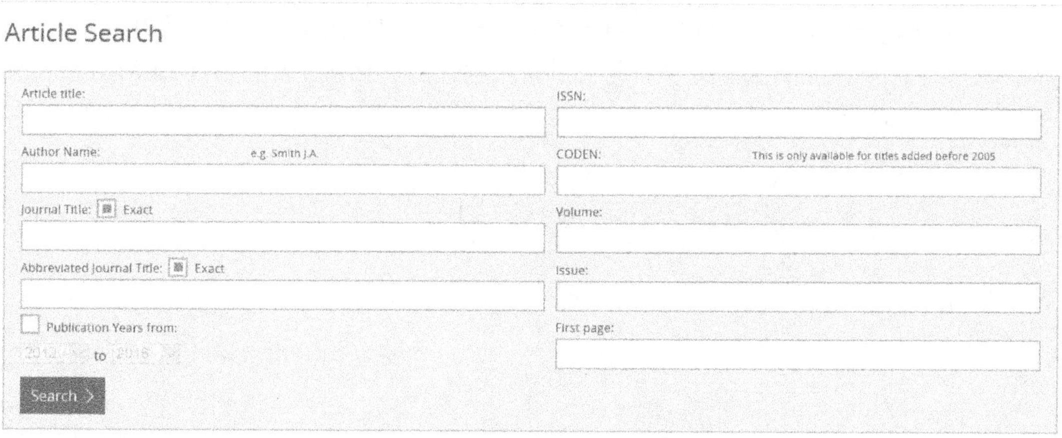

图 3-3-11　Embase 的文章检索界面

（七）主题词检索（Emtree）

词表检索是 Embase 提供给用户的最具特色的检索功能之一，利用 Emtree 提供的主题词（有时也称受控叙词、优先词或叙词）检索可以有效地提高检全率和检准率。Emtree 类似于 PubMed 的 MesH 词表，同时又包含了所有的 MeSH 主题词，是 Embase 对生物医学和药学文献进行主题分析、标引和检索时使用的权威性词表，共收录主题词即受控叙词 7 万个，款目词 29 万个。点击 Embase 页面上的"Browse"下拉菜单中的"Emtree"按钮即进入 Embase 的主题词检索界面，如图 3-3-12 所示。

图 3-3-12　Embase 的主题词检索界面

主题词检索的关键是如何准确地确定主题词。Embase 提供了通过查找和浏览两种途径获得主题词即受控叙词的方式，默认界面为通过查找途径获得主题词。

（1）主题词查找（Find Term）：在图 3-3-12 所示的输入框中键入我们所了解和掌握的词或词组，点击 Find Term 按钮，Embase 将返回所键入的词或词组对应的款目词或主题词。款目词用"Use preferred term"引导至主题词，如图 3-3-13 所示。

点击主题词超级链接，Embase 显示该主题词在 Emtree 树形结构表中的位置，并显示标引有该主题词的文献数量。树形结构表的下面是该主题词的相关信息，如历史注释、同义词、树形结构号和《多兰氏医学词典》对该主题词的解释等。如图 3-3-14 所示。

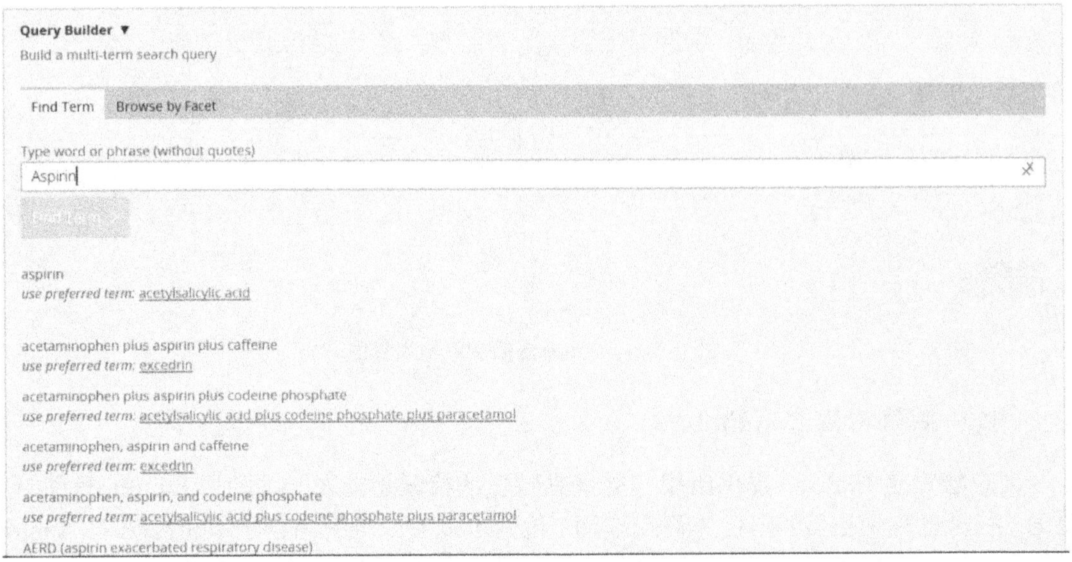

图 3-3-13　Embase 的款目词和主题词对照

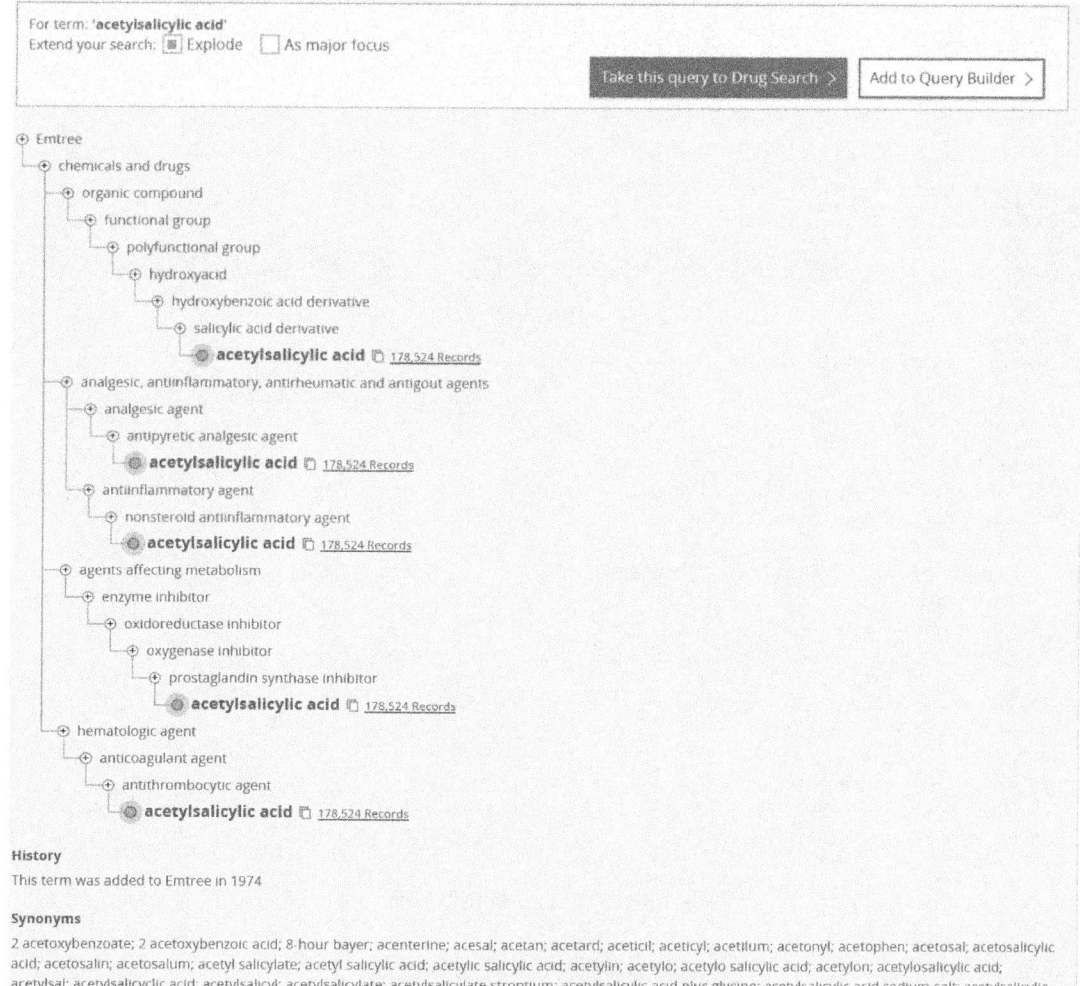

图 3-3-14　Emtree 树形结构表

获得我们所需要的主题词后，系统提供了 4 个选择。①扩展检索（Explode）。②加权检索（As major focus）。③进入药物检索界面，因为"acetylsalicylic acid"是一种药物。如果主题词是与疾病或医疗设备相关的词，则提示进入相应的检索界面。④构筑检索式进行检索（Add to Query Builder）或将检索式添加到高级检索界面进行进一步的限定后再检索。可根据实际需要作相应选择。

（2）主题词浏览（Browse by Facet）：与 MeSH 词表一样，Emtree 所收录的各个主题词之间成了严格的等级体系关系，为我们提供了按等级体系浏览主题词的便利。点击"Browse by Facet"按钮，系统显示 Emtree 词表 14 个大类的类名，如图 3-3-15 所示。点击左侧的"＋"号或类名的超级链接可层层展开各类主题词。通过等级体系浏览方式获得主题词需要熟悉树形结构表。

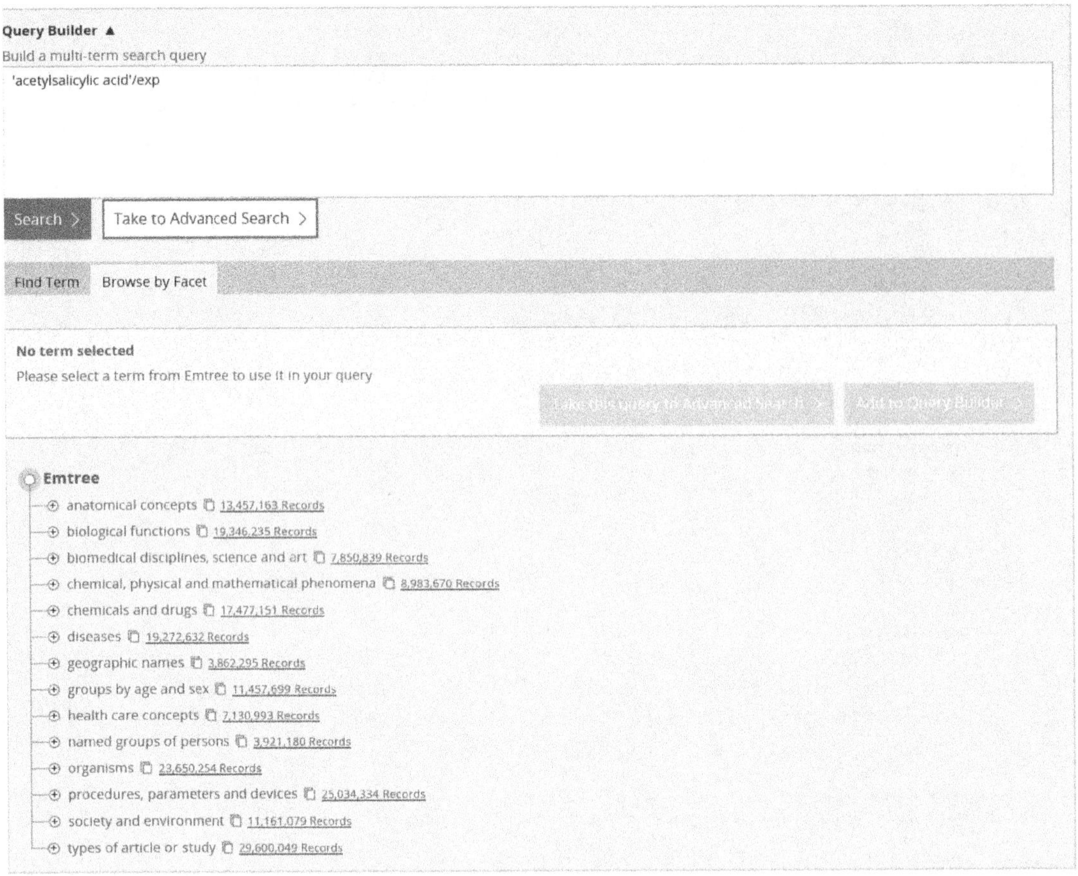

图 3-3-15　Emtree 的浏览界面

例 6：检索有关蛋白质组学在糖尿病研究中应用的文献

分析：如何从一个检索题目中抽取出正确的关键词即检索词，关系到检索的成败和效率。该题目涉及两个主要概念，一个是"蛋白组学"，另外一个是"糖尿病"。为了提高检全率和检准率，避免漏检和误检，我们选择运用 Embase 数据库的 Emtree 检索。

步骤 1：在 Emtree 检索界面中通过"Find Term"查找出与款目词蛋白质组学所对应的主题词"Proteomics"，如图 3-3-16 所示。

步骤 2：确定"Proteomics"作为检索主题词后，再将其添加到高级检索界面如图 3-3-17，并根据需要选择与之相匹配的选项。此例选择"Map to preferred in Emtree"和"Limit to terms indexed in article as 'major focus'"。

步骤 3：点击"Search"按钮得到检索结果如图 3-3-18 所示。

步骤 4：通过大致相同的方法和步骤，我们确定"糖尿病"的主题词是"Diabetes Mellitus"，并将其添加到疾病检索界面，可根据实际需要可对副主题词作相应的选择，如图 3-3-19 所示。

步骤 5：点击"Search"按钮得到检索结果如图 3-3-20 示。

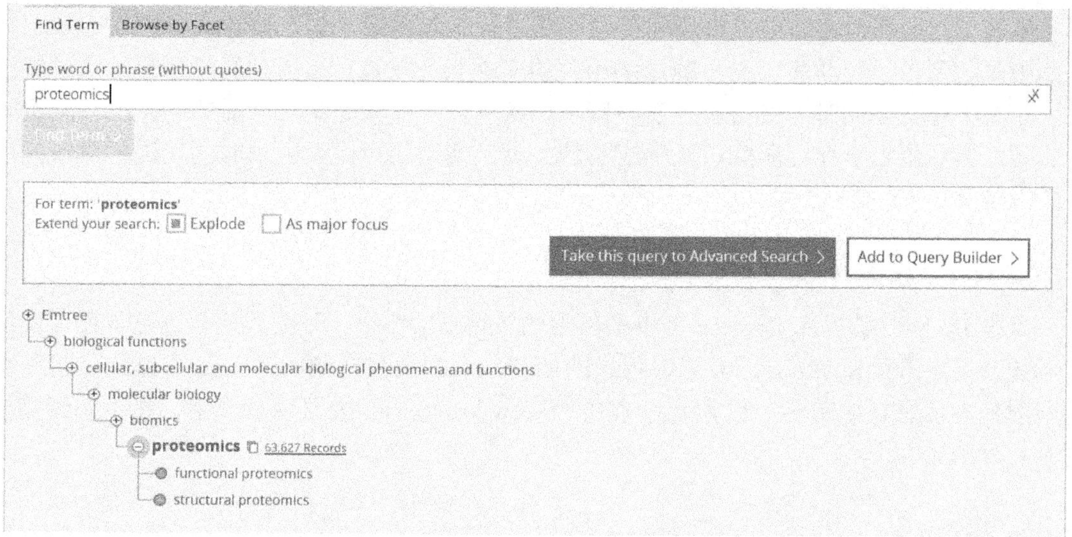

图 3-3-16　主题词 Proteomics 在树形结构表中的位置

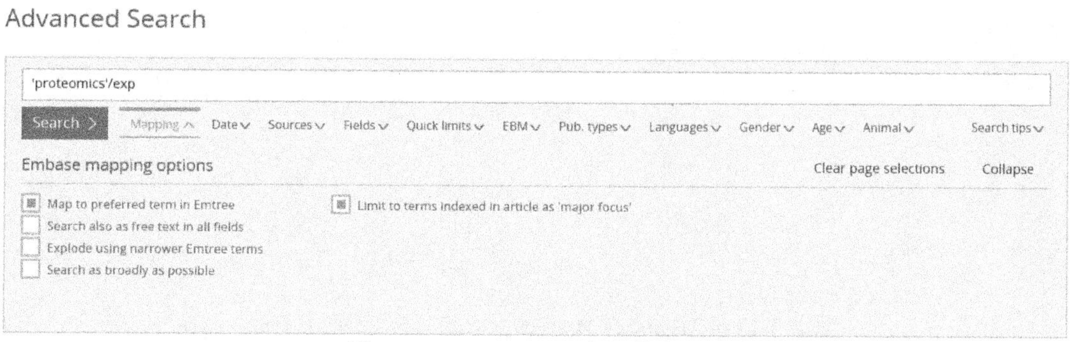

图 3-3-17　Proteomics 高级检索界面

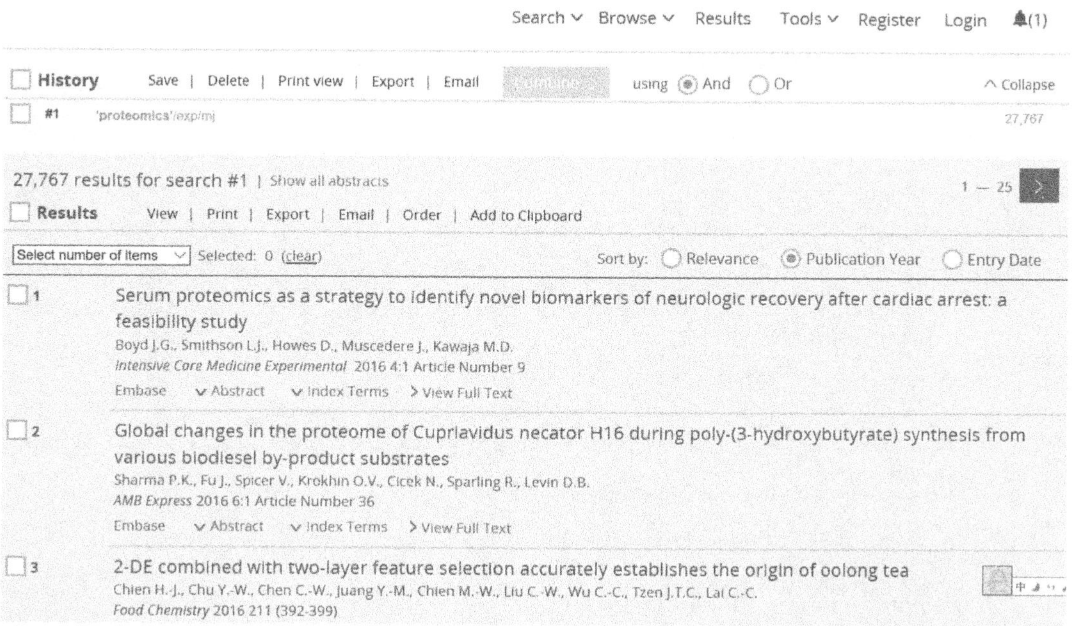

图 3-3-18　与蛋白质组学相关的文献

步骤 6：选择检索结果"#1"和"#2"后进行布尔逻辑"与"运算，得到 Embase 数据库中既与蛋白质组学相关又与糖尿病相关的文献共 505 篇，如图 3-3-21 所示。从逻辑上讲，这 505 篇文献同时与蛋白质组学与糖尿病相关，可能就是我们所需要的文献，至于是否就是"蛋白质组学在糖尿病研究中应用的文献"则需要对检索出来的文献进行逐一判读后才能确定。

（八）期刊浏览（Journals）

点击 Embase 数据库 Browse 下拉菜单中的 Journals 按钮，即进入期刊浏览界面。系统显示按刊名字顺浏览 Embase 数据库收录的期刊，点击刊名右侧的"about"链接，可获得期刊的基本信息。如图 3-3-22 所示，点击"View Volumes"按钮可以按年、卷、期浏览期刊上发表的论文。

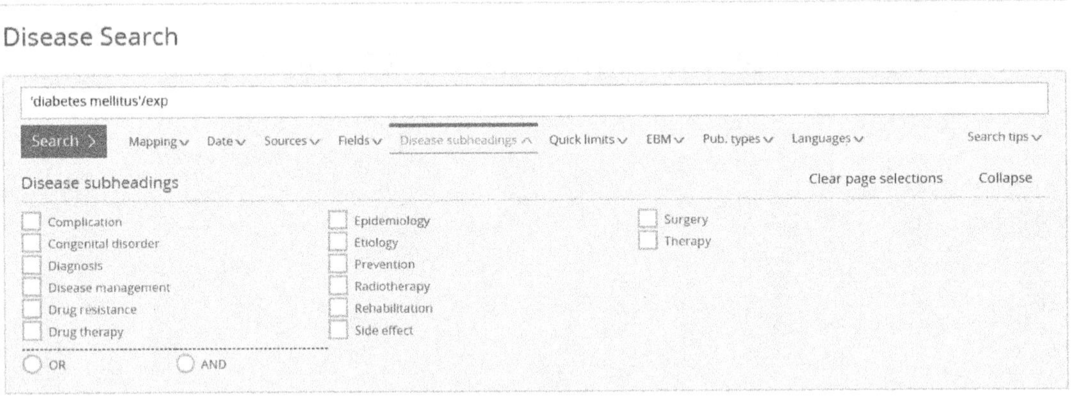

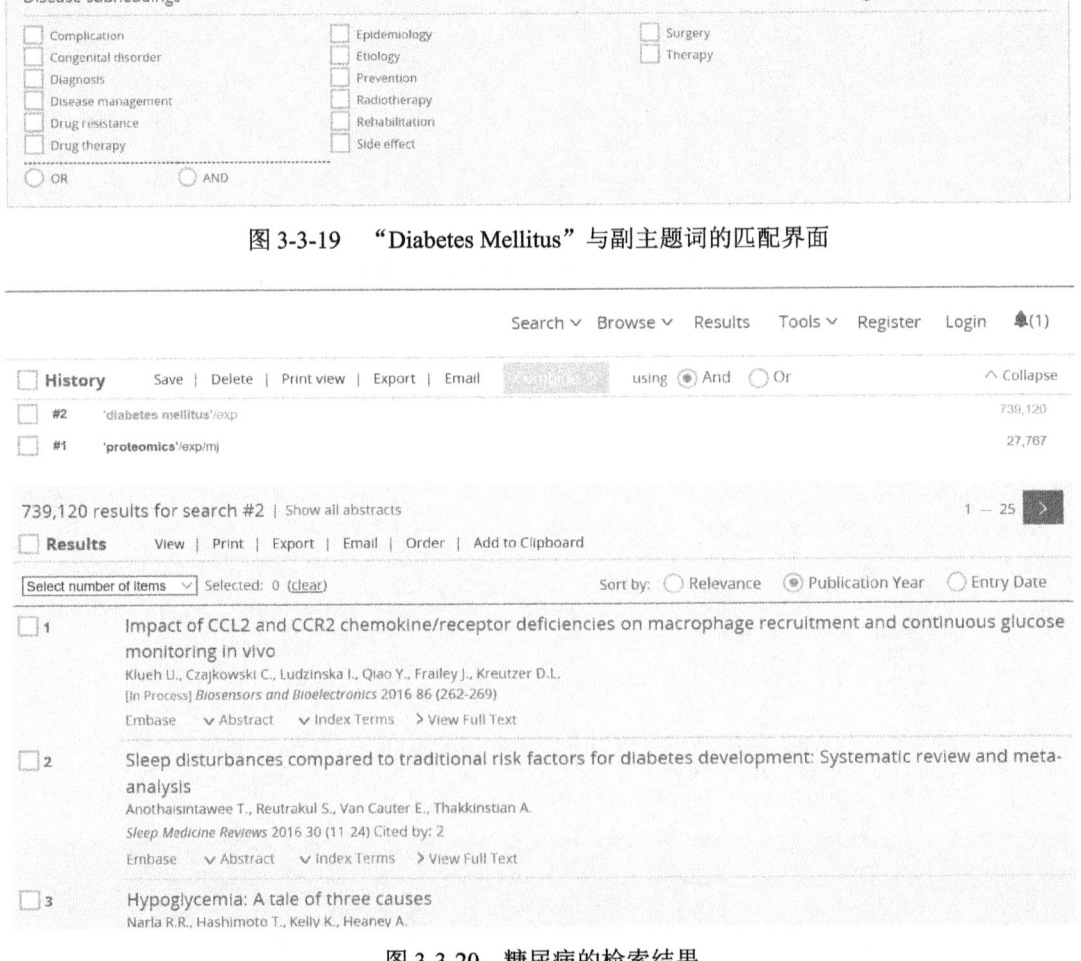

图 3-3-19 "Diabetes Mellitus"与副主题词的匹配界面

图 3-3-20 糖尿病的检索结果

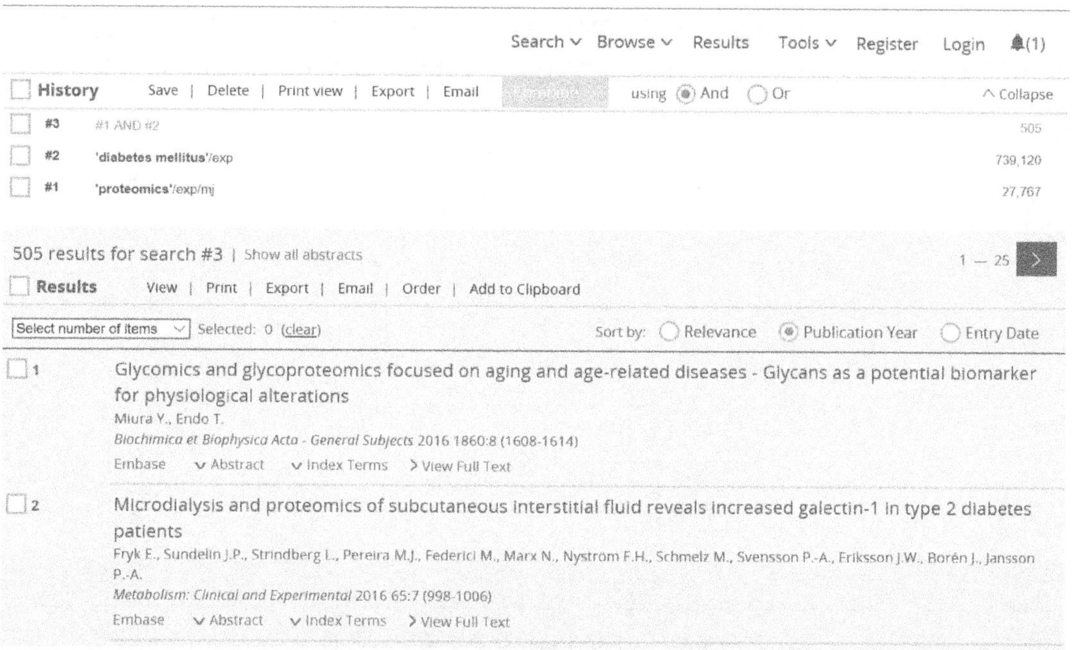

图 3-3-21　与蛋白质组学和糖尿病研究相关的文献

图 3-3-22　《Stem Cell Research》的基本信息

（九）作者检索（Authors）

点击 Embase 数据库 Browse 下拉菜单中的 Authors 按钮，系统即进入著者检索界面。按 Embase 数据库对著者检索的要求，应姓在前用全称，名在后用首字母，姓与名之间空一格，名首字母后用"."，系统将显示所有前方一致的著者。选择可能的著者后，点击"Find articles by these authors"即获得相关著者所发表的文献。需要提醒的是，由于东西方文化之间的差异，西方同姓的人少，同名的人多，当采用姓用全称名用首字母缩写方法，对不同的作者具有较好的区别意义。而东方民族如中国人、日本人、韩国人等，则是同姓的人多，而同名的人则相对要少。当姓用全称名用首字母缩写时就会产生大量的同名现象。因此，利用作者检索中国人、日本人或韩国人所发表的文献时，需要在检索实践中结合作者所在的机构，作者研究的学科领域等相关信息进一步加以区别，才能确定我们所要检索的特定著者的文献，以免张冠李戴之误。

三、检索结果的处理

在 Embase 数据库的任意界面点击 Result 按钮，即可进入检索结果显示界面，如图 3-3-23

所示。Embase 的检索结果界面分为 3 个部分，即①右侧上面检索历史显示区"History"，②右侧下面检索纪录显示区"Results"和③左侧页面的检索结果精炼区"Results Filters"。

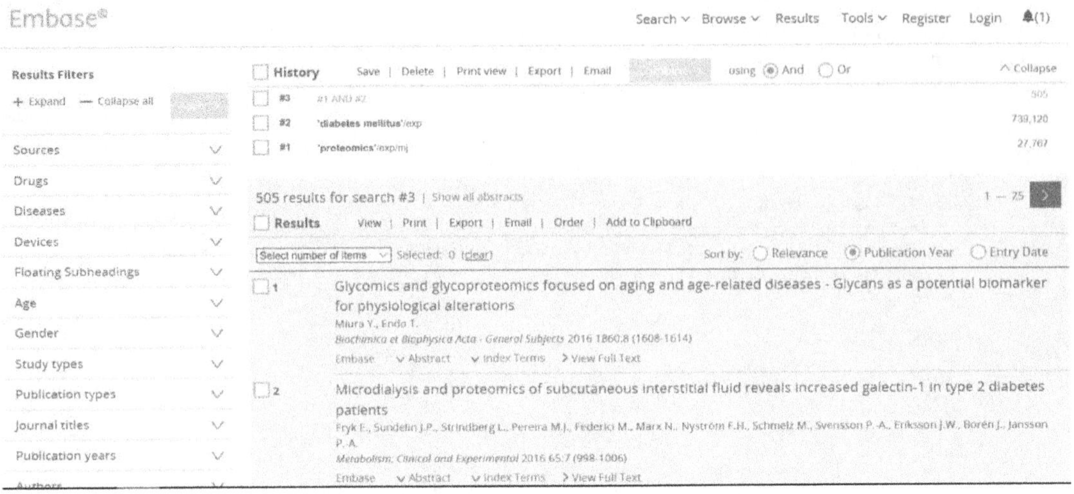

图 3-3-23　Embase 的检索结果显示界面

（一）检索历史（History）

如图 3-3-24 所示，我们可以在"检索历史"显示区看到我们的整个检索过程。可以选择各个检索式后对其进行保存（Save）、删除（Delete）、打印浏览（Print view）等操作。"检索历史"显示区一个重要的功能就是提供布尔逻辑检索，这是我们经常要用到的。比如检索有关蛋白质组学在糖尿病研究中应用的文献时，我们就可以分别检索出有关蛋白质组学的文献和有关糖尿病的文献后，再进行逻辑"与"运算，即可得到我们的检索结果。将鼠标指向某一具体的检索式，系统自动显示可以对该检索式进行编辑（Edit）、建立电子邮件提醒（Email alert）和订阅该检索式的最新检索结果（RSS feed）的提示，如图 3-3-24 所示。利用"建立邮件提醒"等工具需要在 Embase 注册并登录。当我们浏览检索纪录时，为了使整个界面显得更加简洁，我们可以点击右上角的"Cllapse"按钮，将检索历史显示区"折叠"起来，需要对检索历史或检索式进行操作时，再点击"Expand"展开。

（二）检索纪录的显示

检索纪录默认按每页 25 条显示，如图 3-3-25 所示。我们可在检索记录显示页的最下端"Records per page"后面的显示框中选择 50、100、200 对每页的显示记录数进行调整。也可以对检索记录的排序方式进行切换。默认的排序方式为按记录出版时间排序，我们也可以在显示界面的上端选择"Sort by Relevance"，使检索记录按相关性进行排序。选择我们需要的检索记录后，可以进行浏览（View）、打印（Print）、导出（Export）、发送电子邮件（Email）、订阅（Order）或将选中的记录添加到剪贴板（Add to Clipboard）。如果安装并激活了"EndNote"等文献管理软件，可以直接将选中的检索记录导出至我们指定的文献管理软件。剪贴板只是临时存放检索记录的地方，如果需要对检索记录进行较长时间保存的话，应点击 Embase 右上侧"工具"（My Tool）菜单中的"剪贴板"（Clipboard）按钮，对临时存放在剪贴板中的文献进行保存。

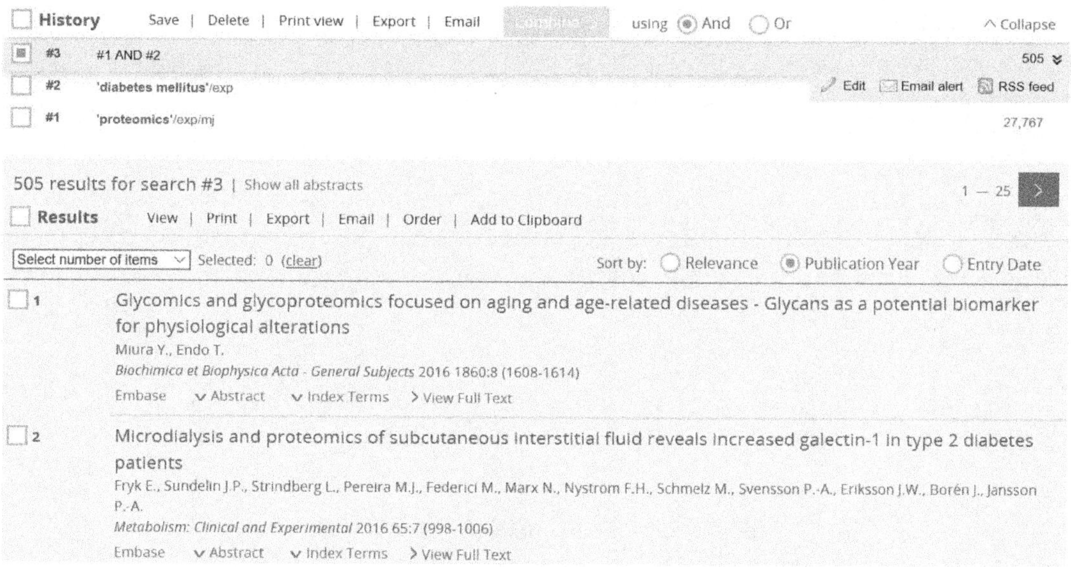

图 3-3-24　对检索式进行编辑、设置邮件提醒等提示页面

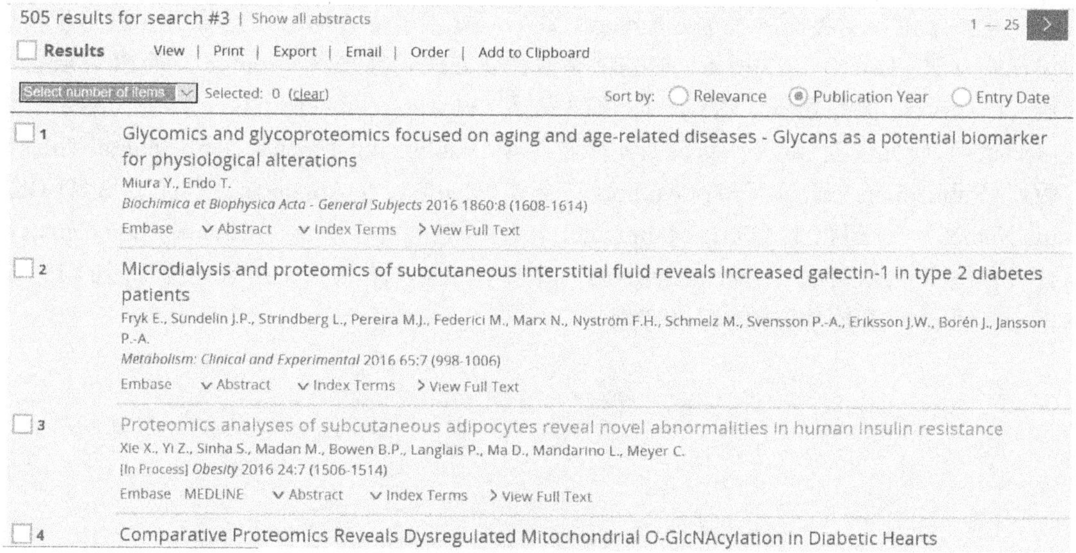

图 3-3-25　Embase 检索记录显示区

对于一条特定的记录，我们可以点击题名超级链接，系统返回该条记录的更多字段信息，包括论文文摘、药物、疾病和医疗设备、通信作者地址信息等，如图 3-3-26 所示。如果我们所在机构订阅了发表该论文期刊的电子版，一般为全文数据库，则可直接点击下载全文（Full Text）。

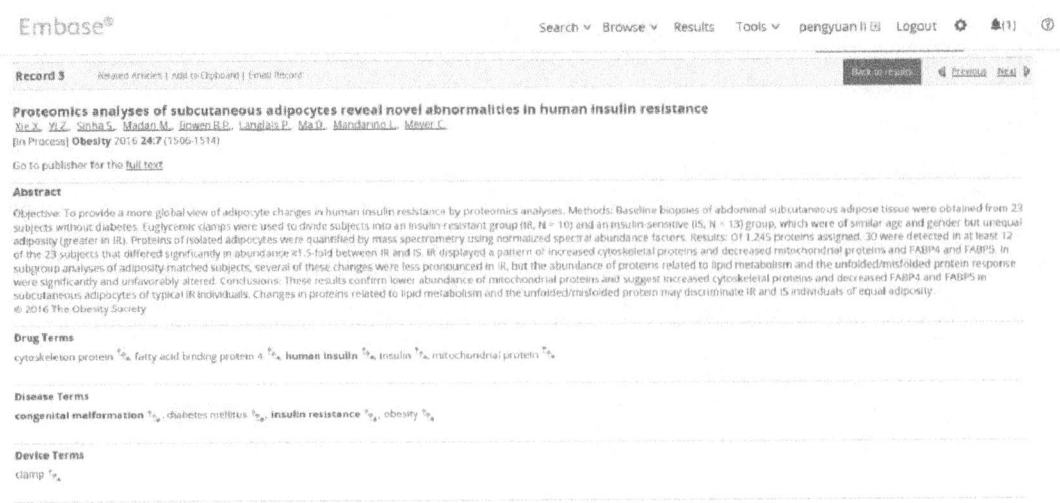

图 3-3-26　Embase 数据库的一条典型记录

(三) 检索结果的精炼

在检索结果显示界面的左侧，Embase 数据库提供了多种对检索结果进行进一步精炼的途径或方法，如图 3-3-27 所示。这些精炼途径或方法包括来源（Source）、药物（Drugs）、疾病（Disease）、医疗设备（Device）、副主题词（Floating Subheadings）、年龄（Age）、性别（Gender）、研究类型（Study Types）、出版物类型（Publication Types）、期刊（Journal Titles）、出版年（Publication Years）、著者（Authors）、会议（Conference Abstracts）、药品贸易名（Drug Trade Names）、制药企业（Drug Manufacturers）、医疗设备贸易名（Device Trade Names）、医疗设备生产企业（Device Manufacturers）等多个方面。图 3-3-27 所示为精炼后的 152 篇与蛋白质组学和糖尿病相关的综述文献。

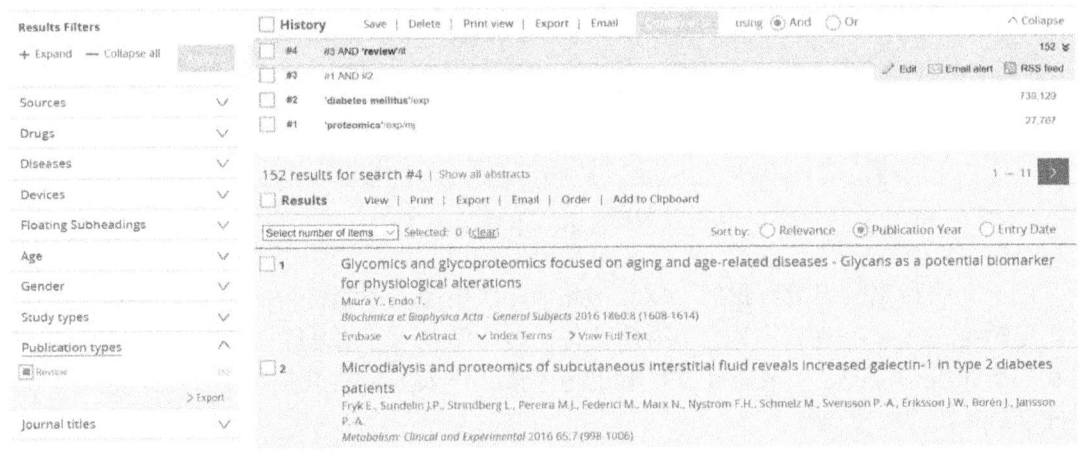

图 3-3-27　与蛋白质组学和糖尿病相关的综述文献

通过 Embase 数据库提供的检索结果精炼途径和方法，再结合其他限定途径和方法，如匹配（Mapping）、时间（Date）、字段（Fields）、语言（Languages）等（见检索输入框和检索历史显示区之间的菜单栏。）可以使得检索结果更加接近我们的需要。图 3-3-28 所示为与蛋白质组学和糖尿病相关的英语综述文献。

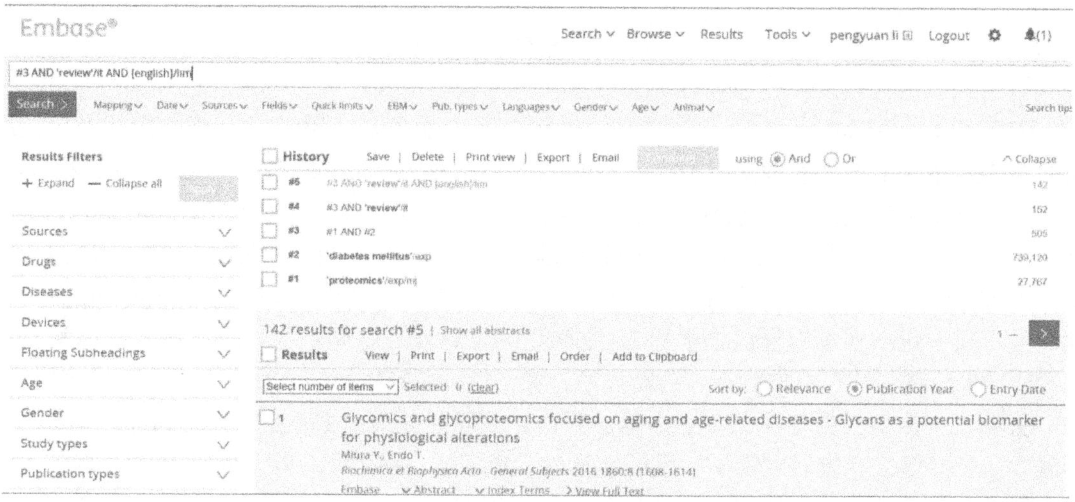

图 3-3-28　与蛋白质组学和糖尿病相关的英语综述文献

四、个性化工具

在 Embase 右上角点击"Regestory"按钮进行免费注册后，可以使用其个性化工具（Embase User Tools）。Embase 的个性化工具包括剪贴板（Clipboard）、保存剪贴板（Saved Clipboard）、设置电子邮件提醒（Email Alerts）和保存检索式（Saved Searches）等。灵活利用这些个性化工具可以提高利用 Embase 检索文献的效率。一个人的研究领域往往是相对稳定的。当我们构筑了一个检索式并把它保存起来，以后我们再打开该检索式进行检索或对检索式进行编辑时就可节约时间。设置好电子邮件提醒后，我们就会通过电子邮件自动接收到该检索式所命中的最新文献。

练　习　题

1. 肺癌并发急性肺动脉栓塞的诊断和治疗。
2. 低氧诱导因子在牙周膜肝细胞中的作用机制。
3. 胰高血糖素样肽-1 抗动脉粥样硬化的研究。
4. 光动力疗法诱导抗肿瘤免疫的研究进展。
5. 非酒精性脂肪肝病对心脏的影响及可能的机制。
6. 硫化氢在胰腺炎中的作用机制研究。
7. 微创手术在椎管内肿瘤中的应用现状。
8. Livin 在非小细胞癌中的研究进展。
9. 心律植入装置囊袋感染诊疗进展。
10. 替格瑞洛在急性冠脉综合征治疗中的应用。

第四节 BIOSIS Previews 检索

一、数据库简介

BIOSIS Previews，简称 BP，由美国生物科学信息服务社（BIOSIS）开发，是世界上最大的有关生命科学的文摘和索引数据库。该数据库包括《生物学文摘》（Biological Abstracts）、《生物学文摘/报告、综述和会议》（Biological Abstracts/RRM），以及生物研究索引《BioResearch Index》的内容，收录世界上 100 多个国家和地区的近 6,000 种期刊和 1,600 多个会议的会议录和报告，以及生命科学方面的图书、专利、软件等信息。收录范围广泛，涵盖所有生命科学内容，其中包括（不局限这些学科）：空间生物学、农业、解剖学、细菌学、行为科学、生物化学、生物工程、生物物理、生物技术、植物学、细胞生物学、临床医学、环境生物学、实验医学、遗传学、免疫学、微生物学、营养学、职业健康、寄生虫学、病理学、药理学、生理学、公共健康、放射生物学、系统生物学、毒理学、兽医学、病毒学和动物学等。内容偏重于基础和理论方法的研究。数据每月更新，每年大约增加 50 万条记录。与 MEDLINE 报道内容偏重临床比较，BP 更偏重与基础和理论研究的报道。

国内院校使用的 BP 数据库主要有 Web of Science 和 OvidSP 两种检索平台，此外还有部分用户使用基于 Dialog 的检索平台。本书介绍基于 Thomson Reuters 公司 Web of Science 检索平台下的 BP 数据库检索。

二、检索方法

Web of Science 的 URL 为 http：//apps.webofknowledge.com/。Web of Science 检索平台除了可以检索 BIOSIS Previews 外，还可以检索 Web of Science 核心合集（包括三大引文索引 Science Citation Index Expanded®，Social Science Citation Index®，Arts & Humanities Citation Index）和 Medline 等多种数据库。Web of Science 的检索界面有简体中文、繁体中文、英语、日语和韩语等 8 种检索界面，中文检索界面如图 3-4-1 所示。

图 3-4-1 ISI 的中文检索界面

在图 3-4-1 所示的界面中点击"所有数据库"选项卡旁的下拉菜单,出现 Web of Science 检索平台上的所有数据库列表。在列表中点击"BIOSIS Previews"链接后,即可进入 BP 数据库检索页面(图 3-4-2)。用户在此页面中可选择检索字段,直接输入检索词进行检索。页面下方可以对数据库时间及检索结果的显示进行设置。BP 数据库提供了基本检索和高级检索两种检索途径。此外,在检索历史页面中系统还提供了检索式的逻辑运算功能。

图 3-4-2　BIOSIS Previews 数据库检索页面

(一) 基本检索

进入 Web of Science 平台后,默认的 BP 检索界面就是"基本检索"页面,在其他检索界面中也可以直接点击"检索"标签进入该检索界面。

在"基本检索"页面中,默认提供 1 个检索框,点击检索框下的"添加另一字段"可增加检索框,并可选择在"主题"、"标题"、"作者"等 21 个字段范围内进行检索。

1. 主题字段检索　BP 数据库的主题字段是一个复合字段,可以同时检索多个字段和表,包含"标题"字段、"原语种标题"字段、"摘要"字段、"主要概念"字段、"概念代码"字段、"分类数据"表、"疾病名称"表、"化学数据"表、"基因名称数据"表、"序列"表、"地理数据"表、"地质年代信息"表、"方法和设备数据"表、"器官/系统/细胞器数据"表、"综合叙词"字段等。

例 1:查找有关"水污染"方面的文献

分析:"水污染"的英文表达主要包括"water contamination"和"water pollution"两种,可以使用"主题"字段并用逻辑组配符"OR"合并。

步骤 1:在两个检索框中分别输入"water contamination"和"water pollution"(注意:词组要加双引号"",加双引号与不加双引号结果不同),检索范围都选择"主题",检索框间的逻辑组配符选择"OR",如图 3-4-3 所示。

图 3-4-3　主题检索示例

步骤 2：点击 "检索" 按钮，完成检索。

提示：检索中应考虑到检索词的不同表达方式，如存在单复数等词性变化的情况，可以使用截词符进行检索：星号（*）表示任何字符组，包括空字符；问号（?）表示任意一个字符；美元符号（$）表示零或一个字符。

2. 标题、编者、地址、出版年等字段检索　在标题、编者、地址、出版年等字段范围内进行检索时，直接选择相应的字段，并输入检索词即可。会议信息包括会议名称、会议地点、会议赞助费以及会议日期。

例 2：查找中国作者 2010 年至 2015 年发表的标题中出现单词 "anopheles"（按蚊）的文章

步骤 1：点击 "添加另一字段"，增加到 3 个检索框，分别选择 "标题"、"地址" 和 "出版年" 字段，并在对应的检索框中输入 "anopheles"、"China" 和 "2010-2015"（图 3-4-4）。

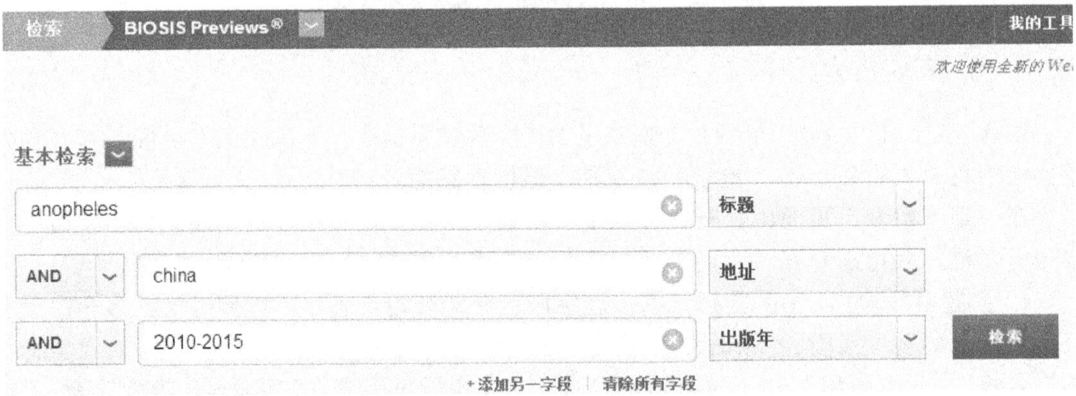

图 3-4-4　标题、地址等检索示例

步骤 2：点击 "检索" 按钮，完成检索。

3. 作者及团体作者检索　BP 数据库中作者字段包含作者、书籍作者、书籍团体作者、团体作者及专利发明人等，作者书写方式包括作者姓名全称和缩写，因此在检索中有必要使用作者姓名的各种表达形式进行检索。

例 3：查找诺贝尔生理学或医学奖获得者 Bruce A. Beutler 2007 年至今发表的文章。

分析：不同的来源出版物中作者姓名书写方式可能会不同，如果要尽可能查全该作者撰写的文献，应了解该作者所属的单位或机构、所研究的方向等信息，并采用姓名全称、缩写等方式查找。如该作者可用 "Beutler B*" 代替其各种写法，通过 "百度" 等工具了解到该作者曾先后工作于洛克菲勒大学和德州大学。2000 年开始，他担任斯克里普斯研究所遗传学和免疫学教授，2007 年他成为斯克里普斯新成立的遗传学部主席。因此，仅检索地址为斯克里普斯研究所即可。

步骤 1：在"作者"字段中输入"beutler b*"（检索中不区分大小写），在地址字段输入"Scripps Res Inst"，在出版年字段中输入"2007-2016"（当前为 2016 年），如图 3-4-5 所示。

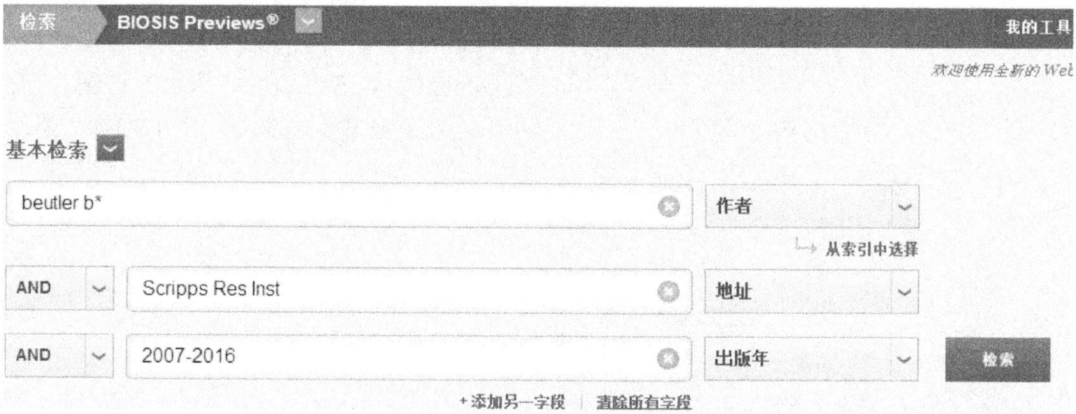

图 3-4-5　作者及地址检索示例

步骤 2：点击"检索"按钮，完成检索。

4. 分类数据检索　分类数据包括 Super Taxa、分类注释、生物分类、生物物种名称等几种字段。

Super Taxa（上位生物分类）是涉及多个生物种类（包括微生物）的高层次分类检索词，即生物分类学上的界门纲目科的拉丁学名，例如：Muridae：Rodentia，Mammalia，Vertebrata，Chordata，Animalia［鼠科：啮齿目，哺乳动物，脊索动物亚门，脊索动物门，动物］。Super Taxa 查询的生物学分类阶层最低到科名，也就是可以查询某一个门，某一个纲，某一目，某一科的所有生物的相关资料，因此查询到的是一个大范围的结果，检索时必须使用 BIOSIS 所提供 1,000 多个 Super Taxa 词。

分类注释是作者在来源文献中讨论的生物和微生物上义词组的常见名称，例如：Nonhuman Vertebrates、Reptiles、Rodents、Vertebrates 等。

生物分类（含生物物种分类代码），表示作者在来源文献中讨论的生物的生物分类和相应的生物物种分类代码。该代码后可能跟有星号（*），用于指示来源文献中包含新分类。在某些实例中，星号可以用-NEW 来代替。

生物物种名称包括作者在来源文献中指定的生物的名称。

例 4：查找有关绦虫的文献

分析：Super Taxa 适合查找大范围的结果，因此检索字段可以选择"分类数据"；绦虫属于无脊椎动物（Invertebrata）的扁形动物门（Platyhelminthes），检索时可根据 BIOSIS 的帮助文件或检索平台提供的辅助检索（即检索字段下方的"以列表中选择"），选择准确的分类词进行检索。

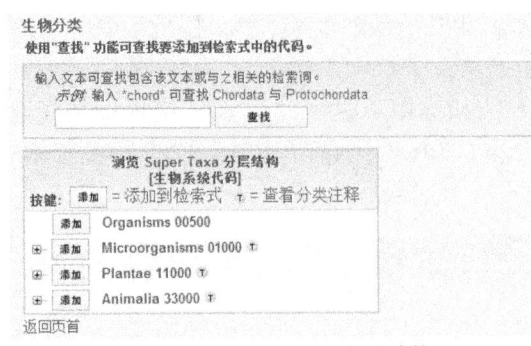

图 3-4-6　Super Taxa 分层结构

步骤 1：选择"分类数据"字段，并点击字段下方的"从列表中选择"链接，进入"生物分类"索引，可以浏览"Super Taxa 分层结构"（图 3-4-6）。

步骤 2：依次在"Super Taxa 分层结构"中展开"Animalia"、"Invertebrata"、"Helminthes"、"Platyhelminthes"，最终找到"Cestoda"，点击旁边的"添加"按钮，页面下方会出现检索词选择框，如图 3-4-7 所示。

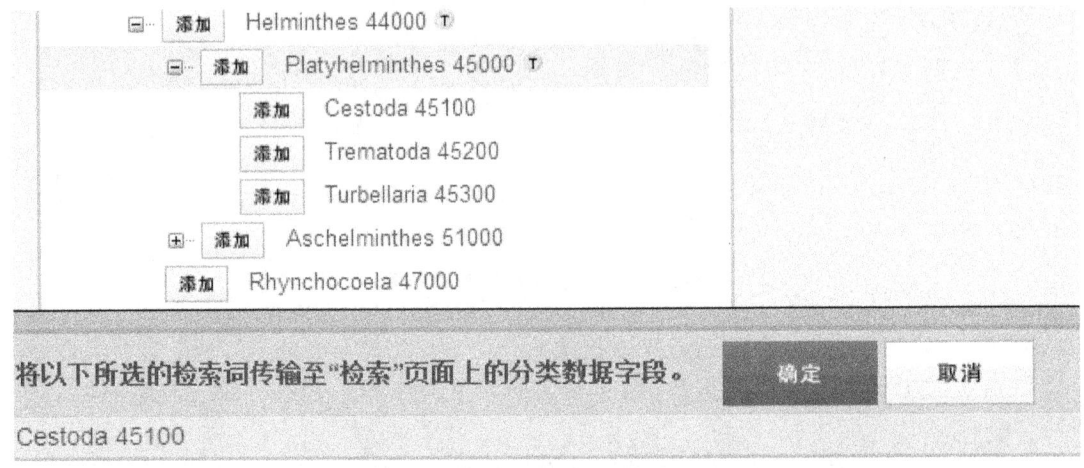

图 3-4-7　添加分类数据

步骤 3：点击图 3-4-7 下方的"确定"按钮，将所选检索词"Cestoda"传输至"基本检索"页面上的"分类数据"字段中，如图 3-4-8 所示，点击"检索"按钮，完成检索。

图 3-4-8　分类数据检索

5. 主要概念检索　主要概念是来源文献中涵盖的广义学科类别，共有 168 条主要概念词汇。主要概念上义词指示上义学科类别；而下位词表示的范围更加具体。

例 5：查找有关人类免疫学方面的文献

分析：本例涉及大范围的物种和学科的查询，因此可以利用分类数据和主要概念两个检索字段进行检索。

步骤 1：选择"分类数据"字段，并点击字段下方的"从列表中选择"链接，进入"生物分类"索引,依次在"Super Taxa 分层结构"中展开"Animalia"、"Chordata"、"Vertebrata"、"Mammalia"、"Primates",最终找到"Hominidae",并将其添加到页面下方的检索词选择框中,如图3-4-9所示。

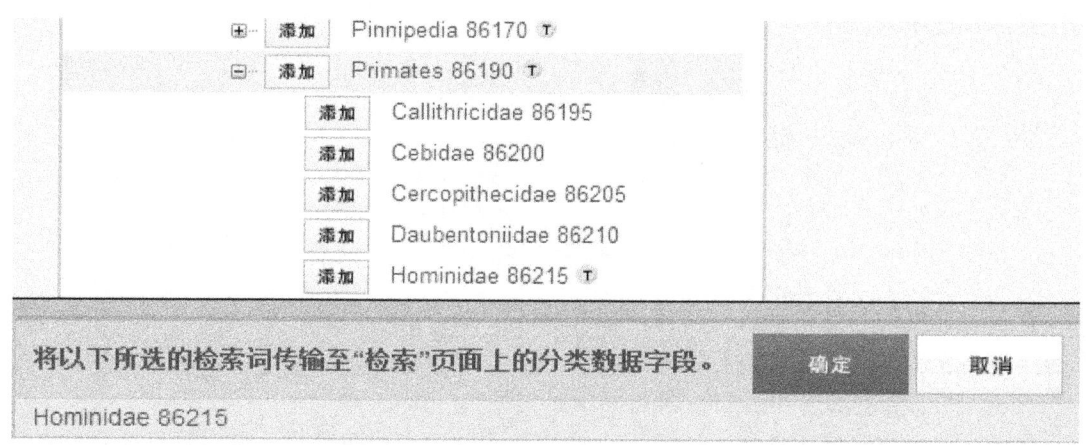

图 3-4-9　Super Taxa 分层结构

步骤 2:点击图 3-4-9 下方的"确定"按钮,将所选检索词"Hominidae"传输至"基本检索"页面上的"分类数据"字段中,添加第二个检索框并选择检索字段为"主要概念",并点击字段下方的"从列表中选择"链接,进入"主要概念分层结构"页面,可利用页面中的检索功能,输入检索词"immun*",找到 5 项与免疫学相关的概念词,如图3-4-10所示。

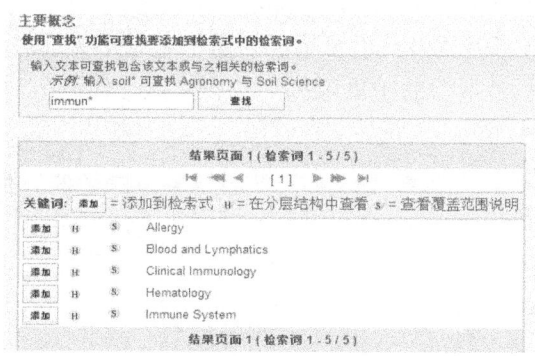

图 3-4-10　主要概念

步骤 3:依次点击 5 项概念词前的"添加"按钮,并点击页面下方的"确定"按钮,将所选检索词以"逻辑或"的形式组合,并传输至"基本检索"页面上的"主要概念"字段,如图3-4-11所示,点击"检索"按钮,完成检索。

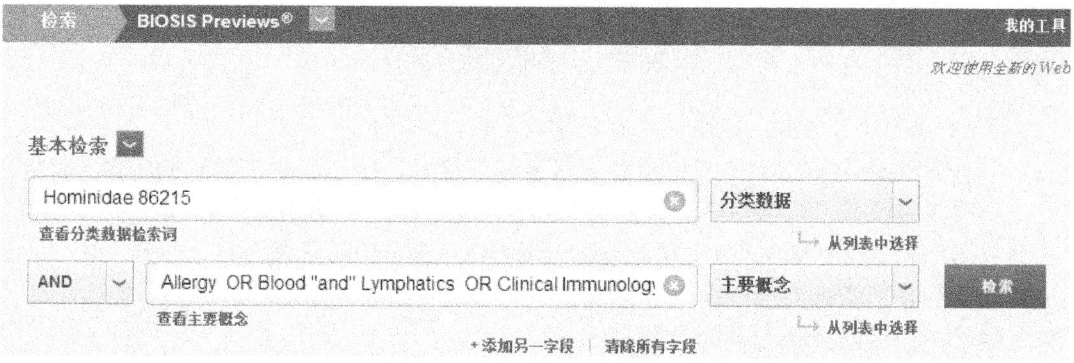

图 3-4-11　分类数据及主要概念检索

6. 概念代码检索 概念代码是一个 5 位数代码，表示来源文献中所论述的内容所属的生命科学领域，共计有 571 个概念代码分别代表生命科学的上义学科类别，例如所属的门、纲或科。每种生物类别分配一个代码。数字代码后跟代码定义（概念主题词）。其表示形式如图 3-4-12 所示。

上义概念主题词	概念代码	概念主题词
Behavioral biology	07002	general and comparative behavior
	07003	animal behavior
	07004	human behavior

图 3-4-12 概念代码

获取概念代码的完整列表，请访问概念代码帮助页面，或利用辅助索引（即检索字段下的"从列表中选择"链接进行检索。）

例 6：贝伐单抗治疗肿瘤的临床药理学研究

分析：肿瘤的治疗和药物的药理学研究均可通过概念代码完成，通过帮助文件中的概念代码列表，可以找到"Pharmacology 22005 clinical pharmacology"、"Neoplasms 24008 therapeutic agents；therapy"。

步骤 1：检索页面的第一行检索范围选择"主题"，并输入检索词"Bevacizumab"，另外两行的检索范围均选择"概念代码"，并分别输入"22005"和"24008"，如图 3-4-13 所示。

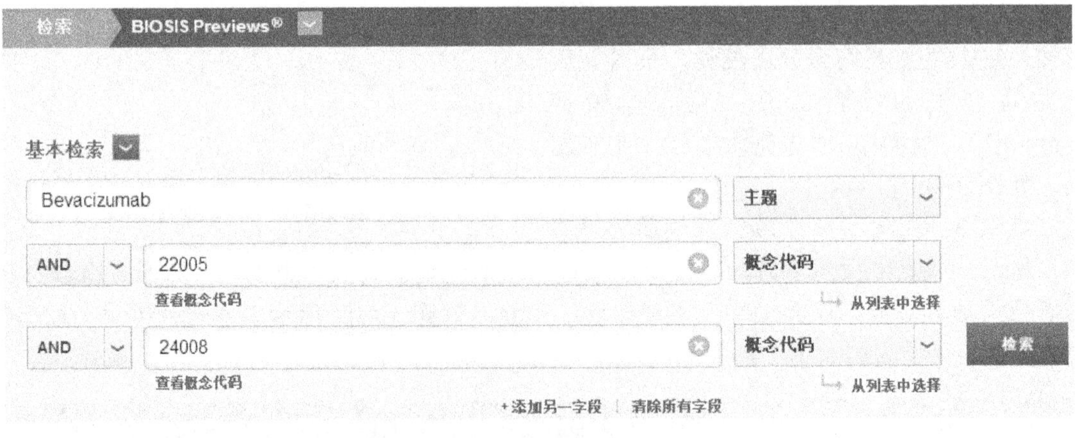

图 3-4-13 概念代码检索示例

步骤 2：点击"检索"按钮，完成检索。

7. 化学和生化名称检索 "化学和生化名称"检索范围包括"化学数据"表（含化学或生化物质名称及其不同表达形式、药品限定词（共 185 个）和化学品的特征描述）、"基因名称数据"表（含基因名称、不同形式的名称以及基因详细信息）和"序列"表（含由数据库分配的分子序列的唯一编号、与分子序列相关联的数据库名称或缩写、CAS 号以及序列入藏号中记录的分子序列的类型）。

例如：在"化学和生化名称"字段前输入"RNA polymerase"，可查找"化学数据"表中包含 RNA polymerase、RNA polymerase Ⅱ 和 RNA-dependent RNA polymerase 的记录。

8. 识别码检索 在"识别码"字段中，可以对入藏号、ISSN、ISBN、专利号、专利分类号以及授予专利的日期进行检索。

例如：在该字段下输入专利号"US 6635071"，即可查找此专利记录。

9. 限定字段检索 限定字段包含"语种"、"出版类型"、"文献类型"和"分类注释"，必须至少与一个非限定字段相组配，不能单独进行检索，在检索时可以直接在列表中选择一项或多项。

"语种"选项中列出了 BP 数据库中收录文献的全部 100 多种语种，选择后可以限制在特定的语种范围内检索；"出版物类型"选项中列出了图书、文摘类出版物、年鉴、索引、信件等 17 种类型；"文献类型"选项中列出了摘要、目录、书目、清单等 29 种文献类型；"分类注释"用于限定来源文献中提及的生物和微生物，共有 72 种常见来源文献中提及的生物和微生物的上义词组的常见名称名称，如图 3-4-14 所示。

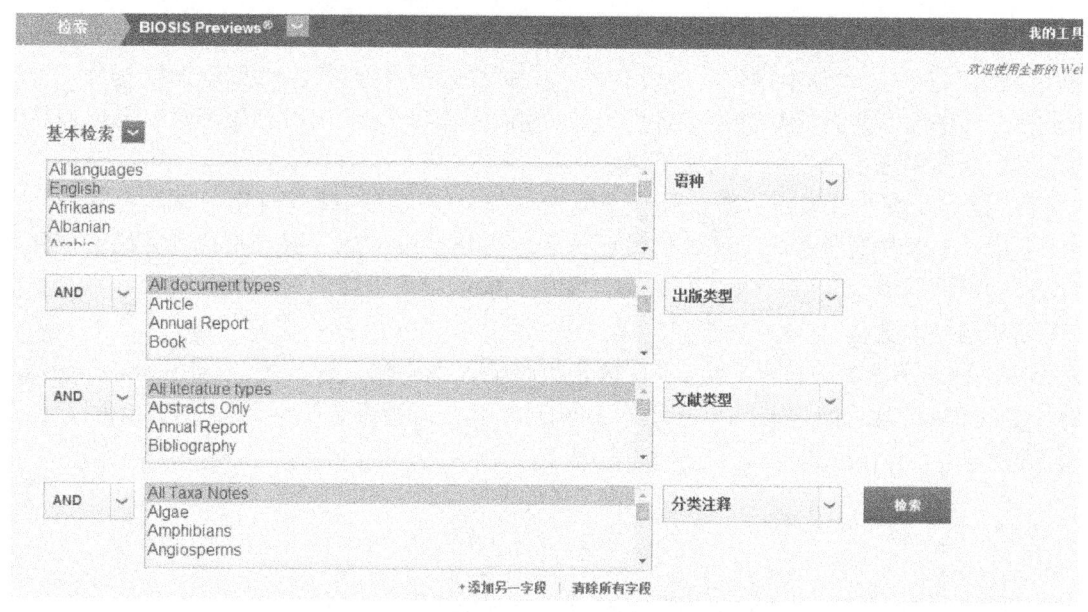

图 3-4-14 限定字段

10. 入藏号及 PubMed ID 检索 入藏号是 BP 数据库中各条记录的唯一识别号码；PubMed ID 是指定给每条 MEDLINE 记录的一个唯一标识符，在 BP 数据库中用以标识被 PubMed 数据库同时收录的文献。如需查找多个入藏号或 PubMed ID，只能用 OR 布尔运算符连接多个号码，否则产品将返回错误信息，检索可以使用截词符。

例如检索 148474* 则会找到 PubMed ID 以 148474 开头的 MEDLINE 记录。

（二）高级检索

点击"基本检索"旁的下拉菜单，选择"高级检索"，进入高级检索页面（图 3-4-15）。

高级检索页面中，包含检索策略输入框、检索限定项、布尔逻辑运算符及字段标识说明（页面右侧）和检索历史（页面下方）4 个部分，其中检索限定项包含"语种"、"出版类型"、"文献类型"和"分类注释"4 项选择框。用户可以自行利用字段标识、布尔逻辑运算符、括号和检索式引用（需要在引用的检索式编号前输入"#"符号）来创建检索式，

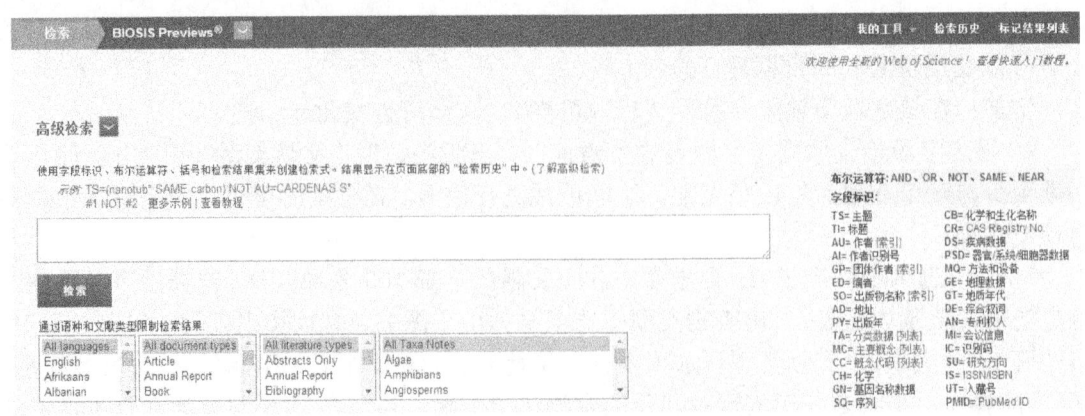

图 3-4-15 "高级检索"页面

检索后并不直接显示结果,而是在页面底部的"检索历史"中显示检索式及结果数。由于"高级检索"提供了"基本检索"中没有的"疾病数据"、"器官/系统/细胞器数据"、"方法和设备"等字段,并且能够自由对各字段进行组合,因此一般用以查找相对复杂以及"基本检索"页面中未提供字段的检索需求。

例 7:利用高级检索方式查找贝伐单抗治疗肺癌的临床药理学研究(限英文发表)

分析:本题与例 5 基本相同,贝伐单抗利用主题字段(TS)进行查找,肿瘤治疗的临床药理学可利用概念代码(CC)"22005"和"24008",由于肺癌为一具体的疾病概念,因而可以利用疾病数据(DS)来查找。

步骤 1:进入"高级检索"页面,在检索策略输入框中输入检索式:ts=Bevacizumab and cc=(22005 and 24008) and ds=lung neoplasms,并在语种限定框中选择"English",如图 3-4-16 所示。

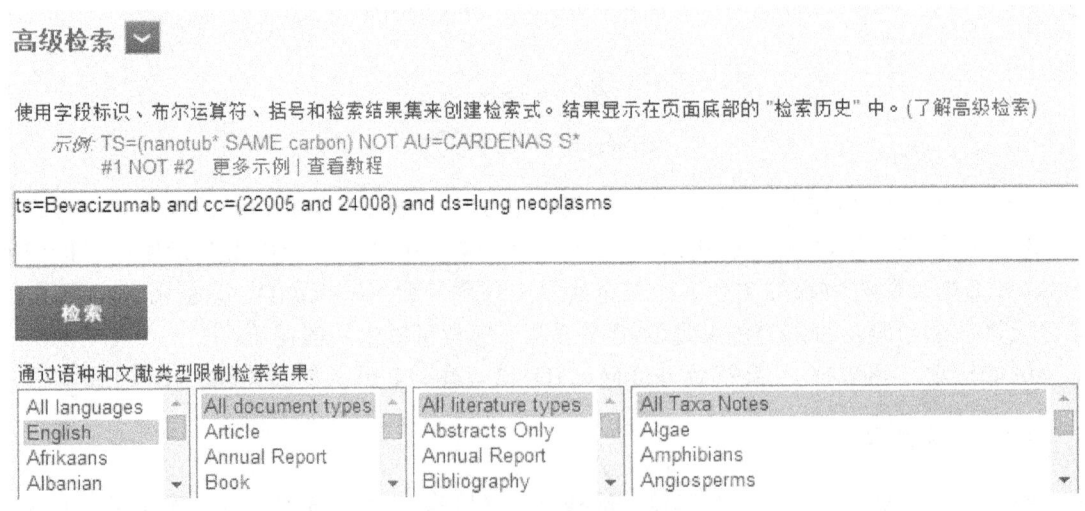

图 3-4-16 高级检索示例

步骤 2:点击"检索"按钮,页面下方的"检索历史"栏出现该检索式及检索到的结果数量,如图 3-4-17 所示。

步骤 3:点击"检索结果"列中的结果数,即可查看检索出的文献。

提示：疾病数据包含 National Library of Medicine（美国国家医学图书馆）的医学主题词（MeSH），因此使用准确的 MeSH 词可以检索到更准确的文献（如上例中使用了"liver neoplasms"。如需要查找更全面的结果，可以利用布尔逻辑组配符"OR"对疾病的同义词及不同表达形式进行检索，如上例中可输入：ts=Bevacizumab and cc=（22005 and 24008）and ds=（lung neoplasms or lung cancer）。

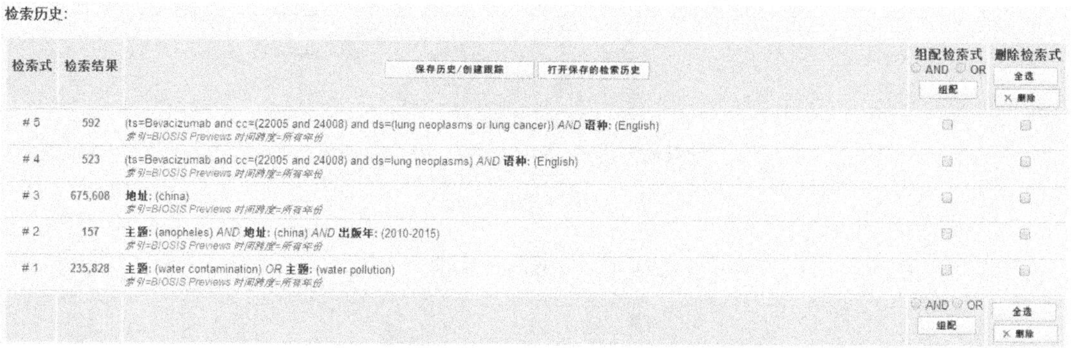

图 3-4-17　检索历史

（三）检索历史

检索历史除了显示在"高级检索"页面底部外，还可以点击"检索历史"链接进入相应页面。通过"检索历史"可以查看之前进行的检索操作（最多 200 条），还可以利用页面中提供的布尔逻辑组配符"AND"、"OR"，对之前的检索式进行组配检索，如图 3-4-17 中，要查找同时包含符合检索式#3 和#5 的记录，其步骤如下：

（1）分别点击检索式#3 和检索式#5 后、"组配检索式"栏下面对应的复选框。
（2）点击位于"组配检索式"栏中"And"前的选框。
（3）点击"组配"按钮，即可得到检索结果。

如果需要删除不需要的检索式，则点击准备删除的检索式后、"删除检索式"栏下面对应的复选框，并点击"删除检索式"表格中的"删除"按钮，即可删除。如果需要对之前的检索式进行"NOT"组配，则需要在"高级检索"页面的检索输入框中进行操作。

在检索历史中还提供了"保存检索历史/创建跟踪"和"打开保存的检索历史"按钮，方便用户对检索项目进行跟踪。检索历史可以保存在本地计算机，也可以注册后，通过 Web of Science 平台保存到服务器上，如图 3-4-18 所示。

三、检索结果的处理

（一）检索结果的显示

在基本检索页面检索完成或点击检索历史中的记录数后，将直接显示检索结果页面。检索结果页面包含检出的文献、得到这些文献的检索式、"精炼检索结果"选项以及输出记录的选项。系统默认每页显示 10 条记录，包含文章标题作者、和来源出版物及时间等题录信息。

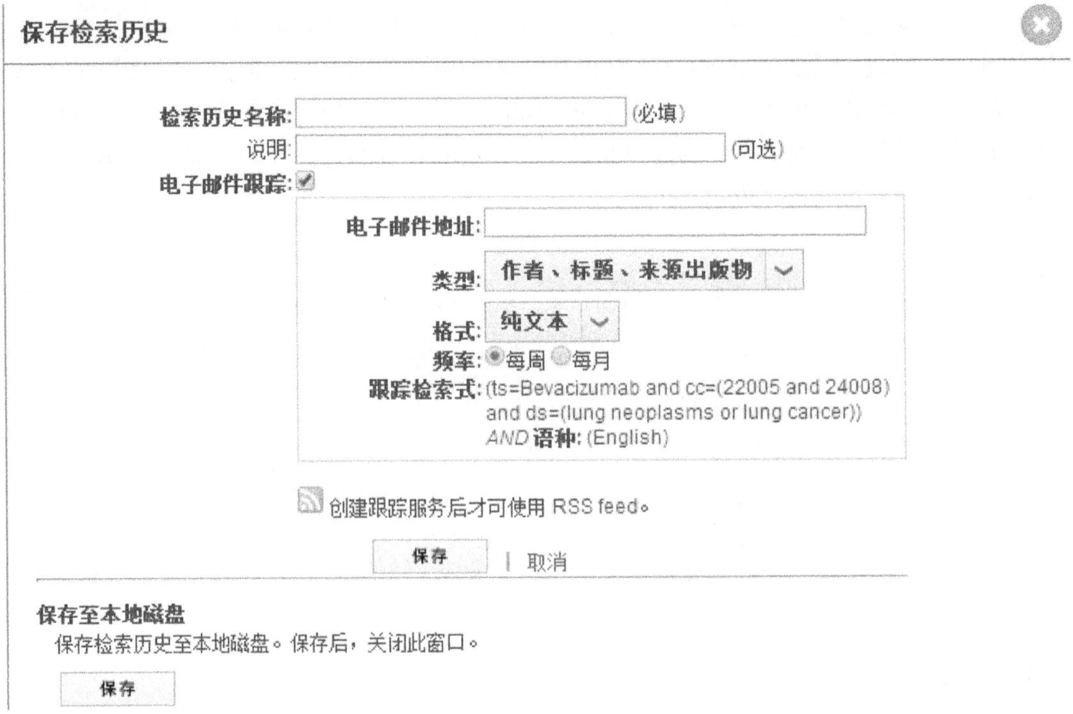

图 3-4-18　检索历史保存（已登录帐号）

1. 显示设置　在 Web of Science 中检索结果的显示设置出现在检索结果页面中，在检索结果的上方有排序方式的选择，检索结果的下方有排序方式以及每页显示记录数的选择。一般情况下，检索结果依照出版日期进行降序排列，还可以根据需要按入库时间、被引频次、相关性、第一作者、来源出版物、会议标题等进行升序或降序排列。

2. 显示详细信息　点击要查看记录的标题，即可显示该记录的详细信息，除包含了标题、作者、来源出版物、摘要、文献类型、语种、地址等常见的记录字段外，还有 BP 数据库特有的主要概念、概念代码、分类数据、疾病名称、化学数据、方法和设备等字段。在页面的右侧还提供了该文献的施引文献、相关文献和参考文献，如果需要，还可以点击"创建引文跟踪"链接，以了解后续的引用情况（使用该项功能需要进行注册）。

（二）检索结果的输出

在检索结果页面的上方及底部，均提供了结果输出的链接，共有"保存至 EndNote online"、"保存至 EndNote desktop"、"保存至 ResearchID-我撰写了这些出版物"以及"保存为其他文件格式" 4 种选项，选择后可进一步设定要保存的记录数及内容，如选择"保存为其他文件格式"，则出现图 3-4-19 的窗口。

（三）检索结果的精练

"精练面板"是 Web of Science 平台提供的进一步缩小检索范围、提高检准率的工具，主要包括"结果内检索"和精练选项两部分，"结果内检索"相当二次检索的功能，再次输入的检索词将在"主题"字段范围内进行检索。精练选项在不同的数据库中显示的精练选项不同，BP 数据库中的精练选项包括主要概念、文献类型、作者、团体作者、编者、来源出版物、学科类型、出版年、专利权人、概念代码、Super Taxa 和语种等。点击各精炼选项后的三角符号,可展开该选项并显示可选择的内容,首先显示限定后结果较多的内容,点击该选项下的"更多选项/分类",可以看到该选项的更多内容(最多 100 条)。

(四)检索结果的分析

所有 Web of Science 平台上的数据库都提供了结果分析的功能。在结果显示页面,点击右侧的"分析检索结果"链接即可进入结果分析页面,如图 3-4-20 所示。

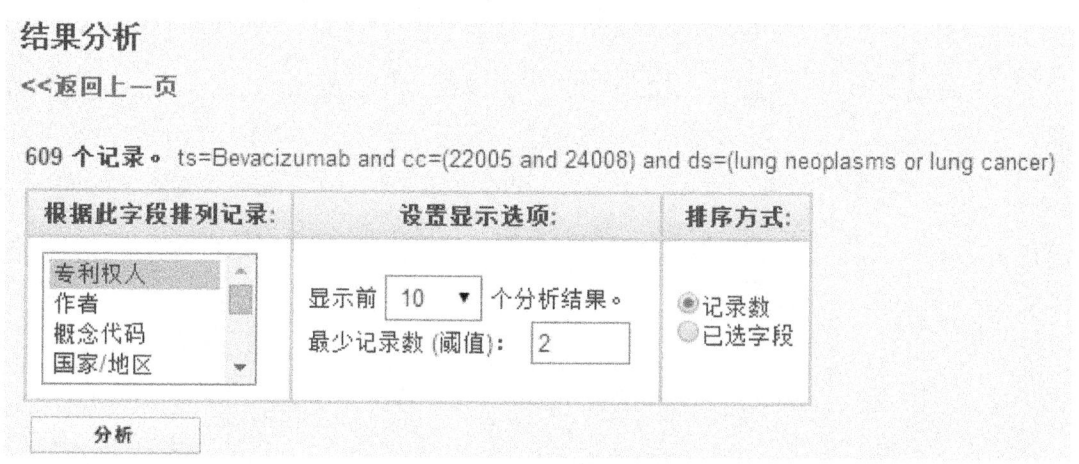

图 3-4-20 结果分析

数据库提供的分析字段包括专利权人、作者、概念代码、国家/地区、文献类型、编者、团体作者、语种、主要概念、出版年、来源出版物、学科类别、Super Taxa 等,设置好显示和排序方式后即可开始进行分析。

一般来讲,通过学科类别可以了解某个课题的交叉情况或所涉及的学科范围;通过来源出版物分析,可以了解某个主题的文献主要发表在哪些刊物上;通过作者分析,可以了解某项研究的主要研究者;通过出版年分析,可以了解该项研究的年代分布,了解其进展情况等。

练 习 题

1. 检索有关肿瘤的基因疗法方面的文献。
2. 查找 2005 年至今的有关蔬菜水果农药残留研究方面的文献。
3. 查看 2009 年有关真菌研究方面的会议信息。
4. 检索幽门螺杆菌耐药性及检测芯片研究方面的文献。
5. 检索生物传感器在肠道病菌检测中的应用方面的文献。

（耿　鹏　张精理　李彭元）

第四章 药学信息检索

第一节 药学信息资源概述

药学信息涵盖了药学各个学科和相关领域,涉及药学科研、生产、临床、教育、管理等诸多方面。药学信息的内容非常广泛,如新药研究和开发的信息、药物专利信息、药物生产和上市信息、药物市场的价格信息、药物经济学信息、药事管理信息、药学教育信息、药学各专业学科进展的信息、药物不良反应和药物相互作用的临床信息等都属于药学信息。与其他学科的信息类型一样,根据不同的标准可以将药学信息划分为不同的类型,具体的划分方法可以参考本书第一章中的内容。这里仅对药典、药学数据库和药学网站做简单介绍。

(一)药典

药典是有关药品质量标准的法规,多数国家通常规定每隔 5 年修订 1 次。国外最早的药典是 1772 年出版的丹麦药典(Pharmacopoeia Danica)。一般来说,药典是具有法律性质和约束力的文件,它是对科学实验、产品质量、规格、检验方法等方面所做的技术规定和依据。药典的内容一般包括两大部分,一部分是各种法定药物的名称、化学名、化学结构、分子式、含量、性质、用途、用法、鉴定、杂质检查、含量测定、规格、制剂、贮藏等项目;另一部分是制剂通则,一般的检查和测定方法、试剂等重要附录和附表。编排方法除附录外一般按药名字顺排列,并附有药品索引。

1. 《中国药典》(Chinese Pharmacopoeia,Ch.P)(http://www.chp.org.cn/) 《中国药典》全称《中华人民共和国药典》,由国家药典委员会编撰,是我国的国家药品标准和法典。新中国建立以来,先后出版了 1953、1963、1977、1985、1990、1995、2000、2005、2010 和 2015 年共 10 版药典。2015 年版(第 10 版)《中国药典》首次将一部、二部、三部的附录(包括制剂通则、检测方法和辅料标准等)进行了整合,增设为药典第四部,使分类更加清晰明确。新版药典共收载品种 5,608 种,比上一版新增 1,082 种,其中,一部收载中药品种 2,598 种、二部收载化学药品种 2,603 种、三部收载生物制品 137 种、四部收载辅料品种 270 个。这些药品涵盖了基本药物、医疗保险目录品种和临床常用药品,更加适合于临床用药的需求。同时,新版药典增加了检测药品限量指标,进一步提升了药品安全保障水平;增设了专属性检验项目设定,进一步提升药品有效性控制能力;完善了药用辅料标准,进一步提高了药物制剂质量。

2. 《英国药典》(British Pharmacopoeia,BP)(https://www.pharmacopoeia.com/) 是英国药典委员会(British Pharmacopoeia Commission)的正式出版物,英国制药标准的重要来源。不仅为读者提供了药用和成药配方标准以及公式配药标准,还向读者展示了所有明确分类并可参照的欧洲药典专著。1864 年开始出版,出版周期不定,最新的版本为 2016 版,由 6 卷组成,其中前 5 卷为英国药典,另一卷为英国兽药典[British Pharmacopoeia(Veterinary)],提供用于兽医用途的成分、制剂以及免疫产品的所有现行标准。《英国药典》中各条目均以药品名称字母顺序排列,内容包括药品性质、制法、血制品、免疫产品、电磁药品制法及外科材料等部分。不仅作为英国的药品规范，而且也被加拿大、澳大利亚、新西兰、斯里兰卡和印度等国采用。

3. 《美国药典/国家处方集》（The United States Pharmacopeia and the National Formulary（USP‐NF））（http://www.usp.org/） 是美国政府对药品质量标准和检定方法作出的技术规定，也是药品生产、使用、管理、检验的法律依据。由美国政府所属的美国药典委员会（The United States Pharmacopeial Convention，USPC）编辑出版。USP 于 1820 年出第 1 版，1950 年以后每 5 年出一次修订版。NF 收载了美国药典（USP）尚未收入的新药和新制剂，1883 年第一次出版，1980 年 15 版起并入 USP，但仍分两部分，前面为 USP，后面为 NF。最新版为 2016 USP39-NF34。USP‐NF 正文药品名录分别按法定药名字母顺序排列，各药品条目大都列有药名、结构式、分子式、CAS 登记号、成分和含量说明、包装和贮藏规格、鉴定方法、干燥失重、炽灼残渣、检测方法等常规项目，正文之后还有对各种药品进行测试的方法和要求的通用章节，以及对各种药物一般要求的通则。

4. 《欧洲药典》（European Pharmacopoeia，EP）（http://www.edqm.eu/） 欧洲药典委员会 1964 年成立，以协调欧洲药典的操作为目的，由 26 国组成。1977 年出版第 1 版《欧洲药典》，从 1980 年到 1996 年期间，每年将增修订的项目与新增品种出一本活页本，汇集为第 2 版《欧洲药典》各分册，未经修订的仍按照第 1 版执行，1997 年出版第 3 版《欧洲药典》合订本，并在随后的每一年出版一部增补本。由于欧洲一体化及国际间药品标准协调工作不断发展，增修订的内容显著增多。2002、2005、2007、2010 年相继出版了第 4、5、6、7 版欧洲药典。目前最新版为 2014 年 1 月生效的第 8 版，包括第 7 版完整的内容，以及欧洲药典委员会在 2012 年 12 月全会上通过或修订的内容，共收载了 2224 个个论，345 个含插图或色谱图的总论以及 2500 种试剂的说明。内容涉及各种化学物质、抗生素、生物制品、人类疫苗及兽用疫苗、免疫制剂、放射性治疗物质、草药、顺势疗法制剂及原料等，此外，还收录了剂量表、原料、容器、缝合线等内容。《欧洲药典》为欧洲药品质量检测的唯一指导文献，所有药品和药用底物的生产厂家在欧洲范围内推销和使用的过程中，必须遵循《欧洲药典》的质量标准。

5. 《日本药典》（The Japanese Pharmacopoeia，JP）（http://www.pmda.go.jp/English/rs-sb-std/standards-development/jp/0019.html） 《日本药典》，即日本药局方，由厚生省颁布执行。分两部出版，第 1 部收载原料药及其基础制剂，第 2 部主要收载生药，家庭药制剂和制剂原料，目前最新版为 2015 年出版的第 17 修订版。

6. 《马丁代尔大药典》（Martindale the Extra Pharmacopoeia）（http://www.pharmpress.com/Martindale） 初版于 1883 年，因其编者 Milliam Martindale 而得名。由英国药学会（The Pharmaceutical Society of Britain）药物科学部（Department of Pharmaceutical Science）所属的药典出版社（The Pharmaceutical Press）编辑出版，不属于法定药典。全书分为 3 个部分，第 1 部分为医院制剂，按药物作用类别分类；第 2 部分为辅助药物部分，按字顺排序；第 3 部分为专利药物部分。书末附有厂商索引、药物临床用途索引和总索引。目前最新版为 2014 年的第 38 版，收录了 6,000 多篇药物专论、来自 43 个国家和地区（包括中国）的超过 180,000 种专利制剂、54,000 多篇参文献、将近 700 种疾病综述和大约 20,000 家生产商和销售商的信息。通过该药典可查药物的化学名称、理化性质、药物的稳定性和配伍禁忌、剂型、用法与剂量、保存条件、温度、毒性、副作用及预防、中毒处理及预防、吸收等内容及相关文献。

（二）药学数据库

数据库作为一个庞大的信息集合体，同样在药学科研中发挥着重要的作用。由于学科研究的交叉，目前不仅有专门的药学数据库，如药物标准数据库、药物靶点数据库、化学成分数据库等，而且在其他许多学科的数据库中也包含了大量药学方面的信息，如《CBMWeb》、《SciFinder》、《Embase》、《PubMed》数据库和各国专利数据库等。本章后两节将重点对《SciFinder》和《Integrity》进行介绍，此处简要介绍其他几种数据库。

1. Reaxys 数据库　由爱思唯尔（Elsevier）公司出品，是内容丰富的化学数值与事实数据库，是辅助化学研发的在线解决方案，是优化化学合成路线的研发工具。该数据库将《CrossFire Beilstein Database》（贝尔斯坦数据库）、《Patent Chemistry Database》（专利化学数据库）和《CrossFire Gmelin Database》（盖墨林数据库）的内容整合为统一的资源，涵盖了全面的有机化学，金属有机化学和无机化学的大量经实验验证的信息，包含了 2800 多万个反应、1,800 多万种物质、400 多万条文献。

2. IMS LifeCycle's R&D Focus Database（IMS 药物研发数据库）　由 IMS HEALTH 公司开发。该数据库偏重药物的商业信息，信息来源于药物公司调研、高层访谈和官方发布的资料，还包括一些医学期刊、国际会议，科学论文和专利文献等。数据库内容包括每种药品的署名、药厂编号、CAS 注册号、化学名称、同义词、治疗说明、专利文摘、发展历史、世界范围发展的最新阶段、商业潜力、公司活动、科研进展和专利信息。

3. IMS Patent Focus（IMS 药品专利聚焦）　也是 IMS HEALTH 公司的产品。该数据库的信息来源于各国专利文献和相关的化学资源，提供了超过 3,000 种商业药品及其相关产品的专利申请状况、市场动态和Ⅲ期临床试验之后的信息，包括药品的署名、药厂编号、CAS 注册号、化学名称、同义词、治疗说明、专利文摘、发展历史、世界范围发展的最新阶段、商业潜力和公司活动。

4. IMS New Product Focus（IMS 新药产品聚焦）　也是 IMS HEALTH 公司的产品。该数据库提供全球 70 多个国家自 1982 年以来所有上市产品信息的汇总，可细至具体的成分、辅料、包装规格与首次上市的价格信息。

5. TOXNET 数据库　是由美国国立医学图书馆毒理学数据网站提供的毒理学数据库，由多个子库组成。其主要内容包括对人类和动物有害的危险物质的毒性、安全管理及对环境的影响、人类健康危险评估、化学药品诱变性检测数据、化学药品致癌性、肿瘤增生及抑制、药物及化学药品的生物化学、药理学、生理学、毒理学作用、毒理学发展及畸胎学等。

（三）药学网站

随着互联网的普及，互联网上药学网站的发展如雨后春笋发展起来。这些数据库既有面向药学专业人员的网站，也有主要对象是普通消费者的站点。不论是药物的化学结构、性质，还是药物的剂量、用法等内容，都可以通过网络查询，大大促进了药学信息的交流。根据药学网站创建者和维护者的不同，大体可分为以下几类。

1. 学术研究型网站　由药学院校、研究院所、学会协会等相关机构建立的专业网站，主要为学术、科学研究及教育服务，提供一些药学科研和药学发展等方面的信息。有的还提供了一些药学数据库的使用，此类网站数量不多，但学术性强，对药学学科的发展起着指导和促进作用。

（1）国际药学联合会网站（http://www.fip.org/）：国际性的药学组织，提供了世界各国药科学校列表，发布联合会的活动消息及出版物等。

（2）美国药学会网站（http://www.aaps.org/）：介绍美国药学会的新闻、会议、出版物等。

（3）宾夕法尼亚大学药理系网站（http://www.med.upenn.edu/pharm/）：全美最为悠久和著名的药理学府。

（4）加州大学旧金山分校药学院网站（http://pharmacy.ucsf.edu/）：该院被视为全美最好的药学院之一，是国立卫生研究院资助最多的药学院。

（5）抗生素指南网（http://hopkins-abxguide.org/）：由 Johns Hopkins 大学传染病研究室创建，该指南对于医生开具抗生素是非常有用的决策支持工具，所有内容都经过 Johns Hopkins 学院及一些出色的医学专家精选、维护。用户注册后可以在网上免费使用该指南系统。

（6）中国药学会网站（http://www.cpa.org.cn/）：介绍中国药学会的新闻、会议、出版物等信息。

2. 公司企业型网站　由制药或医药经营企业设立的商业网站。由于互联网商业化功能的驱动，几乎所有大型药业公司都设立了自己的网站，此类网站数量较多，一般公司网站的内容都局限于本公司介绍、产品介绍及药品和物资供求信息等，侧重于广告宣传和药品营销，实用性强，药学科学研究的信息不多，但一些著名制药公司的网站内容则较为丰富。

（1）辉瑞公司网站（http://www.pfizer.com/）：辉瑞公司（Pfizer）是目前全球最大的以研发为基础的生物制药公司，产品覆盖了包括化学药物、生物制剂、疫苗、健康药物等诸多广泛而极具潜力的治疗及健康领域。

（2）雅培公司网站（http://www.abbott.com/）：雅培公司（Abbott）有100多年的历史，其产品在150多个国家销售，致力于探索维持健康的新药品、新技术和新方法，产品从营养品到诊断品，贯穿医药保健和药物治疗。

（3）默克公司网站（http://www.merck.com/）：默克公司（Merck）是一家全球领先的医药健康、生命科学及高性能材料公司，致力于不断发展改善并加强生活质量的技术——从治疗癌症或多发性硬化症的生物制药疗法，到服务于科研和生产的尖端系统等。

（4）强生公司网站（http://www.jnj.com/）：强生公司（Johnson & Johnson）是世界上最全面的卫生保健产品生产商，同时面向消费者、药学器械市场、医疗器械市场、诊断市场等提供相关服务。

（5）拜耳公司网站（http://www.bayer.com/）：拜耳公司（Bayer）是世界制药巨头，产品种类超过10,000种，主要涉及医药保健、材料科技以及作物科学等3大领域。

3. 政府机构网站　由政府部门或机构设立的与药学相关的官方网站。随着互联网的发展，各国有关部门充分利用互联网的功能建立了药学官方网站，为社会提供相关政策法规、通知公告、新药信息、药品商情等信息。

（1）国家食品药品监督管理总局网站（http://www.cfda.gov.cn/）：是国务院综合监督食品、化妆品、医疗器械安全管理和主管药品监管的直属机构。

（2）美国食品和药品管理局网站（http://www.fda.gov/）：负责全美国药品、食品、生物制品、化妆品、兽药、医疗器械以及诊断用品等的管理，是世界最权威的医药管理机构。

(3) 欧洲药品管理局网站（http://www.ema.europa.eu/ema/）：总部设在伦敦，负责欧盟市场药品的审查、批准上市，评估药品科学研究及监督药品在欧盟的安全性、有效性。

(4) 英国药物和保健产品监管署网站（http://www.mhra.gov.uk/）：2003年由药品管理局和医疗设备局合并而成，负责药品和医疗器械的安全监督管理。

4. 商业服务网站　由网络服务公司与药学机构联合设立的专业网站。此类网站将网络服务公司的网络技术与药学机构的丰富信息资源结合起来，提供大量新颖、实用的药学信息。此类网站信息更新速度快，商业性强，是目前国内外网络药学信息资源的主力军。

(1) DrugDigest 网站（http://www.drugdigest.org/）：由 Express Scripts，Inc.公司（ESI）创建，旨在向 ESI 会员和公众免费提供第一手的健康信息。该网站是目前网上最大的非营利性、面向普通消费者的药物信息网。其最大的特色服务项目包括药物（含维生素、中药）数据库、药物相互作用数据库、药物比较等内容。

(2) Drugs.com 网站（http://www.drugs.com/）：由 Drugsite Trust 公司运营，目标是成为互联网上最值得信赖的药物及健康相关信息来源之一。Drug.com 提供免费药品信息服务，以帮助用户了解药物的用途、副作用及与其他药物的相互作用。

(3) Drugstore 网站（http://www.drugstore.com/）：一家全球领先的在网上销售药品、保健品、美容用品等产品的网站，同时为用户提供健康咨询，其内容包括药品价格、药物信息、药物相互作用等。

(4) RxList 网站（http://www.rxlist.com/）：是 WebMD 公司下属的一个美国处方药物查寻网站，于 1995 年建立，其目的是为其用户提供快速、准确的药物信息。网站收录了 5,000 种以上药物，其最大亮点是列出了美国处方药市场每年度前 200 个高频使用药及其详细的药物分析。

练 习 题

1. 《中国药典》2015 年版有哪些特点？
2. IMS HEALTH 公司有哪三大药学数据库？

第二节　SciFinder 检索

SciFinder 前身是美国《化学文摘》（Chemical Abstracts，简称 CA）。CA 创刊于 1907 年，由 CAS 编辑出版。1995 年 CAS 推出了 SciFinder 联机检索数据库。SciFinder 整合了 Medline 医学数据库、全球 200 多个国家和地区的 60 多种语言的 1 万多份期刊、63 家专利机构的专利、评论、会议录、论文、技术报告和各种化学研究成果。内容不仅涵盖了 CA 从 1907 至今的所有内容，更整合了其他 5 个数据库，能通过主题、分子式、结构式和反应式等多种方式进行检索。

SciFinder 包含 6 大数据库：①CAplus 覆盖化学相关学科领域的多种文献。②Registry 世界上最大的现有公开化学物质数据库。③CASReact 反应信息数据库。④ChemList 查询备案/管控化学信息工具。⑤Chemcats 化学品的供应商信息，包括价格、质量等级、供应商信息。⑥Medline 美国国立医学图书馆开发的生命科学与医学文献数据库。

一、SciFinder 注册与登录

（一）注册

在使用 SciFinder 之前，高等院校和中科院系统用户必须先行注册。注册信息包括用户姓名、电子邮件、用户名、密码等。密码必须包含 7~15 个字符，并且至少包含 3 种以下字符：字母、混合的大小写字母、数字、非字母数字的字符（如@、#、%、&、*）。

根据页面要求完成注册后，系统会发送确认邮件至用户注册邮箱，并要求用户登录注册邮箱并阅读 CAS 的电子邮件，在收到邮件后 48 小时内单击邮件内的链接，系统显示注册成功确认页面，完成整个注册过程。

（二）登录

输入网址：http://Scifinder.cas.org 或 http://origin-scifinder.cas.org 访问数据库。输入已注册的用户名和密码，点击"Sign In"按钮登录后，显示 SciFinder 主页，如图 4-2-1 所示。

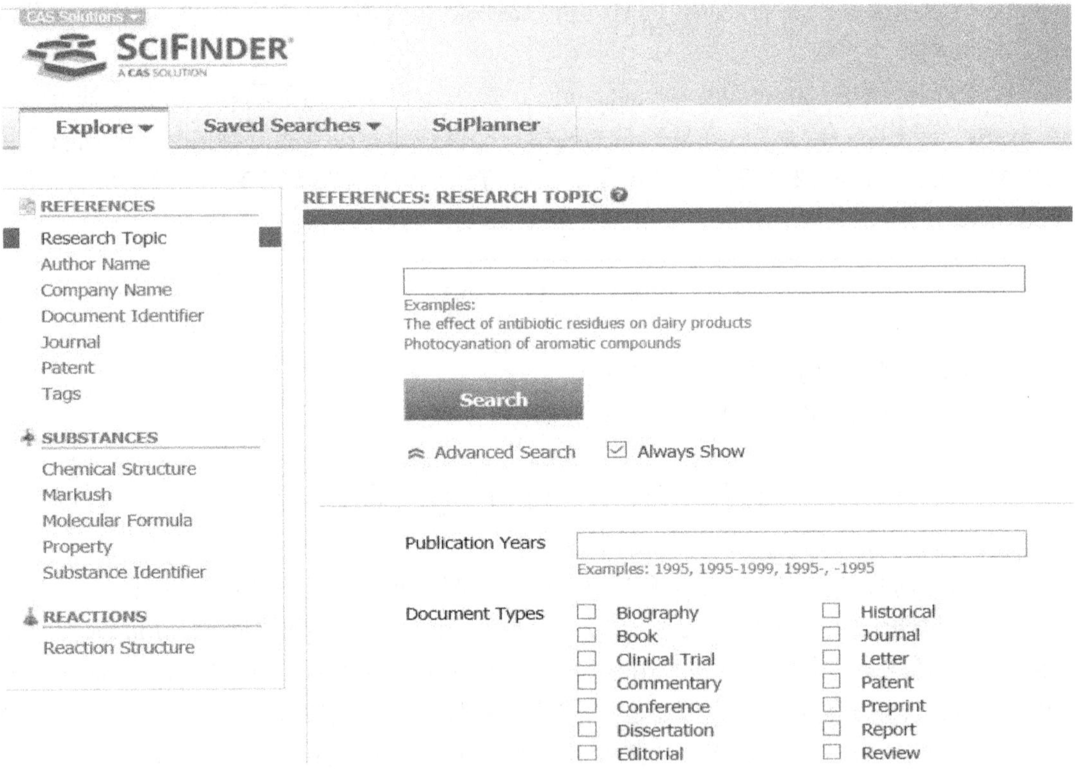

图 4-2-1　SciFinder 主页面

SciFinder 的检索可分为 3 个部分，即 References（文献检索）、Subtances（物质检索）和 Reaction（反应检索）。可利用图 4-2-1 中页面左端的导航标签进行切换。

二、文献检索（Explore References）

文献检索是 SciFinder 使用最广泛的功能，内容包括期刊、专利、会议录、图书、学位论文、技术报告等。文献检索提供了研究主题检索（Research Topic）、作者检索（Author Name）、机构名称检索（Company Name）、文章检索（Document Identifier）、期刊检索（Journal）、专利检索（Patent）等 6 种检索途径。在检索输入框的下方，提供了年代、文献类型、出版语言、作者姓名、机构名称等条件限制。

（一）研究主题（Research Topic）检索

例 1：检索"RNA 干扰在基因治疗领域的应用"

（1）在检索框中输入"RNA interference with gene therapy"，如图 4-2-2 所示。提示：最多输入 5 个术语，最好 3 个左右；术语之间可用英文介词如 of，with，beyond，in，on，as 等连接，介词没有实际含义，只起到间隔作用。如果检索词为词组时（如 anabolic steroids），SciFinder 除作为专用词来进行检索，也将词组分散在同一句中进行检索。

图 4-2-2　研究主题检索

点击 Advanced Search，对出版年限、语言、文献类型等进行限定。

（2）点击 Search 按钮，显示检索结果候选页面，如图 4-2-3 所示。

```
0 of 5 Research Topic Candidates Selected                                                    References
  □   385 references were found containing "RNA interference with gene therapy" as entered.        385
  □   4925 references were found containing the two concepts "RNA interference" and "gene therapy" closely associated with one another.   4925
  □   11396 references were found where the two concepts "RNA interference" and "gene therapy" were present anywhere in the reference.   11396
  □   114183 references were found containing the concept "RNA interference".                   114183
  □   207943 references were found containing the concept "gene therapy".                      207943
```

图 4-2-3　检索结果

在检索结果候选页面中有 5 个选项，它们的含义分别为：

1）385 篇文献包含"RNA interference"与"gene therapy"两个关键词，且每个关键词顺序及词性不变。

2）4,925 篇文献含两个关键词，并且同时出现在摘要的同一句子或者题目中；选项中的"Concepts"概念即 SciFinder 会对输入的关键词进行同义词的扩展。

3）11,396 篇文献含两个关键词，但可出现在同一篇文献的任意地方（题目、摘要，但不包括全文）。

4）114,183 篇文献包含"RNA interference"。

5）207,943 篇文献包含"gene therapy"。

（3）根据需求选择相关的选项。从检索结果全面性和相关性两方面考虑，通常选择"closely associated with one another"，点击 Get References ，浏览检索结果，如图 4-2-4 所示。

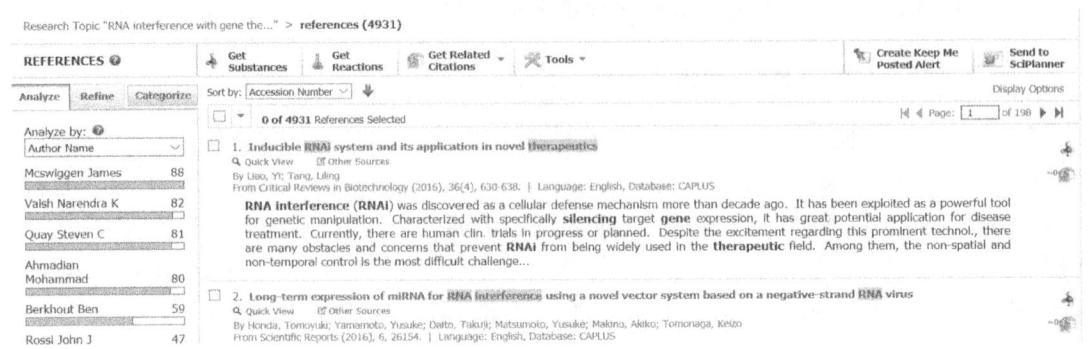

图 4-2-4　检索结果

1. 检索结果处理

（1）分析功能（Analyze）：文献检索结果页面的右侧默认为分析功能，如图 4-2-4 所示。共提供了 12 种分析选项，包括：作者姓名、物质、学科名称、机构、所属数据库、文献类型、索引词、CA 概念标题、期刊名、语言、出版年代、附加词。默认为作者姓名的分析结果。可通过下拉菜单选择需要分析的选项，并点击页面显示的某项分析结果，获取相关文献。

如果需要查看完整的分析结果，可点击页面右侧下端的 Show More 按钮，弹出完整的分析结果图。分析结果默认按照频率高低排序，也可点击下拉选项选择按照字母顺序"Natural Order"进行排列。选择在一个或多个选项，点击"Apply"按钮即可显示相应结果。点击 Sortby，下拉菜单中共有 5 种排序方式分别为录入 SciFinder 序号（Accession Number）、作者名（Author Name）、引文排序（Citing References）、出版年限（Publication Year）和标题（Title）等。

（2）系统分类功能（Categorize）：点击"Categorize"按钮进入分类页面，系统会把当前检索的文献结果（或者已选择的）按照学科类别罗列在"Category heading"栏中；点击某一个学科类型，如"Biotechnology"，系统会在"Category"栏中罗列出该学科下属的子学科；继续选择子学科，如"Medicine"，Index terms 栏中会出现该子学科下属的索引词或索引物质，如图 4-2-5 所示。

选择某一个或某几个索引词（索引物质）后，点击右下方的 OK 获取该索引词（索引物质）所涉及的文献，如图 4-2-5 显示在生物技术学（Biotechnology）中选取药品（Medicine）中的抗肿瘤药物（Antitumor Agents）和抗病毒药物（Antiviral Agents）就可获取 RNA 干扰技术应用于抗肿瘤及抗病毒药物研发的文献。

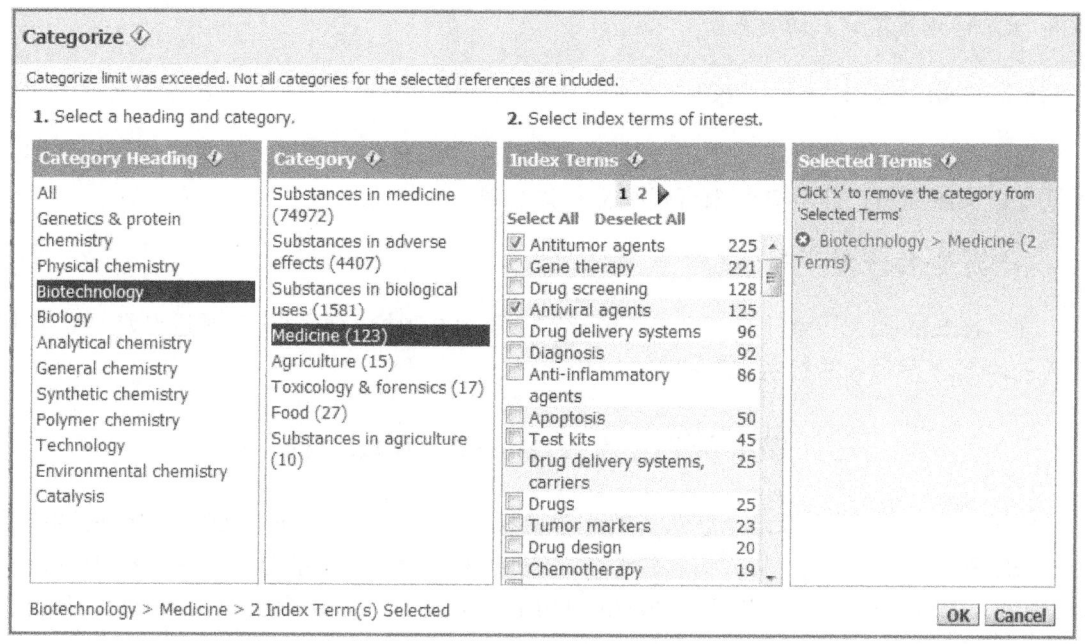

图 4-2-5　学科分类

2. 其他功能

（1）获取相关物质（Get Substances）：在检索结果页面中，系统提供了" Get Substances "链接，可以获取文献中所涉及的物质。

（2）获取相关反应（Get Reactions）：在检索结果页面中，系统提供了" Get Reactions "链接，点击后可以获取反应数据库（CAS Reaction）中收录了文献中包含的哪些化学反应。

（3）获取引用与被引用文献（Get Citing/cited References）：在"Get Reactions"图标的旁边，系统提供了" Get Related "链接，它包括"Get Cited Reference"和"Get Citing Reference"两部分，其功能分别为查看文献结果集或者所选择文献的引用文献，以及文献结果集或者所选择文献的被引情况。提示：该功能操作的文献数目上限是 500 篇，获取引用与被引用文献的数据最早回溯到 1997 年。

（二）作者检索（Author Name）

点击"Author Name"切换到作者姓名检索页。检索时"Last"中输入姓（如"Li"），"First"中输入名，"Middle"中输入中间名。或者选择"Look for Alternative Spelling of the Last Name"，浏览姓名索引进行查找较为准确的作者书写形式。

（三）机构名称检索（Company Name）

通过机构名称检索可查询机构发表文献的情况。SciFinder 自动考虑了不同的拼写，首字母缩写，全称缩写等情况。但并不包含合并和收购的公司。

（四）文章检索（Document Identifier）

在"Reference"页面下，点击"Document Identifier"切换到文章检索页面。可通过文章的 DOI 号查找某篇具体文章。

(五) 期刊检索 (Journal)

在 "Reference" 页面下，点击 "Journal" 切换到期刊检索页面。可通过期刊的名称、卷期号、文献题目、作者姓名来查找某篇具体文章。

(六) 专利检索 (Patent)

在 "Reference" 页面下，点击 "Patent" 切换到专利检索页面。可通过专利号、专利权人的姓名、发明人的姓名来查找专利。

三、物质检索 (Explore Subtances)

SciFinder 包含世界上最全、最大的化学物质数据库，所有具有 CAS 登记号的物质都能在 SciFinder 中检索出来。物质检索页面提供了 4 种检索方式，即物质标识符检索 (Substance Identifier)、结构检索 (Chemical Structure)、Markush 检索 (Markush)、分子式检索 (Molecular Formula)。

(一) 物质标识符检索 (Explore Substances by Substance Identifier)

物质标识符包括化学名称（常用名、商品名、首字母缩略语）和 CAS 登记号 (CAS Registry Number®)。

例 2：检索 CAS 登记号为 "85721-33-1" 的物质信息

(1) 在主页左边 "SUBSTANCES" 导航标签中选择 Substance Identifier（物质标识符检索），输入物质标识符 "85721-33-1"，如图 4-2-6 所示。检索多个物质标识符时每行输入一个，不能用分号 (;) 分隔。

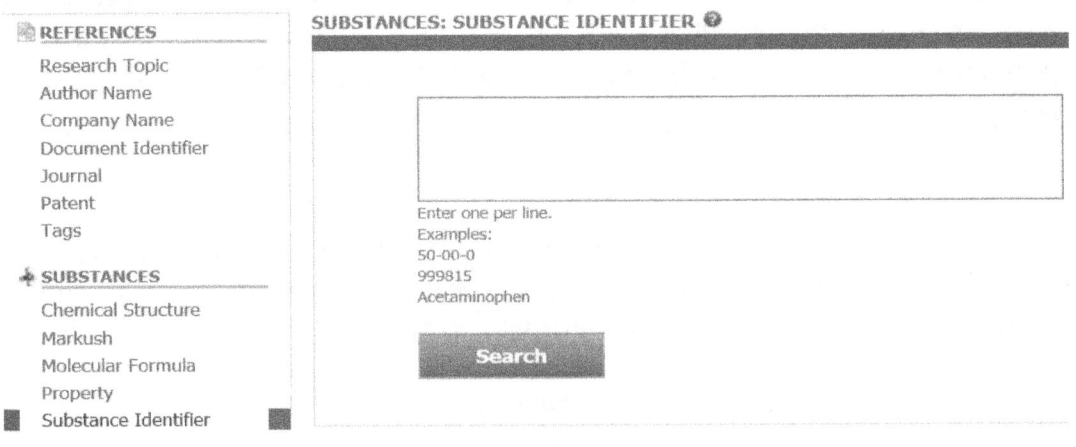

图 4-2-6　物质标识符检索

(2) 点击 Search 检索，结果显示该物质的分子结构及分子式，如图 4-2-7 所示。

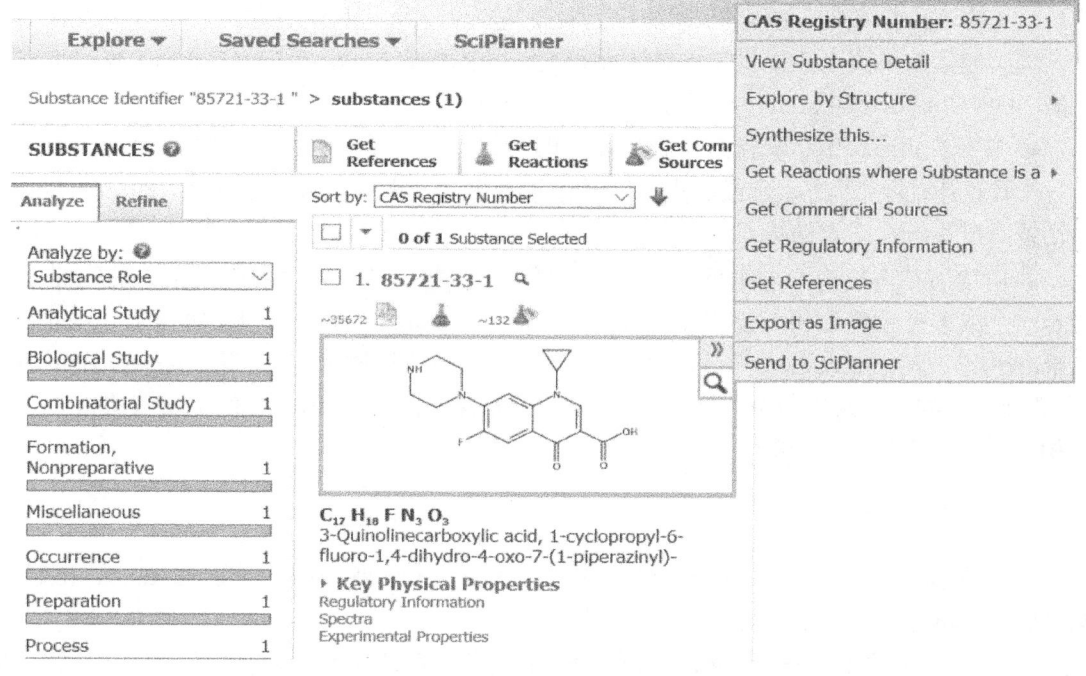

图 4-2-7 物质的分子结构及分子式

点击页面中的化学物质登记号链接，可查看该物质的详细信息，如图 4-2-8 所示。通常包括 CAS 登记号、化学结构、分子式、名称、文献数量、文献类型、物质性质相关数据等。

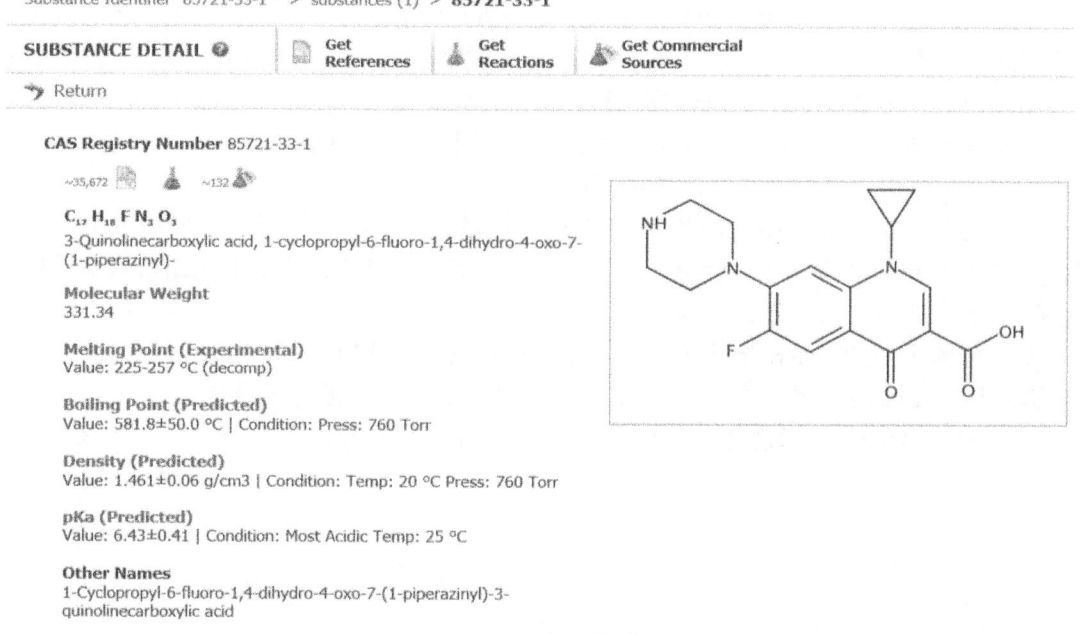

图 4-2-8 物质的详细信息

根据化学物质的不同，该页面中还显示了其他一些信息，包括：实验性性质（数据来源于文献实验性光谱性质）、预测性性质（计算化学推测出来）、预测性光谱性质、管制类信息、生物活性标记物、靶点标记物、CAS 分类应用信息等其他信息。

物质检索结果页面还提供了由物质获得文献（References），反应（Get Reactions），供应商（Get Commercial Sources）等链接。

● 由物质获得文献：获得与该物质相关的文献，在选择一个或多个物质后，点击页面上方工具栏中的 Get References，或者点击物质记录右侧的 图标，将会弹出"Get References"对话框，可进一步限定结果。

● 由物质获得反应：点击页面顶端的 Get Reactions 链接，或点击物质记录下方的图标，显示一个或多个物质的相关反应。当弹出反应角色 Reaction Roles 对话框，从"Retrieve Reaction for：All Substances"（选择取得所有物质的反应数据），或"Selected Substances"（只选择已选物质的反应数据），然后从"Select a Reaction Role"选择该化学反应的角色（如产物、催化剂等），反应式便会显示出来。

（二）结构检索

结构检索分为 3 种方式：精确结构（Exact Structure）、亚结构（Substructure）、相似结构（Similarity）。

1. 精确结构检索（Exact Structure）　精确结构检索结果包括：与已绘制结构完全相同的结构、互变异构体（包括酮-烯醇互变异构）、两性离子、配位化合物、离子化合物、自由基和自由基离子、同位素、所检索结构作为单体的聚合物。但不包括除已绘制的结构之外的附加取代基，而且不能指定开放节点，也不能设定诸如可变位点、R-基团等。所检索的结构被认为是闭合的，也就是说在结构中未连接基团的拐点部分默认连接氢原子。

SciFinder 检索结果以智能检索（Smart Search）为基础。该功能将"完全相同化学结构检索"的结果数目扩至最大，令用户得到全面的检索结果，减少遗漏。例如，酮-烯醇互变异构、同位素和单体组成的聚合物也被包括在检索结果中。用户可根据个人的研究方向和兴趣改变过滤选项 Filters 的设定，便可缩小结果范围至理想结果。

例 3：绘制下述化合物结构，并进行检索

（1）选择 Chemical Structure 检索。打开结构编辑器，根据需要选择编辑器左侧及下方的工具绘制结构，如图 4-2-9 所示。结构绘制完成后，在结构编辑器右下角检索方式选择区域，选择"Exact Search"。

（2）检索页面内显示出缩略图。若要缩小检索范围至特定类型，可通过 Characteristics（物质类型）、Classes（物质分类）、Studies（有关研究）等过滤选项设定。

（3）点击"Search"按钮得到检索结果，如图 4-2-10 所示。

第四章 药学信息检索 · 117 ·

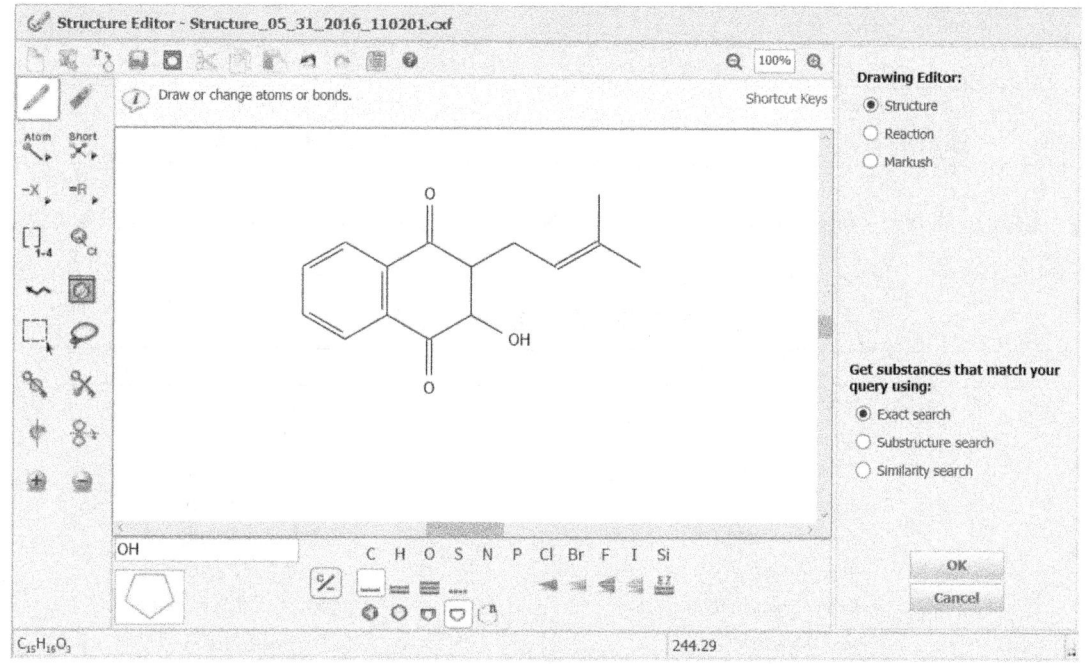

图 4-2-9 结构编辑器

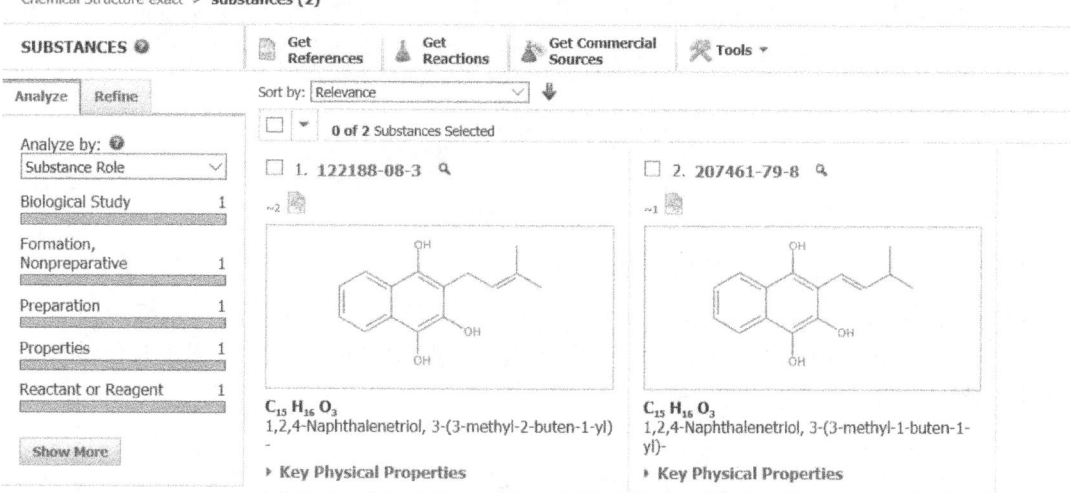

图 4-2-10 物质检索结果

物质结果集的分析：要分析结果，点击结果页面右侧的 Analysis 图标（默认），可使用下拉菜单的选项来进行结果分析。各选项含义见表 4-2-1。

表 4-2-1 物质分析选项

选项	作用
Bioactivity Indicators	分析物质的生物活性标记物
Commercial Availability	分析是否有商业来源
Elements	分析物质的原子组成
Reaction Availability	分析是否可用于反应

续表

选项	作用
Substance Role	分析物质的研究角色
Target Indicators	分析物质的靶点标记物

限定结果集：点击页面右侧的 Refine 图标，会自动切换到限定结果工具。各选项含义参见表 4-2-2。

表 4-2-2 物质结果限定选项

选项	作用
Chemical Structure	限定化学结构
Isotope-Containing	限定是否包含同位素
Metal-Containing	限定是否包含金属
Commercial Availability	限定是否提供商业来源
Property Availability	限定是否提供理化性质
Property Value	限定理化性质
Reference Availability	限定是否有文献报道
Atom Attachment	限定原子附属

2. 亚结构检索（Substructure Search） 亚结构检索可用来检索以下物质：①与已绘制的结构完全相同；②包含检索结构的多元物质，例如：聚合物、化合物和盐基等；③在指定位置有取代基和包含检索结构的物质；④检索结构之环系为结果物质环系的一部分。

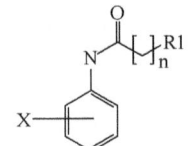

R1基团=S,P,NH$_2$
重复单元 n=2-5
氮原子(N)不能被取代
只有一个卤原子(X)连在苯环
结构不能再作稠合

例 4：采用亚结构检索下列物质结构

（1） 选择 Chemical Structure 检索，打开结构编辑器，绘制上述物质结构。

（2） 选择 Substructure Search（亚结构检索），点击"OK"。检索结果中与结构编辑器内相同的结构部分会被突出显示成红色（图 4-2-11）。

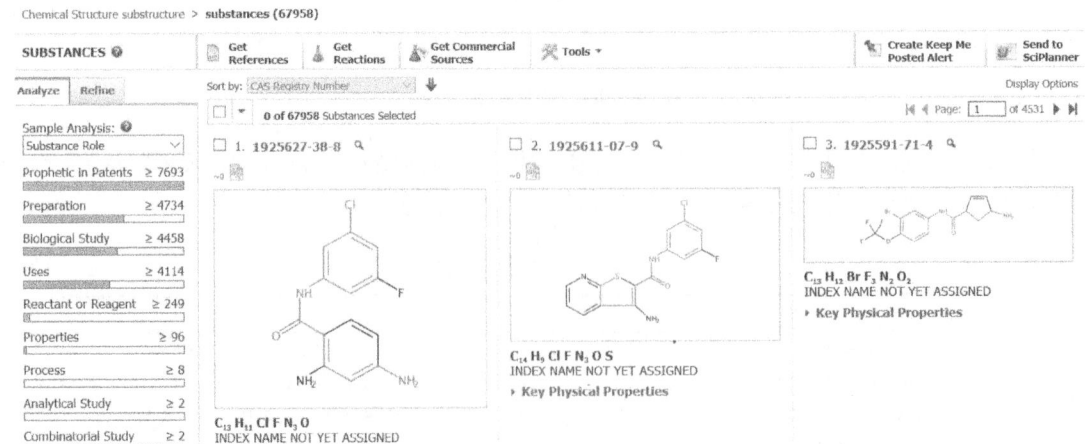

图 4-2-11 检索结果

3. 相似结构检索　相似结构检索的结果可包括以下结构：①与已绘制的结构完全相同；②包含检索结构的多元物质，例如：聚合物、配合物等；③结构相似的物质，但元素成分、取代基和其位置有所不同；④结构相似的物质，但只有少部分与检索结构互相符合；⑤与检索结构相似，但有不同大小的环结构；⑥在相似结构的检索中，SciFinder 采用 Tanimoto 程序来进行检索与查询物质相似的结构，并给予相似评分。

例 5：检索图示化合物的相似结构

（1）选择 Chemical Structure 检索，打开结构编辑器，绘制上述结构。

（2）在绘制结构后，选择 Similarity Search，然后点击"ok"，将结构导入检索界面。

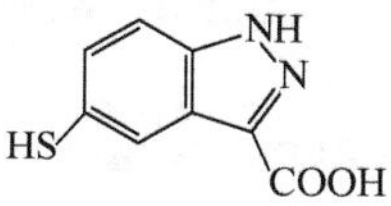

（3）点击检索按钮后，结果以统计图表来显示 Tanimoto 的相似评分，如图 4-2-12 所示。评分越高，结构越相似。选择合适的评分，然后点击 Get Substances 查看相似的结构。

图 4-2-12　Tanimoto 相似评分

（4）相似评分会于 CAS 注册号右侧显示，如图 4-2-13 所示。

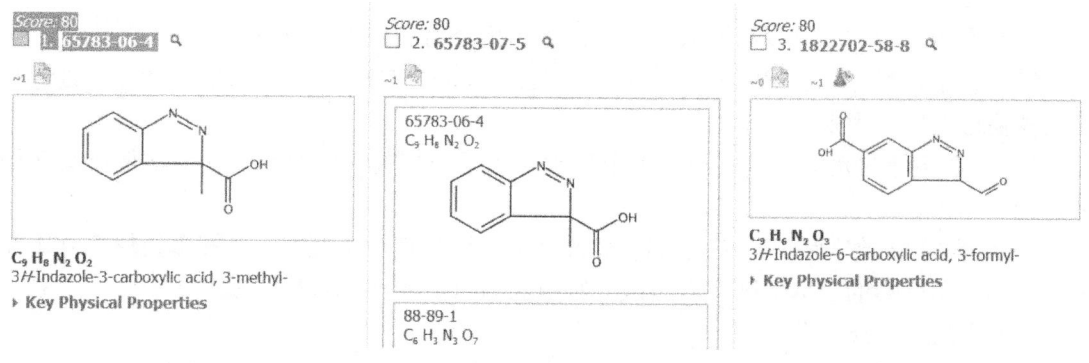

图 4-2-13　相似评分

（三）Markush 检索

Markush 检索用于查找包含 Markush 通式结构的专利文献。

（1）点击"Explorer Subtances"，选择 Markush 检索。

（2）点击结构编辑器。绘制结构。查询切换区处于 Markush 选项，并根据需要选择查询方式，在检索框右侧有 2 种检索类型可供选择：

1）Allow Variability Only as Specified（仅在特定位点发生变化）：可以使用可变 X 基团或 R 基团工具。自动禁止其他所有开放节点发生取代。

2）Substructure（亚结构检索，默认）：可以使用可变 X 基团或 R 基团工具。除取代锁定工具和环锁定工具所定的位置之外的所有节点允许取代。

（3）点击"OK"，返回检索结构。点击"Search"按钮，得到检索结果为专利文献集。

（四）分子式检索（Molecular Formula）

点击"Molecular Formula"即可进入分子式检索页面，可以通过分子式查找物质结构。

例 6：查找分子式为"C12 H26 O4 S .Na"的物质（图 4-2-14）。

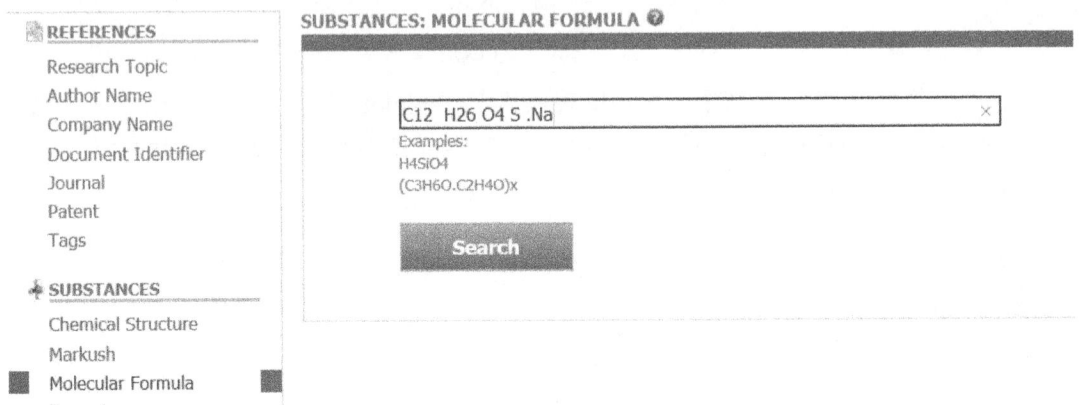

图 4-2-14 分子式检索

**分子式输入规则

分子式由元素符号和元素数组成（例如：$C_{10}H_8$，如 Naphthalene）。在进行分子式查询时，遵循以下规则：

（1）原子数为 1 时可以不输入数字 1 而用使用空格（例如，CO2）。

（2）分子式有时会引起歧义（例如，"CLI"代表"C LI"还是"CL I"?），为避免歧义需要遵循以下规则：

1）单个字母的元素符号大写；多个字母的元素符号首字母大写，其他字母小写（例如，Ca，Fe）。

2）元素符号/数字和下一个元素符号/数字之间要包括一个空格。尽管多数情况并不需要。例如，硫醚嗪的表达形式可以写成 C21 H26 N2 S2 或 C21H26N2S2

（3）多组分物质的分子式

1）自空格后用点将组分分隔开，例 C16 H32 C18 . O2. H3N

2）使用括号将组分分子式括起来，如（C15 H10 N2 O2 . C6 H14 O3 . 3（C3 H6 O . C2 H4 O）x）x

3）使用括号将表示结构重复单元的部分括起来，括号外面加一个重复度数值"n"。(C_2H_3) n $C_{14}H_{13}N_4O_2$

（4）每个组分分子式前面可以放置一个整数或分数的系数（例如，1/2），或未知系数"x"。例：$C_2H_4O_2$、1/2 CI_3 CA、$(C_8H_8O_3$ S）x、$(C_8H_8O_3$ S）x、x H_3 N、x K

（5）基于单体的聚合物分子式是一个单组分均聚物或者包括在括号内的多组分分子

式，括号外面是重复度数值或"x"。例：（C₂H₃）x （C₂H₄·CBrF₃）x

四、化学反应检索（Reaction Search）

SciFinder 可用化学结构来检索化学反应，并设定物质在反应式中的角色（反应物、试剂、产物或任何角色）。用户也可以用反应位置工具和原子绘图工具进行精确的反应检索。化学反应检索的结果包含以下数据：①含有绘画结构和官能团的化学反应式；②合成物质的合成方法；③供货商资料；④管制化学品目录及其法规；⑤文献、物质及反应式的相关数据。

（一）从结构检索反应

例7：检索下图中化学结构的相关反应

检索条件
· 该化学结构为产物
· 有一个卤原子转接苯环

（1）启动化学反应结构编辑器，绘制上述检索物质的结构。完成之后，点击反应角色工具 和需要设定的结构，出现反应角色对话框，设定物质在反应式中的角色（图4-2-15）。

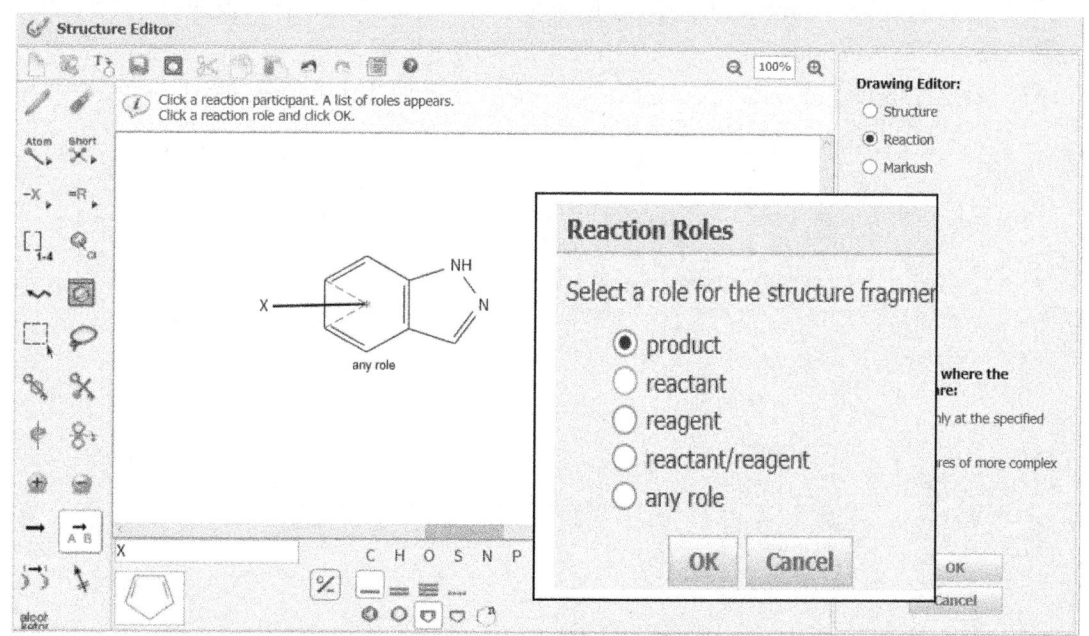

图 4-2-15 化学反应结构编辑器

（2）选取产物 Product，点击 OK，在绘图面板的右下方选择检索方法：
1）变化只适用于指定的结构的位置（Variable only at the Specified Positions）。
2）为复杂结构中的亚结构（Substructures of more Complex Structures）。
本例选择"Substructures of More Complex Structures"，点击确定，将结构导入检索界

面，如图 4-2-16 所示。

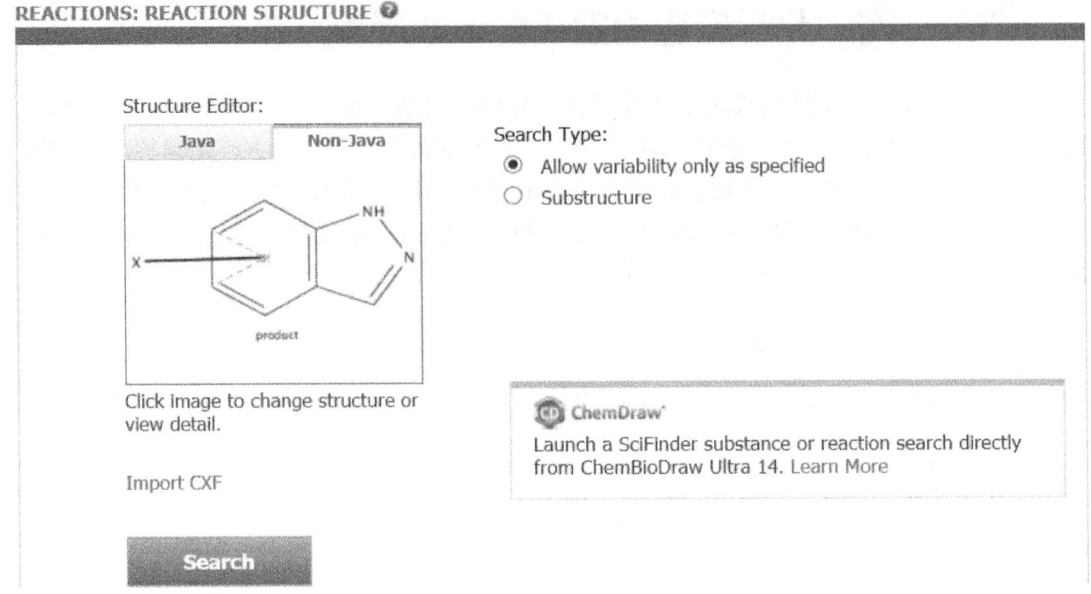

图 4-2-16　从结构检索反应

页面下方提供了"Solvents"（溶剂限定）、"Non-participating Functional Group（s）"（不参与反应的官能团）、"Number of Steps"（反应步骤）、"Classifications"（反应类型）、Sources（文献来源）以及"Publication Years"（出版年）等限定选项。

（3）限定完成后，点击 Search 进行反应检索，结果如图 4-2-17 所示。

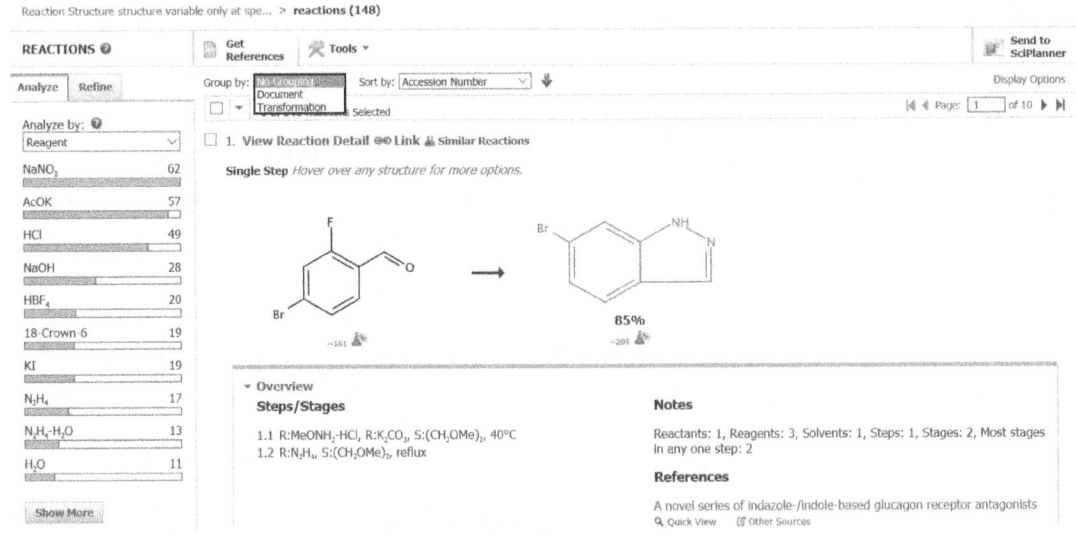

图 4-2-17　反应检索结果

显示检索结果后，用于检索的亚结构部分在结果中显示为红色。检索结果按收藏号顺序排列（最新文献开始），用户可通过"Sort by"选项选择排列方式。用户可以通过页面上的 Group by: Document 选项来选择结果显示形式：

1）No Grouping：显示所有反应记录显示反应式和"Overview"（反应条件和反应步骤）。

2）Document：即一篇文献只出现一条反应，除去部分重复的反应。

3）Transformation：仅显示反应式。

用户可以从结果中看到反应式，以左键点击反应式中的任何物质，便可打开该物质的标准菜单。除此之外，用户可以点击"Overview"查看详细的反应条件、反应重点。在"Sort by"中使用"Experimental Procedure"排序后，点击"Experimental Procedure"查看详细的反应过程。点击某一反应的"View Reaction Detail"，便可看到多步反应式。

1. 获得有关化学反应的文献（Get References） 点击页面上方的"Get References"链接可获得全部文献或者所选反应的文献。

2. 分析反应结果（Analyze Reaction Result） 在结果页面中，点击右侧的"Analysis"后，可使用下拉菜单的选项来进行结果分析，各选项含义如表4-2-3所示。

表4-2-3 反应结果分析

选项	定义
Author Name	以文摘作者姓名作分析
Catalyst	以催化剂作分析
Company/Organization	以公司/团体名称作分析
Document Type	以文献类型作分析
Experimental Procedure	以是否包含反应过程作分析
Journal Name	以期刊名称作分析
Language	以原文的语言作分析
Number of Steps	以反应步骤数目作分析
Product Yield	以产率作分析
Publication Year	以文摘出版年份作分析
Solvent	以溶剂作分析

3. 反应结果限定（Refine） 限定结果，点击页面右侧的"Refine"图标，自动切换到限定工具，可采用下列方式进行结果的限定，如表4-2-4。

表4-2-4 反应结果限定

选项	作用
Reaction Structure	限定反应化学结构
Product Yield	限定反应产率
Number of Steps	限定反应步数
Reaction Classification	限定反应类型
Excluding Reaction Classification	排除反应类型
Non-participating functional groups	排除不参与反应的官能团

用户可以限定所有结果或部分答案，若只限定某一部分反应，要在检索结果的窗口，点击需要限定的反应旁的方框，然后选择上面的"Keep Selected"选择需要限定的物质（具体可以参加本章的保留反应部分），再进行限定即可。

4. 相似反应检索（Similar Reactions） 相似反应检索即依据和反应中心的相似程度，查询彼此相似的反应。对于单步反应，可以点击该记录右边的 Similar Reactions，获取更多的相类似的反应。点击"Similar Reactions"链接后显示"Get Similar Reactions"选项窗口，如图 4-2-18 所示。

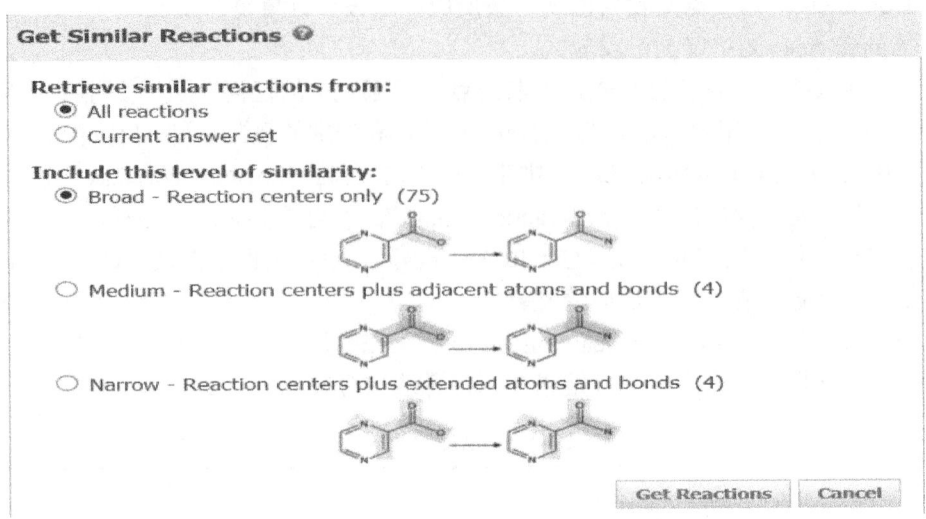

图 4-2-18　反应检索选择

"Retrieve Similar Reactions from"表示选择在全部反应（All Reactions）中检索相似反应，还是在当前结果集中检索相似反应。

（二）官能团和结构的组合检索

用户可进行官能团和结构的组合检索，需在结构图标窗口上绘制功能基和化学结构，并指定其角色。

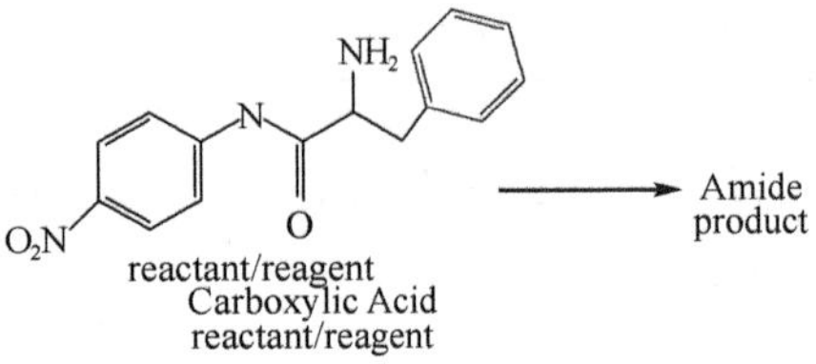

例 8：找出由以下的苯胺类物质（图 4-2-19）和羧酸（Carboxylic Acid）所合成的氨基化合物（Amide）。

（1）在化学反应结构编辑器中，绘制上述苯胺类化合物结构。

（2）点击官能团工具，搜索羧酸（Carboxylic Acid），添加至结构编辑窗口左下方（图 4-2-20）。

图 4-2-19　苯胺类化合物

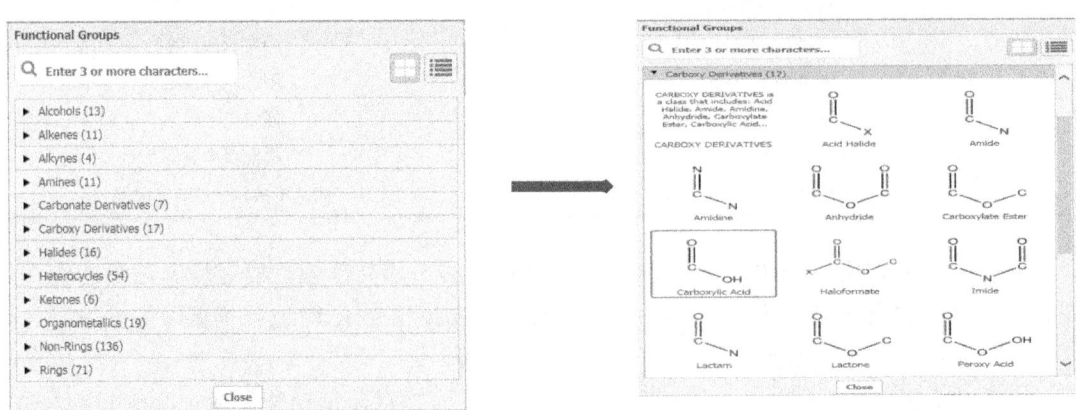

图 4-2-20　官能团

选取非环官能团（Non Rings）中的氨基化合物（Amide）并添加到编辑窗口的右方。

（3）点击反应箭头工具，拖曳从羧酸到氨基化合物，反应角色将会被指定。

（4）选择"Variable only at the Specified Position"（精确结构反应检索），然后点击"OK"按钮返回检索界面。

（5）点击 Search 按钮，得到检索结果。

五、检索结果的处理

（一）定题服务功能（Keep Me Posted）

点击检索结果页面上端"Saved Searches"中的"Keep Me Posted"即可进入设置定题服务页面。设置好定题服务功能后，系统会自动检索数据库的更新数据有无符合检索条件的新文献出现，并以固定的时间频次发送更新信息。用户也可以在下次登录时，点击主页面右上角的"KMP Alert Results"，查看是否有更新的检索结果。

（二）链接全文（Full Text）

SciFinder 是文摘数据库，如果想获取文献原文，可点击文献下的 Other Sources，系统通过 Chemport 平台链接至全文。

（三）结果保存（Save）

SciFinder 中的"Save"与其他数据库不同，并不是把检索结果保存到使用者的个人电脑，而是指检索结果保存到 CAS 的服务器上，保存文献的上限是 20,000 条。如果查看已保存的结果，必须在登录后，点击页面右上角的"Saved Answer Sets"。如果之前没有进行特别设置，已保存的结果集中显示的就是该账号下保存的所有文献结果集，如图 4-2-21 所示。点击名称获取所包含的文献；点击"Edit"可编辑该结果的名称和描述。点击"Link"获取该名称包含所有文献的网址。点击上方"Combine Answer Sets"按钮，可对多个已保存的文献结果集进行 AND、OR、NOT 等逻辑操作。

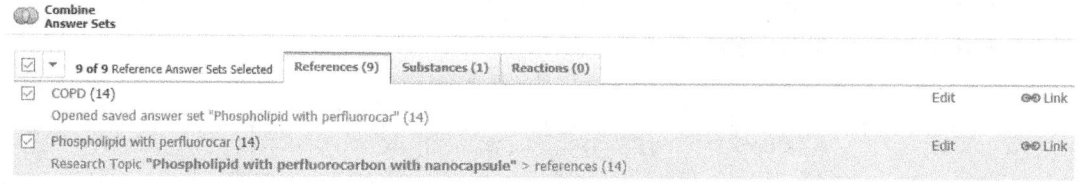

图 4-2-21　结果保存

（四）导出结果（Export）

如果需要将检索的文献题录保存到本地，可在检索结果页面的右上角点击"Export"链接，在弹出的对话框中选择导出文献的范围，导出保存的文件格式（包括 ris、akx、pdf、rtf 等不同格式）。最后点击"Export"进行保存，如图 4-2-22。

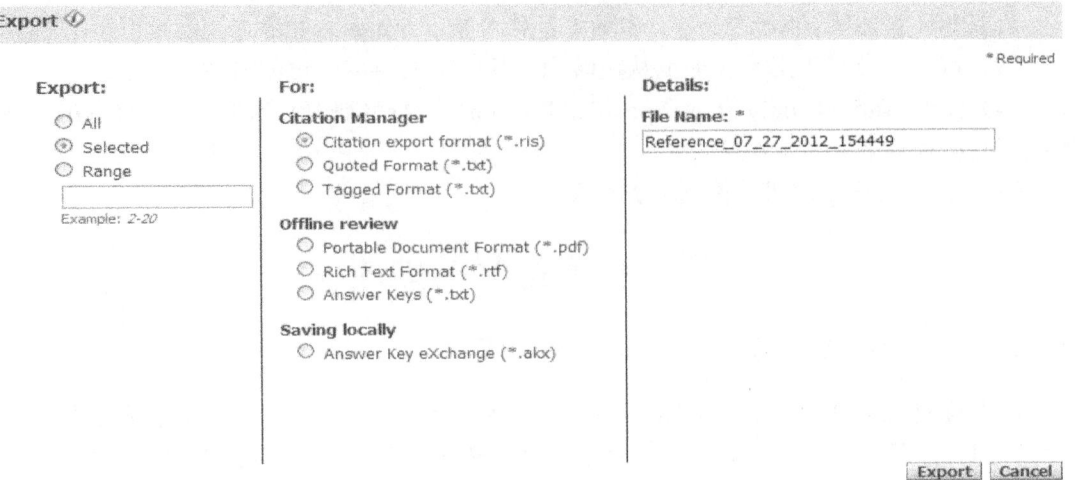

图 4-2-22 结果导出

练 习 题

1. 检索青蒿素（CAS No：63968-84-9）的有关信息。
2. 检索从苯甲醛到苯甲酸的化学反应。
3. 检索右侧图示氨氯地平所有的盐类化合物。
4. 检索包含右侧图示通式结构的专利。
5. 骨组织工程支架研究。
6. 利用分子式检索右侧图示聚合物。
7. 检索第三军医大学所发表的文章。
8. Pimobendan（匹莫苯丹）的合成路线和制备方法。

第三节　Integrity 数据库检索

Thomson Reuters Integrity^{SM} 是专门为制药行业的研究人员开发的可靠、翔实的事实型数据库。Integrity 通过整合 42 万种有生物活性的化药和生物药、25 万条专利家族、173 万文献等信息，向研究者呈现行业新闻、靶标动态、研发进程、疾病综述等内容。以集成报告、动画解说、靶标通路图等各种易于接受的形式进行信息传递，为新药研发人员提供了独特的知识解决方案，以支持药物研发活动。

Integrity 包含 12 个检索模块：活性物质检索、靶点、合成路线、基因组学信息、药理数据、动物模型、药代动力学数据、临床研究、疾病综述、公司及研究机构、文献、专利。

一、Integrity 注册

Integrity 采用 IP 地址授权加账号的方式提供访问，因此高等院校用户必须在 IP 授权范围内进行注册，数据库网址为：integrity.thomson-pharma.com。首次使用 Integrity 数据库的读者需要注册自己的账号，注册信息包括用户姓名、电子邮件、用户名、密码等。密码必须包含大于 8 个字符，并且至少包含 3 个以下字符：字母、混合的大小写字母、数字、非字母数字的字符（如@、#、%、&、*）。然后根据页面要求完成整个注册过程，系统最终显示注册成功确认页面。

二、Integrity 检索与浏览

Integrity 数据库包括检索和浏览两种使用方式，检索分为快速检索和精确检索。

（一）快速检索

Integrity 数据库提供了快速检索（Quick Search），可以通过药物名称、化合物名称、治疗领域、作用机制、靶标、公司名称、专利号等字段检索（图 4-3-1）。

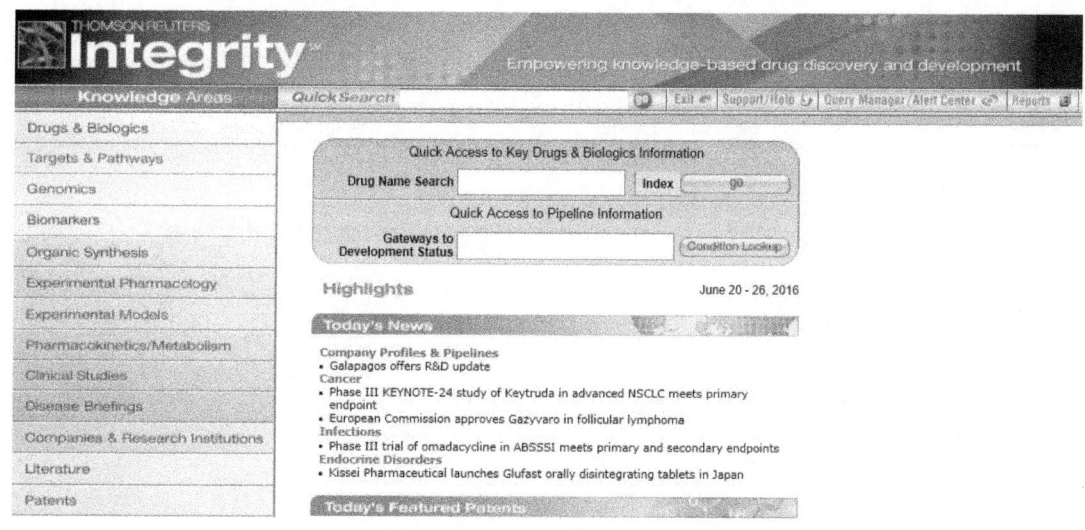

图 4-3-1　Integrity 检索及浏览界面

以药物 simvastatin（辛伐他汀）为例，键入检索词后点击 ，数据库检索出与辛伐他汀相关的 12 个方面信息汇总，体现 Integrity 数据库的分类整理又深度索引的功能（图 4-3-2）。检索结果中 Drugs &Bioogics（19 RECORDS）表示有 19 个与辛伐他汀相关的药物，包括首次上市或后续改良的。

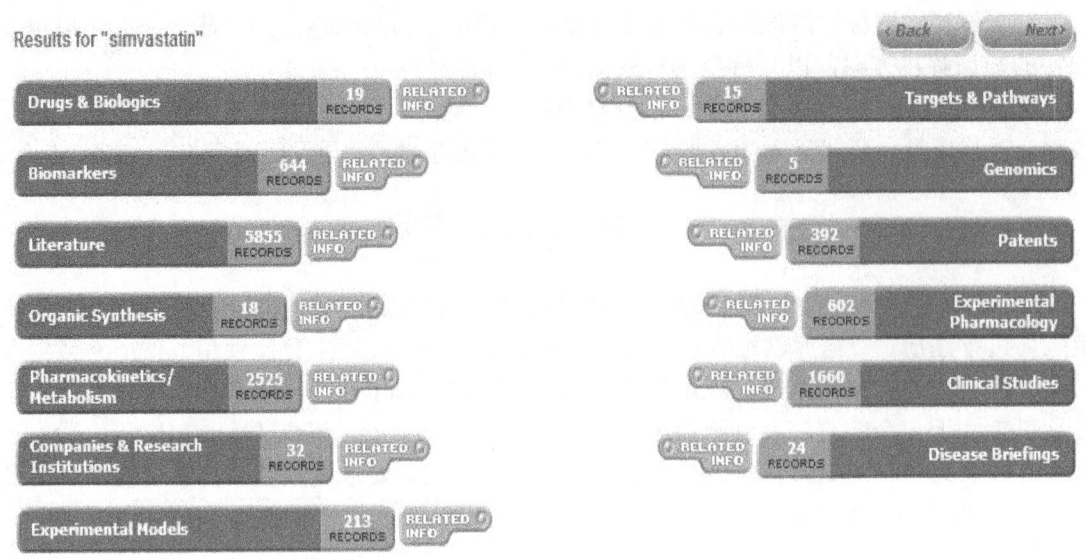

图 4-3-2　辛伐他汀数据汇总

（二）精确检索

Integrity 提供了 12 个检索项可以进行精确检索。以"Drugs &Biologics"检索入口为例，进入后，将鼠标放置于"Select Value"，会有下拉菜单自动显示可以选择的检索字段，如图 4-3-3 所示。

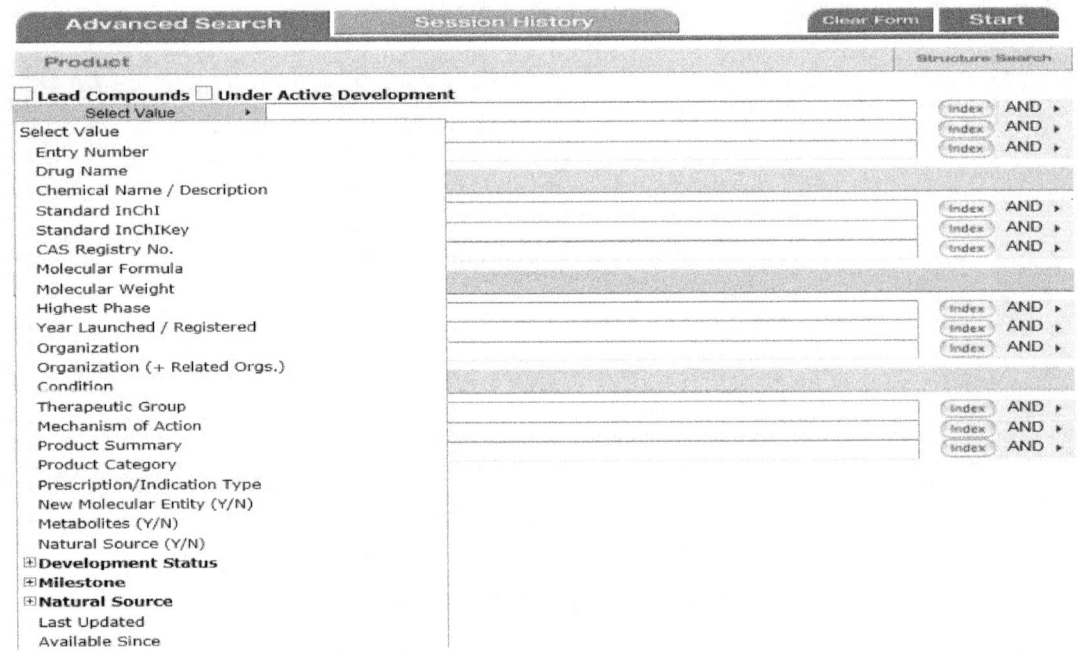

图 4-3-3　Drugs &Biologics 检索字段

Integrity 检索字段多达十几个，其中最常用的有"Highest Phase"（最高研发阶段）、"Organization"（研究组织）、"Condition"（适应证）、"Mechanism of Action"（作用机制）、"Natural Source"（天然产物来源）等。当检索目前正处于临床Ⅲ期的所有在研药物时，可以在"Select Value"下拉菜单中选择"Highest Phase",注意请不要自己填写临床阶段,而是利用 Integrity 自带的"Index"检索词列表,以保证检索准确。选择"Index"后,会自动链接到"Highest Phase"的检索词列表(图4-3-4),选中"Phase Ⅲ",点击 OK,完成精确检索。

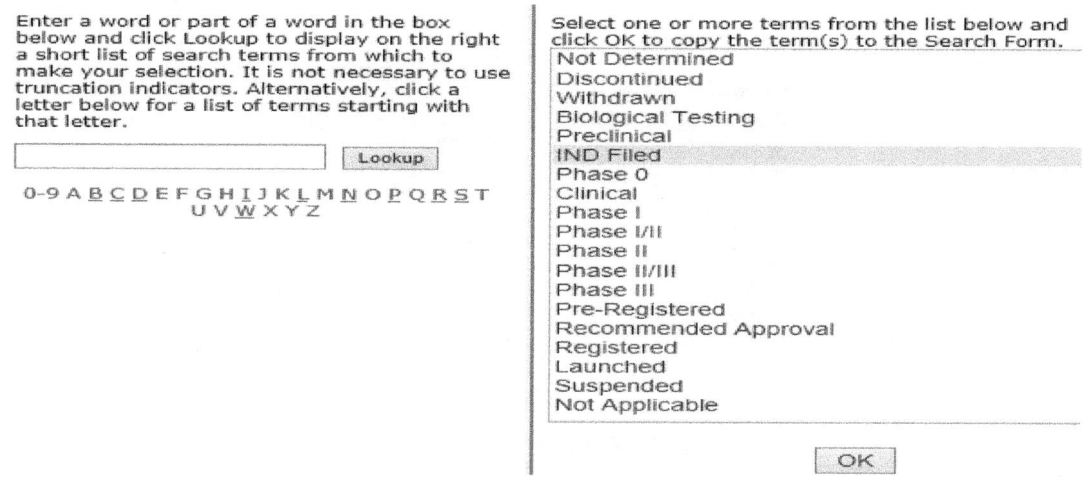

图 4-3-4　Highest Phase 的检索词列表

对检索结果处理是 Integrity 数据库的重要功能之一,包括对检索结果进行筛选分析、导出、设置 Email Alert 等。

1. 分析功能　检索结果显示,Integrity 收录了 1,463 个临床Ⅲ期的在研药物(图4-3-5),在该检索结果页面的右侧,可以看到"Filter by Statistics"功能框,共提供了 17 种分析选项,包括研发阶段、研发机构、药物技术类型、药物来源、治疗领域、作用机制、药物靶标、给药途径等。

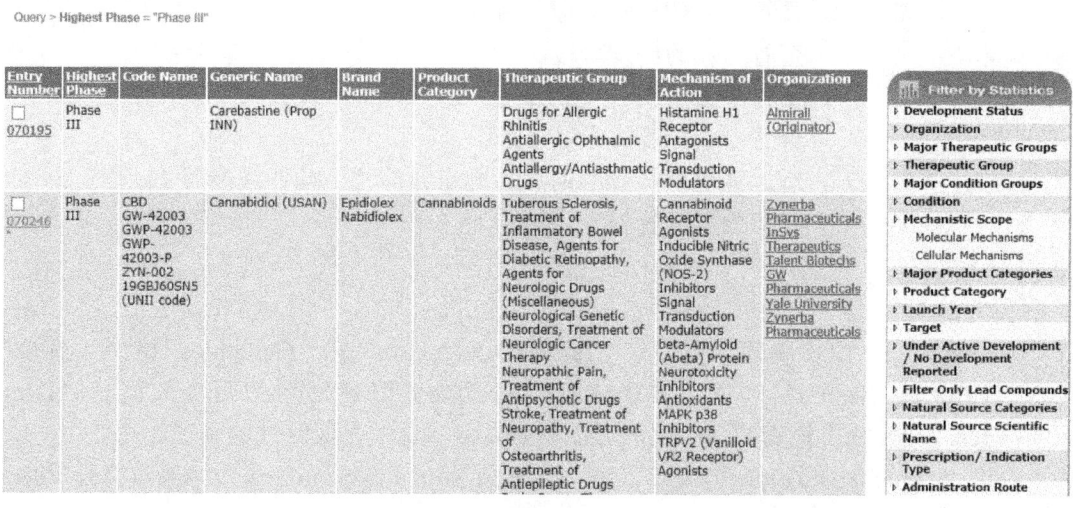

图 4-3-5　筛选分析功能

例1:查看 1,463 个临床Ⅲ药物的适应证分布?

点击右侧分析功能框中的"Condition",结果参见图4-3-6,即适应证分布。在该分析结果图中,请查看每个常用标志的功能。

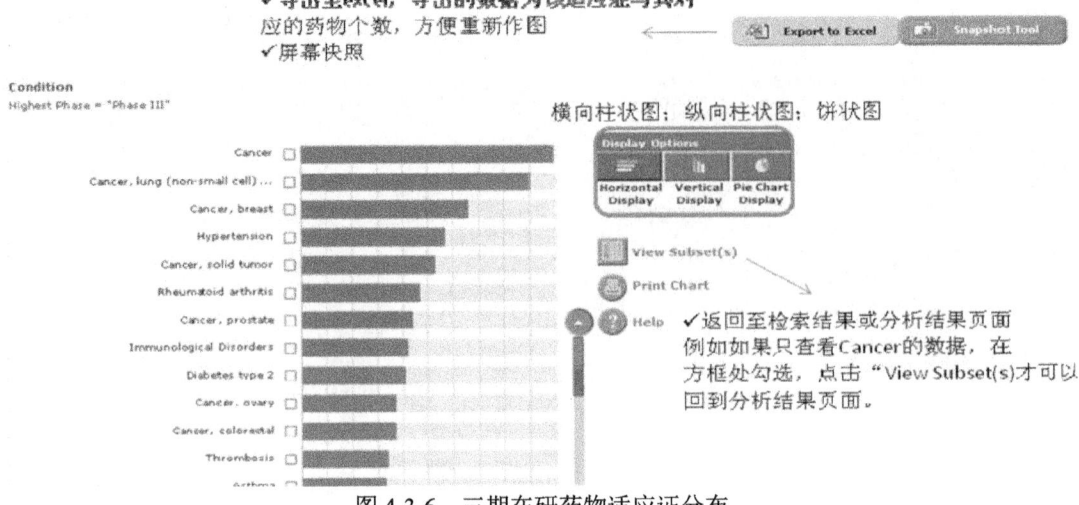

图4-3-6　三期在研药物适应证分布

2. 导出功能　在分析功能中,我们对1,463个临床Ⅲ期药物的适应证(condition)进行了二次筛选分析,得到分析结果,选择"Cancer, non-lung cell cancer(非小细胞肺癌)",得到90个相关药物记录。点击"View Subset(s)"返回至分析结果页面。点击 Options 对结果进行导出(图4-3-7),各选项含义如下:

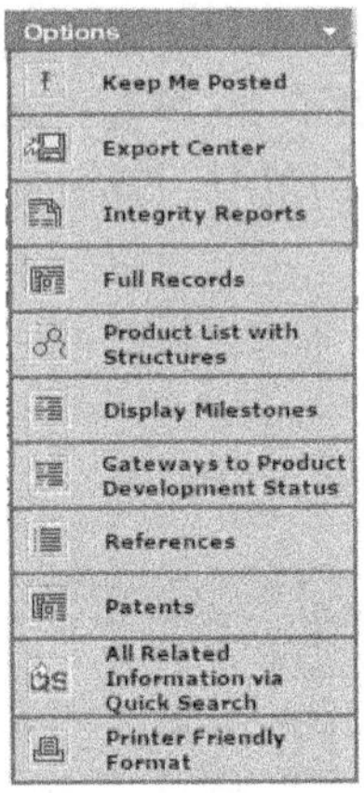

设置Email提醒。
导出中心,导出自定义的字段内容及格式,默认Excel。
Integrity报告,导出Integrity自定义固定格式的报告。
查看完整的药物报告。
查看含有结构式的药物列表。
显示检索药物的里程碑事件。
查看药物的研发阶段。
查看检索药物的文献参考。
查看检索药物的专利汇总。
通过索引查看药物信息(靶点、药理、动物模型等11个方面)。
打印检索药物报告。

图4-3-7　导出功能

（三）结构式检索

在Integrity的12个检索项中,除"Targets &Pathways"和"Genomics"之外,其余都具备"Structure Search"功能。其中进行结构式检索时最常用的两个入口是"Drugs &Biologics(活性物质检索)"和"Organic Synthesis(化学合成路线检索)"。

1. 在"Drugs &Biologics"入口,点击右上角Structure Search进入,系统会自动启动JAVA运行程序。

2. 选择画板编辑器,可以直接绘制物质结构。在点击检索之前,请注意检索限制条件,如图4-3-8所示。

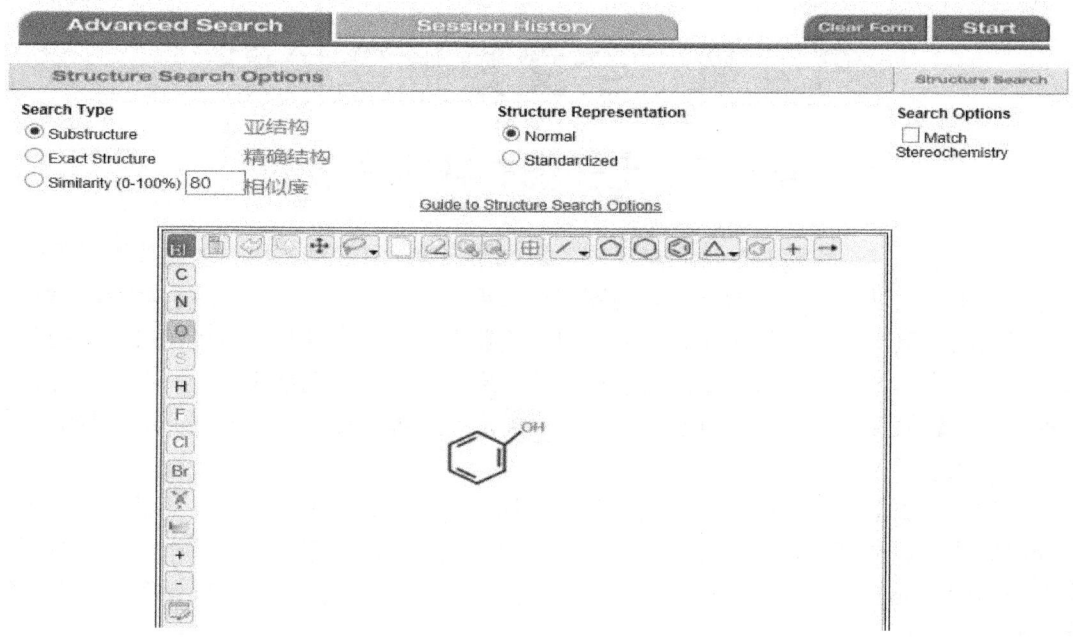

图 4-3-8 结构式检索

（四）浏览

Integrity 不仅提供检索入口，通过精确的检索字段帮助找到需要的信息，还可以用浏览的方式，传递最及时的药物研发进展新闻。

1. Highlights　在本浏览区为读者更新当天的重要新闻，重要专利和重要会议。其中重要新闻部分有明确的"治疗领域"提示。

2. Weekly Insights　本周视点，包括以下几个内容："The Starting Line"（新分子实体速递，汇总过去一周发现的新分子实体，并通过生物活性测试试验证明该分子在某种适应证上具有活性）、"Pipeline on the Move"（活跃在研药物的研发阶段里程碑变化）、"Gateways to Gene-Related Studies"（有关基因研究的快速查看通道）、"Gateways to Patents"（药物研发中专利方面的快速查看通道）、Gateways to Clinical Trials（在生物医学文献和会议上引用的临床试验汇总）。

练 习 题

1. 以治疗乙肝病毒为适应症的相关药物。
2. 以 NF-kappa B 为靶点的所有药物信息。
3. 检索用于研发的肺癌生物标记物，其中处于人体试验后期的有多少？
4. 检索以 ![structure] （CAS：623-05-2）为中间体的终端产物有哪些？
5. 浏览霍奇金淋巴瘤的综述信息。

（徐成兵　武海东）

第五章 全文数据库检索

第一节 电子图书数据库检索

电子图书,也被称为 E-book、电子书、数字图书等,是随着网络、多媒体以及现代通信电子技术的发展应运而生的一种新的图书出版形式,是以磁、光、电介质等为存储载体,以信息网络为流通渠道,并在计算机或专门阅读器上阅读的出版物。电子图书包括两种类型:一类是将各种印刷型的书籍,通过扫描等技术将它们转为数字格式的、用电子方式发行的、用计算机阅读和存储的电子读物;另一类是原生数字出版物,即一开始就为数字文本的电子图书。

与传统印刷型图书相比,电子图书具有存储信息量大、检索功能强、下载传输方便、不受时间地域限制等优点,因而受到广大用户的欢迎。下面就超星数字图书馆、大英百科全书数据库、Springer 电子书、Karger 电子丛书以及 LWW 出版社 Doody 系列电子书作简要介绍。

一、超星数字图书馆

(一)概况

超星数字图书馆(http://www.sslibrary.com/)由时代超星公司(原名北京市超星电子技术公司)创建,与广东中山图书馆等多家机构进行数据加工合作,于 2000 年 1 月正式开通,同年入选国家"863"计划中国数字图书馆示范工程项目,是一个综合性的网上电子图书信息资源库。该数据库的电子图书分为经典理论、哲学宗教、法律政治、军事、经济、文学、历史、生物科学、医学、计算机、教育、数理化、工业技术、建筑、交通、航空航天、环保等 23 个大类。其收录内容每天增加与更新,是目前世界上最大的中文在线数字图书馆,如图 5-1-1 所示。

(二)超星数字图书馆的使用

超星数字图书馆有超星主站和镜像站点两种访问平台:一是读者通过免费注册访问超星主站,主站提供 IE 阅读和超星阅读器(SSReader)两种阅读方式,超星"免费图书馆"提供的免费图书仅提供 IE 阅读,读者只有在购买超星读书卡成为充值会员用户后才会获得"会员图书馆"图书的阅读权限;二是单位用户购买了"超星数字图书馆"后设置镜像站点,其用户通过局域网或 IP 地址控制来访问使用全文资源。下面以"超星数字图书馆"镜像站点(图 5-1-2)为例介绍超星汇雅电子图书数据库的使用方法。

1. 下载安装超星阅览器 超星数字图书馆的电子图书为其特有的 PDG 格式,因此须下载"超星阅读器(SSReader)"才能浏览阅读该库电子图书,阅读器支持在线阅读和脱机阅读两种模式。

2. 检索查询阅读图书 超星汇雅电子图书镜像站点提供分类浏览、快速检索和高级检索功能,因此读者可通过两种途径检索到所需图书。

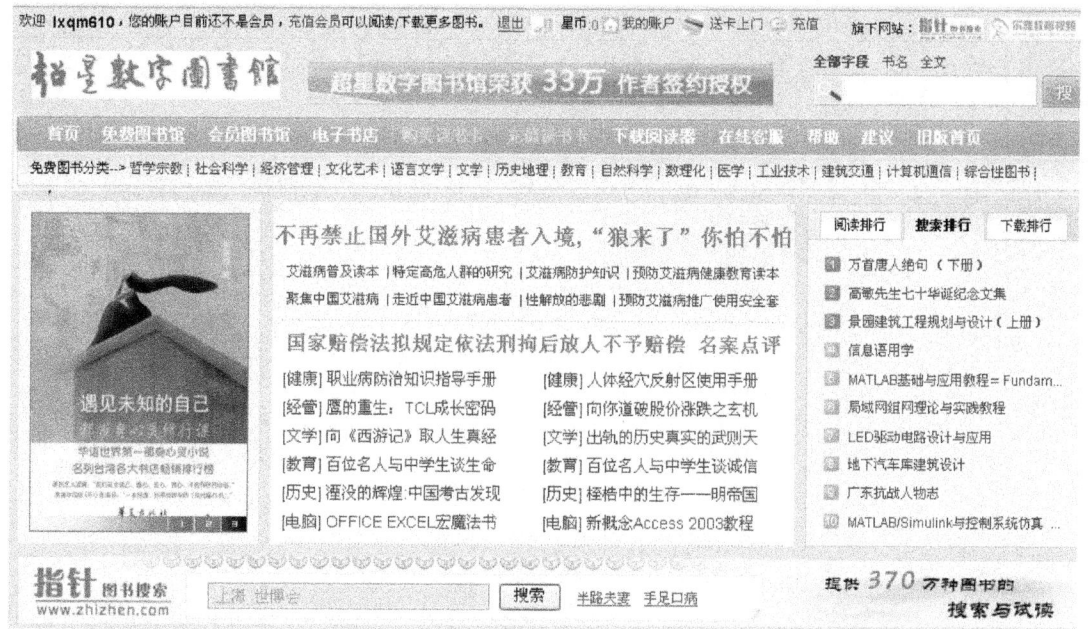

图 5-1-1　超星数字图书馆主页

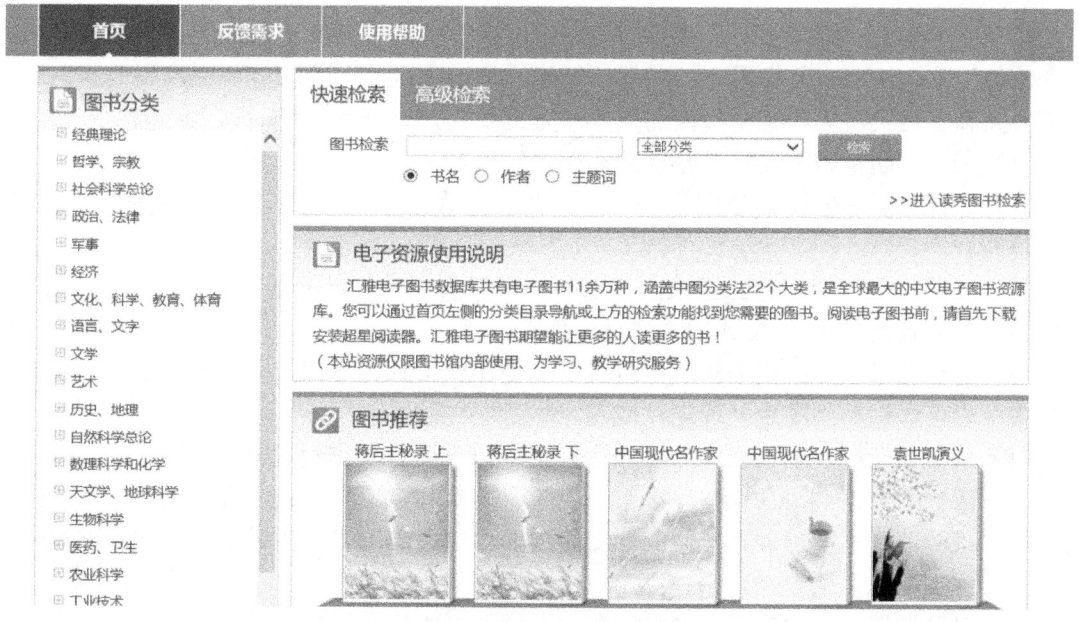

图 5-1-2　超星数字图书馆镜像站点主页

（1）按图书分类目录查找：在页面左侧为图书分类类目表，它将收录图书分为 20 个大类（大体上依照《中图法》进行分类），逐级点击分类目录进入下级子类，点击子类目录进入图书信息页面，页面显示该类目所有图书的详细信息。

（2）通过字段检索页面上方提供快速检索和高级检索功能。

快速检索：检索范围在当前分类中，可以选择书名、作者、主题词字段作为检索点，通过在输入框中输入检索词，点击检索按钮即可进行图书查找。

高级检索：根据书名、作者、主题词、出版年代、检索范围等条件，利用逻辑运算进行组合检索，可实现图书的多条件查询，同时还可对查询结果进行升序或降序排列（如图 5-1-3 所示）。

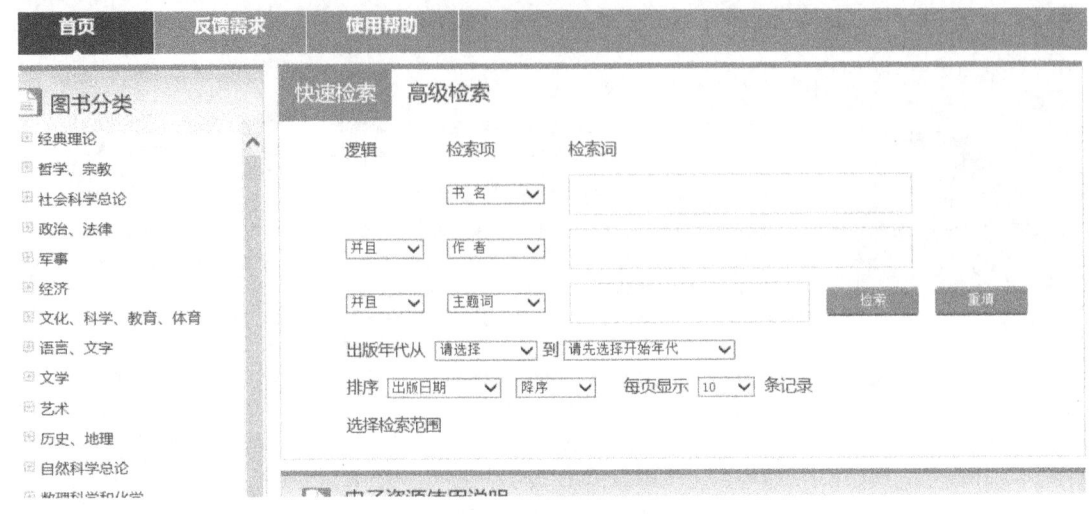

图 5-1-3　高级检索界面

3. 超星阅读器功能介绍　超星阅读器（4.1.2）的主菜单包括了超星阅读器的所有功能命令，如设置、注册、剪切图像、书签、标注、文字识别、自动滚屏、更换阅读底色、导入文件夹和上传资源等。其中"注册"菜单是提供用户注册使用的。

（1）书签：超星书签包括书籍链接和网页链接。

（2）标注：网站的图书分为"图像图书"和"文本图书"两种格式，"图像图书"可以使用标注功能。

（3）文字识别：阅读超星格式的图书时，可以利用其阅读器的文字识别功能将 PDG 图像格式资料转换为 TXT 格式的文本进行保存。

（4）剪贴图像：在阅读书籍时可将要剪贴的图像另存为 BMP 格式或者放入系统的剪贴板中，也可以粘贴到图像处理软件或 Word 文档中保存。

（5）采集功能：超星阅读器可以通过采集窗口来编辑制作超星 PDG 格式的 E-book。

（6）图书下载："未注册用户"状态下载的图书为匿名用户下载，匿名用户下载的图书只可在本机阅读，不能拷贝到其他机器上阅读；注册用户下载的图书既可在本机阅读也可拷贝到其他机器上阅读。

（7）自动滚屏：阅读超星图书时，在图书阅读页面双击鼠标左键开始滚屏，单击鼠标左键停止滚屏；或点击鼠标右键，在右键菜单中选择"自动滚屏"；或是使用快捷键 Ctrl+ U 操作"自动滚屏"和"停止滚屏"。调整滚屏速度可在"设置"菜单中的"书籍阅读"选项中进行设置。

（8）更换背景：使用"更换阅读底色"功能来改变书籍阅读效果。

（9）导入文件夹和上传资源：读者可以通过我的图书馆管理自己的文件。导入文件夹后即可通过"复制""粘贴"功能上传到"上传资源站点"，从而可以与其他用户进行学习交流。但目前，该功能只对读书卡会员开放。上传资源的具体操作方法是在"我的图书馆"复制分类，粘贴到"上传资源站点"，刷新后就可看到上传内容。

二、不列颠百科全书

(一) 简介

《不列颠百科全书》(Encyclopedia Britannica，简称 EB)，又称《大英百科全书》，1768 年首次出版，历经两百多年不断的修订、再版，目前除英文版外，还有日文、法文、希腊文、西班牙文、中文等多种外文版。现总部设在美国芝加哥，由不列颠百科全书公司 (Encyclopedia Britannica Inc.) 出版。EB 全套共 32 册，所有条目均由世界各国著名的学者、各个领域的专家撰写，对主要学科、重要人物事件都有详尽介绍，其学术性和权威性已为世人所公认，与《美国百科全书》(Encyclopedia Americana，简称 EA)、《科利尔百科全书》(Collier's Encyclopedia，简称 EC) 一起，并称为世界三大著名的英语百科全书 (即百科全书 ABC)。其中 EB 最具权威性，是世界上公认的权威参考工具书。

《不列颠百科全书》网络版 (Encyclopedia Britannica Online，简称 EB Online) 作为第一部因特网上的百科全书，于 1994 年正式发布。除包括印本内容外，EB Online 还包括 Britannica 的最新文章及大量印本百科全书中没有的文章，可检索词条达到 100,000 多条，并收录了大量图例和多媒体动画音像等丰富内容。2002 年，不列颠百科全书公司还推出网络教学版 (Britannica Online School Edition)，扩大了其出版领域。2012 年 3 月，公司宣布全面停印《不列颠百科全书》纸质版，将全面转向数字版。

EB Online 网站包含了所有不列颠百科公司出版的参考工具书，主要内容包括：

1. Encyclopedia Britannica《不列颠百科全书》完整版。
2. Britannica Students，Elementary and Concise Encyclopedias《不列颠百科全书》学生版、初级版及简明版，各种不同的版本适合各个层次读者的需求。
3. Merriam-Webster's Collegiate Dictionary and Thesaurus 韦氏大词典及英语同义词字典，提供 250,000 个含有发音指导、词语历史、同义词、反义词的条目。
4. Britannica Books of the Year《不列颠百科全书》精选年度参考书。
5. Related Website 相关参考网络资源，有超过 20 万个以上的优秀网站链接，这些资源是由 EB 作者群精心挑选出来的。
6. 150 余种在线杂志与期刊，如 Education Digest、Soccer Digest、USA Today Magazine 等。
7. Britannica Internet Guide 不列颠百科因特网指南，为读者提供了与该书内容相关的 300,000 个网址。
8. Video&Media 视频与多媒体，提供 2000 种音像资料，观看影像档案、多媒体影片等。
9. World Atlas 交互式世界地图全集，收录超过 215 个国家，同时链接地图、国旗及各国统计资料。
10. Britannica Highlights 不列颠百科独家收录的特殊主题深度介绍。
11. Timelines 大事纪年表，主题涵盖建筑、科技、生态、艺术等。

除以上英文版参考书外，不列颠百科全书公司还出版了《不列颠版康普顿百科全书》(Compton's by Britannica)、《我的第一套不列颠百科全书》(My First Britannica)、《发现美国》(Discover America) 和《幼儿启蒙百科全书》(Britannica Discovery Library) 等。

（二）EB Online 检索

EB Online 主界面有："Browse"（词条浏览）、"Search"（词条检索）、"Research Tools"（研究工具）、"Spotlights"（聚焦点）、"Merriam-Webster Dictionary"（韦氏词典）、"News"（世界要闻）等栏目，如图 5-1-4 所示。

1. Browse（词条浏览）

（1）A-Z Browse：字顺列表浏览，直接定位至不列颠百科中某一条目的正文。

（2）Biographies：人物传记列表，可根据主题和国家等信息选择浏览不同时代不同性别的重要人物事迹。

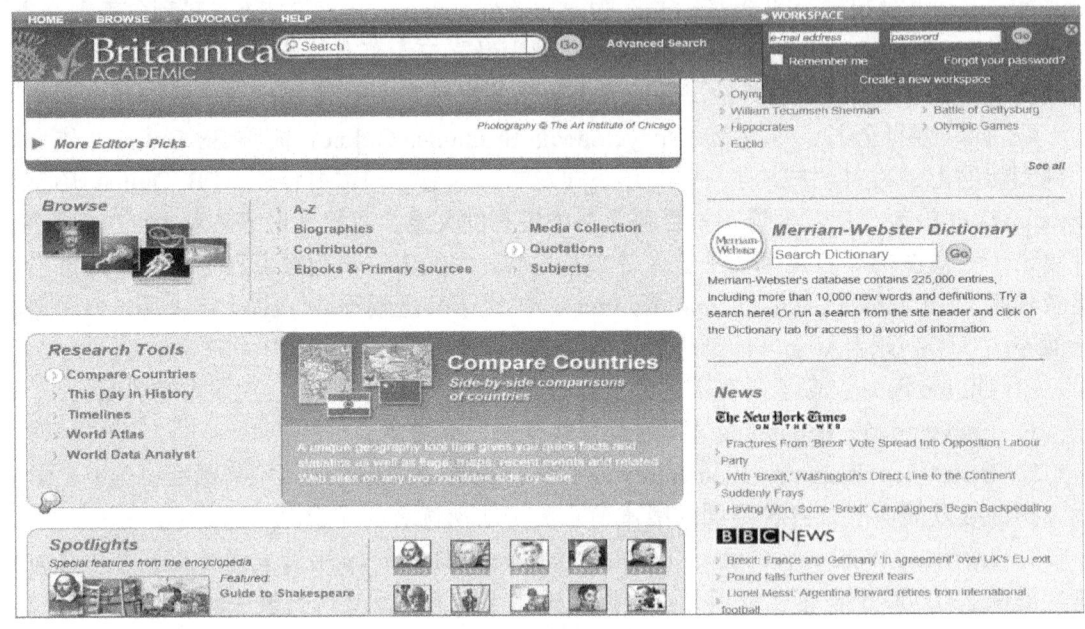

图 5-1-4　EBOnline 主页

（3）Contributors：不列颠百科编著者索引，包括世界各地的诺贝尔奖、普利策奖获得者以及著名的学者、作家、艺术家、活动家等。

（4）Ebooks & Primary Sources：可按题目和作者对电子书进行浏览，提供英文字顺列表和电子书来源。

（5）Media Collection：EB 精选影像资料，并且支持下载。

（6）New & Revised Articles：EB 最新及修订条款。

（7）Quotations：名人语录，收录历史上或者当代伟大思想家的警世名言，涉及主题范围较广。

（8）Subject：主题分类浏览，将主题分类，采取层层递进的方式进行浏览。

2. Search（检索）　　EB Online 有两种检索途径，即简单检索和高级检索。简单检索即在"Search"检索框中输入检索词，点击 GO 按钮，即得检索结果。点击"Advance Search"进入高级检索界面，根据读者需求，选择"With All of These Words"（所有词组）、"With the Exact Phrase"（精确匹配）、"With Any of These Words"（匹配任一词组）、"Without These Words"（不含该词组）进行限定，同样点击 GO 按钮，即获得检索结果，如图 5-1-5 所示。

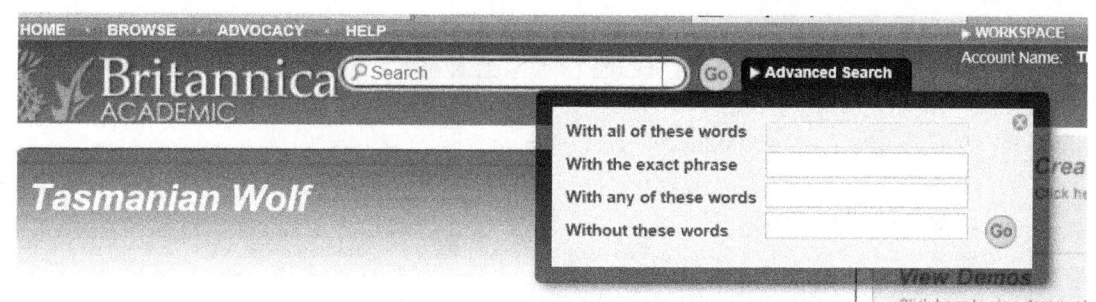

图 5-1-5　检索界面

检索结果页面分为 3 列，中间是与检索词相关的所有检索结果。左侧一列显示包含命中结果的其他信息源的列表，包括简明不列颠百科、历年资料、相关网站链接、期刊的全文、字词典的释义及名人名言，点击这些链接会改变中间列的检索结果内容。右列为选中图书的详细书目信息，包括题名、作者、摘要及章节介绍等，如图 5-1-6 所示。

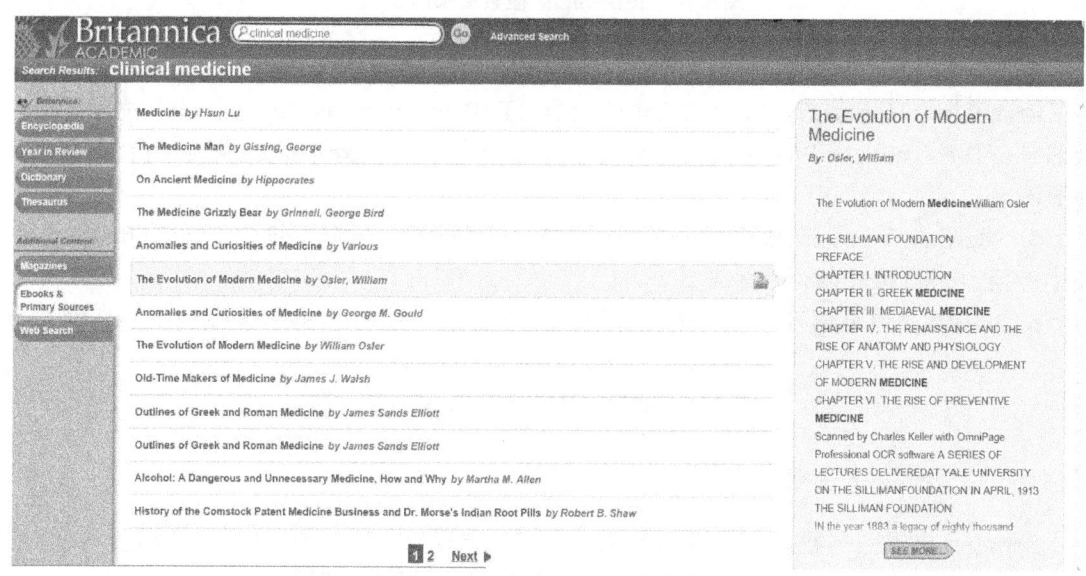

图 5-1-6　EB Online 检索结果

选择符合要求的检索结果，点击"See More"查看正文内容，如图 5-1-7 所示。

3. RESEACH TOOLS（研究工具）

（1）Compare Countries：对两个国家的地图、国旗、统计数据、大事件及多媒体资料概况对比分析，并用表格将信息输出。

（2）This Day in History：对历史上这一天诞生的伟人和重要事迹进行收集和梳理，方便查阅。

（3）Timelines：大事纪年表，主题涵盖建筑、科技、生态、艺术等。

（4）Word Data Analyst：提供 211 个国家与地区的地图与各种统计资料及自动生成统计图表的工具，还允许用户将信息输出到一定的表格程序进行更深入的分析。

（5）World Atlas：交互式世界地图全集，收录 211 个国家与地区的地图、国旗及统计资料。

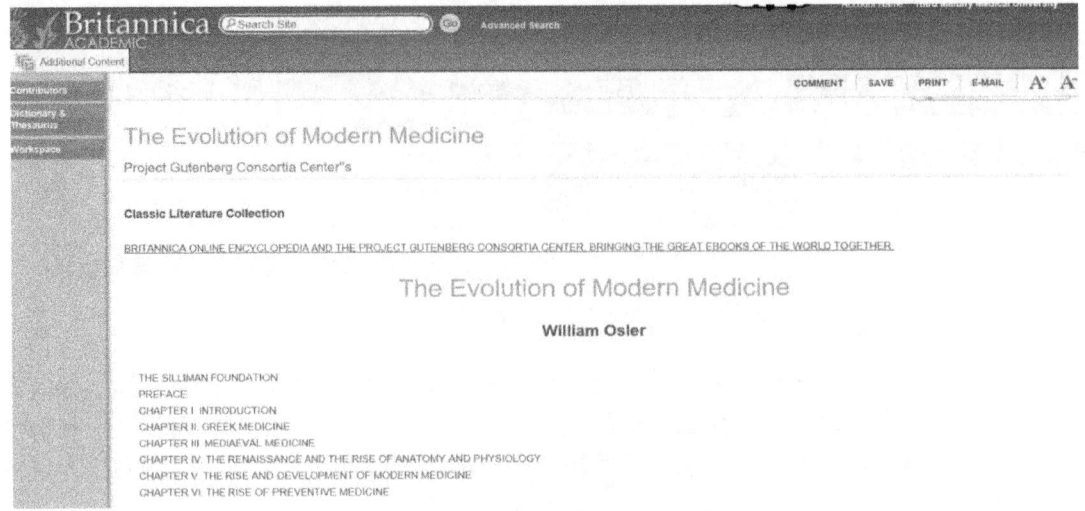

图 5-1-7 EB Online 检索结果的正文

4. Spotlights（聚焦点）　不列颠百科独家收录的特殊主题深度介绍，如大英史迹全集（Britannica's Heritage）、关于大屠杀的反思（Reflections on the Holocaust）、美国历任总统名录（The American Presidential Election）、莎士比亚（Shakespeare）等，内容不断增加和更新。

5. Merriam-Webster Dictionary（韦氏词典）　韦氏词典数据库包含了 225,000 个条目，其中包括 10,000 多个新词和术语。

6. NEWS（世界要闻）　转载 *NEW YORK TIMES*、BBC 等著名媒体的主要新闻。

三、Springer 电子书

（一）Springer 电子书介绍

Springer 电子图书数据库由 New Springer 出版集团于 2007 年推出，内容涵盖科学、技术和医学等多个学科，产品包括专著、教科书、手册、图解集以及工具书等。Springer 电子图书数据库中包含 25 个不同语种、超过 20 万种电子图书、电子丛书系列和电子参考工具书等，且每年递增。2004 年底，Springer 与 Kluwer 合并，将 Springer、Kluwer 及其他数据库资源全部整合在 Springer Link（http://link.springer.com/）平台上，同时还提供与 Springer 纸版图书相同的高质量制作和插图，具有强大的在线检索功能和深度链接功能，可进行期刊、图书、丛书和参考书的全文检索。

（二）Springer Link 检索

1. 平台介绍　Springer Link 平台主页面主要分为 3 个部分：上端为检索区；左侧通过"Content Type"（内容类型）、"Discipline"（学科）、"Subdiscipline"（分支学科）及"Language"（语种）4 个限定条件使用户检索范围更加精确；右侧是根据用户提供的检索字段推送的相关内容。整个界面简单、整洁，便于导航，如图 5-1-8 所示。

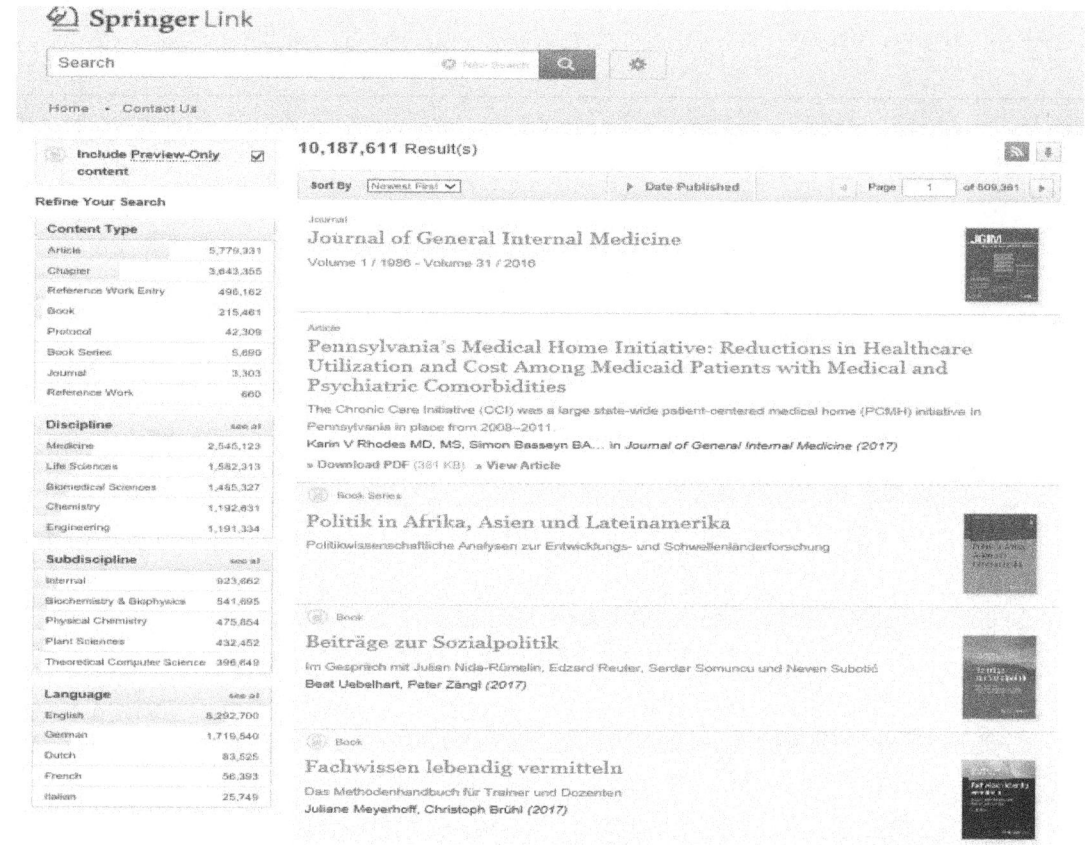

图 5-1-8　Springer Link 平台主界面

2. 浏览与检索

（1）浏览：在主界面的左侧学科导航框中，选择某个学科，主界面的右侧则会推送该学科相关图书页面，包括题名、图书或期刊封面等书目信息。同时用户还可以根据需要选择资源内容类型（Content Type）和语种（Language），浏览期刊、图书、参考文献和实验室指南等文献资源。

（2）简单检索：自动建议关联词，即用户在检索框内输入检索词，系统会像 Google 搜索一样，在输入检索词过程中不断提供相关的检索词以供用户参考。这种检索方法适用于用户查找某一学科的文献，但不知道出版物的相关信息的情况。

（3）高级检索：在主界面上方的检索区域，单击 ✱ 图标（Open Search Option），选择 "Advanced Search" 进入高级检索界面，如图 5-1-9 所示。选择 "With All of These Words"（所有词组）、"With the Exact Phrase"（精确匹配）、"With Any of These Words"（匹配任一词组）、"Without These Words"（不含该词组）以及题名信息和作者所在地等限定条件，精确用户的检索范围，多个检索条件之间为逻辑"与"的关系。

3. 检索结果

（1）使用 PDF 软件阅读全文：由于 Springer Link 提供的期刊文章、电子图书等文献信息都是 PDF 格式，因此需要安装 PDF 阅读器才能进行阅读。

（2）使用 Springer Link 平台进行电子图书或其他类型文献的检索，会展现形式不同的两种检索结果界面，即获得章节全文下载权限检索界面和无阅读或下载全文权限的检索界面。

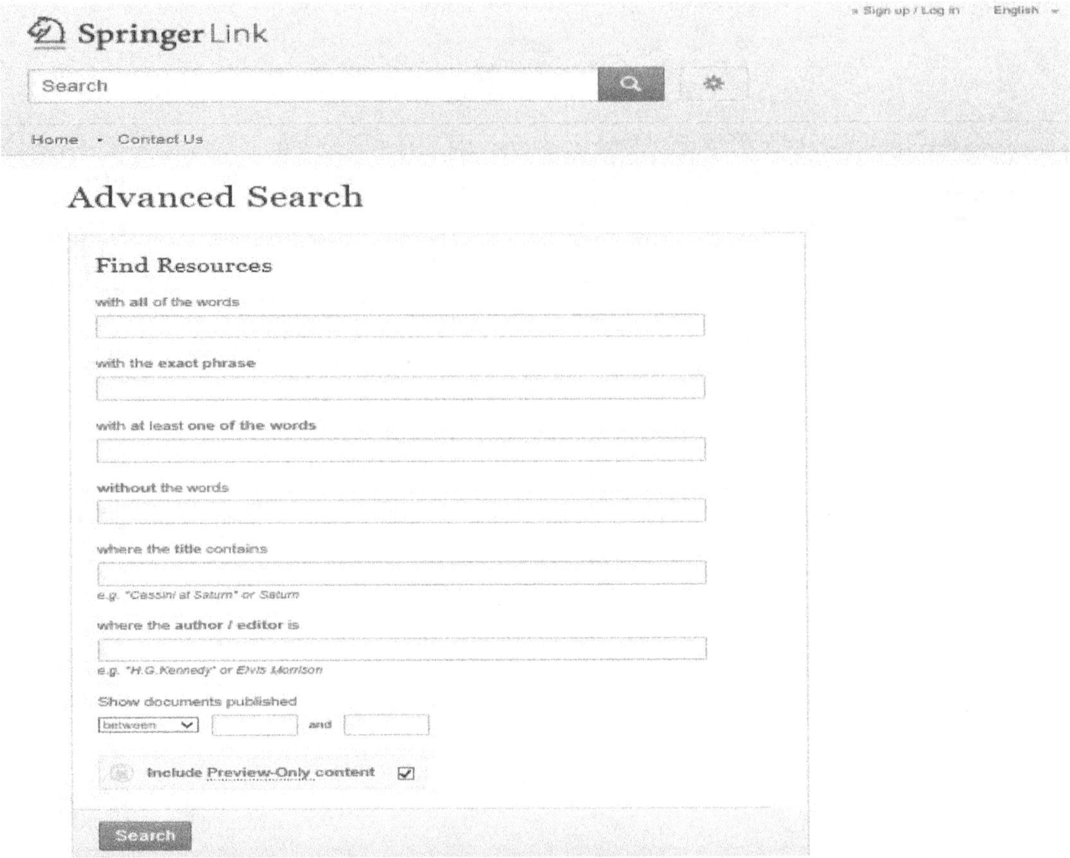

图 5-1-9　高级检索界面

例如：以"stem cell"为检索字段、"Book"为限定条件，则得到检索结果如图 5-1-10 所示。在左侧导航中勾选了"Include Preview-Only Content"限定条件，即在检索结果中包括可下载文献和仅提供预览内容的文献，用黄色背景条和🔒图标以示区分。

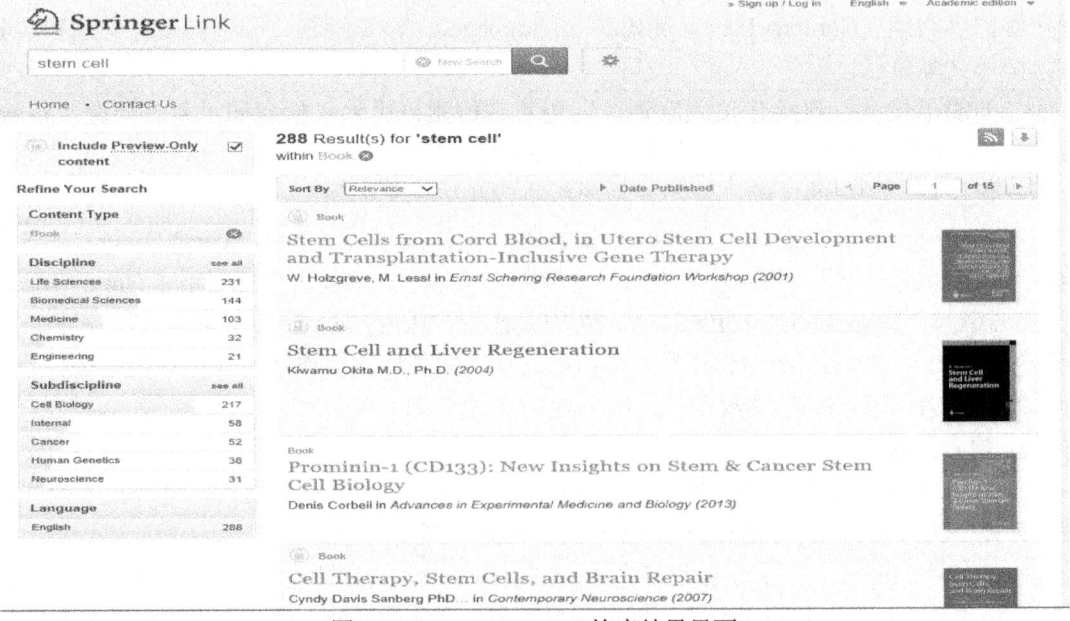

图 5-1-10　Springer Link 检索结果界面

用户所在单位机构没有权限浏览该图书的相关信息，则检索结果以黄色背景条显示，并在每个项目前端以⊕为标记，表示用户无权下载该电子图书全文信息，如图 5-1-11 所示。

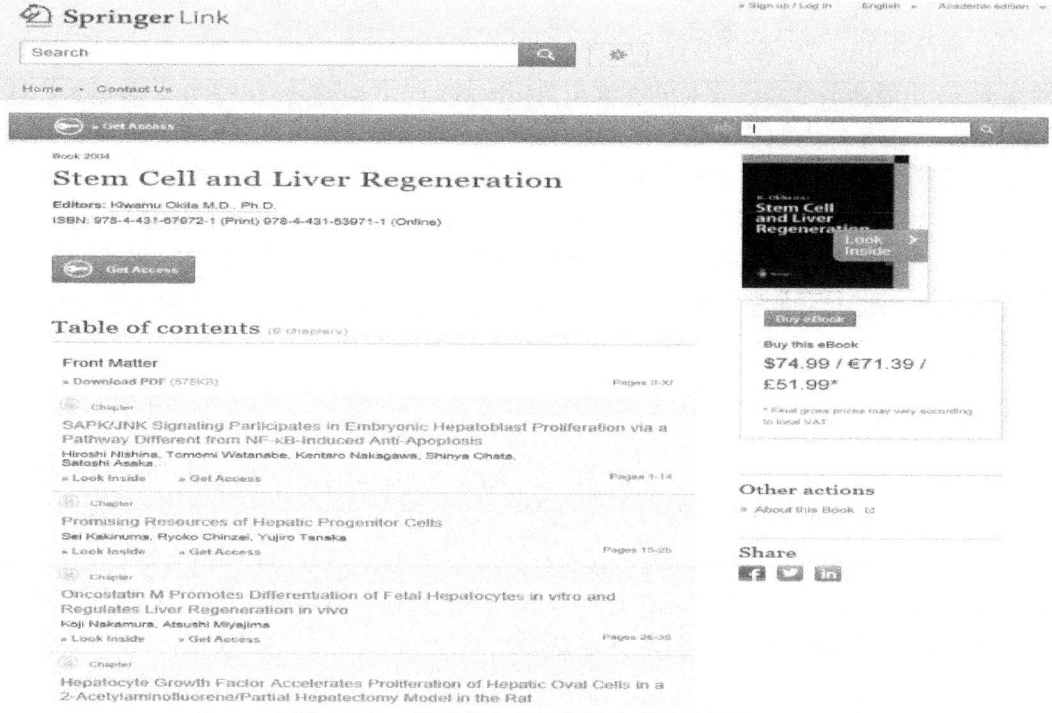

图 5-1-11　无下载全文权限的检索结果界面

如果用户所在机构有权限浏览该图书的相关信息，则在图书检索界面出现"Download Book"下载地址，表示用户可下载该电子图书全文信息，如图 5-1-12 所示。

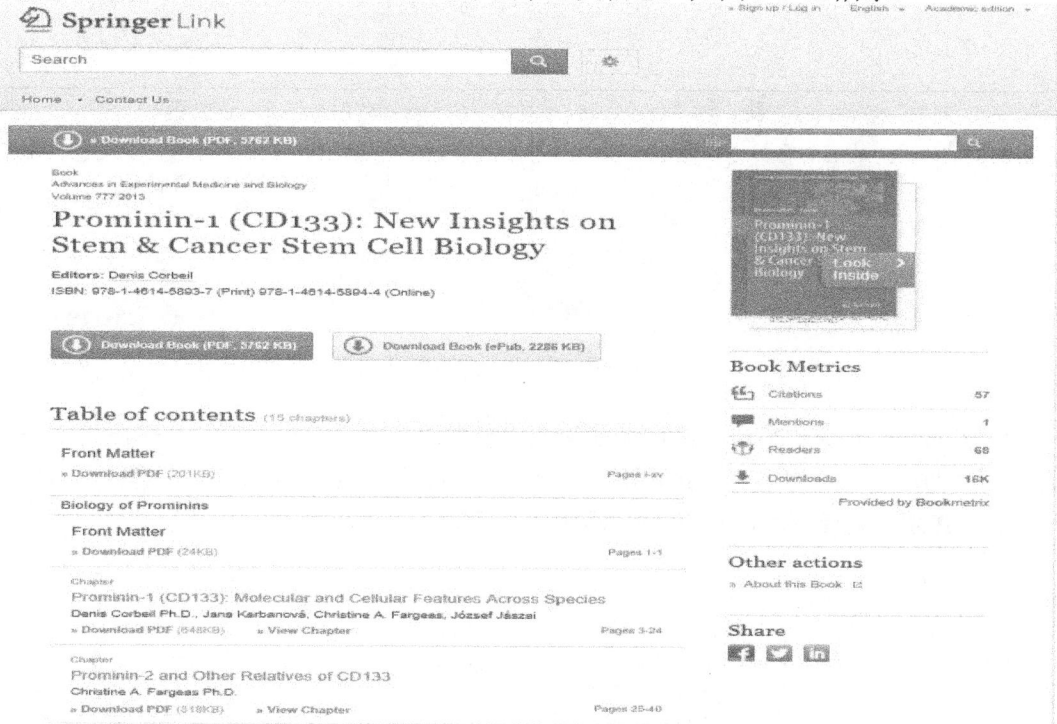

图 5-1-12　有全文下载权限的检索结果界面

四、Karger 电子丛书

（一）Karger 电子丛书介绍

Karger 出版公司是瑞士著名的医学和科技出版公司，创建于 1890 年，其出版物以医学为主，是目前全球为数不多的完全专注于医学领域出版且享有盛誉的出版机构之一，曾因出版众多科学家与诺贝尔奖获得者的专著而闻名。

Karger 数据库提供各年度所有最新出版的电子丛书，内容涵盖整个生物医学、传统医学和现代医学的发展前沿及科研动态，读者可从不同角度得到该领域最新的发展、应用及研究信息。此外，Karger 电子图书和期刊在同一平台上使用，大部分文献都被收录于 Medline 文献数据库。

（二）Karger 电子丛书的使用

1. 数据库登录　Karger 电子丛书的登录采用 IP 认证方式，授权用户登录网址为：http://www.karger.com/，即可直接进入网页主页面，如图 5-1-13 所示。该数据库有期刊、电子图书、文献集合以及课题指南等导航栏，电子图书又可分为："Book News"、"Book Series"、"Non-Serial Books"、"Complete Title Index" 和 "Multimedia"，选择丛书系列我们可以得到如图 5-1-14 所示的图书资源界面。

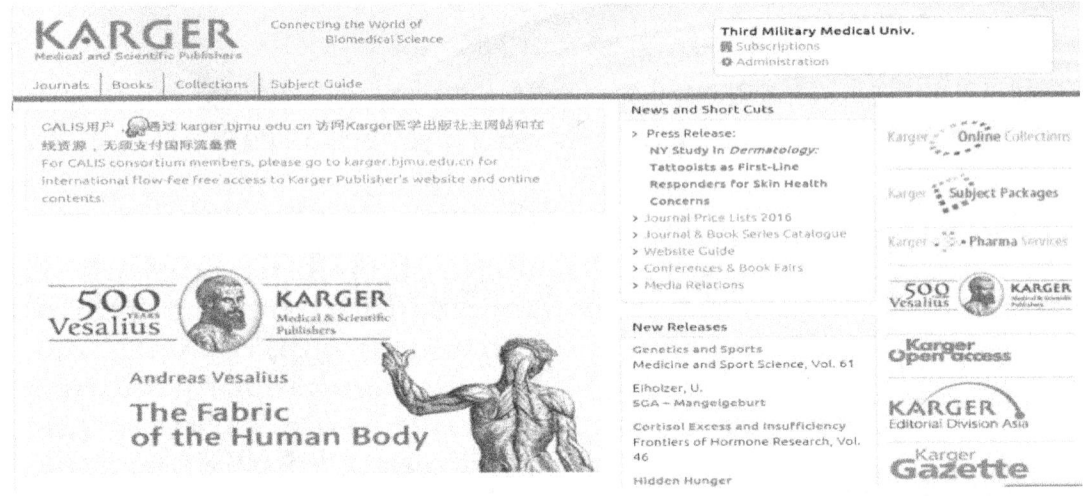

图 5-1-13　Karger 电子丛书主页

2. 图书在线阅读和下载　选择需要阅读的图书，单击题名链接后，继续单击 "Online Access"，即可进入该图书的目录页面，如图 5-1-15 所示。Karger 电子丛书数据的图书全文格式为 PDF，读者可以按照章节分别阅读、下载。

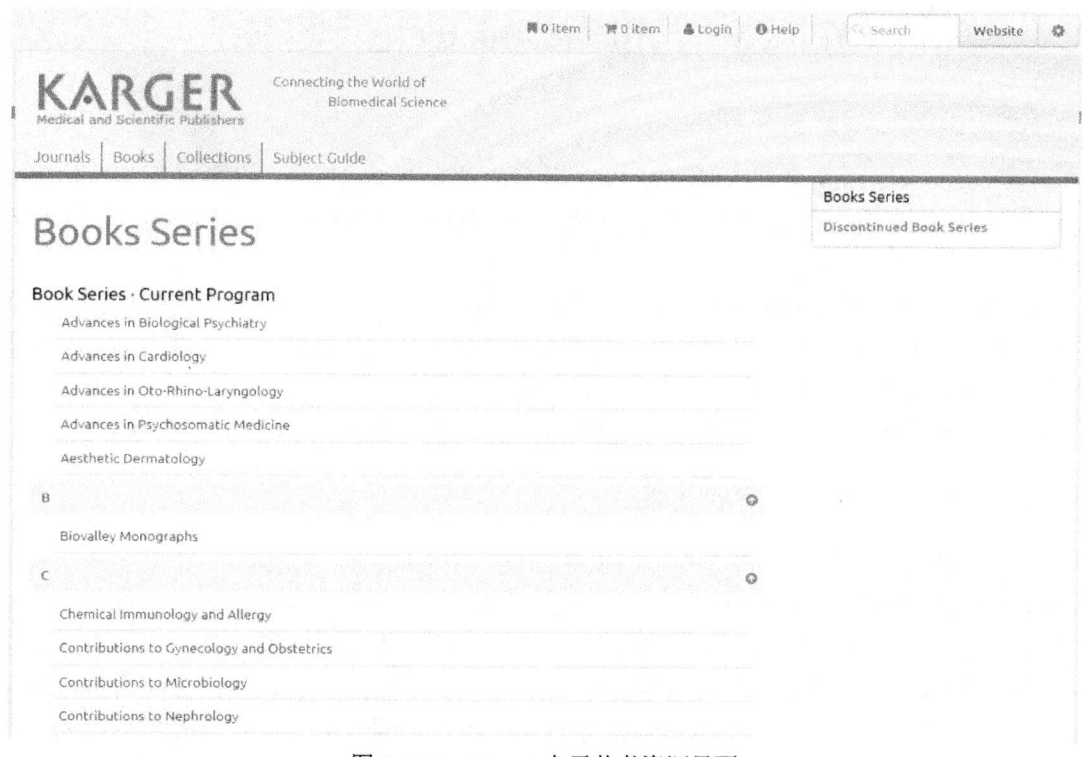

图 5-1-14　Karger 电子丛书资源界面

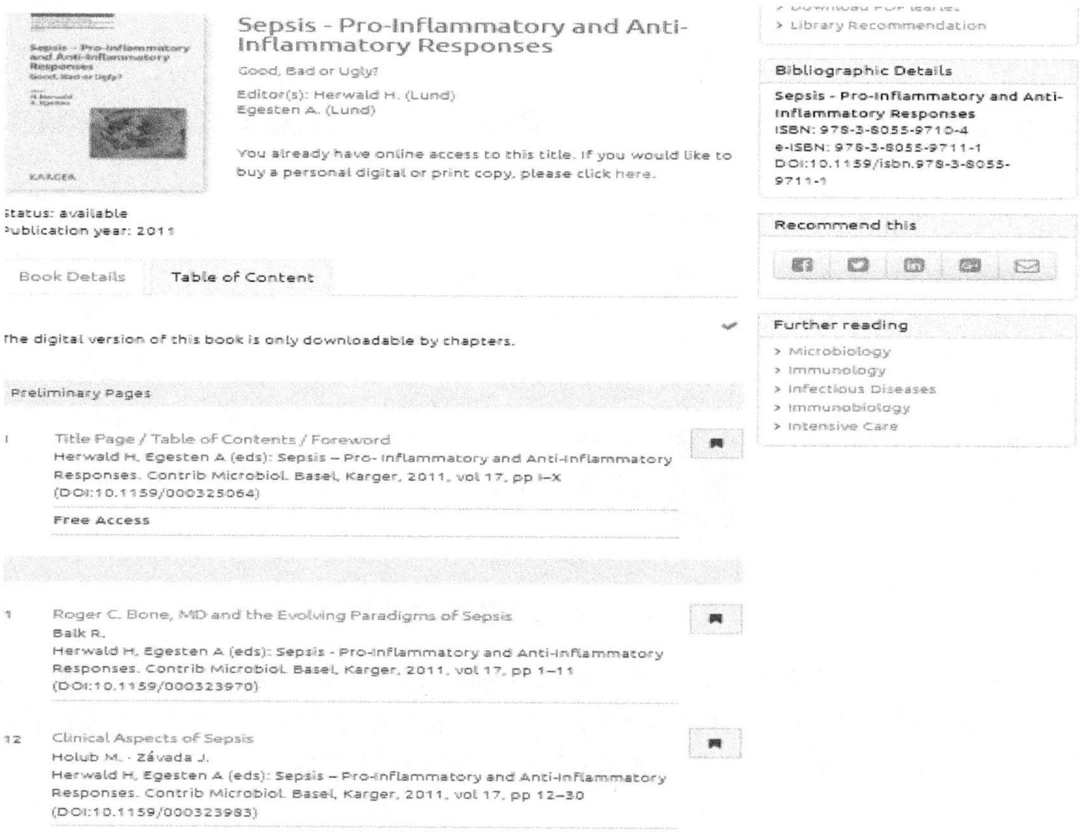

图 5-1-15　Karger 电子丛书目录界面

五、LWW 出版社 Doody 电子图书

（一）LWW 出版社介绍

Lippincott Williams & Wilkins（LWW）是世界著名医学出版社，其临床医学及护理学尤具特色。LWW 出版的期刊和图书由全球著名的数据提供商 Ovid Technologies 公司代理发行。

LWW Doody's All Reviewed Collection 甄选 LWW 出版社的 363 本电子书组成合集，在这个合集里，每一本电子书都是由 Doody Star Rating 排名的高品质书籍。涉及的内容包括医学，护理和保健等领域。合集中有 16 本书被评定为最高级别的 5 星级，60 本书评定为 4 星级。涵盖了核心医学、保健学和护理学等专业领域，覆盖了 20 余个专题范围。

（二）Doody 电子图书的使用

1. **数据库登录** 在 OvidSP 平台检索界面选择 Books，即可进入 Ovid 电子图书资源界面，它在线提供了 4,000 余种医学及相关电子图书。该主页包括两个部分（图 5-1-16），左侧为图书浏览部分，包括按书名首字母字顺和学科分类两种浏览方式，按学科分类设立了临床医学、行为科学与社会科学、公共卫生、生命科学、护理学、医疗人员、医学人文、药理学等 8 个学科，每个学科还分有若干小类，通过类目浏览选择需要的图书即可。右侧为用户所属机构订购的图书信息，包括图书的书名、出版社、出版日期和 ISBN 等书目信息。

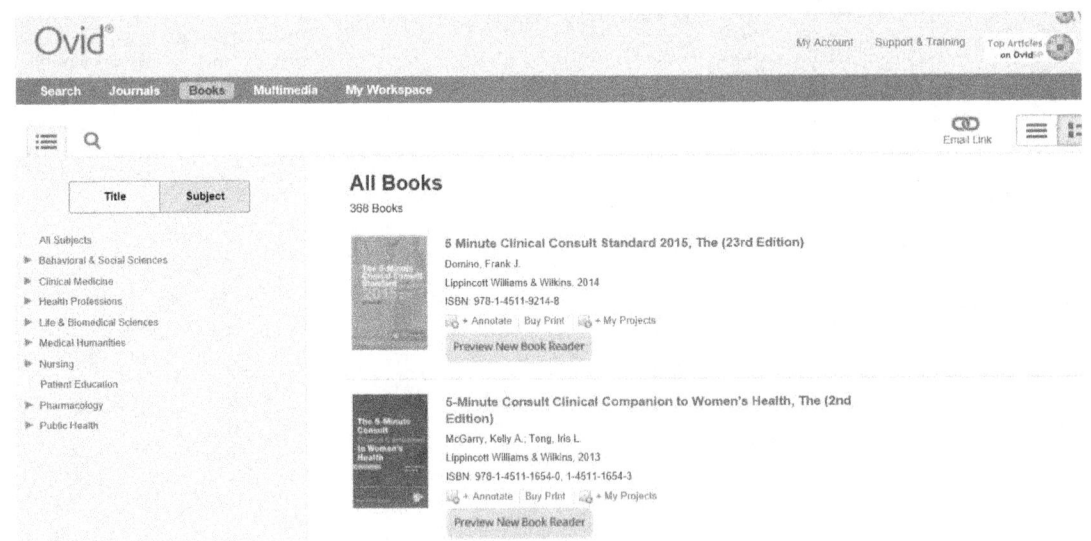

图 5-1-16 Ovid 电子图书资源界面

2. **图书在线阅读和保存** 单击图书题名，界面左侧窗口为图书的章节目录，右侧为详细内容。通过单击"[+]"选择图书章节目录，即可在右侧窗口显示该章节的全文内容，如图 5-1-17 所示。该数据库提供 PDF 和 HTML 两种格式的全文。

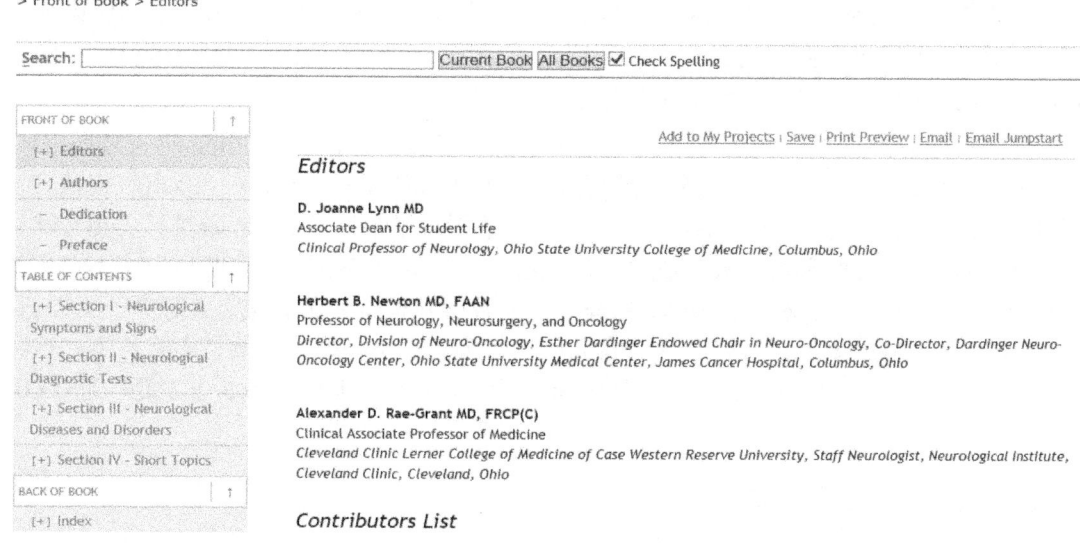

图 5-1-17 Doody 电子图书在线阅读界面

单击图书正文内容上方的"Save",即可将图书保存成纯文本和 HTML 两种格式。建议可以同时保存文本和图表等内容的 HTML 格式,Books@Ovid 不提供图书的一次性正本下载。

练 习 题

1. 了解中外全文电子图书数据库有哪些?
2. 查找"骨科围手术期"关方面的电子图书。
3. 找有关"Ebola virus"方面的电子图书。

第二节 中文期刊数据库检索

电子期刊全文数据库是既具有较强检索功能、又能直接提供期刊全文的一类文献数据库。与传统纸本期刊相比,它在查找、浏览、存储等方面都具有诸多优势;与书目型数据库相比,其全文提供功能带来的便捷性深受用户欢迎。

我国于 20 世纪 80 年代开始自行研发期刊文献数据库,其中影响较大、使用频率较高的综合性期刊全文数据库服务平台主要有"中国知网"(CNKI)、"维普期刊资源整合服务平台"及"万方数据知识服务平台"上运行的数据库。

一、中国知网(CNKI)

(一)数据库简介

中国知网(全称为中国知识基础设施工程,China National Knowledge Infrastructure,简称 CNKI)是由清华大学、清华同方于 1999 年开发的网络信息资源发布与服务平台。该平台提供学术研究、时事新闻、文化与生活、学习教育与行业知识仓库等多种资源，包括《中国学术期刊（网络版）》、《中国博士学位论文全文数据库》、《中国优秀硕士学位论文全文数据库》、《中国重要会议论文全文数据库》、《中国专利全文数据库（知网版）》、《国家标准全文数据库》、《中国引文数据库》等多个数据库。

其中，《中国学术期刊（网络版）》（China Academic Journal Network Publishing Database，CAJD）是 CNKI 的大型学术期刊全文数据库。该数据库收录自 1915 年至今出版的期刊，部分期刊回溯至创刊号。截至 2016 年 5 月，共收录国内学术期刊 8,100 余种，全文文献总量 4,620 多万篇。数据库以学术、技术、政策指导、高等科普及教育类期刊为主，内容覆盖自然科学、工程技术、农业、哲学、医学、人文社会科学等各个领域。共分为十大专辑：基础科学、工程科技Ⅰ、工程科技Ⅱ、农业科技、医药卫生科技、哲学与人文科学、社会科学Ⅰ、社会科学Ⅱ、信息科技、经济与管理科学。十大专辑下分为 168 个专题和近 3,600 个子栏目。

（二）检索途径与方法

登录中国知网（http://www.cnki.net/），打开《中国学术期刊（网络版）》，该数据库提供的常用检索途径包括分类浏览、检索、高级检索、专业检索、期刊导航。其他检索途径包括作者发文检索、科研基金检索、句子检索和来源期刊检索，如图 5-2-1 所示。

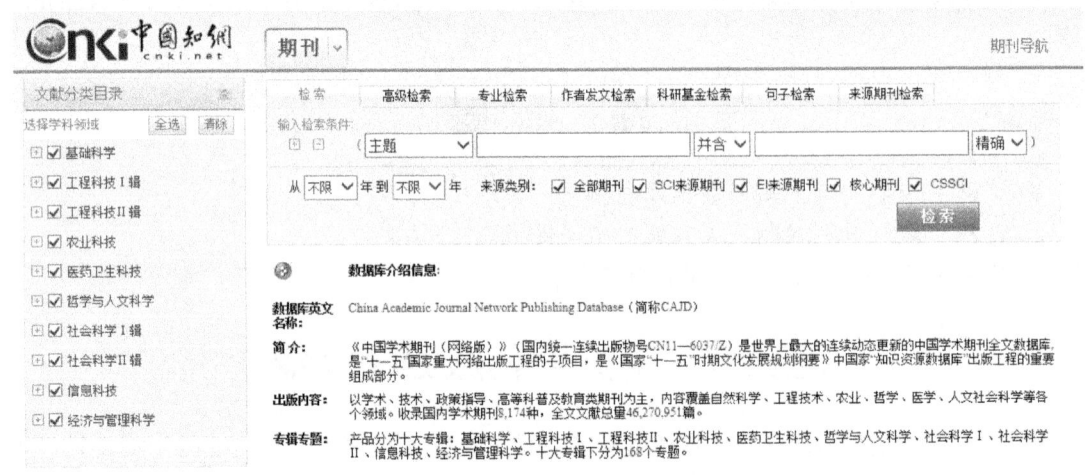

图 5-2-1　中国知网主界面

1. 分类浏览　系统提供分类目录的方式来实现数据资源的导航，是一种形式直观、浏览方便的树状结构导航体系，可按照资源内容所在学科以及它们之间的关系逐级展开。《中国学术期刊（网络版）》将收录文献按学科领域分为 10 大专辑 168 个专题，各专题又进一步细分为子栏目。检索时只需确定检索课题所属的学科专辑，无需输入检索词，通过点击相关的专辑、相应的专题或者对应的子栏目就可以完成检索。例如，依次点击医药卫生科技→心血管系统疾病→心脏疾病→心瓣膜疾病，可直接检出有关心脏瓣膜疾病的论文。

分类浏览适合从学科大类的角度进行文献浏览，也可与其他检索途径相结合在制定学科领域内进行特定信息的检索。但需注意，对于交叉主题的检索需求，一般难以在一个分类目录中得到全面的检索结果。

2. 检索 登录数据库后默认的即是检索界面,如图 5-2-2 所示。该检索途径的特点是方便快捷,效率高。

(1) 检索项:包括主题、篇名、关键词、作者、单位、刊名、ISSN、CN、期、基金、摘要、全文、参考文献、中图分类号、DOI、栏目信息共 16 个字段检索选项。需注意的是其检索项"主题"并非《医学主题词表》中的规范主题词,而是指对篇名、关键词和摘要 3 个字段内容的合并检索,只要其中任意一个字段含有输入的检索词即为命中文献。

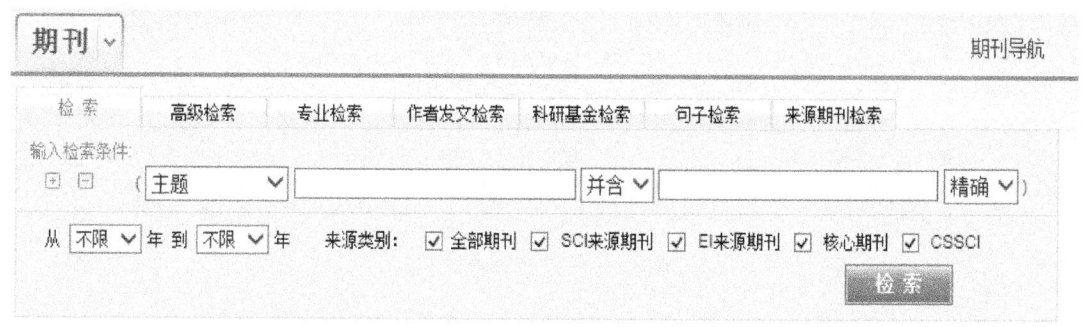

图 5-2-2 检索界面

(2) 匹配方式:有"精确"和"模糊"两种,"精确"匹配的检索结果相关度会比较高,而"模糊"匹配的检索结果查全率比较高。

(3) 增加或减少检索栏:通过点击检索栏前的加号或减号可增加或减少检索栏。检索栏的两个检索框可分别输入单个检索词,词与词之间可选择"并含(并且)"、"或含(或者)"、"不含"作逻辑组配。多个检索栏之间由上而下按顺序运算。

(4) 时间限定:通过点击"从 不限 年 到 不限 年"可限定起始年份和终止年份。起始时间不限,默认为文献收录最早时间为起始时间;截止时间不限,默认为检索到的当前日期时间。如果是同一年份,则起始年份和终止年份相同。

(5) 期刊来源限定:通过勾选刊来源类别进行全部期刊和核心期刊来源的限定。

3. 高级检索 高级检索界面(图 5-2-3)与检索界面相比,输入检索条件区域检索栏更多,且可实现词频加权检索。其检索项减少至 9 个,每个检索框后多出"词频"数的选择,通过点击"词频"可设定检索词在该检索项中至少出现的次数来实现加权检索,提高检索的查准率(即词频数越大,则检到文献与该检索词的相关度越高);限定条件区域,除具备检索界面的时间限定和期刊来源限定以外,还可实现来源期刊、刊期、支持基金、作者等检索项的深度检索。其中来源期刊和支持基金可以通过对应的"⋯"进行索引列表的查询和添加,作者检索可结合作者单位进行检索,还可以第一作者为检索条件进行检索。高级检索界面可对论文的更新时间进行限定,包括最近一周、最近一月、最近半年、最近一年等。高级检索还有仅限优先出版论文及中英文扩展检索的限定条件。当检索界面不能满足检索需求时,高级检索途径是个很好的选择。

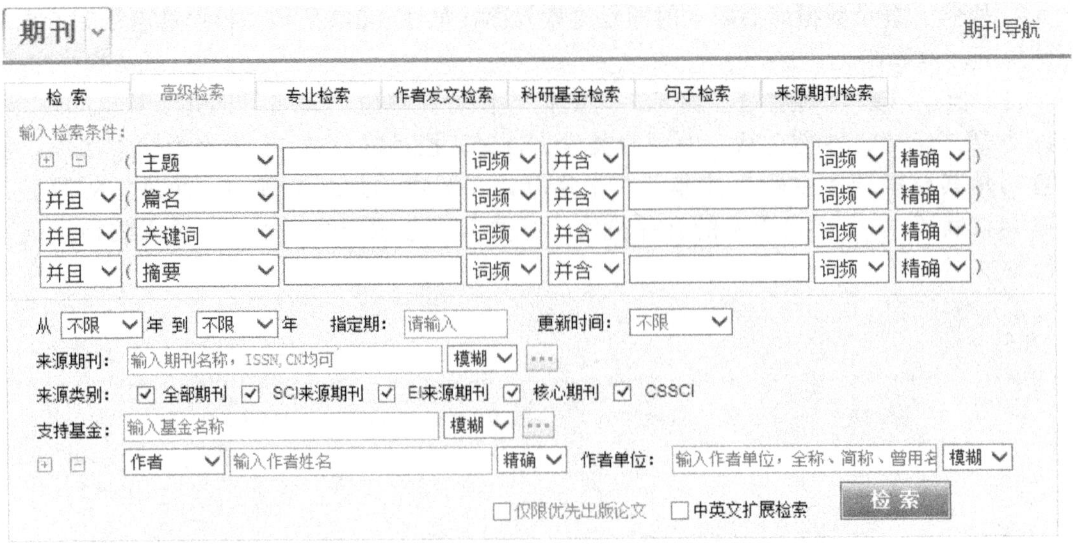

图 5-2-3　高级检索界面

示例：检索《重庆医学》中阿司匹林治疗脑梗死方面的文献
分析：两个检索词：阿司匹林、脑梗死；检索期刊：重庆医学
检索途径及检索步骤
检索方法一：
（1）利用"检索"：检索条件选择"主题"，第 1 个检索框中输入"阿司匹林"，第 2 个检索框中输入"脑梗死"，第 3 个检索框检索条件选择"刊名"，输入"重庆医学"。三者逻辑关系选择"并含"、"并且"，匹配方式选择"模糊"，点击检索按钮完成检索。

（2）利用"高级检索"：检索条件选择"主题"，第 1 个检索框中输入"阿司匹林"，第 2 个检索框中输入"脑梗死"，二者逻辑关系选择"并含"，在来源期刊中输入"重庆医学"，匹配方式选择"模糊"，点击检索按钮完成检索。

若要检出更多的文献，提高检全率，可以通过增加同义词或相关词的方式进一步检索。"阿司匹林"同义词"醋柳酸"、"乙酰水杨酸"；脑梗死相关词"脑血栓"、"脑梗塞"、"脑栓塞"等。

检索方法二：
（1）检索条件选择"主题"，第 1 个检索框中输入"阿司匹林"，第 2 个检索框中输入"醋柳酸"，第 3 个检索框中输入"乙酰水杨酸"，三者逻辑关系选择"或含"、"或者"，匹配方式选择"模糊"，点击检索按钮进行检索。

（2）在检索结果界面清除检索框中的检索词，重新选择"主题"字段，第 1 个检索框中输入"脑梗死"，第 2 个检索框中输入"脑血栓"，第 3 个检索框中输入"脑梗塞"，第 4 个检索框中输入"脑栓塞"，四者逻辑关系选择"或含"、"或者"，匹配方式选择"模糊"，点击在结果中检索。

（3）在检索结果界面清除检索框中的检索词，选择"刊名"字段，输入"重庆医学"，匹配方式选择"模糊"，点击在结果中检索（高级检索中此步骤可在第 2 次检索时用来源期刊完成）。

4. 专业检索　专业检索是指按照用户检索需求来编辑逻辑表达式进行检索，适用于熟练掌握检索技术的专业检索人员。检索式的编辑可参照检索表达式语法，如图 5-2-4 所示。

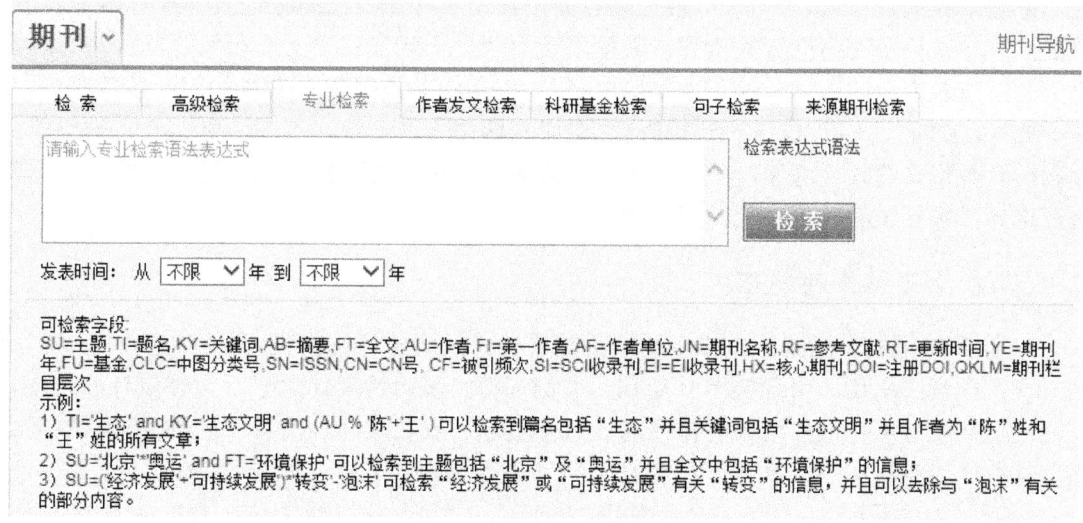

图 5-2-4　专业检索界面

在上例中利用"专业检索"：

检索 1 检索式：SU=阿司匹林*脑梗死 AND JN=重庆医学。

检索 2 检索式：SU=（阿司匹林+醋柳酸+乙酰水杨酸）*（脑梗死+脑血栓+脑梗塞+脑栓塞）AND JN=重庆医学。注意：所有符号和英文字母用英文半角字符。此外，可比较利用检索或高级检索模糊匹配时的检索结果。

5. 期刊导航　期刊导航是以数据库收录的期刊为对象，从各种不同角度对期刊进行分类。也可检索特定期刊的信息及特定期刊上发表的论文，如图 5-2-5 所示。期刊导航中提供了多种检索方式：期刊检索（可以按刊名、ISSN、CN 检索）、专辑导航、世纪期刊导航、核心期刊导航、期刊荣誉版导航、刊期导航、出版地导航等，还可以按照期刊首字母进行查找。

图 5-2-5　期刊导航界面

6. 其他途径检索 其他检索途径包括"作者发文检索"、"科研基金检索"、"句子检索"及"来源期刊检索"。除"句子检索"途径外,其他 3 种途径在高级检索中都有体现。"句子检索"是指在全文中进行的检索,其检索项有"同一句"和"同一段"。"同一句"表示检索词出现在文章的同一个句子中;"同一段"表示检索词出现在文章的同一段落中。

此外,CNKI 还可以进行平台其他数据库(博硕士、会议、专利、引文等)的单库检索和所有数据库的跨库检索,在检索界面上方的期刊旁边的下拉菜单中可以对检索数据库进行选择,选择文献时可实现跨库检索。

(三)检索结果的处理

1. 检索结果的分组浏览及排序 检索结果的分组浏览可按学科、发表年度、基金、研究层次、作者、机构、来源类别、期刊、关键词等角度对检索结果进行文献统计和排序,以便进行文献分析;检索结果的排序功能可按主题、发表时间、被引频次及下载次数来排序,其中被引频次和下载次数排序有利于找到高影响力的文献,如图 5-2-6 所示。

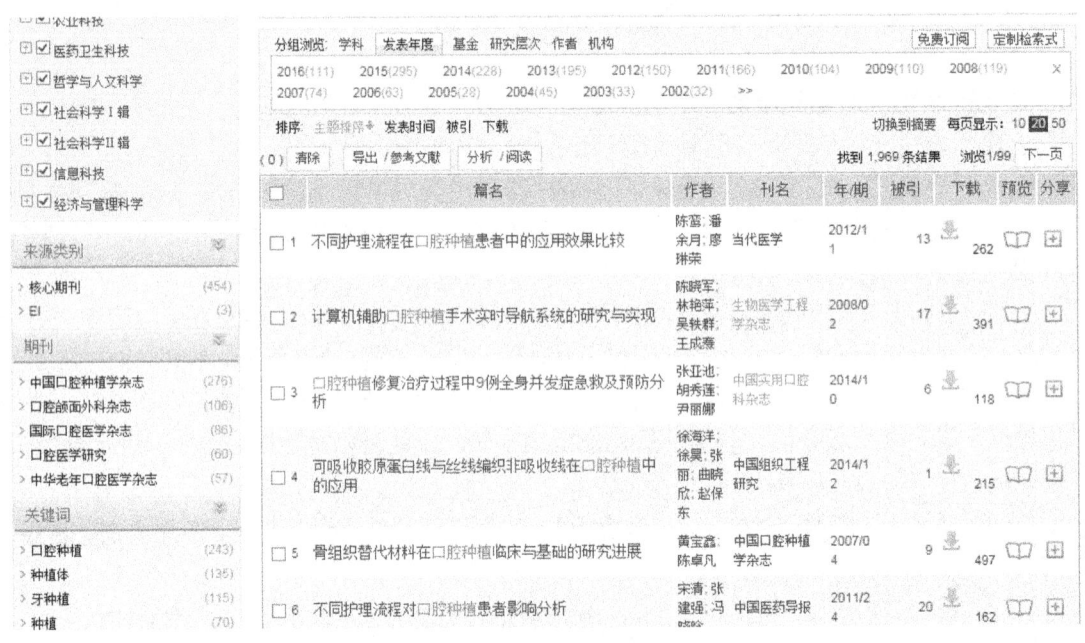

图 5-2-6 结果界面

2. 检索结果的显示及输出

(1)结果显示:检索结果每页可显示 10、20 或 50 条;显示有列表、摘要和节点文献 3 种格式,前 2 种格式可以互相切换,节点文献格式需点击文献的篇名即可显示。列表格式显示文献的篇名、作者、刊名、年/期、被引频次、下载频次等,如图 5-2-6 所示。摘要格式除显示列表格式的内容外,还显示文献的摘要;节点文献格式不仅包含文献的详细信息,如题名、作者、作者单位、文献来源、摘要等,还包含各种扩展信息,如文献的引文网络图、参考文献、相似文献、同行关注文献、相关作者文献、相关机构文献、文献分类导航等。这些扩展信息通过概念相关、事实相关等方法提示知识之间的各种关联,达到知识扩展与知识发现的目的,如图 5-2-7 所示。

（2）结果的输出：在列表和摘要两种格式下，都可以通过勾选文献，然后点击"导出/参考文献"导出文献题录信息，如图 5-2-6 所示。导出格式可以选择查新格式或各种文件管理软件支持的格式（如 Refworks、EndNote、NoteExpress 等），也可以自定义输出格式。

3. 全文下载及阅读

（1）全文下载：全文格式包括两种：CAJ 和 PDF。前者需用 CAJViewer 全文浏览器进行阅读；后者可用 Adobe Acrobat Reader 阅读。点击列表或摘要格式下文献的全文下载图标"⬇"即可实现 CAJ 格式的全文下载，如图 5-2-6 所示；也可在节点文献显示页选择下载 CAJ 或 PDF 格式全文，如图 5-2-7 所示。

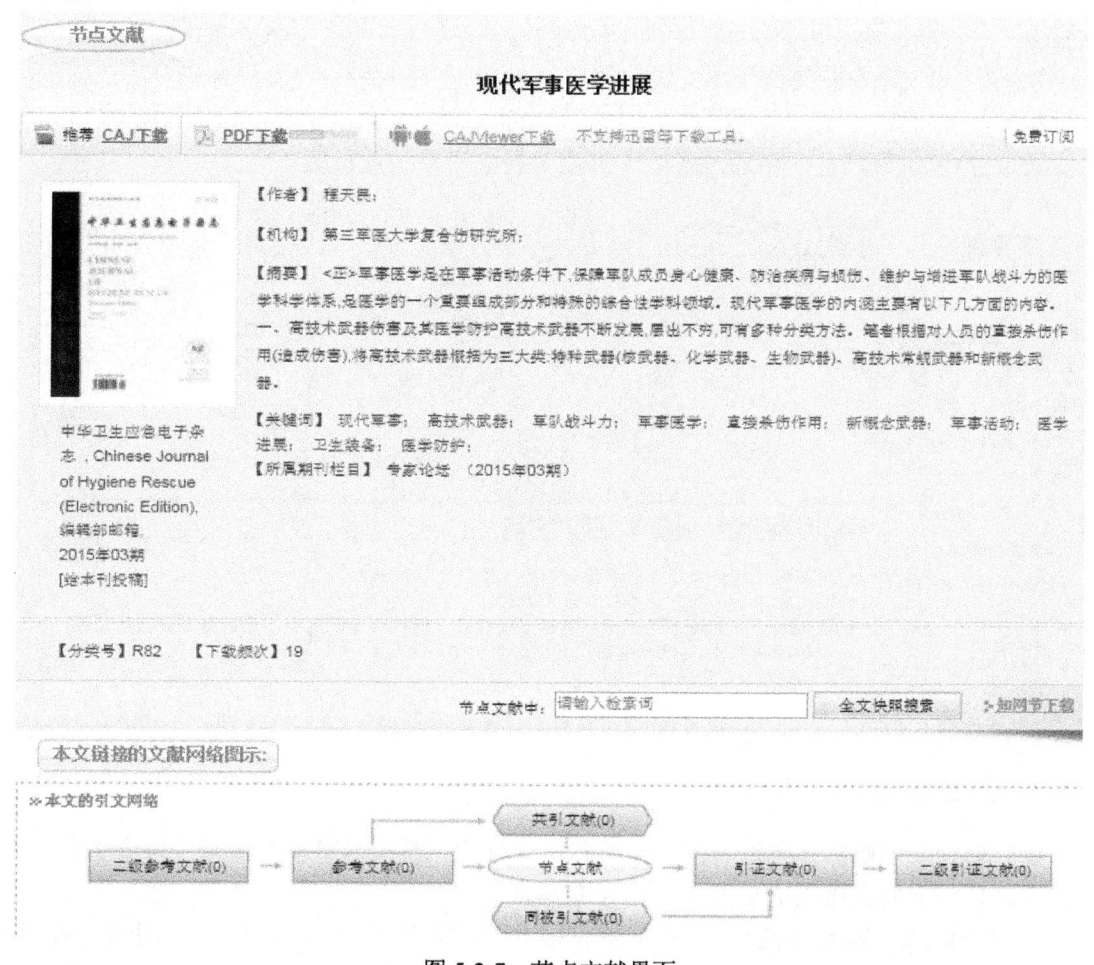

图 5-2-7 节点文献界面

（2）全文阅读：除了将文献全文下载进行阅读外，还可对单篇或多篇文献进行全文的在线预览。单篇文献在线预览时，点击预览图标"📖"，同时还可预览该篇文献所在刊期上的其他所有文献全文；多篇文献在线预览时，勾选所要阅读的文献，点击"分析/阅读"中的阅读，进行组合在线预览，如图 5-2-6 所示。

二、维普期刊资源整合服务平台

(一) 数据库简介

维普期刊资源整合服务平台 (http://lib.cqvip.com/),由重庆维普资讯有限公司研制开发,整个平台收录了 1989 年以来国内公开出版的 14,000 余种期刊,含中文核心期刊 1,980 余种,全文 5,700 余万篇,学科范围涵盖社会科学、自然科学、工程技术、农业科学、医药卫生、经济管理、教育科学和图书情报。中心网站每日更新,支持手机阅读。

维普期刊资源整合服务平台不仅提供原始文献信息服务,而且更多地提供深层次知识服务。平台分为期刊文献检索、文献引证追踪、科学指标分析、高被引析出文献、搜索引擎服务 5 个功能板块,如图 5-2-8 所示。"期刊文献检索"可检索文献信息,提供在线阅读及下载全文;"文献引证追踪"是追踪和揭示文献相互引用关系;"科学指标分析"辅助分析学科热点和研究绩效;"高被引析出文献"可基于期刊参考文献析出其他类型高被引文献资源;"搜索引擎服务"可通过谷歌、百度等搜索引擎扩展检索。

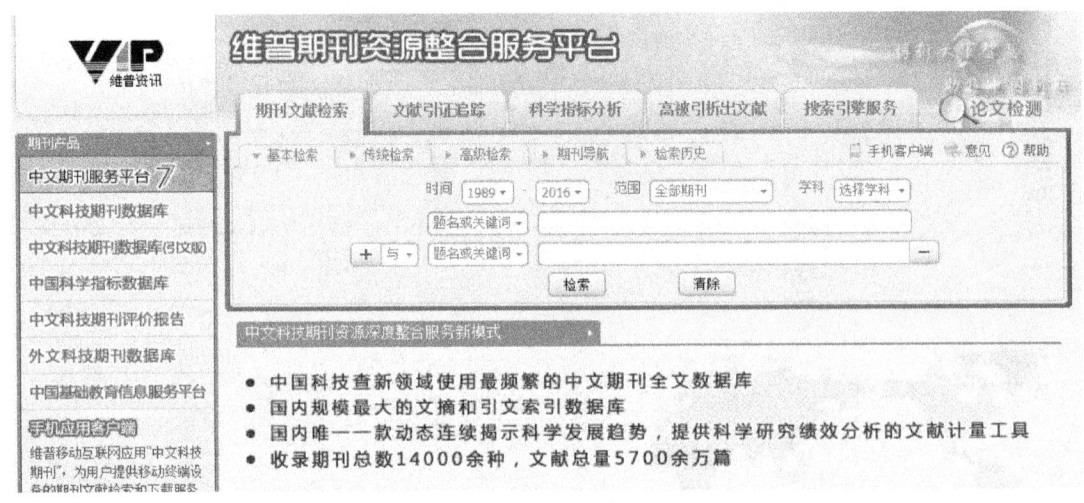

图 5-2-8 整合服务平台主页

(二) 检索途径与方法

以"期刊文献检索"模块为例,介绍其检索方法。系统提供基本检索、传统检索、高级检索、期刊导航及检索历史等 5 种查寻方式。

1. 基本检索 在基本检索中,可先选择检索的时间范围(1989 年至今)、期刊范围(全部期刊、核心期刊、SCI 来源期刊等)、学科,然后选择检索字段项(任意字段、题名、关键词、作者等),输入检索词(检索框可用"+"、"-"增减),选择逻辑关系(与、或、非),进行检索,如图 5-2-8 所示。在检索结果界面可以进行重新检索,也可以在第 1 次的检索结果基础上通过"在结果中搜索"、"在结果中添加"和"在结果中去除"3 种方式进行二次检索。

2. 传统检索 在传统检索界面,可实现文献检索、学科分类导航、二次检索、文献题录文摘显示和浏览、全文下载等操作的检索模式,如图 5-2-9 所示。

辅助检索功能：选择"同义词"功能，系统会自动扩展检索所有同义词，以提高查全率，该功能适用于关键词、题名、题名或关键词 3 个检索字段；选择"同名作者"功能，在检索某一作者发表文献时，系统会显示该姓名作者的单位列表供用户进一步选择确认后检索，该功能适用于作者与第一作者字段检索。

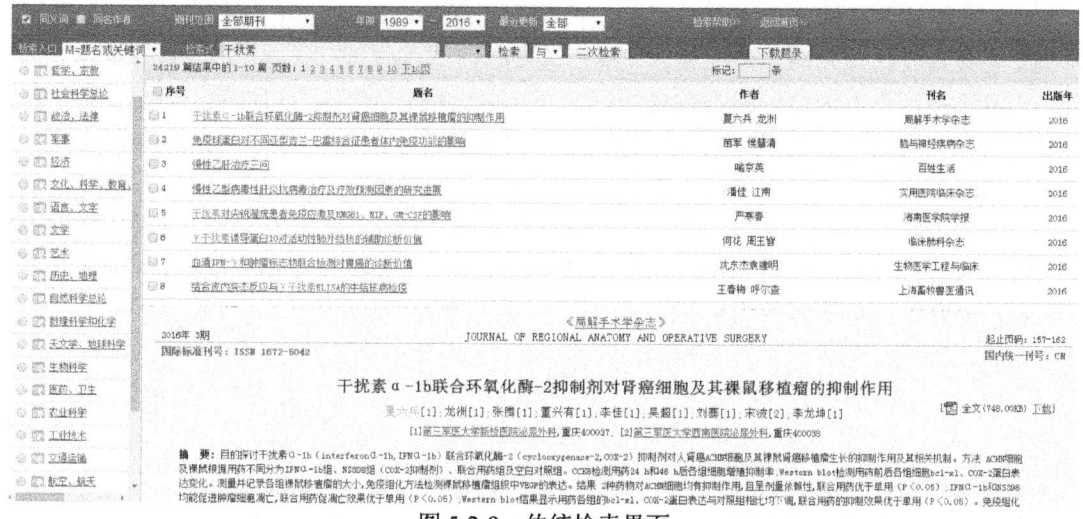

图 5-2-9　传统检索界面

3. 高级检索　高级检索提供向导式检索和直接输入式检索两种方式，界面如图 5-2-10 所示。

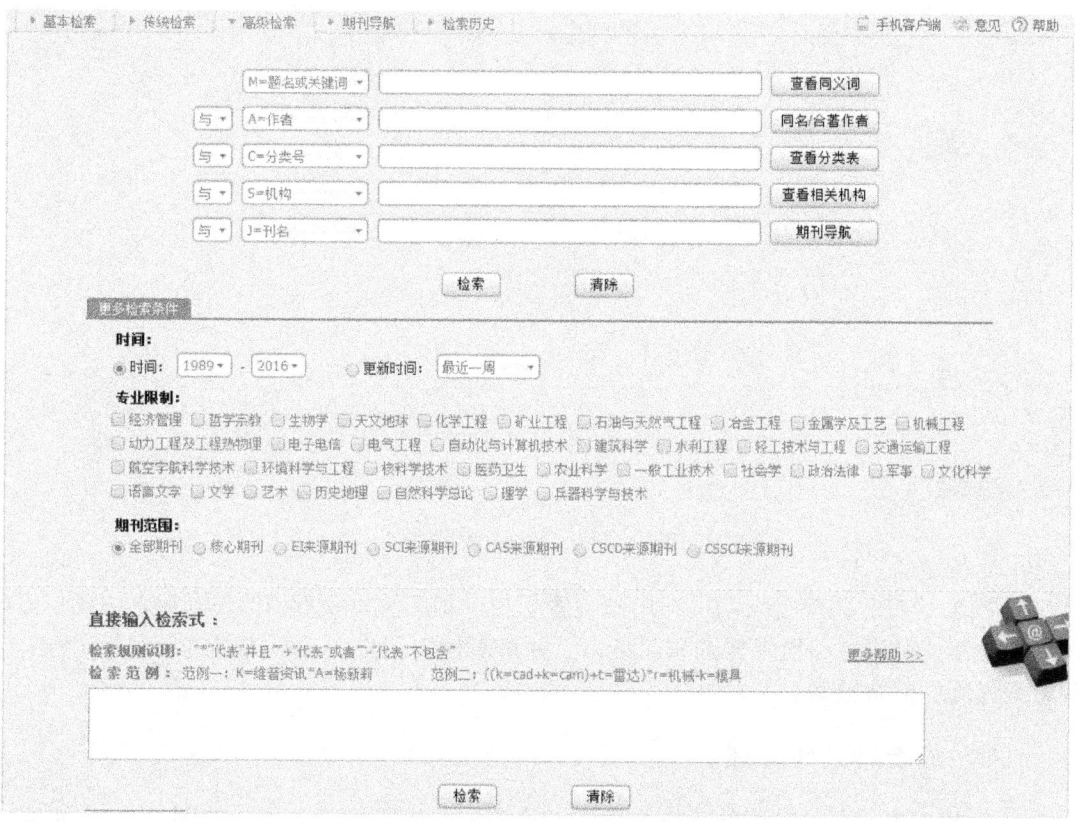

图 5-2-10　高级检索界面

（1）向导式检索：提供5个分栏式检索项，可选择逻辑运算、检索字段外，还可以进行相应字段的扩展检索，包括查看同义词（对应题名或关键词字段）、同名/合著作者（对应作者字段）、查看分类表（对应分类号字段）、查看相关机构（对应机构字段）、期刊导航（对应刊名字段）。

（2）直接输入式检索：直接在检索框内输入检索式，检索式由逻辑运算符、字段标识符及检索词构成，与知网中专业检索类似，更适用于专业人员。

上述两种检索方式均可根据课题需要，以出版时间、数据更新时间、专业限制、期刊范围等进一步限制检索范围，获得更符合检索需求的检索结果（点击"更多检索条件"即可展开限制检索条件，界面如图5-2-10所示）。

4. 期刊导航　期刊导航提供期刊检索和浏览2种方式，如图5-2-11所示。期刊检索，按刊名和ISSN查询；期刊浏览，提供期刊名称字顺、学科分类、核心期刊、国内外数据库收录、期刊地区分布等导航方式浏览。

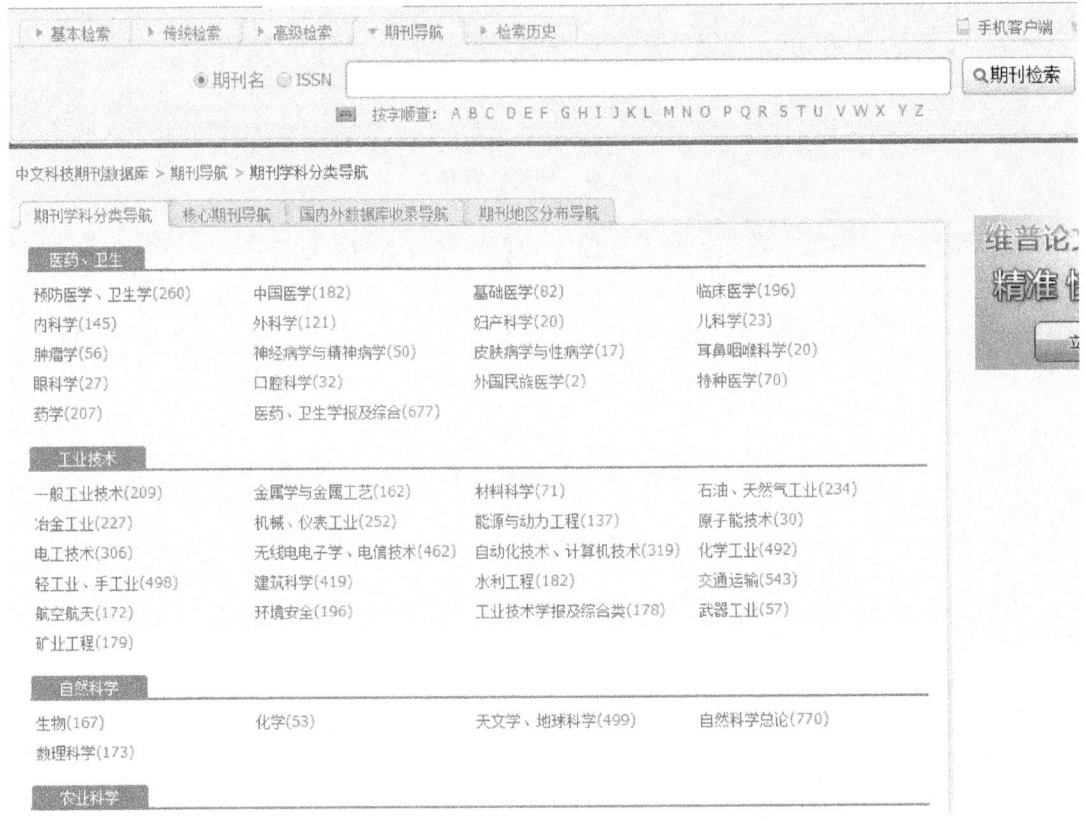

图5-2-11　期刊导航界面

5. 检索历史　系统会自动保存用户检索历史，最多允许保存20条检索表达式。点击保存的检索式可进行该检索式的重新检索，并可对检索历史中的检索式进行逻辑组配，实现检索式间的复合检索。

（三）检索结果的处理

1. 检索结果显示　检索结果以文章题录列表形式显示检索结果，如图5-2-12所示。

题录信息包括题名、作者、出处、基金和摘要。在出处字段增加了期刊被国内外知名数据库收录最新情况的提示标识，与基金字段一起帮助用户判断文章的重要性。检索结果可按发表时间进行筛选。

2. 题录保存　在检索结果列表中，选择所需文献，点击"导出"，打开文献导出窗口，可以根据需要选择有文本、参考文献、XML、NoteExpress 等多种格式导出，每次导出题录最多不超过 50 条。

图 5-2-12　检索结果界面

3. 全文显示与下载　点击文献题名可进入查看文献的详细信息和知识节点链接；点击"下载全文"、"在线阅读"和"文献传递"可分别对文献进行下载保存、在线阅读和申请全文传递。有全文的文献会标识"在线阅读"和"下载全文"，仅有文摘的文献会标识"文献传递"。

三、万方数据知识服务平台

（一）数据库简介

万方数据知识服务平台（http://www.wanfangdata.com.cn/，如图 5-2-13 所示）是万方数据股份有限公司（由中国科技信息所控股）研制开发，以中国科技信息研究所全部信息服务资源为依托，以科技信息为主，集经济、金融、社会、人文信息为一体的综合信息服务系统。汇集期刊、学位论文、会议论文、外文文献、专利、成果、图书、法规、机构、专家等文献信息的跨库检索平台。

《中国学术期刊数据库》(China Science Periodical Database,CSPD)是万方数据知识服务平台重要的组成部分,收录1998年以来国内出版的各类期刊7,600余种,核心刊3,000种,涵盖理、工、农、医、经济、教育、文艺、社科、哲学政法等学科。目前可提供期刊全文数据达3,300万条以上,年增300万篇,每周更新2次,拥有中华医学会系列期刊的独家版权。

(二)检索途径和方法

万方数据知识服务平台提供快速检索、查新/跨库检索及期刊导航3种方式。

图 5-2-13　服务平台主页

1. **快速检索**　系统在主页提供的检索框内直接输入检索词,默认在学术论文(期刊、学位论文、会议、外文文献等多个库)范围内快速检索文献,如图 5-2-13 所示。还可以选择其中的某一个库,输入检索词进行快速检索。在其检索结果界面还提供了二次检索功能。

2. **查新/跨库检索**　提供高级检索和专业检索两种检索模式,如图 5-2-14 所示。

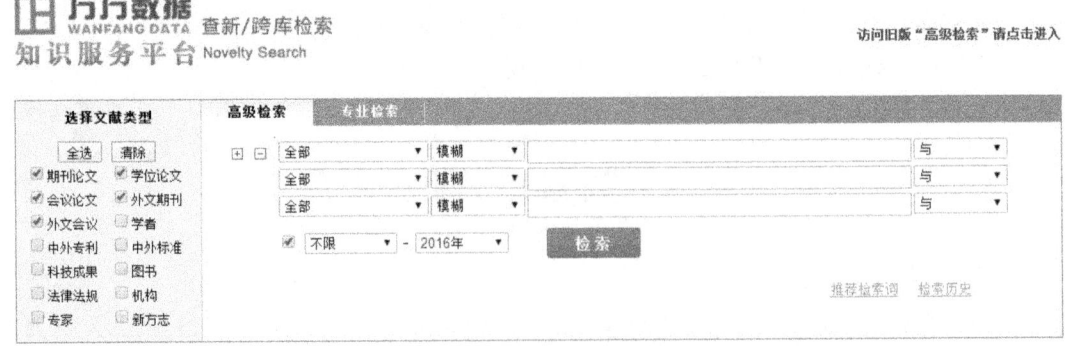

图 5-2-14　查新/跨库检索界面

(1) 高级检索:高级检索默认有 3 个检索框,通过点击"⊞ ⊟"来增加和减少检索框的数量,最多可增加到 6 个。每个检索框均可通过下拉菜单选择检索字段,有模糊和精确两种检索词匹配方式，如图 5-2-14 所示。可对文献类型和时间进行限定检索，还可通过输入与课题相关的文本为用户推荐检索词。

（2）专业检索：在编辑检索式时，可通过"可检索字段"和"推荐检索词"得到系统帮助，和高级检索一样可以对文献类型和时间进行限定，如图 5-2-15 所示。

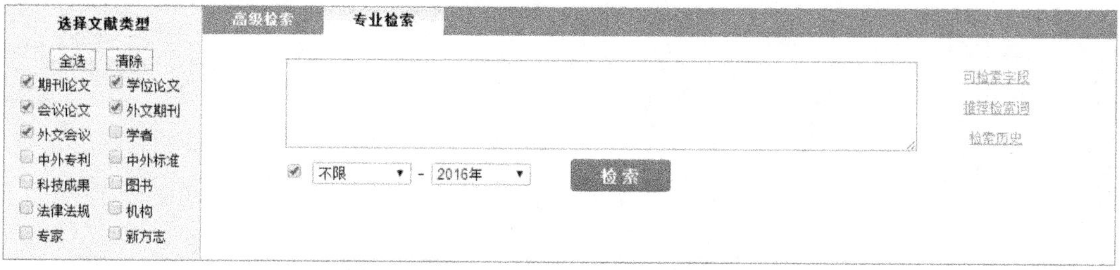

图 5-2-15　查新/跨库检索专业检索界面

在高级检索中选择检索字段输入检索词和选择逻辑运算之后，在专业检索中可直接显示出该检索式。两者皆可查看其检索历史、检索结果的高频关键词及相关词。

3. 期刊导航　万方数据知识服务平台根据期刊、学位论文、会议论文等资源的不同特点，为用户提供多样化的浏览方式。

期刊提供学科分类导航、地区导航和首字母导航 3 种期刊分类导航方式，以实现期刊快捷地浏览和查找，界面如图 5-2-16 所示。用户在知道期刊信息的情况下，不仅可以通过此途径快速找到所需要的期刊，了解该期刊的简介、主要栏目、出版情况、同类期刊等，还可以在刊内进行检索。

学位论文提供按学科、专业目录、按学校所在地等方式浏览；会议论文提供按学科分类、按主办单位方式浏览；中外专利提供按 IPC 国际专利分类的方式浏览等。

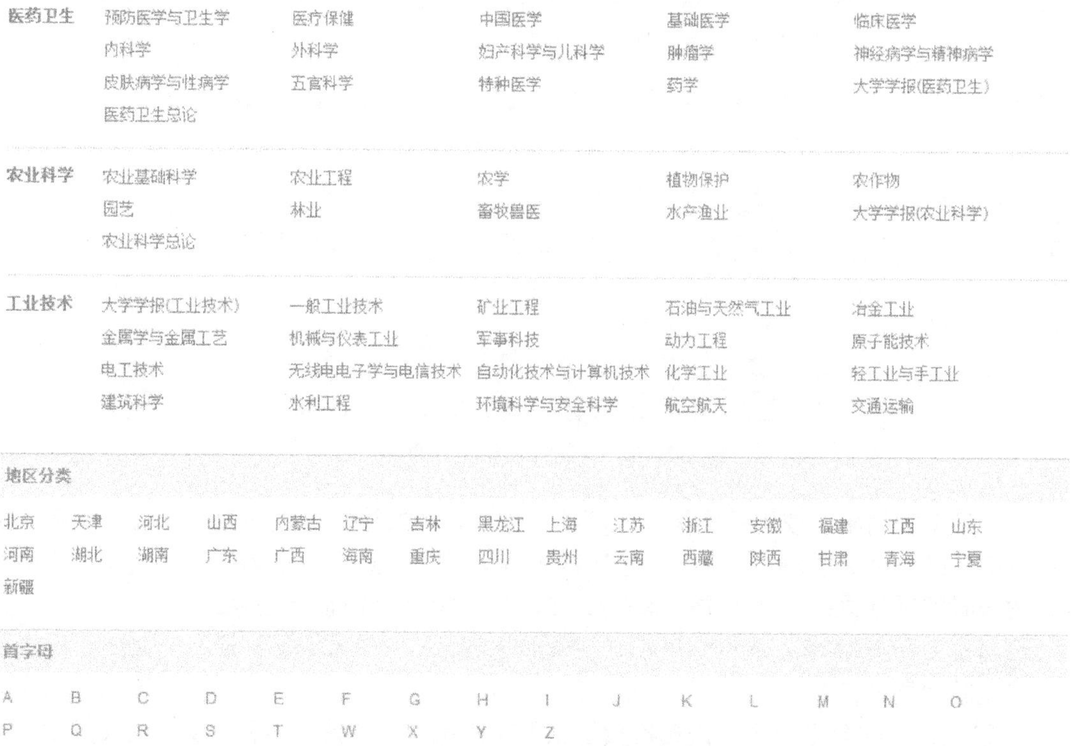

图 5-2-16　期刊论文数据库期刊导航界面

（三）检索结果的处理

1. 检索结果排序显示 快速检索结果界面，如图 5-2-17 所示，与查新/跨库检索结果界面（图 5-2-18）不同。

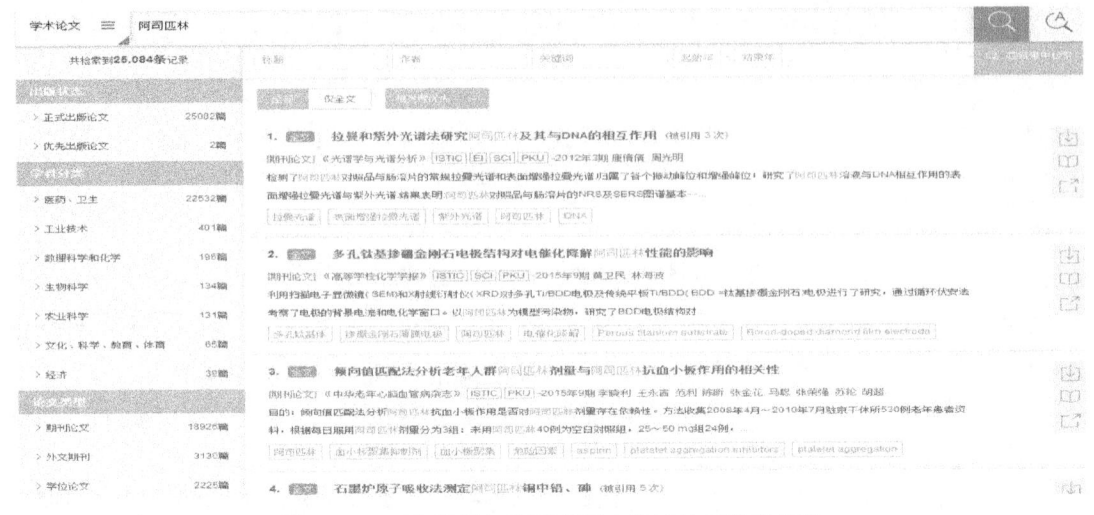

图 5-2-17 万方数据知识服务平台快速检索结果界面

图 5-2-18 查新/跨库检索结果界面

快速检索的结果可按相关度优先、新论文优先、经典论文优先和其他（仅相关度、仅出版时间、仅被引次数）进行排序。查新/跨库检索的检索结果默认为按相关度排序，还可以按发表时间进行排序，并可选择每页按 10、20、50 篇文献显示检索结果。

快速检索和查新/跨库检索均可在其检索结果界面点击文献标题，查看论文详细信息及其相关文献信息链接。

2. 检索结果的分组浏览 快速检索检出的文献按出版状态、学科分类、论文类型、年份、期刊等条件进行分组浏览，选择相应的分组标准，可达到限定检索，缩小检索范围的目的。

3. 检索结果的输出

（1）题录下载：在快速检索的检索结果界面点击记录后的图标"⬚"，即可导出一条或多条题录；在查新/跨库检索的检索结果界面全选或部分勾选所需文献，点击"导出"即可导出题录。一次最多可导出 50 条题录。提供"参考文献格式"、"自定义格式"、"查新格式"、"NoteExpress"等格式保存题录。

（2）全文查看与下载：万方提供了全文查看和下载功能，可直接点击"查看全文"、"下载全文"或其相对应的图标。对于万方数据库的非正式用户，如需查看和下载全文，可通过购买的方式获取全文。

4. 引用通知　万方数据知识服务平台为用户提供制定论文的引用通知服务，当订阅论文被其他论文引用时，系统将以 E-mail 或 RSS 订阅的方式及时通知用户，有利于用户了解制定论文的权威性和受欢迎程度。目前，该服务仅面向注册用户开放。

练 习 题

1. 检索干细胞治疗阿尔茨海默病的文献。
2. 检索《中国高等医学教育》近 5 年来刊登的有关临床医学专业学位教育的论文。
3. 检索北京大学医学部发表的国家自然科学基金项目论文情况。
4. 检索第三军医大学王正国院士以第一作者发表的被引频次在 10 以上的文献，其中被引频次最多的是哪篇文献？

第三节　外文期刊数据库检索

目前在生物医学领域最有影响力的外文期刊全文数据库主要有 ScienceDirect、SpringerLink、Wiley Online Library 等。

一、ScienceDirect

（一）数据库简介

爱思唯尔（Elsevier）出版集团是国际上最重要的科技与医学文献出版发行商之一。ScienceDirect 是 Elsevier 出版社的全文数据库平台，是全世界最大的 STM（科学、科技、医学）全文与书目电子资源数据库，自 1999 年开始向用户提供电子出版物全文的在线服务，包含 3,800 多种同行评议期刊与 35,000 多本电子书（包括系列丛书、手册及参考书等），涉及 4 大学科领域：物理学与工程、生命科学、健康科学、社会科学与人文科学，数据库收录全文文章总数已超过 1,400 多万篇文献。

ScienceDirect 具有以下特点：①收录期刊种类多，学科覆盖面广；②期刊质量高，大多被 SCI、SSCI、和 EI 收录；③数据更新快，用户可及时获取在编文献；④回溯时间长，如著名的医学期刊《The Lancet》已回溯至其创刊的 1823 年；⑤平台功能强大，提供多种检索途径，且为用户提供个性化服务，为管理者提供标准的数据库使用报告工具等。网址为：http://www.sciencedirect.com。

（二）检索途径

ScienceDirect Journals 提供题名浏览、快速检索、高级检索和专家检索 4 种检索途径。

1. 题名浏览（Browse Titles） 在题名浏览页面可按学科、字顺、资源类型及获取方式进行筛选，如图 5-3-1 所示，筛选后的结果按题名字母顺序排列。

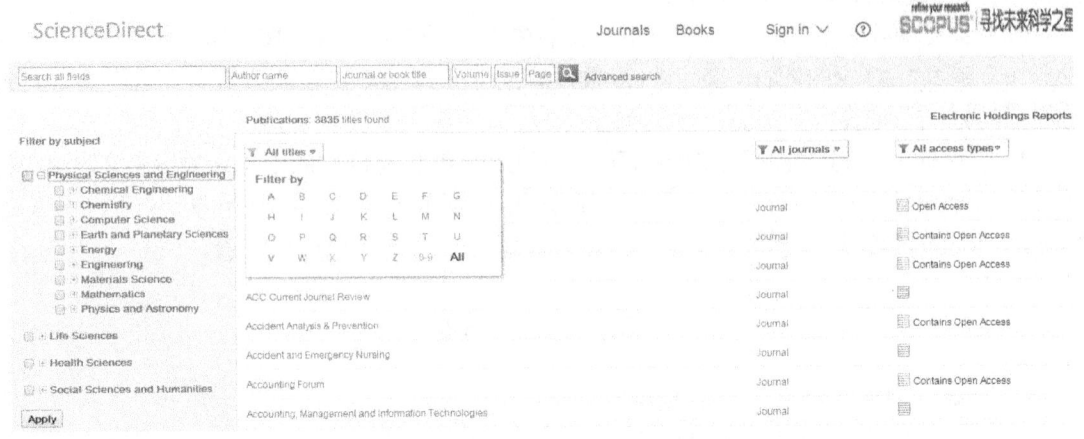

图 5-3-1 ScienceDirect Journals 主页

2. 快速检索（Quick Search） 快速检索框出现在 ScienceDirect 每一页上方，只要在对应的输入框中输入检索词，即可检索文献。这些输入框分别为：所有字段（All Fields）；作者姓名（Author Name）；期刊名、卷、期、页（Journal or Book Title、Volume、Issue、Page）。

3. 高级检索（Advanced Search） 点击快速检索框后的"Advanced Search"即可进入高级检索和专业检索界面，默认为高级检索，如图 5-3-2 所示。

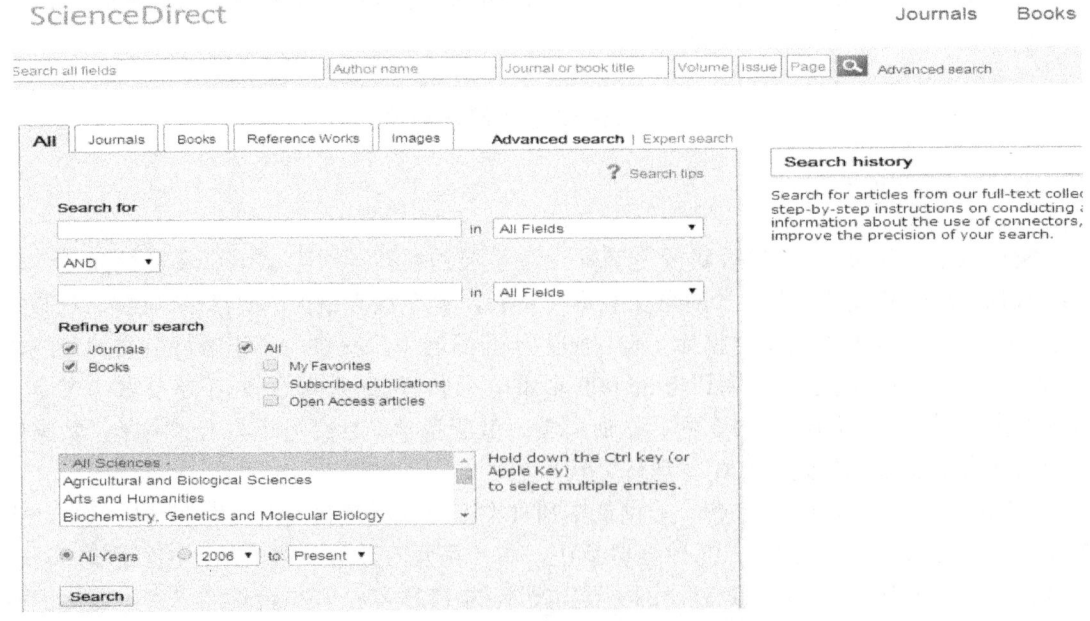

图 5-3-2 ScienceDirect 高级检索界面

高级检索提供两个检索输入框，检索词之间可用逻辑运算符"AND"、"OR"、"AND NOT"进行组配，并提供多种条件限定功能。

（1）限定检索资源类型：可选择全部资源类型，也可根据需要选择期刊、图书和图像等某一单一类型。

（2）字段限定检索：可将检索词限定在任意字段、文摘/题目/关键词、作者等字段。

（3）限定主题范围：选择不同的资源类型，高级检索界面的检索限定区域会发生变化。检索"所有资源"、"图书"等时，限定的是学科领域（Subject），检索期刊时，不仅有学科领域，还有期刊文献类别，卷期页码等限定。

（4）限定出版时间。

4. 专家检索（Expert Search）　在高级检索界面，点击"Expert Search"可切换到专家检索界面。用户可直接在检索框中输入含有逻辑运算符的检索表达式。与高级检索相同，也提供检索资源类型、主题范围、出版时间的限定功能。

专业检索的基本语法构成：Field_Name（Search_Term）

（1）基本检索字段（表 5-3-1）

表 5-3-1　ScienceDirect 基本检索字段

字段名缩写	字段名全称	字段名释义
Tak	Title-Abstr-Key	题名-摘要-关键词
Abs	Abstract	摘要
Aut	Authors	作者
Aus	Specific-Author	特定作者
Aff	Affiliation	作者单位
Pdt	Pub-Date	出版日期
Key	Keywords	关键词
Ref	References	参考文献
Ttl	Title	题名
Src	Srctitle	来源题名
Vis	Vol-Issue	卷期
Pag	Pages	起始页码
ISSN		国际标准连续出版物号
ISBN		国际标准书号
All		全文

（2）易混淆字段的区分

1）Authors 与 Specific-Author：以检索 John Smith 发表论文为例，Authors（John Smith）指搜索作者字段同时出现"John"和"Smith"的文献，两者可不同时出现在单个作者的姓名中。而 Specific-Author（John Smith）则要求"John"和"Smith"同时出现在单个作者的姓名中。

2）Title 与 Srctitle：Title-文献的标题；Srctitle-文献来源期刊、图书、丛书、手册、参考书的名称。

3）Pub-Date

Pub-Date：出版日期，可具体到年月日，该字段必须与以下日期算符搭配使用：

"BEF" or "＜"：Before 如 Pub-Date＜20060103 或 Pub-Date BEF 20060103 表示搜索 2006 年 1 月 3 日之前出版的文献；

"AFT" or "＞"：After 如 Pub-Date＞20060103 或 Pub-Date AFT 20060103 表示搜索 2006 年 1 月 3 日之后出版的文献；

"IS" or "="：Is equal to 如 Pub-Date=20060103 或 Pub-Date IS 20060103 表示搜索 2006 年 1 月 3 日出版的文献。

（三）检索规则

检索规则见表 5-3-2。

表 5-3-2　ScienceDirect 检索语言与规则

AND	默认算符，要求多个检索词同时出现在文章中
OR	检索词中的任意一个或多个出现在文章中
AND NOT	后面所跟的词不出现在文章中
通配符*	取代单词中的任意一个（0，1，2…）字母 如 transplant*可以检索到 transplant，transplanted，transplanting…
通配符?	取代单词中的 1 个字母 如 wom?n 可以检索到 woman、women
W/n	两词相隔不超过 n 个词，词序不定　quick w/3 response
PRE/n	两词相隔不超过 n 个词，词序一定　quick pre/2 response
""	宽松短语检索，标点符号、连字符、停用字等会被自动忽略　如 "heart-attack"
{}	精确短语检索，所有符号都将被作为检索词进行严格匹配　{c++}
()	定义检测词顺序，例：(remote OR satellite)　AND education

此外，系统实现了部分智能检索功能，如：当英式与美式拼写方式不同时，可使用任何一种形式检索（behaviour 与 behavior，psychoanalyse 与 psychoanalyze）；使用名词单数形式可同时检索出复数形式（horse – horses，woman – women）；支持希腊字母 α，β，γ，Ω 检索（或英文拼写方式）；法语、德语中的重音、变音符号，如 é，è，ä 均可以检索；上下标字符按普通字符输入，如检索 CO_2，输入 CO2 即可。

（四）检索结果的处理

1. 通过浏览检索，得到期刊列表，找到所需期刊，可查看期刊的卷期目次，获得相应卷期的文章列表，点击全文链接 PDF 图标可获得全文。

2. 通过快速检索、高级检索、专家检索可以得到命中结果文献列表，如图 5-3-3 所示，页面上方显示命中数量、检索式。检索结果可以按出版日期（Date）或文献相关性（Relevance）排序。

命中记录信息包括论文题名、文献类别、刊名、卷期、出版日期、页码、作者等，可选择每页显示 10、25、50、100 及 200 条记录。页面左侧可按年代、期刊、主题、内容类型等不同方式筛选检索结果。右侧图标"▤"亮色表示用户可以获得该论文的全文，图标"▤"灰色表示只能查看文摘信息。

在 4 种检索途径的结果界面点击 Download PDFs，可提供最多 25 篇全文同时下载。

3. 题录、文摘输出　点击检索界面中的"Export"按钮，提供题录和文摘多种格式及内容输出，输出格式包括：RIS（EndNote，Reference Manager，ProCite）、BibTex、Text，输出的内容有 Citations Only 及 Citations and Abstracts 两种。

图 5-3-3　ScienceDirect 检索结果界面

（五）个性化服务

用户注册并登录后可使用 ScienceDirect 的个性化服务，如保存检索式、查看检索历史、各类快速链接、定制文献快讯服务等。

二、SpringerLink

（一）数据库简介

SpringerLink 是德国施普林格（Springer-Verlag）出版集团于 1996 年推出的在线科学、技术和医学领域学术资源平台，涵盖了其期刊、图书、丛书、参考工具书以及回溯文档等所有在线资源。截至 2016 年 6 月，平台有期刊 3,300 多种，图书 21 万余种，以及丛书 5,600 余种、实验室指南 42,000 余种、参考工具书 600 多种。平台可进行多语种、跨数据库的信息检索，访问网址为：http://link.springer.com/，主页面如图 5-3-4 所示。

（二）检索方法与途径

SpringerLink 提供浏览和检索两种检索功能，并可灵活使用限定条件进一步缩小检索范围，以便快速获得更为专指的检索结果。

1. 浏览

（1）按学科浏览（Browse by Discipline）：学科浏览在平台主页的左侧，SpringerLink 目前包含 24 个学科大类，点击相应学科名称即可出现检索结果。

（2）按资源类型浏览（Browse Resources）：SpringerLink 按照出版物的形式分 Articles、Chapters、Reference Work Entries 及 Protocols，点击各个类型后即可显示该类型的所有书刊名称。

2. 检索　SpringerLink 有简单检索和高级检索两种检索方式。

（1）简单检索：是 SpringerLink 默认的检索方式，直接在检索框中输入任意检索词即在全字段中检索。检索词可以是一个词或一组词，也可以是逻辑运算符 AND、OR、NOT 组合成的检索式。

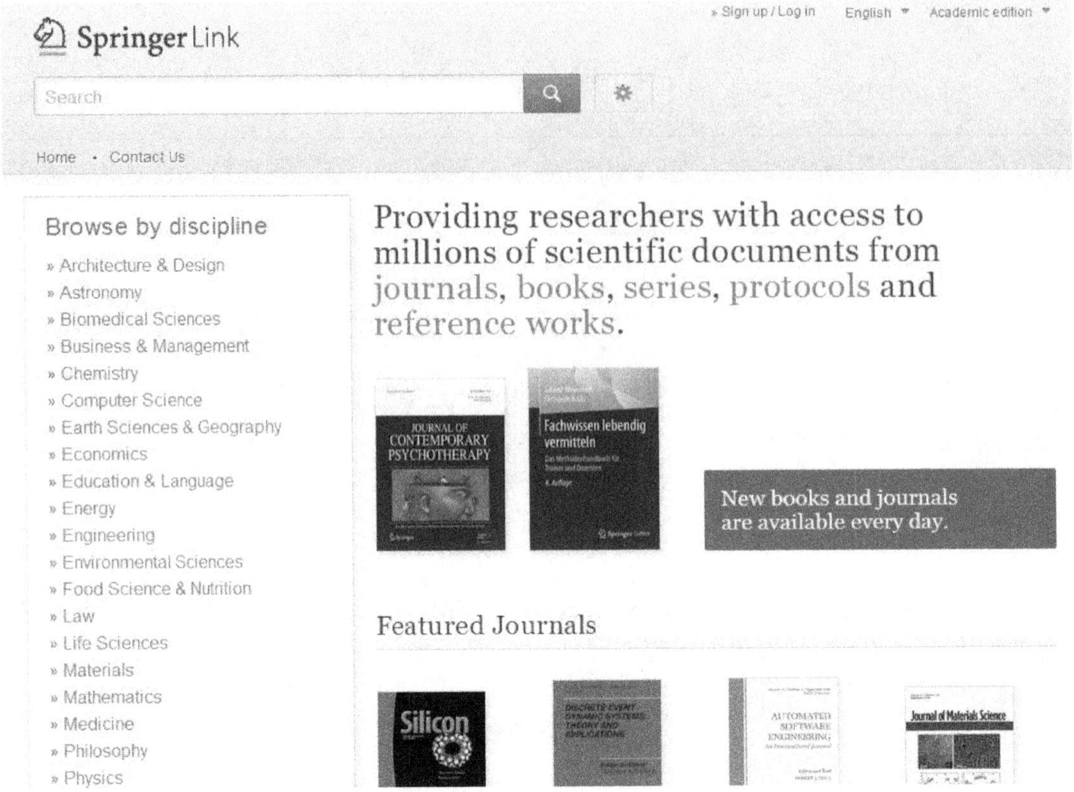

图 5-3-4　SpringerLink 检索主界面

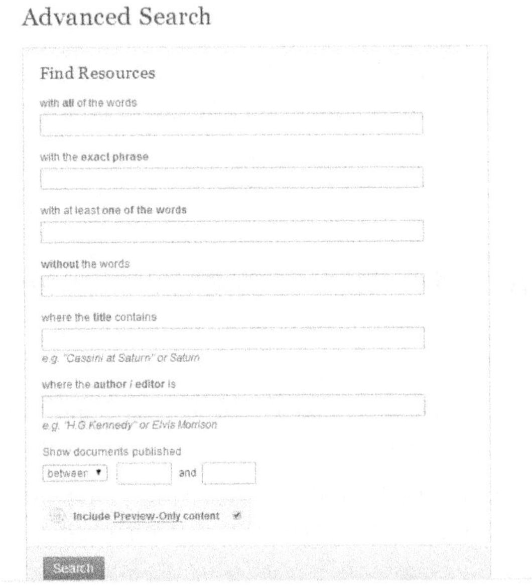

（2）高级检索：点击主页检索框旁的"✱"即可出现"Advanced Search"按钮，点击进入高级检索界面，如图 5-3-5 所示。

"with all of the words"表示输入的检索词是逻辑"与"的关系；"with the exact phrase"表示强制短语检索；"with at least one of the words"表示输入的检索词之间是逻辑"或"的关系；"without the words"则为逻辑"非"的关系；"where the title contains"表示限定检索，即检索词出现在篇名中的文献；"where the author / editor is"表示作者检索；"Show documents published"可以设置检索年代。

（三）检索结果的处理

使用浏览功能时，检索结果为符合相应学科和出版类型的出版物列表。若按学科浏览，系统提供资源类型、子学科、语种等筛选条件供用户使用（Refine Your Search）；若按资源类型浏览，系统则提供学科及语种等筛选条件。

图 5-3-5　SpringerLink 高级检索界面

使用检索功能时，检索结果为命中文献，如图 5-3-6 所示。检索结果页面左侧将结果按内容、学科、二级学科、出版物、语种进行了分类。页面中间显示文献题录,"Sort By"可选择按相关度、出版时间进行排序。"Date Published"可将结果按时间进一步筛选。题录下方的"Download PDF"和"View Article"分别为 PDF 何 HTML 格式的全文链接。

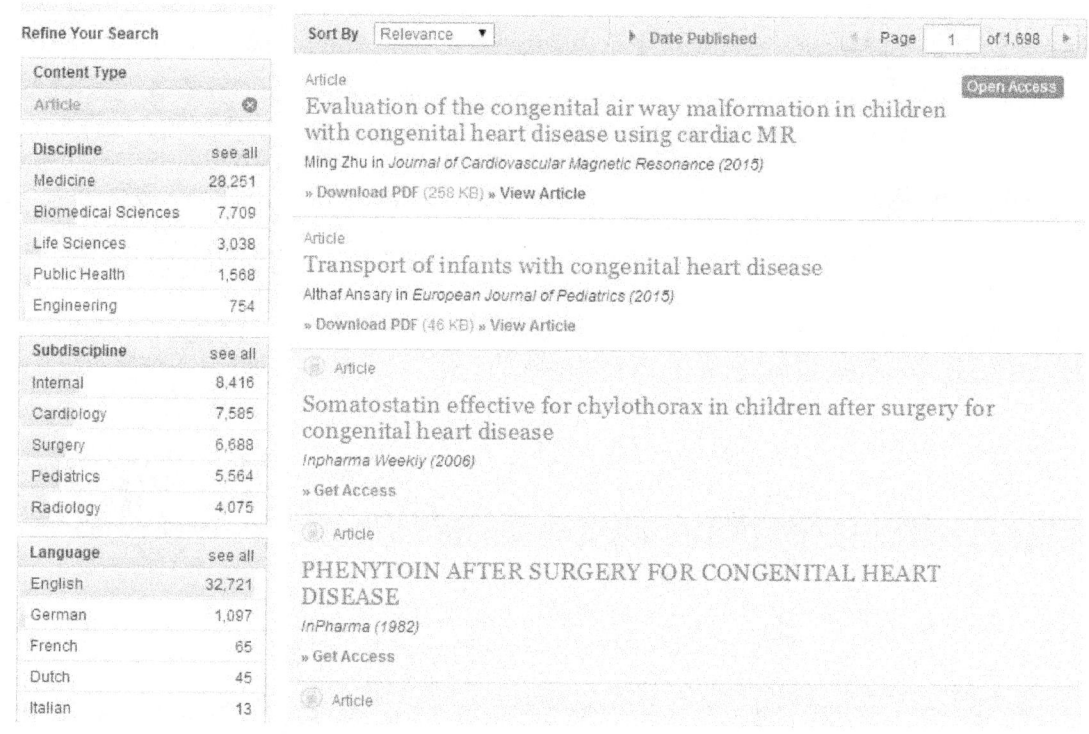

图 5-3-6　SpringerLink 检索结果界面

（四）个性化功能与服务

用户完成注册并登录后,可显示最近的检索、特色期刊和特色图书,并可保存检索策略。

三、Wiley Online Library

（一）数据库简介

Wiley Online Library 是 Wiley-Blackwell 在网上推出的电子文献信息检索平台。Wiley-Blackwell 是 John Wiley & Sons 公司旗下的国际性科学、技术、医疗和学术出版机构,与许多世界领先的学会和协会都建立了合作伙伴关系。

2016 年,Wiley Online Library 平台可访问超过 600 万篇的文献,来自 1,500 多种期刊,18,000 余种在线图书和数百种参考工具书、实验室指南和一些数据库,涉及生命、健康与自然科学、社会科学以及人文科学等各个领域。

（二）检索方法与途径

进入 Wiley Online Library 主页,如图 5-3-7 所示,系统提供浏览和检索两种检索功能。

1. 浏览

(1) 按字顺浏览：在平台左侧可直接按字母顺序浏览出版物，也可以通过点击主页上方的"Publications"打开全部资源列表界面。在此界面右侧有按文献类型筛选的链接及各类型文献的数量，直接点击即可打开相应文献类型的目录。

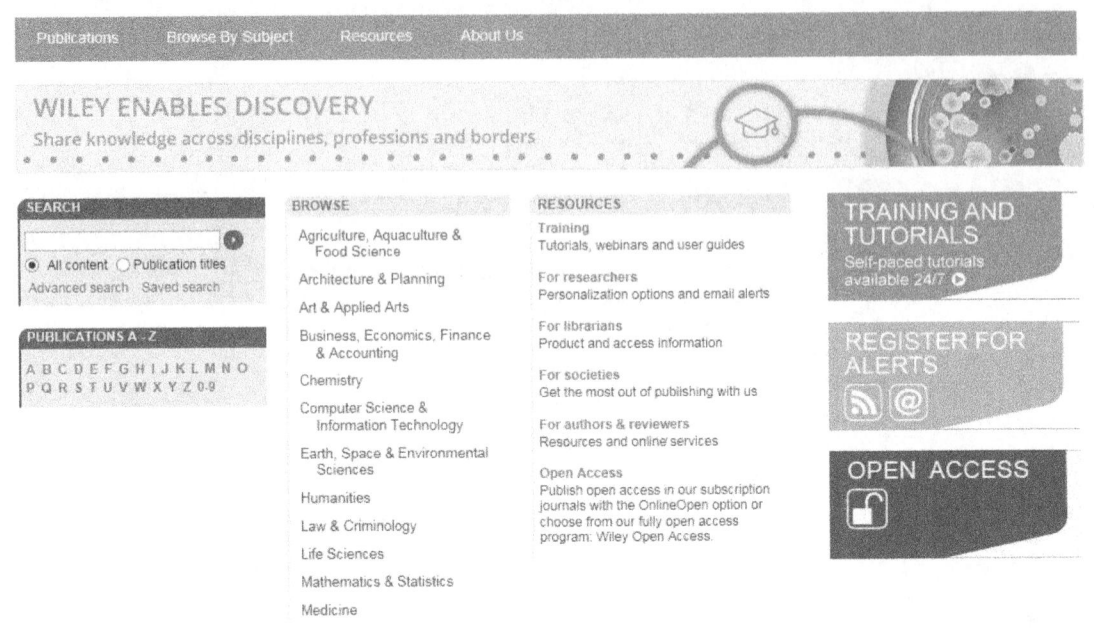

图 5-3-7 Wiley Online Library 主页

(2) 按学科主题浏览：通过主页上方的"Browse By Subject"或主页中间的"BROWSE"即可按学科主题进行浏览。Wiley Online Library 共设 17 个学科主题，125 个专题，点击主题或专题名称后，进入其浏览界面，界面会显示该主题重点推荐的 4 种刊物，若查看该主题下的所有书刊目录，点击"View all Products……"即可。同一主题下的书刊按字母顺序排列，可按出版类型进一步筛选图书或期刊等。

选择感兴趣的期刊，点击即进入每种期刊的内容浏览页面，以 Annals of Neurology 为例，图 5-3-8。页面左侧有期刊工具、期刊菜单、特殊功能选项。页面右侧为检索栏，检索范围包括："All content"、"Publication titles"、"In this journal"（表示在该期刊中进行二次检索）、"By Citation"（输入已知的卷、期、页码来查找某一篇特定文献）。

2. 检索　Wiley Online Library 平台有简单检索和高级检索两种检索途径。

(1) 简单检索：Wiley Online Library 平台主页左上方有简单检索入口，在检索框中直接输入检索词或含有布尔逻辑运算符的检索式。检索范围可选"All Content"和"Publication Titles"。"All Content"表示在所有内容范围内检索，包括期刊全文、书的章节、实验室指南等，"Publication Titles"仅在出版物名称中检索，如期刊名、电子书名、数据库名及实验室指南的标题等。

(2) 高级检索：在简单检索输入框下方点击"Advanced"按钮，进入高级检索界面，如图 5-3-9 所示。高级检索提供多个检索输入框，输入检索词后，可进行字段限定检索，系统提供包括全部字段、出版物名称、作者等 13 个限定字段。检索词之间可进行"AND"、"OR"、"NOT"逻辑运算，另外还可以对检索年限进行限定。

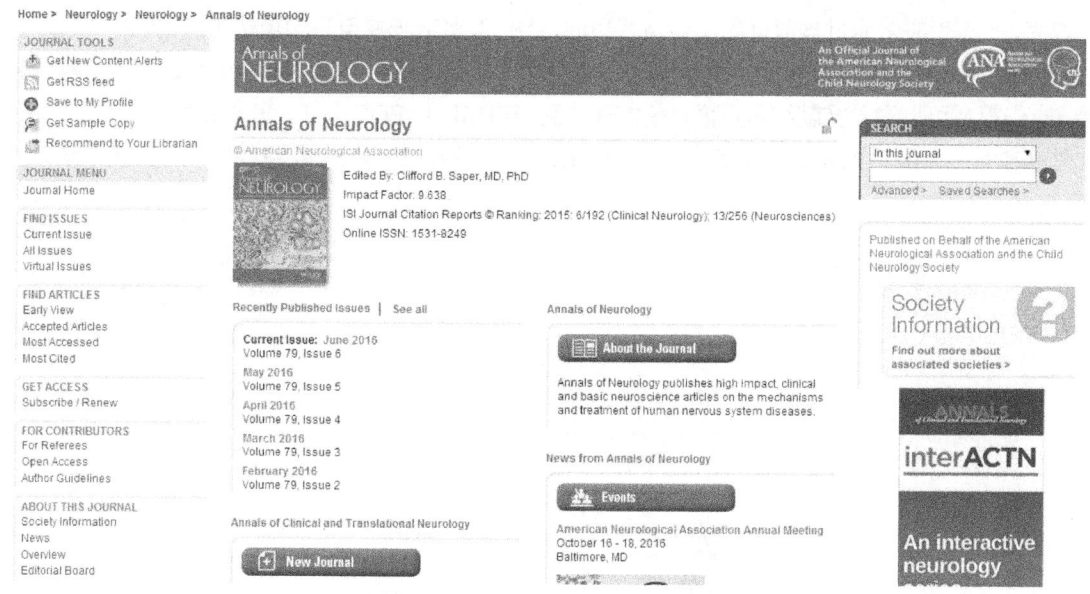

图 5-3-8　Wiley Online Library 期刊浏览页面

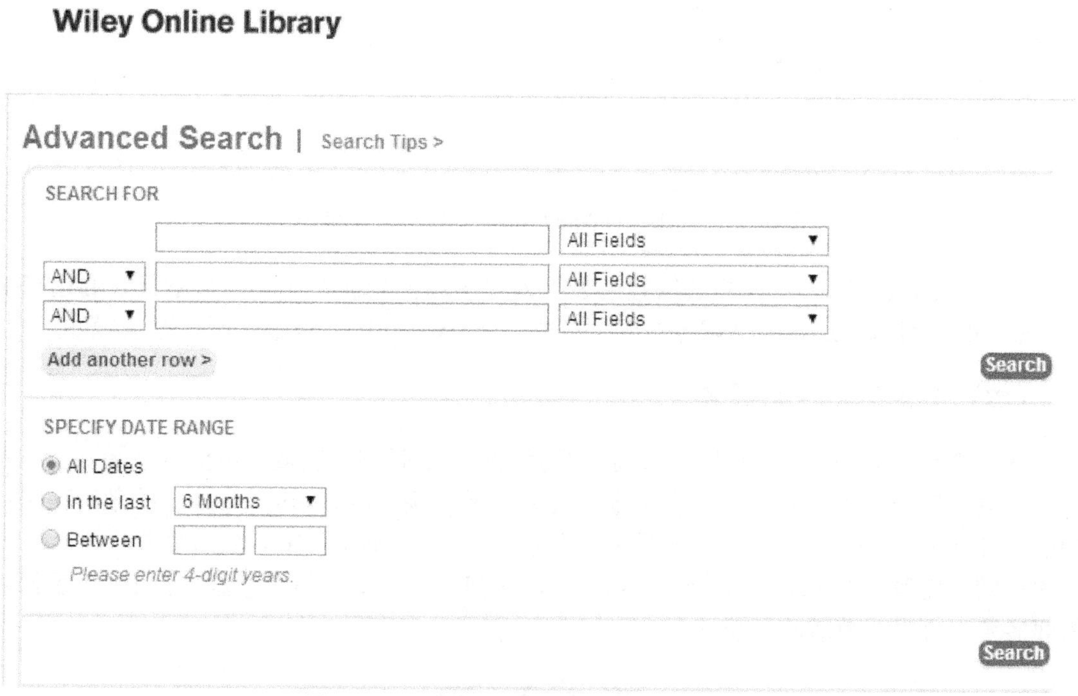

图 5-3-9　Wiley Online Library 高级检索页面

Wiley Online Library 每个页面都有简单检索入口，如上文中的期刊浏览页面，检索范围有些许差异，可以在检索结果的页面，利用简单检索入口进行二次检索。

（三）检索结果的处理

1. 检索结果的显示　如图 5-3-10 所示，检索结果的文献列表以题录的形式显示，可选择按相关度或出版时间进行排序。

题录的内容包括选择框、图标、篇名、出处、著者，每条题录前的图标表示文献或章节的访问权限,"🔒"表示通过当前订阅服务免费访问,"🔓FREE"表示所有用户均免费访问,"🔓OPEN"表示通过 OnlineOpen 免费访问,无图标表示无法获取全文。在题录下提供了文摘、全文、参考文献的链接,点击篇名可以进入文献细览页面,包含有文摘、HTML 和 PDF 全文、参考文献及引文的链接。此外在检索结果显示页面右上方点击"Edit search"和"Save search"可编辑和保存检索策略。

图 5-3-10 Wiley Online Library 检索结果显示页面

2. 检索结果的输出 在检索结果列表上方提供选择当前页面全部文献记录的选择框(Select All),可将所选择的文献保存到个人账户(My Profile)或输出文献题录/文摘。

（四）个性化功能与服务

注册并激活个人账户后,用户可实现保存文献、出版物、检索式和检索结果以及设置文献通报等功能。My Profile 还为用户提供远程平台漫游（Roaming Access）的激活和刷新功能。用户在平台授权的 IP 地址范围内,登录平台进入 My Profile,激活漫游功能,在 90 天内可以在任何地方登录进入 My Profile 后,访问下载全文,不受 IP 限制,90 天后如仍需要漫游,可重新激活此功能。

练 习 题

1. 检索地中海贫血产前诊断方面的文献。
2. 检索结果中包含 bacteria 或 bacterium 或 bacterial 的文献。
3. 检索急性呼吸窘迫综合征与细胞凋亡研究方面的综述文献。
4. 查找"Beautiful buttocks：characteristics and surgical techniques.Cuenca-Guerra R1, Lugo-Beltran I. Clin Plast Surg. 2006 Jul；33（3）：321-32"相应的全文。

（王 岩 刘 静）

第六章 循证医学证据检索

第一节 循证医学信息资源概述

一、循证医学相关知识

(一) 循证医学的概念

循证医学（Evidence Based Medicine，EBM）意为遵循证据的医学，是指在充分考虑患者意愿的情况下，医务人员应认真、明智、深思熟虑地把从科学方法中得到的最佳证据，与医生的临床经验相结合，运用到临床决策中。循证医学的核心要素是最佳的临床证据、医生的个人经验与技能、患者的实际状况和意愿。

与传统的临床医疗不同，循证医学是以"证据为基础"，强调对发表的文献证据进行严格分级，利用最新、最可靠的证据解决具体的临床问题，并充分考虑患者的需求及意愿。循证医学并非要取代临床技能、临床经验、临床资料和医学专业知识，它只是强调任何医疗决策应建立在最佳科学研究证据的基础之上。

(二) 证据的分级

循证医学的证据分级包括证据水平（Level of Evidence，LOE）和推荐级别（Class of Recommendation，COR）两个方面。证据水平用以评价治疗或筛查的证据质量；推荐级别则是在考虑支持医疗行为的证据强度基础上，还需要考虑其风险和获益大小，从医生、患者及政策方面综合权衡利弊。目前有多种证据等级划分方法，以下简单介绍 1996 年美国预防医学工作组（U.S. Preventive Services Task Force）的分级方法。

1. 证据水平分级

Ⅰ级证据：从至少一个设计良好的随机对照临床试验中获得的证据。

Ⅱ-1 级证据：自设计良好的非随机对照试验中获得的证据。

Ⅱ-2 级证据：来自设计良好的队列研究或病例对照研究（最好是多中心研究）的证据。

Ⅱ-3 级证据：自多个带有或不带有干预的时间序列研究得出的证据。非对照试验中得出的差异极为明显的结果有时也可作为这一等级的证据。

Ⅲ级证据：来自临床经验、描述性研究或专家委员会报告的权威意见。

2. 推荐级别

A 级推荐：良好的科学证据提示该医疗行为带来的获益实质性地压倒其潜在的风险；

B 级推荐：至少是尚可的证据提示该医疗行为带来的获益超过其潜在的风险；

C 级推荐：至少是尚可的科学证据提示该医疗行为能提供益处，但获益与风险十分接近，无法进行一般性推荐；

D 级推荐：至少是尚可的科学证据提示该医疗行为的潜在风险超过潜在获益。临床医生不应该向无症状的患者常规实施该医疗行为；

Ⅰ级推荐：该医疗行为缺少科学证据，或证据质量低下，或相互冲突，例如风险与获益无法衡量和评估。

（三）PICO 原则

PICO 原则包含 4 个部分，即：P——病人/人群（Patient/Polulation），即需要解决临床问题的患者或某一特定人群的临床特征；I——干预（Intervention or Exposure），即采取的处理措施，如手术、药物、暴露、诊断等；C——对照（Comparison），与干预或暴露措施相比较的措施；O——结局（Outcome），经干预后患者或人群的相关结局，如死亡率、不良反应发生率、功能改善情况等。

PICO 原则是循证临床实践中构建临床问题的重要原则，所有的临床问题都应解析为 PICO 四个部分。通过临床问题的转换，有利于将初始临床问题转变为医学科研可以回答的问题，也有利于临床医生进一步对某一临床问题进行检索。

二、常用循证医学信息资源

循证医学信息资源可分为循证医学数据库、循证医学专业期刊、临床实践指南、综合性生物医学数据库等，以下对部分信息资源进行简要介绍。

（一）循证医学数据库

1. Cochrane Library（http://www.cochranelibrary.com/） Cochrane Library 是由 Cochrane 协作网的主要产品，是一种以网络形式传播的电子出版物，是获取循证医学证据的重要来源。Cochrane Library 主要包含 Cochrane 系统评价数据库（Cochrane database of systematic review，CDSR）、Cochrane 对照实验注册数据库（Cochrane central register of controlled trials，CENTRAL）、疗效评价文摘库（Datebase of abstracts of review of effectiveness）、Cochrane 方法学数据库（Cochrane methodology datebase，methods studies，CMD）、卫生技术评估数据库（health technology assessment database，HTA）等。

2. Best Practice（http://bestpractice.bmj.com） Best Practice 是 BMJ 出版集团旗下的循证医学数据库，能够为临床医生解答临床诊治过程中遇到各种问题和疑虑，进而提高和改进临床诊治的效率和结果。Best Practice 收录了上千种临床常见疾病和非常见病；超过万种的诊断方法；数千项的国际治疗指南和诊断标准的全文内容，并可在平台上定制中文的指南和标准；此外还提供了大量的彩色病例图片和图像；嵌入了国际权威的药物处方数据库，提供最新的药物副反应和多种药物相互作用的最新证据；还完全整合了其上一代产品 Clinical Evidence（临床证据）数据库的全部内容。

3. ClinicalKey（http://www.clinicalkey.com） ClinicalKey 是 Elsevier 在 2012 年推出的医学平台，整合了 8 种以上的数据库，囊括了爱思唯尔几乎全部医学内容。能够帮助医生解决在诊疗过程中遇到的疑难临床问题，并且浏览、下载各种文献资源，还可以观看视频，导出图片制作课件，提供 2,000 多个疾病主题页，可以快速访问疾病的流行病学、风险因素、临床表现、治疗等方面的信息，近 20,000 种源于美国国立卫生研究院在全球范围内注册的临床试验，以及与特定专科相关的答案和药物链接。

4. UpToDate（http://www.uptodate.com） UpToDate 由 Wolters Kluwer 出版集团制作，涵盖了常见的内科、外科、妇产科、儿科、初级保健等临床专科，综合 470 多种期刊上的文献，为专题内容的更新提供支持，汇集了全球超过 6,000 名医生作者、编辑和同行评议者的智慧，独有的组织结构与智能搜索引擎能够简单快速地解答临床工作中遇到的问题，为诊疗提供具体而实用的推荐意见。

（二）循证医学专业期刊

1. EBM Evidence-Based Medicine（http://ebm.bmj.com） 《循证医学杂志》（Evidence-Based Medicine）是由 BMJ 主办的双月刊，每年从国际权威性医学期刊中超过 20,000 篇摘要中筛选全科和各专科最重要而有效的研究证据，并由专家对其重要论文的有效性和临床适用性进行述评。EBM 刊载循证医学与实践的论著和综述文章。

2. ACP Journal Club（http://annals.org/journalclub.aspx） 《美国内科医师学会杂志俱乐部》（ACP Journal Club）由美国内科医师学会（American College of Physicians，ACP）编辑出版。该杂志对 130 余家国际上著名的医学杂志发表的临床研究论文，由专业人员按照一定的条件筛选出符合循证医学要求的论文，以摘要的形式进行归纳，并评价其临床应用价值。

3. Evidence-Based Nursing（http://ebn.bmj.com） 由英国皇家护士学院（RCNi）和 BMJ 出版集团共同主办的季刊，该杂志从健康相关的文献研究和评论中选择与护理实践相关的重要报告，是一个提供与护理相关的高质量研究和最新证据的国际性杂志。

4. 中国循证医学杂志（http://www.cjebm.org.cn） 《中国循证医学杂志》由教育部主管，四川大学主办，中国循证医学中心和四川大学华西医院承办，其办刊宗旨是报道循证医学最新研究成果，反映循证医学学科发展趋势，引领循证医学发展前沿，促进循证决策、循证实践和循证教育。

5. 循证医学（http://www.jebm.cn） 《循证医学》杂志是由广东省循证医学科研中心、广东省人民医院和中山大学附属第三医院主办的双月刊。《循证医学》杂志以临床实践指导性为特色，主要栏目有：述评、循证评价、论著、临床指引与共识、循证医学中的医学统计学问题、循证病例讨论等。

（三）临床实践指南

1. National Guideline Clearinghouse（https://www.guideline.gov） 美国国家临床指南数据库（National Guideline Clearinghouse，NGC，）汇集了大量循证医学临床实践指南，提供了检索功能，也可以按照 16 种临床学科领域或发布指南机构进行浏览。此外，NGC 提供了多个实践指南进行比较的功能。

2. NICE（https://www.nice.org.uk） 英国国家健康及保健示范研究所（National Institute for Health and Care Excellence，NICE）是一个非政府部门的公共机构，为英国国民提供健康及保健方面的临床实践指南，以改善国民健康状况。

3. CMA Clinical Practice Guideline（https://www.cma.ca/cpgs） 加拿大临床实践指南数据库（CMA Clinical Practice Guideline）由加拿大医学会（CMA）负责维护，其内容主要来自加拿大各地和各机构团体提供的临床实践指南，可通过多种检索途径进行检索。

（四）综合性生物医学数据库

综合性的生物医学文献数据库中也收录了大量临床证据类文献，如随机对照试验、队列研究、临床试验等。外文数据库中主要的代表有 PubMed、EMBase，中文数据主要有中国生物医学文献数据库（CBM）等。

1. PubMed（https://www.pubmed.com）　PubMed 可通过多种途径查找临床证据类文献，比较快捷的方式有：①利用 Artical Types 进行限定检索——可选择 Clinical Trial、Controlled Clinical Trial、Meta-analysis、Multicenter Study、Randomized Controlled Trial、Systematic Reviews 等选项限制文献的类型；②在"Clinical Queries"中进行检索——直接在"PubMed Clinical Queries"界面的检索框中输入检索词（疾病、干预手段等）进行检索，就可以得到临床试验、Meta 分析、系统评价等证据类文献。

2. Embase（https://www.embase.com）　Embase 也提供了多种途径查找临床证据类文献，比较快捷地方式有：①利用 Study types 进行限定检索——可选择 Controlled Study、Clinical Trial、Controlled Clinical Trial、Randomized Controlled Trial 等选项限制文献的类型；②通过"PICO Search"进行检索——新版 EMBase 增加了依照循证医学 PICO 原则建立的检索页面，可根据检索需求在 Population、Intervention、Comparison 或 Outcome 检索框中输入检索词进行检索，即可得到临床证据类文献。

3. 中国生物医学文献数据库（CBM，http://www.sinomed.ac.cn/zh/）　CBM 数据库可通过循证医学、系统评价、荟萃分析、Meta 分析、随机对照试验、对照研究、队列研究等检索词检索到临床证据类文献，也可以通过限定检索中的临床试验、随机对照试验、Meta 分析、多中心研究对检索结果进行筛选，得到临床证据类文献。

练 习 题

1. 循证医学的核心要素是什么？
2. 循证医学中的 PICO 原则指的是什么？
3. 常用的循证医学数据库及期刊有哪些？请列出至少 3 种。

第二节　BMJ 临床证据检索

BMJ 临床证据（BMJ Clinical Evidence）是 BMJ 出版集团发行的一款有关常见临床干预影响实证资源产品，旨在帮助临床医务人员为患者做出更好的治疗方案。它提供病症概述及疾病预防和治疗干预手段的优缺点分析，强调支持特定干预手段的最佳可得实证，旨在为患者带来最佳结果。BMJ 临床证据涵盖了治疗和护理中所见到的最常见病症，现已涵盖 670 多个主题及 3,300 多种治疗方法，数据月更新。其文献主要来源于 Cochrane Library、Medline、EMBase 等生物医学专业文献数据库，且文献相关性和质量均由临床医生以及信息专家独立进行评估，每一主题均为同行评审。其网址为：http://www.clinicalevidence.com/x/index.html。

一、BMJ 临床证据页面布局

BMJ 临床证据首页面的布局简洁，如图 6-2-1 所示，上部为一个"Search"检索框，一个用于浏览的"Show Conditions"标签，其下是 EBM 的 3 个图标，"Learn EBM"、"Practise EBM"、"EBM Toolbox"；最新引用（Latest Citations）栏目与最近更新概述（Latest Updated

Overviews）栏目并列，两个栏目下的文献或概述可以直接点击查看；"Learn EBM"、"Practise EBM"、"EBM Toolbox" 3 个栏目主要介绍关于什么是循证医学、如何实施等概念，可直接点击查看。

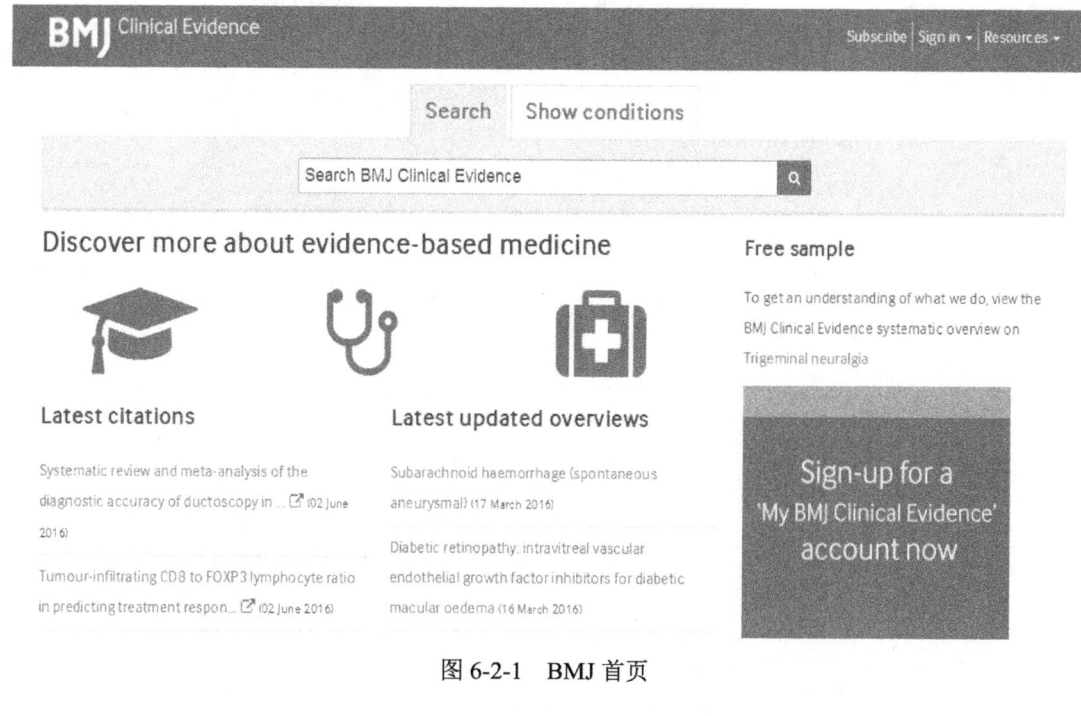

图 6-2-1　BMJ 首页

二、发现证据

（一）自由词检索

在页面上部的检索框中输入需要查询的内容（例："Tonsillitis"），点击检索框后的 🔍 或者回车即可得到检索结果，如图 6-2-2 所示。BMJ 临床证据对检索结果进行了分类，标有"All Results"（所有结果）、"Systematic Overviews"（系统概述）、"GRADE"（干预措施评价）、"EBM"（循证医学）、"Patient Information"（患者信息）、"Citations"（引用）、"Guidelines"（指南）等。点击检索结果或任一分类标签均可查看详细信息。分类标签后的数字为检索所命中结果数。

检索提示：

号：为截词符，可替代多个字符。如输入"anti"，将会检索出以 anti 开始的单词，如 antibiotics、antidepressants、antivirals、anti-vascular 等等。

-：逻辑"非"运算符。如"heart-attack"命中检索结果页面中有'heart'且不含有'attack'的结果。

[ ]：逻辑"或"运算符。如"[surgery operation]"命中的检索结果为含有"surgery"和"operation"中的一个或两个。

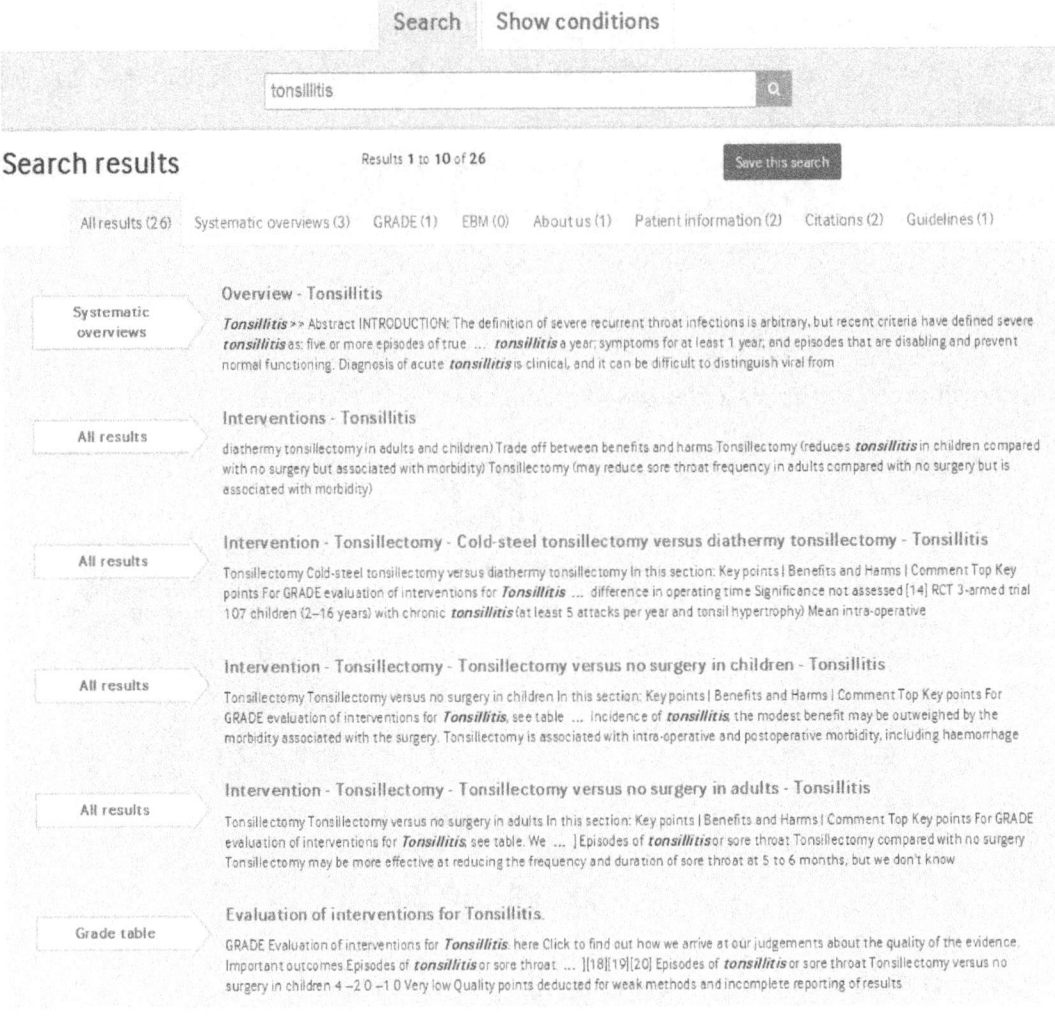

图6-2-2 检索结果展示

(二) 浏览

1. 主题浏览　点击检索框旁"Show Conditions"标签，进入浏览界面，如图6-2-3所示。

左侧栏目为BMJ临床证据下设的32个临床领域，诸如Blood and Lymph Disorder、Care of Elderly、Children Healthy、Cardiovascular Disorders、Diabetes等等，点击任一领域，会在右侧按字顺显示与所选择领域相关的主题，如糖尿病下有10个子主题，涉及和糖尿病紧密相关的方面，如糖尿病足溃疡和截肢、1型糖尿病的血糖控制、痛风等。点击任意子主题进入到主题详情界面。

2. 字顺浏览　在分类浏览界面中点击"All Conditions"按钮，页面右侧页面有A-Z的字母，如图6-2-4所示，点击任意字母，即可在子主题栏目下看到以该字母开头的所有子主题，再点击任意主题即可进入到主题详情展示界面。

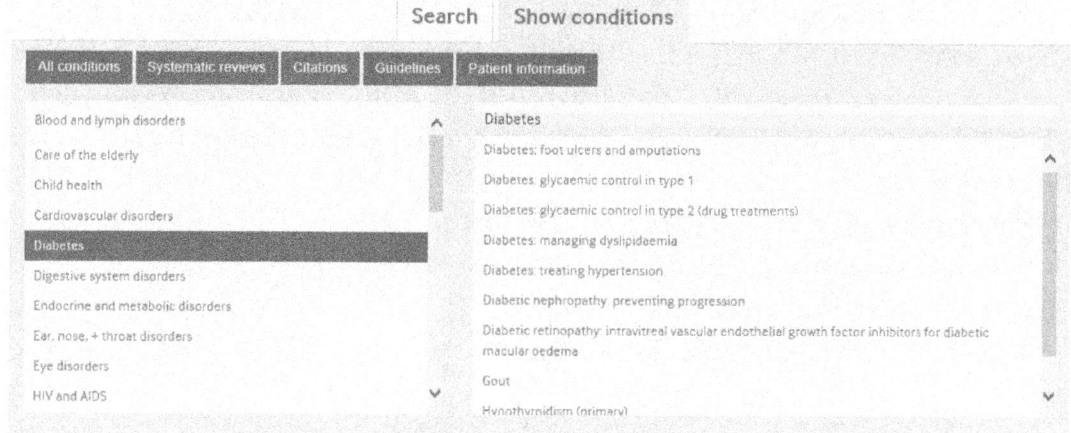

图 6-2-3　BMJ 浏览界面

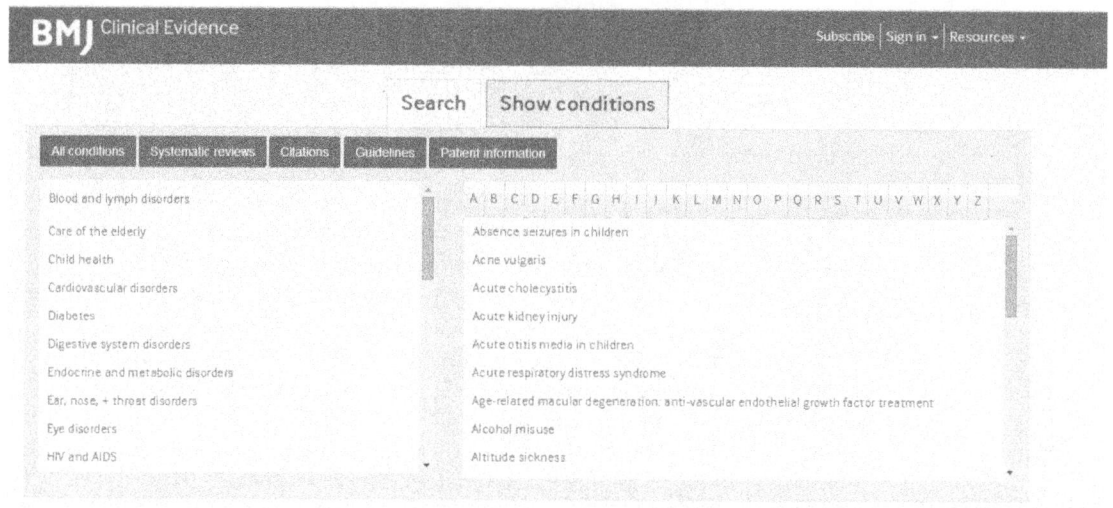

图 6-2-4　BMJ 字顺浏览界面

三、证据的展示

BMJ 临床证据的主题界面布局大体相同，左侧上部为主题名称，下面为该主题的发布时间以及文献检索时间；再下端为该主题贡献者姓名，点击链接可看到贡献者机构等相关信息。随后有"Interventions Table"（干预措施列表）、"Key Points"（核心观点）、"GRADE Table"（等级评价表）、"Background"（背景）、"References"（参考文献）、"Contributors"（贡献者）、"Citations"（引文）、"Patient Information"（患者信息）、"Guidelines"（指南）、"Related BMJ Content"（BMJ 相关内容）栏目，如图 6-2-5 所示。点击任意栏目，即可查看栏目下的相关内容。

干预措施列表（Interventions Table）：对不同条件下的干预疗法均在表格中进行了总结，所有内容都按其有效性进行分类，不同图标表示措施的效果间的差异：有益（　）、可能有益（　）、利弊相当（　）、效果未明（　）、不太可能有好处（　）、无效或有害（　）。

等级评价表(GRADE table):依据文献中采用的试验方法及证据的质量、一致性、直接性、效果强弱等评价要素进行打分,最后给出一个等级评价:high(4分及以上),moderate(3分),low(2分),very low(1分或者更少)。关于 GRADE 如何打分可点击 GRADE table 表上方的"Here(http://www.clinicalevidence.com/x/set/static/ebm/learn/665072.html)"超链接进一步了解。

核心观点(Key Points):对主题的一个简短综述。

背景(Background):对主题的一个背景介绍。

参考文献(References):该主题涉及的参考文献。

贡献者(Contributors):主题编辑者简要介绍。

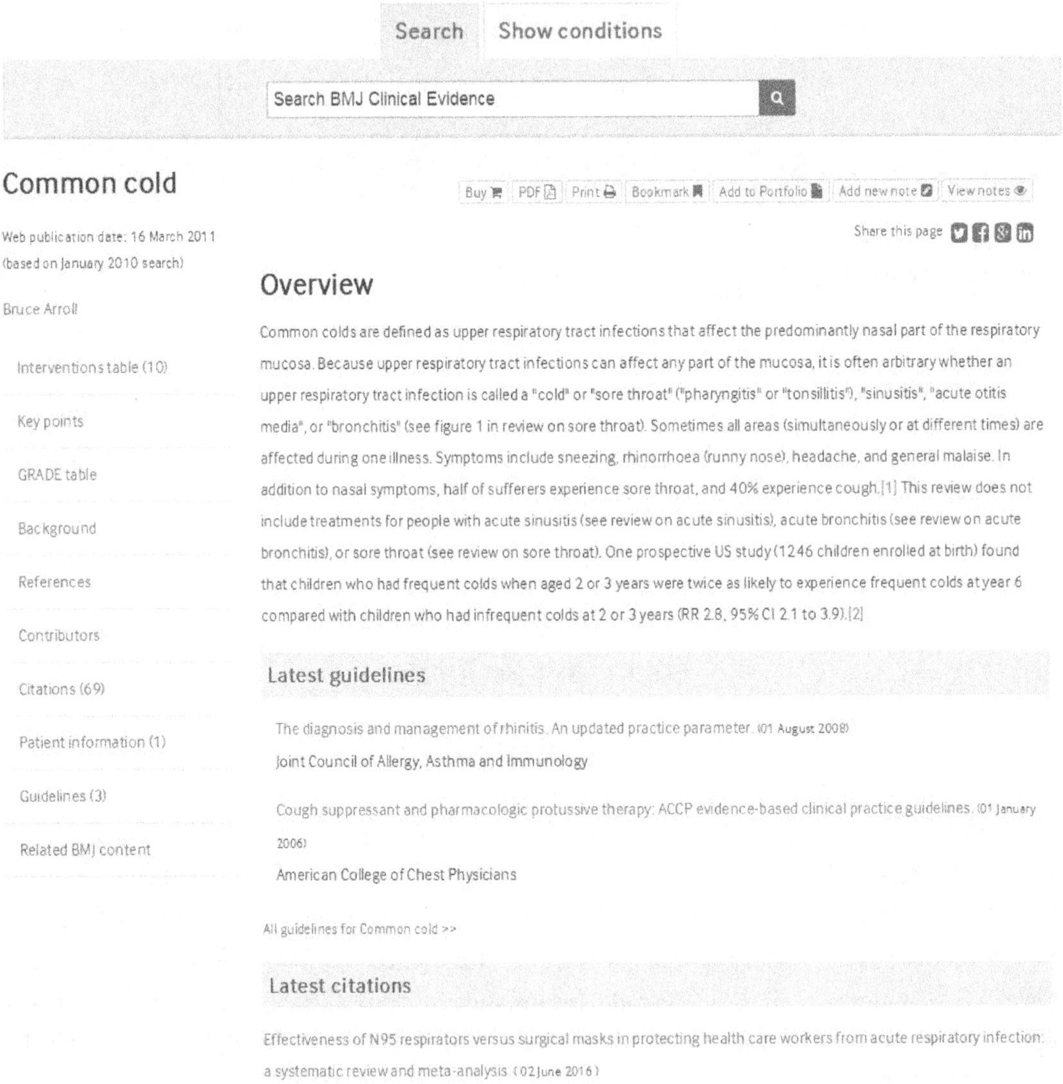

图 6-2-5 主题页面展示

引文(Citations):BMJ 与 McMaster PLUS(The McMaster Premium Literature Service)合作提供的与主题相关的涉及诊断、治疗、预测及预后以及医疗经济性的最新文献。这些文献所展示证据的有效性和适用性需要读者自行鉴定。

患者信息（Patient Information）：可以快速地让患者了解疾病或治疗等信息，描述一般涉及"发生什么？"、"××疾病是什么？"、"有什么症状？"、"如何治疗？"、"我将会怎么样？"等。

指南（Guidelines）：展示与主题相关的指南，指南来自美国国家指南交换中心，英国的 NICE（The National Institute for Health and Care Excellence）等。

Related BMJ Content（BMJ 相关内容）：与主题有关的 BMJ 里的其他内容，点击进入之后，即可查看。

练 习 题

1. 在 BMJ 临床证据中查找艾滋病证据文献的等级评价表，是否有 4 分以上的推荐证据？若没有说明什么？
2. 更年期后妇女预防骨折的有效药物有哪些？能找到文献证据吗？

第三节　考克兰图书馆

一、考克兰图书馆概述

考克兰图书馆（Cochrane Library）是 The Cochrane Collaboration 的主要产品，目前由 John Wiley & Sons 出版社出版。考克兰图书馆汇集了关于医疗保健治疗和干预有效性的研究，提供有关最新医疗的客观信息。

考克兰图书馆包括了 6 个高质量、独立证据数据库，分别为：

1. 考克兰系统评价数据库（Cochrane Database of Systematic Reviews，CDSR）　CDSR 收录由 53 个 Cochrane 系统评价小组制作产生的 Cochrane Review（Cochrane 评价）和评价方案（Protocol），是卫生保健领域关于系统性评价的引领性优秀资料。每篇 Cochrane 评价针对一个问题进行阐述，且经过同行评审，是系统性的评价文章。Cochrane 评价每月发布和更新，截止 2016 年 6 月共有 5,500 多份。作为 Cochrane Library 的重要组成部分，每篇 Cochrane 评价被 PubMed 和 SCI 收录。2014 年影响因子为 6.032。

2. 考克兰对照实验中心数据库（Cochrane Central Register of Controlled Trials）　世界上最大的随机对照实验数据库，是 Cochrane 系统评价小组收集来自各医学期刊、会议论文和各文献数据库的随机对照实验或临床对照研究。每个实验包括篇名、来源，部分含有摘要。

3. 治疗效果评价摘要数据库（The Database of Abstracts of Reviews of Effects，DARE）　由英国 Centre for Reviews and Dissemination（CRD）负责，唯一一个包含有系统性评价摘要的数据库。这些系统性评价都经过了高质量的审评。对那些繁忙的决策制定者而言，本数据库绝对是一份关键的资料，能帮助他们回答关于特定治疗效果的问题，不管这些问题是来自于临床实践还是在制定决策时产生。

4. 考克兰方法（The Cochrane Methodology Register）　考克兰方法是一份出版物汇编，收录所有关于卫生保健和社会干预系统评价方法的研究资料，包括期刊论文、著作节选、会议文集、会议摘要以及正在进行的方法学研究报告。包含了对评价中使用方法的研究，以及对更加普遍的基本方法论的研究。

5. 健康技术评估（The Health Technology Assessment，HTA） HTA把全球范围内已经完成的和正在进行的健康技术评估（对卫生保健干预治疗的医学、社会、伦理和经济影响研究）细节进行统合，目标是改善卫生保健领域的质量和成本效率。收录健康技术评估多为有关医疗保健干预的医学、社会学、伦理学和经济学意义的研究，如疾病的预防、筛查、诊断、治疗和康复的药物、疫苗、器械设备、医疗方案、手术程序、后勤支持系统和行政管理组织等具体内容。

6. 经济评估数据库（Evaluation Database，NHS） 获得英国国家卫生服务部卫生部的NHS研究与发展项目资助，由CRD制作，提供关于卫生保健干预措施的成本效益分析。

二、主界面介绍

访问http://www.cochranelibrary.com/，登录"考克兰图书馆"数据库。主页面上方为数据库导航、检索区，中间为Cochrane评价推荐，下方为Cochrane评价主题分类浏览（图6-3-1）。

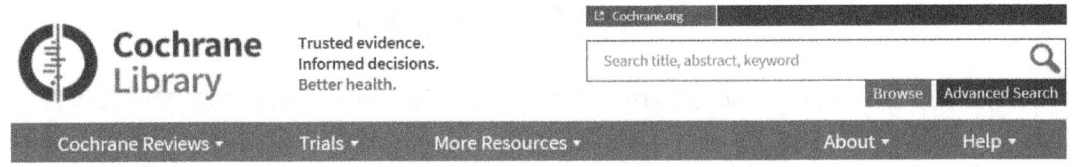

图6-3-1　Cochrane Library首页导航

（一）Cochrane系统评价数据库（Cochrane Reviews，CDSR）子栏目

1. About the CDSR　CDSR简介。
2. Search CDSR　CDSR检索。
3. Browse by topic　CDSR主题浏览。
4. Browse by review group　按照评价主题组浏览Cochrane评价内容。
5. Editorials　述评。
6. Table of contents　按年、卷、期浏览评价。
7. Special collections　特别专辑。
8. Cochrane supplements　Cochrane增刊。
9. Cochrane library iPad edition　CDSR iPad版，在平板电脑或是智能手机屏幕上轻松导航和阅读考克兰图书馆内容。

（二）其他资源库（More Resources）子栏目

1. Other reviews（DARE）　治疗效果评价摘要数据库。
2. Methods studies（CMR）　Cochrane方法。
3. Technology Qssessments（HTA）　健康技术评估。

4. Economic evaluations（EED） NHS 经济评估数据库。
5. About Cochrane database（ABOUT） Cochrane 简介。
6. Cochrane clinical answers 基于 Cochrane Systematic Reviews（Cochrane 系统性评价）高质量的证据。
7. Cochrane Journal Club Cochrane 文献报告会，每月出版；免费获取最新的 Cochrane 评价、PowerPoint、播客、病人案例原版 Cochrane 评价等资源。
8. Cochrane podcasts Cochrane 播客，可了解最新的 Cochrane 证据。

三、检索方法

Cochrane Library 提供以下 3 种信息查寻方式：快捷检索、高级检索（Advanced Search）和浏览（Browse）。

示例：查找有关腰背痛（Low Back Pain，LBP）的系统评价摘要

（一）快捷检索（Search）

在检索框中输入检索词"Low Back Pain"，点击右侧检索按钮 🔍，如图 6-3-1 所示，系统自动跳转至结果页。系统默认字段为"Title，Abstract，Keywords"，检索范围包括 CSDR 在内的 6 个数据库。常用字段参见表 6-3-1。

表 6-3-1　Cochrane Library 常用检索字段一览表

字段名称	字段描述
Search All text	除参考文献之外的所有文本字段
Record Title	标题
Author	著者
Abstract	摘要
Keywords	关键词
Title，Abstract，Keywords	标题，摘要，关键词
Tables	表格说明
Publication Type	出版物类型
Source	来源，包括刊名、会议名称、报告名称等
DOI	数字对象标识符
Accession Number	索取号

本示例共从 Cochrane Reviews 数据库中检出 162 篇 Cochrane 评价，如图 6-3-2 所示。点击 Cochrane 评价标题链接，即可查看原文内容。

左上角为 Cochrane Library 不同数据库的检索结果，括号中的数字是指在每个数据库中与搜索相匹配的结果数量。右边为具体检索结果页面，默认为每页显示 25 条记录。

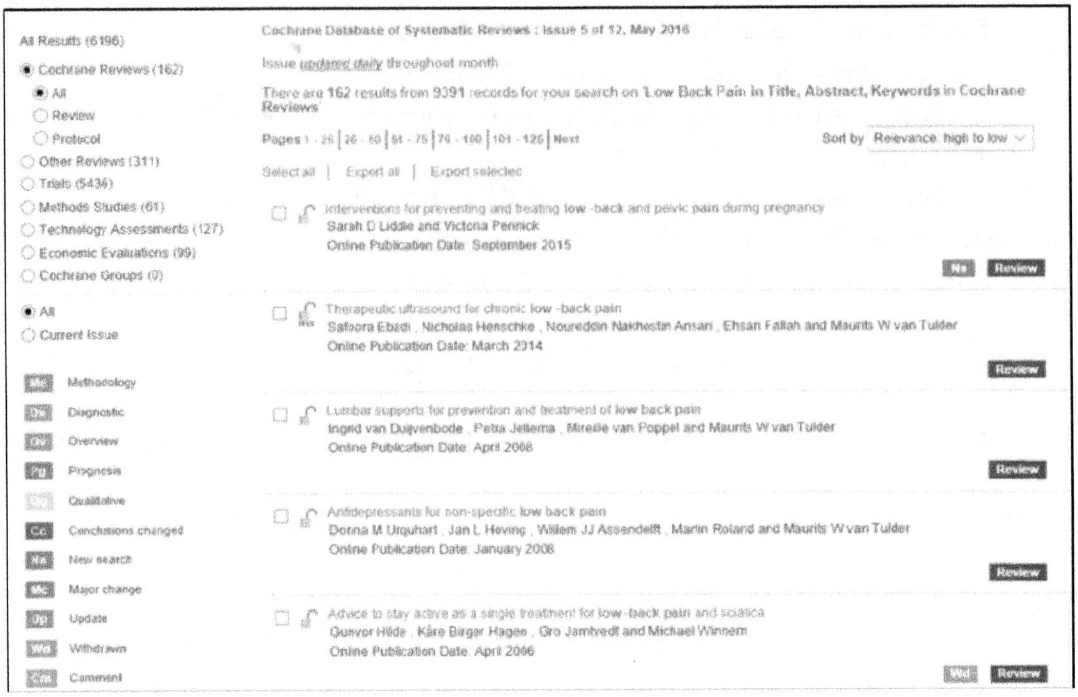

图 6-3-2　考克兰图书馆检索结果页

Cochrane 每篇评论都有一个标识显示其可提供状态，各评论状态含义如表 6-3-2 所示。

表 6-3-2　Cochrane 评论状态

代码	名称	中文名称	含义
	Review	评论	一套完整的评论，包含所有的结果和讨论，可能还包括高级分析，可以整合所有的研究结果
	Protocol	方案	筹备中的评论概要，包括背景、基本原理和方法
Me	Methodology	方法学	方法学研究的全文系统评价
Dx	Diagnostic	诊断	研究全文系统评价，评估诊断测试的精确性
Ov	Overview	综述	多项 Cochrane 介入评价的综述，阐述了两个或多个潜在干预措施带来的效应
Pg	Prognosis	预后	有健康问题人群病程或转归的预后研究系统评价
Qu	Qualitative	定性分析	定性证据的系统评价，解决有效性以外的其他方面的问题
Cc	Conclusions changed	变更的结论	在最近的刊物上出版的关于评价结论的重大变更
Ns	New search	全新出版	在最近的刊物上出版的新指南或评论
Mc	Major change	重大变化	在最近的刊物上出版的方案经过修订，反应了范围上的变化
Up	Update	更新	在最近的刊物上出版的对现有评论执行新的研究搜索
Wd	Withdrawn	撤销	评论或方案的撤销，有可能是该内容已经过时。撤销的原因将在文件中具体阐述
Cm	Comment	评价	评价包括评价。读者可以提交评价，这些评价将和评论、来自评论作者的回答以及反馈结合

(二) 按照主题浏览（Browse by Topic）

示例：浏览肿瘤相关的系统评价

点击 Cancer 主题链接，结果如图 6-3-3 所示。其中涉及膀胱癌（Bladder）有 14 篇评价，乳腺癌（Breast）82 篇，儿童肿瘤（Childhood Cancers）41 篇。继续点击 ▼ 则按照治疗方法分类显示。浏览结果可按 Date（日期）、Cochrane Review Group（Cochrane 评论组）、Stage（状态）、Type（类型）等进行进一步的内容过滤。

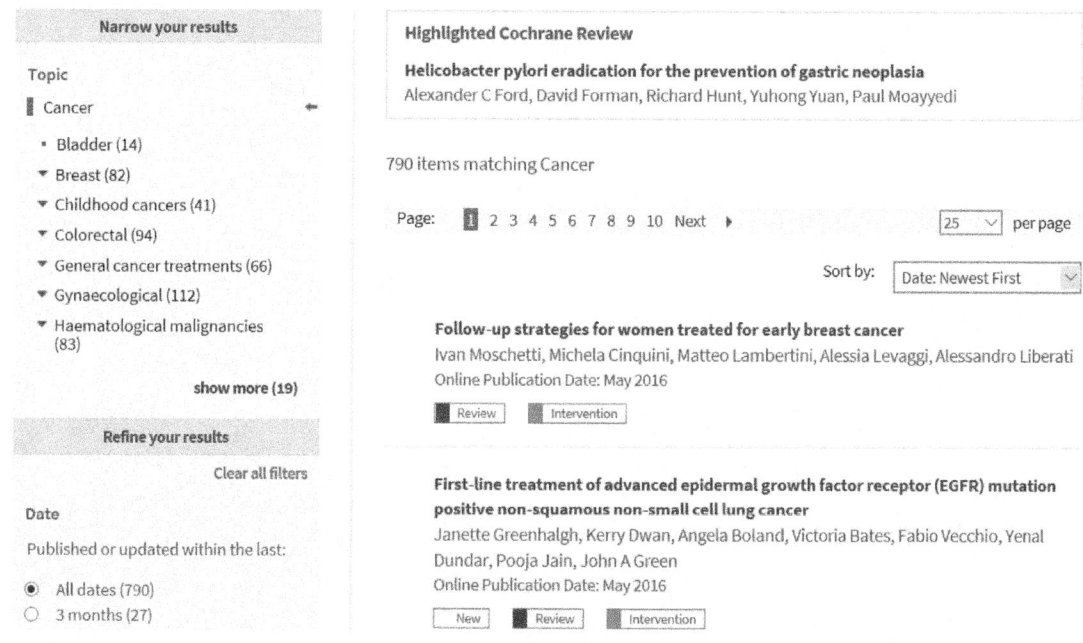

图 6-3-3　考克兰评价主题浏览

(三) 高级检索

Cochrane Library 除提供"Search"（快捷检索）外，还提供了"Search Manager"（检索管理器）、"Medical Terms"（医学主题词表，MeSH）等（图 6-3-4）。

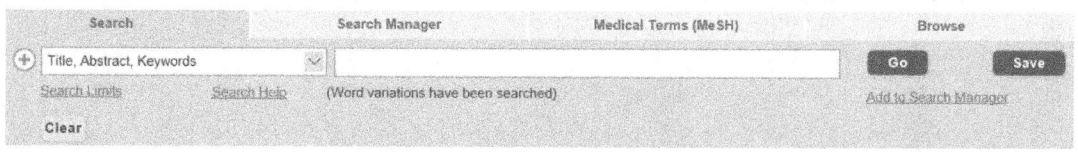

图 6-3-4　Cochrane 检索功能

1. **医学主题词（Mesh Terms）检索**　主题词采用美国国立医学图书馆编制的医学主题词表（Mesh，参见第三章第二节 PubMed 数据库检索）。输入"Low Back Pain"时，系统自动显示对应的主题词，如图 6-3-5 所示，或者点击右侧 Lookup 浏览查找。在中间的主题词树状结构（MeSH Trees）显示框下继续选择"Single MeSH Term （Unexploded）"（检索单个主题词）、"Explode Selected Trees"（扩展已选择的树）和"Explode All Trees"

（扩展所有的树）等选项，选定合适的上下位词进行调整以控制检索范围。

如果进一步限制主题词检索范围，可在紧邻的检索框内选择副主题词，如检索腰背痛治疗方面的评价，可选择多个合适的副主题词如 Therapy-TH（治疗）、Drug Therapy-DT（药物治疗）、Rehabilitation-RH（康复）、Surgery-SU（手术）等，使检索更加全面、精确。

需注意的是：在考克兰图书馆中并非所有的记录都有主题词，因此，在进行主题词检索时需要将主题词检索和自由词检索结合起来制定检索策略。

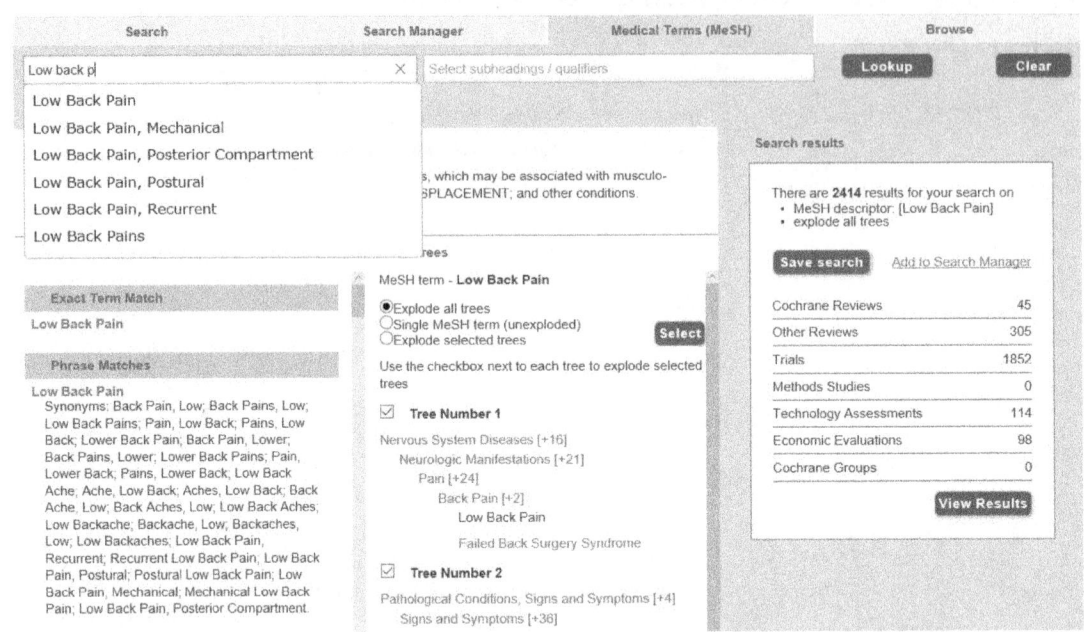

图 6-3-5　考克兰主题检索

2. **检索管理器（Search Manager）**　使用"Search Manager"（检索管理器）创建复杂的检索策略，界面如图 6-3-6 所示。使用 ⊕ 和 ⊖ 按钮添加或删除逻辑检索行。利用 ⓜ 按钮添加或编辑医学主题词表（MeSH）检索术语。利用 🗓 按钮添加数据库检索范围、日期、评价组别、评价类型等限定条件。例如检索长效 $β_2$ 受体激动剂（LABA）治疗慢性阻塞性肺疾病的相关评价（COPD），分别输入检索词 LABA、COPD，点击 Go 显示对应检索结果数，单击结果数以查看具体文献。插入新的搜索项，输入最终的检索逻辑表示式以完成检索。

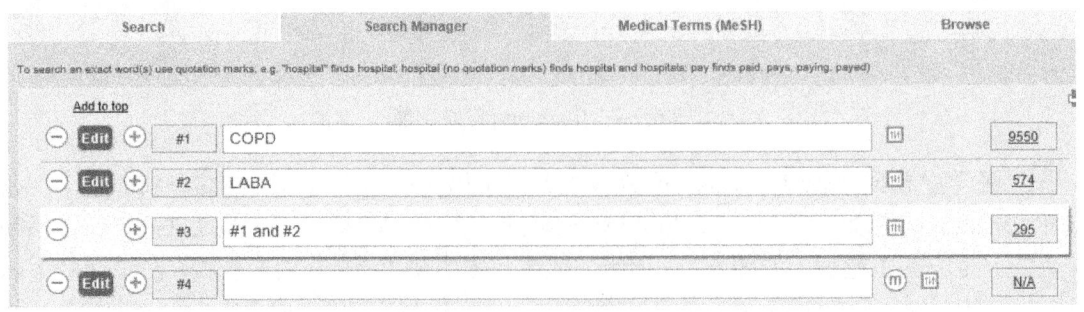

图 6-3-6　考克兰检索管理器

练　习　题

1. 抗肿瘤药吉西他滨（Gemcitabine）治疗非小细胞肺癌的临床证据。
2. 有关溶栓治疗急性心肌梗死的系统综述。

（耿　鹏　张精理　武海东）

第七章　引文数据库检索

第一节　引文和引文数据库

科学技术的发展和进步具有极强的继承性和延续性,是一个承前启后,不断进步的过程。任何重大的科学研究成果,都不是空穴来风或凭空产生的,而是在继承前人研究成果的基础上进行创造性劳动的结晶。科学工作者在撰写和发表科学文献时,以脚注或尾注的形式,列出相应的参考文献,让读者在阅读该文献时了解该著作采用或涉及什么人在什么时候或什么地方提出过什么样的科学理论、方法或技术,能分清著作中的哪些部分是别人的研究成果,哪些部分是作者的研究发现,这也是对前人的研究成果表示应有的尊重,已经成为科学交流中一种约定俗成的范式或习惯。通过文献之间的引用和被引用关系,可以对文献进行整理和组织,编制出各种引文索引,在传统的文献检索方法如主题检索、分类检索、关键词检索、题名检索和著者检索等之外为我们检索文献提供一种新的方法。

根据这一原理,美国人尤金·加菲尔德在1955年的《科学》杂志上发表了一篇文章,提出了引文和引文索引的理念。他对论文后面的参考文献进行标引,生成引文索引,将某篇文献作为检索入口从而跟踪该文献的科学思想或方法的发展过程。引文索引将跨越时代、跨越学科的研究联系起来,克服了传统的主题词、关键词检索的局限性,可以检索到传统方法无法检索到的相关文献。根据引用与被引用的原理而开发出来的引文索引数据库,如美国的《科学引文索引》、《社会科学引文索引》和《艺术与人文学科引文索引》,由于有着严格的收刊范围和标准,为文献检索而开发的《科学引文索引》等数据库又成为科研管理部门进行科学评价的重要工具,这一点或许是加菲尔德当初所没有想到的。

一、引文及相关概念

与引文和引文数据库密切相关的概念有引文、参考文献、来源文献、影响因子、即时指数、被引频次、被引半衰期等。近年来学术界又出现了H指数、5年影响因子、特征因子分值和论文影响分值等概念。

1. 引文　即参考文献,是引用或参考有关文献的著录,通常附在论文、专著的章节之后,以参考文献的方式列出;有时也以脚注的形式出现在页脚或以说明的形式出现在正文当中。中国古籍的参考文献则更多地以夹注的方式出现在正文当中。若从方便读者阅读的角度考虑,脚注显然胜于尾注,可免去读者在阅读过程中频繁翻阅尾注的不便。

2. 来源文献　是指提供引文的文献,也称为施引文献。来源文献多为学术期刊、专著或会议文献等,这些刊载来源文献的期刊或专著等称为来源出版物。由于来源文献或来源出版物提供了引文、引文著者及所属国家、地区或机构等统计数据,因而又被称为统计源。

3. 影响因子　是国际通用的评价期刊的指标。影响因子是期刊论文被引用量与可供引用论文总数之比。计算方法为,某年内来源期刊引用该期刊前两年发表论文总次数与该刊前两年发表论文总数之比。期刊的影响因子是动态变化的。

4. 即时指数　是指衡量一种期刊被来源期刊引用速度的指标,即期刊当年发表文章的平均被引用数。其计算方法为,某年该刊发表文献的被引次数与该刊当年发表的所有论文数之比。

5. 被引频次　指文献发表后被数据库收录的其他文献作为参考文献加以引用的总次数。

6. 被引半衰期　是引用频次下降速度的量度指标，是指从论文发表到总被引频次下降至50%时的年数，该指标表示论文发表后持续被引用时间的长短，即论文持续产生影响力的时间。半衰期越长，影响力越大。

7. 引文索引　是以引文著者为检索入口，检索特定的著者发表的文献被他人引用情况的索引。

8. H指数　是美国加州大学圣地亚哥分校物理学家乔治·赫希（Jorge E.Hirsch）提出的一种定量评价科研人员学术成就的指标。H指数是说某位科学家发表的所有文献中，有n篇文献的被引次数不低于n次，则H指数=n。H指数能比较准确地反映一个人的学术成就，一个人的H指数越高，表明他的学术影响力越大。

9. 5年影响因子　指某一期刊前5年发表的论文在统计当年被引用总次数与该期刊在前5年内发表论文总数之比。计算公式为：5年影响因子=该期刊前5年发表论文在统计当年被引用的总次数/该期刊前5年发表论文总数。

10. 特征因子分值　过去5年中期刊发表的论文在JCR统计当年的被引用情况。与影响因子比较，期刊特征因子分值的优点主要有：①特征因子考虑了期刊论文发表后5年的引用时段，而影响因子只统计了2年的引文时段，后者不能客观地反映期刊论文的引用高峰年份；②特征因子对期刊引证的统计包括自然科学和社会科学，更为全面、完整；③特征因子的计算扣除了期刊的自引；④特征因子的计算基于随机的引文链接，通过特征因子分值可以较为合理地测度科研人员用于阅读不同期刊的时间。

11. 论文影响分值　基于每篇论文来测度期刊的相对重要性。其计算方式为：特征因子分值除以期刊所发表的论文标准化比值（所有期刊的论文总数为1）。论文影响分值的平均值为1.00，大于1.00表明期刊中每篇论文的影响力高于平均水平，小于1.00则表明期刊中每篇论文的影响力低于平均水平。

影响因子、即时指数和被引半衰期等指标因学科不同而有较大区别。

二、引文索引的作用及其局限

引文索引为我们从文献之间的引用与被引用角度，提供一种新的文献检索方法。这种文献检索的方法由于遵循了科学研究之间承前启后的内在逻辑，展示了科技文献内容之间的相互联系，在检索过程中大大降低了检索结果之间的或然性。

此外，引文索引因为具有特殊的评价作用而受到学术界的特别关注，在科学研究中具有重要的意义。从各种因素来看，体现论文学术价值的形式主要包括：①论文发表的期刊的权威性和影响力；②论文的文献类型，如研究报告、综述、专著；③论文发表后的被引频次和被引半衰期；④论文是否被相应的文献检索系统收录。在这些诸多因素中，最具指标意义的因素是论文发表后的被引频次和被引半衰期。论文被他人引用，尤其是正面引用，是其学术观点、研究成果被学术界认可、借鉴和参考的客观依据，是论文产生学术影响和社会效应的重要体现。一般来说，被引频次越高，论文的影响力也就越大。被科学界公认的具有重要科学贡献的科学家们所发表的学术论文，往往具有较高的被引频次。ISI创始人尤金·加菲尔德曾对SCI引文进行统计后发现，诺贝尔科学奖获得者发表的论文的平均被引频次是总平均被引频次的30倍。

由引文索引用于对学术论文的影响力的评价，还派生出了引文索引用于对学术期刊、特定的国家、地区、科研机构的学术影响力的评价。期刊的影响因子、即时指标、被引频次等数据是目前对学术期刊进行评价的重要指标，这些数据是由引文索引计算出来的。对特定的国家、地区、科研机构公开发表的科学论文的产出和被引用情况进行分析，又可以在一定程度上反映出这些国家、地区、研究机构的科研状况和学术影响力。

但是，引证行为是一种复杂的行为，不可否认，目前的引文索引还存在着一定的局限性。首先，引文索引只是选择性地收录了部分被认为是比较重要的期刊上发表的论文，容易漏掉一部分重要的文献。其次，引文索引在文献的标引方面也存在问题。引文索引的标引质量取决于来源文献提供引文的质量。如果来源文献对引文的标引不准确，或来源文献与引文之间的关系并不密切，比如"酬谢"引用、"添彩"引用等虚假引用，这样就会影响引文索引的质量。第三，出现在同一篇论文或同一本著作的参考文献的权重在引文数据库中是很难区分的，这也影响了引文索引的质量。另外，目前引文索引的编制技术也并不完善，如只能标引第一著者，很难区分缩写后产生的同名或重名著者，论文中的隐含引文不能给予充分的揭示等等。

此外，将不同的引用行为等量齐观，以文献被引用的数量本身作为论文质量的评价指标也有一定的局限性。一般来讲，一篇论文被引用的次数越多，影响越大，但也要注意他引和自引的区别，特别是恶性自引的情况。即使是他引，也要考虑正面引用和指谬引用之间存在着质的不同。还要注意学科领域的差异，不同的学科有不同的引用行为，有的学科较少引用他人的文献，而有些学科则较多地引用他人的文献。单纯以被引频次来评价论文很难避免上述问题。对期刊的评价也不能仅仅比较期刊的影响因子的高低，不同学科领域期刊之间的影响因子的高低可比性不强。

因此，引文索引仅仅是科学评价的一个方面，并不能完全代替其他的评价方法。当利用引文索引来对科学研究进行评价时，一定要充分考虑各种制约因素，结合其他方法进行综合评价，比如同行评价等。

三、引文数据库

引文数据库是包括引文索引在内的综合查询系统，其检索入口除引文著者外，还包括来源文献作者及所属机构、城市、国别、文献中的关键词、人物以及来源出版物的其他信息。

（一）Web of Science

目前，世界上公认的最具权威性的引文数据库是汤姆森路透科技信息集团所开发的 Web of Science 核心合集中的三大引文数据库，即科学引文索引 SCIE（Science Citation Index Expanded）、社会科学引文索引 SSCI（Social Science Citation Index）及艺术与人文科学引文索引 A&HCI（Arts & Humanities Citation Index）。目前该产品属于 Onex 公司和霸菱亚洲投资基金。其中 SCIE 收录期刊 8,300 多种，数据回溯到 1900 年；SSCI 收录期刊 2,900 多种，数据回溯到 1900 年；A&HCI 收录期刊 1,600 种，数据回溯到 1975 年。三大引文数据库收录了全世界最有影响力的期刊 1.28 万种，内容涵盖了自然科学、工程技术、生物科学、医学、社会科学、艺术和人文学科等领域的 250 多个学科的学术文献，数据回溯最早超过 100 年。这 1 万多种期刊中的每一种被 Web of Science 收录的期刊，都经过严格的评估和长期的跟踪，并根据期刊的基本出版标准、编辑的内容、国际性和地域代表性、引文分析 4 个标准对其进行评估，然后决定取舍。因此，可以说 Web of Science 集中了全球最优秀的期刊。国内许多高校和科研机构常把在三大引文数据库所收录的期刊上发表学术论文作为科研奖励或科研评价的重要标准，其原因在此。

（二）Scopus

Scopus 是 2004 年爱思唯尔（Elsevier）公司推出的目前世界上最大的二次文献数据库。Scopus 收录了来自全球 5,000 家科学出版机构的 1.65 万多种同行评议学术期刊，其中包括 1,200 多种开放期刊、750 种会议记录、600 种的商业出版物、350 种丛书系列，内容覆盖物理、化学、数学、工程学、生命及保健科学、生物学、医学、农业及环境科学、社会科学、心理学及经济学等研究领域，提供自 1847 年以来的超过 3,300 万篇文摘以及自 1996 年以后的所有文后参考文献信息。与 Web of Science 一样，医学是 Scopus 收录的重点之一，医学期刊在 Scopus 收录的期刊中占到 28.24%。

与 SCI 等引文数据库不同，Scopus 不是专门为引文检索而开发的数据库，但引文检索是该数据库的重要特色之一。Scopus 的引文检索功能是通过文献被引追踪、自引追踪和期刊总被引追踪等引文跟踪功能来实现的。如果在检索结果中某一篇文献曾经被其它文献引用过，选择该文献后再点击该来源文献详细记录页面上方的"Citation Tracker"，即可得到该文献自 1996 年以来每年的被引次数列表。Scopus 数据库的自引主要是对某个具体的作者而言，在作者检索的结果页面，点击"Citation Tracker"可以查看该作者的自引信息。此外，点击每篇源文献下方的"Abstract+Refs"可以得到摘要和参考文献页面，页面下半部分提供参考文献列表，即源文献作者所引用的参考文献；在页面的右方提供该篇文献的被引用情况。在这里可以看到其中 3 篇最新的引证文献。点击下方的链接，可以查看所有引用过该篇文献的文献列表。同时可以看到所有参考文献的被引用情况。Scopus 的引文分析直接给出文章的总被引次数，清晰明了，简单易用。而且数据库收录的期刊数量多、学科门类齐全，使其在统计不同学科之间的互引量、交叉学科的内部联系等方面较具优势。Scopus 收录了更多的中国来源期刊，对于分析和评价国内科技论文、著者研究机构的学术水平更具实际意义。因此，在 Web of Science 之外，Scopus 越来越受到学术界的重视。

Scopus 每日更新，使科研人员及时全面地了解当今世界最新的科研成果。读者可以从网站 www.info.scopus.com 或 china.elsevier.com 了解相关新闻，通过 www.scopus.com 检索文献信息，查询被 Scopus 收录的论文及其被引用情况（图 7-1-1）。

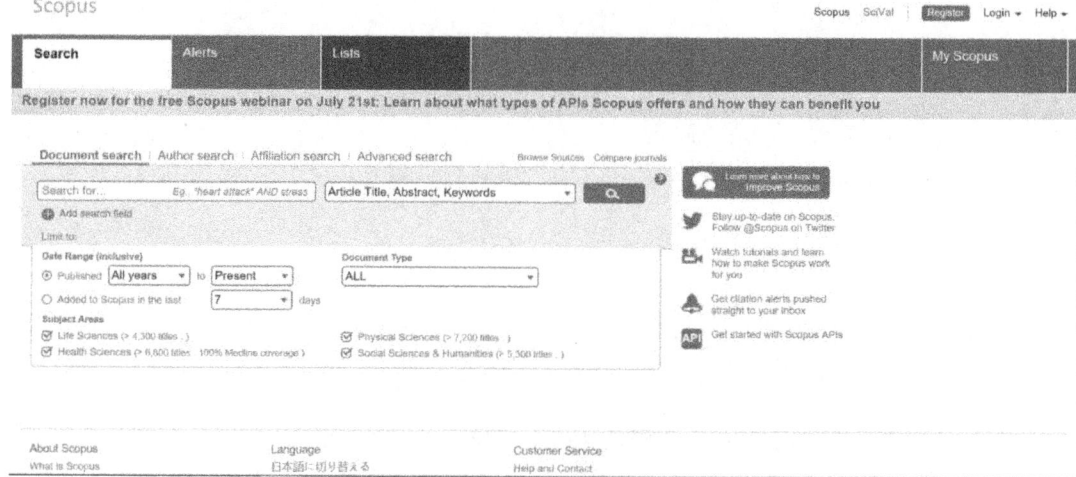

图 7-1-1　Scopus 主页

(三) 国内引文数据库

国内专门为引文检索而开发的数据库,人文社会科学领域有南京大学中国社会科学研究评价中心开发的《中文社会科学引文索引》(CSSCI),如图 7-1-2 所示;科技领域有中国科学院图书馆开发的《中国科学引文索引》(CSCD),如图 7-1-3 所示,详见本章第 3 节;医疗卫生领域有解放军医学图书馆开发的《中国生物医学期刊引文库》(CMCI),如图 7-1-4 所示。其他数据库如"中国知网"(CNKI)、"万方数据"和维普资讯(VIP)等都有自己的引文检索数据库。如图 7-1-5 所示为中国知网的引文检索界面。

图 7-1-2　中文社会科学引文索引的高级检索界面

图 7-1-3　中国科学引文索引的引文检索界面

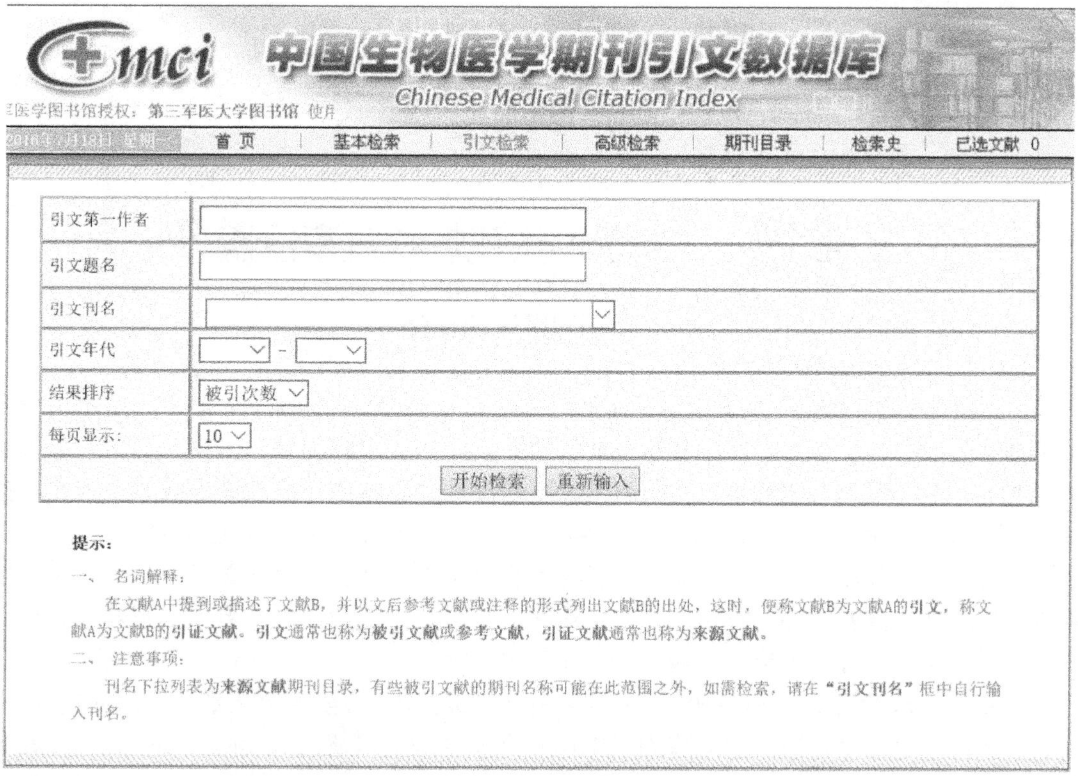

图 7-1-4 中国生物医学期刊引文数据库的引文检索界面

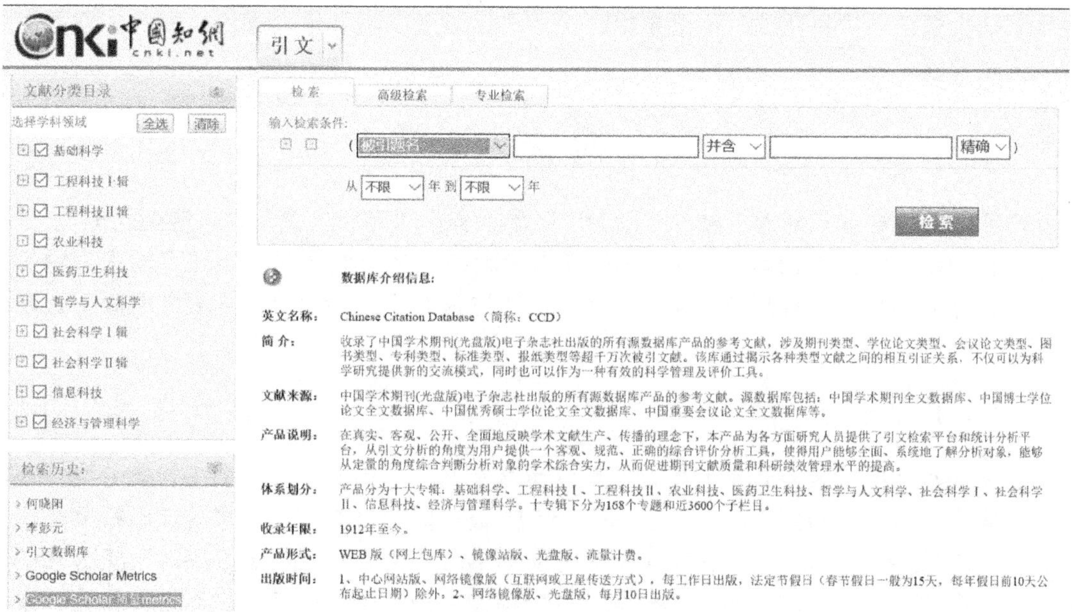

图 7-1-5 中国知网引文检索

练 习 题

1. 如何看待引文数据库在学术研究评价中的作用？
2. 目前国内外有哪些重要的引文数据库？

第二节 中国科学引文数据库检索

一、数据库简介

中国科学引文数据库（Chinese Science Citation Database，简称 CSCD），是由中国科学院文献情报中心于 1989 年开发的一个引文数据库，收录我国数学、物理、化学、天文学、地学、生物学、农林科学、医药卫生、工程技术、环境科学等领域出版的中英文科技核心期刊和优秀期刊 1,500 余种，目前已积累从 1989 年到现在的论文记录 447 万余条，引文记录达 5,300 余万条。CSCD 具备一般检索及引文索引功能，对交叉学科和新学科的发展研究具有十分重要的参考价值。CSCD 建库历史悠久、专业性强、数据准确规范、检索方式多样、完整、方便等特点，被誉为"中国的 SCI"。

2003 年 CSCD 推出了网络版，与中国学科文献数据库、中国科学文献计量指标数据库、中国科技期刊引证指标数据库集成为"中国科学文献服务系统（Science China）"。2007 年与美国 Thomson-Reuters Scientific 合作，实现与 Web of Science 的跨库检索，是 ISI Web of Science 平台上第一个非英文语种的数据库。该库已在我国科研院所、高等学校的课题查新、基金资助、项目评估、成果申报、人才选拔以及文献计量与评价研究等多方面作为权威文献检索工具获得广泛应用。

二、检 索 方 法

CSCD 的检索方式分为 3 种，分别为"简单检索"、"高级检索"、"来源期刊浏览"。在检索过程中要注意，CSCD 收录范围包括国内出版的中文和英文刊，"刊名"检索项中的某些检索词需要中英文两种形式的组配，才能更为准确全面地检索到所需要的文献，提高查全率。

（一）简单检索

数据库默认的检索方式是简单检索，这也是最常用的检索手段。简单检索分为"来源文献检索"和"引文检索"，引文检索是 CSCD 最重要的检索方式。来源文献检索是用来检索 CSCD 收录的文献，引文检索可检索 CSCD 收录文献的引用信息。两种检索方式的界面相同，在检索过程中，可通过下拉菜单选定检索字段，输入检索词进行快捷检索，还可以通过限定多个检索字段，进行逻辑组配检索。检索词可通过加双引号的形式限定为精确匹配。

1. 来源文献检索　指与某主题相关的论文发表情况的检索，可以查询个人、机构、国家重点实验室在我国核心期刊上发表论文的情况。可供检索的字段包括：作者、第一作者、题名、刊名、ISSN、文摘、机构、第一机构、关键词、基金名称、实验室、

ORCID、DOI。可通过不同字段组配检索，也可限定论文的发表年限和学科范围，查询所需文献。

2. 引文检索　通过引文检索，可以查询某个作者或机构所有论著或单篇论文被引用的频次和具体的被引情况，从引文分析中了解科研工作的发展、历史和研究群体。可供检索的字段包括：被引作者、被引第一作者、被引来源、被引机构、被引实验室、被引文献主编。可限定论文被引年限和论文发表年限。

示例：分别利用来源文献检索及引文检索两种方式检索第三军医大学唐康来教授以第一作者发表的论文及被引用的情况

在来源文献检索界面中选择"第一作者"，输入作者姓名"唐康来"，再选择机构，输入"第三军医大学"，使用逻辑"与"组配，点击"检索"，结果如图7-2-1所示。

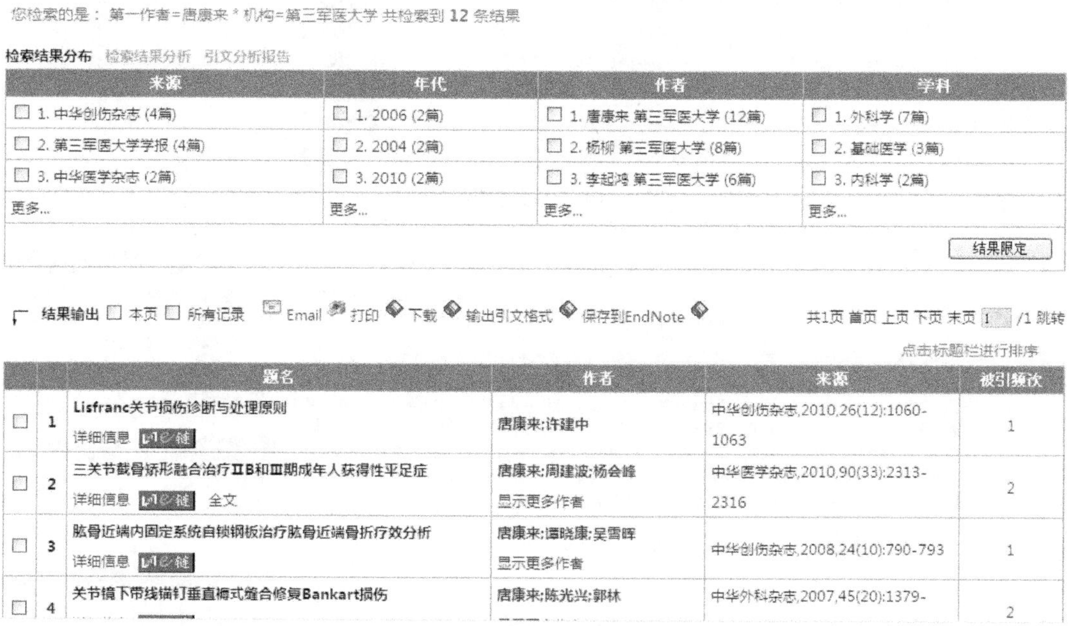

图 7-2-1　来源文献检索结果

检索结果显示第三军医大学唐康来教授以第一作者发表的论文目录，以及对论文的来源、年代、合作著者、学科的分析。点击论文记录后的"被引频次"可查看有哪些文献引用了该论文。

引文检索则需要将检索字段分别换成"被引第一作者"、"被引机构"，结果如图7-2-2所示。

选择需要查看的其中一篇文章，点击"详细信息"链接，即可查看该文章的著录情况、该文献的参考文献及具体被引情况中的引证文献，还可以通过"相关文献"中的"作者相关"、"关键词相关"、"参考文献相关"进一步限定检索形式；通过"其他链接"提供相应的网络链接、原文传递、参考咨询等服务；通过"结果输出"，"Email"、"打印"、"下载"输出结果，如图7-2-3所示。

图 7-2-2 引文检索结果

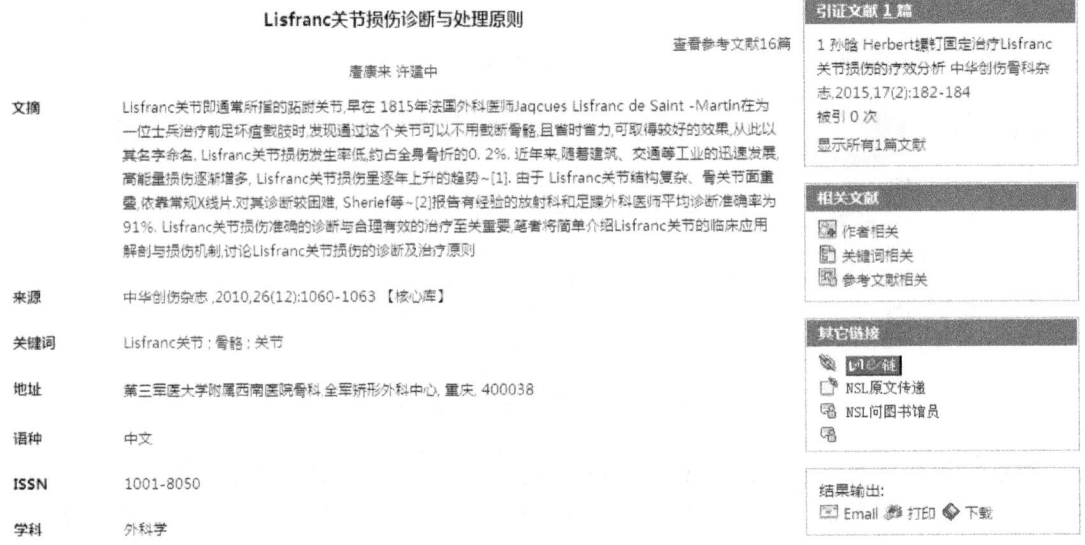

图 7-2-3 结果浏览

（二）高级检索

高级检索可以根据检索系统提供的检索字段，在检索框中通过布尔连接符任意组配检索式进行检索。默认为模糊检索，若在检索式的检索项后加入"_EX"，则表示精确检索。除直接构建检索式外，也可以在下方检索框中根据不同的字段填入相应检索词，点击"增加"，将会自动生成检索框中的检索语句。高级检索同样提供"来源文献检索"和"引文检索"两种检索方式。

1. 来源文献检索　检索系统提供与简单检索相同的 13 个检索点，在检索框中输入"字段名称"和"布尔连接符"以及检索内容构造检索式，如精确检索"唐康来"并且刊名为模糊检索"第三军医大学学报",可以使用检索式:AUTHOR_NAMES_EX:唐康来 AND JOURNAL_NAME_GF:第三军医大学学报。也可以在最下方的检索框选择"作者"字段,输入"唐康来",勾选"精确"并"增加",再选择"刊名"字段,输入"第三军医大学学报",点击"增加",系统也会自动生成上述检索语句,检索结果相同。

2. 引文检索　检索系统提供了7个检索点,比简单检索多了"被引出版社"检索项。检索形式与"来源文献检索"相同。

(三) 来源期刊浏览

来源刊浏览提供 CSCD 来源的中英文期刊浏览,其中英文刊 224 种,中文刊 1,351 种,提供刊名首字母浏览以及"刊名"、"ISSN"的检索两种方式,如图 7-2-4 所示。

找到相应期刊后,点击"刊名",可查看该期刊的详细信息,包括"ISSN"、"年代范围"、"学科"以及"这本期刊收录的论文"。点击期刊对应的卷期号,可查看该期刊相应卷期的具体来源文献信息。

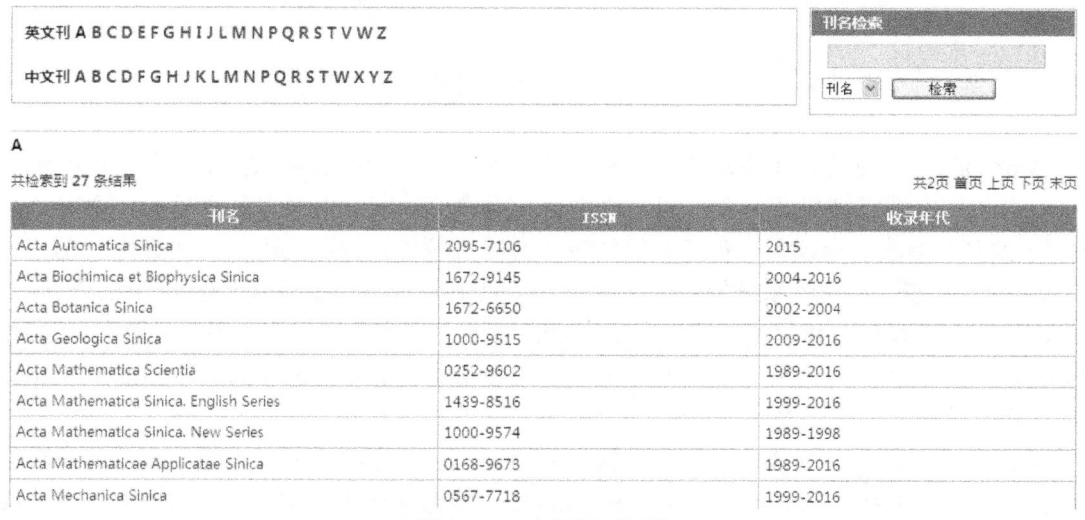

图 7-2-4　来源期刊浏览

三、检索结果的限定、排序及输出

(一) 限定

可通过"结果限定"进一步限定检索结果以提高检准率。来源文献检索结果可以从来源、年代、作者和学科 4 个方面进行分类,而引文检索结果可以从被引出处、年代和作者 3 个方面来进行分类。同时,还可进行"检索结果分析",生成"来源期刊百分比图"及来源期刊刊名、数量及百分比的统计表格;也可自动生成"引文分析报告",显示"每年出版的文献数"及"每年被引的文献数"等。

(二) 排序

点击"结果输出"列表中相应的字段名称,可以实现相应字段的排序。来源文献检索结果可以按照题名、作者、来源和被引频次进行排序,引文检索可以按照作者、被引出处和被引频次进行排序。其中题名、作者、来源、被引出处及被引频次排序默认为以英文字母顺序排列，被引频次为降序排列。

（三）输出

检索结果提供"Email"、"打印"、"下载"、"输出引文格式"与"保存到 EndNote"五种输出方式。

练 习 题

1. 检索钟南山院士的《现代呼吸病进展》[北京：中国医药科技出版社，1994]一书的中文被引情况。
2. 统计 2015 年度《第三军医大学学报》刊文量，其中被引频次最高的文章为哪篇？

第三节 WOS 核心合集检索

一、概 述

Web of Science 是汤姆森路透科技集团开发的一个综合性多功能检索平台，目前属于 Onex 公司和霸菱亚洲投资基金。通过该平台，用户可以同步检索多种数据库，内容涵盖图书、期刊、专利、会议录、免费开放资源和网络资源等，并可实现与大多数外文期刊全文数据库的链接。利用该系统提供的信息管理工具 EndNote，还可实现信息检索、获取、分析、管理和评价的一体化操作。Web of Science 平台除了核心合集外，还可以检索 BIOSIS Previews、Medline、Current Contents Connect、Derwent Innovations Index、SciELO Citation Index 和中国科学引文数据库等。

Web of Science 的核心合集由 7 个数据库组成，除大家熟悉的三大引文数据库即科学引文索引 SCI-E（Science Citation Index Expanded）、社会科学引文索引 SSCI（Social Science Citation Index）及艺术与人文科学引文索引 A&HCI（Arts & Humanities Citation Index）之外，Web of Science 还包括两个会议录文献引文数据库和两个化学领域的数据库。两个会议录文献引文数据库是 Conference Proceedings Citation Index-science（CPCI-S）和 Conference Proceedings Citation Index-social Sciences & Humanities（CPCI-SSH）。两个化学领域的数据库是 Current Chemical Reaction 和 Index Chemicus。

医学文献检索主要涉及 Web of Science 中的 SCI-E，即《科学引文索引》。《科学引文索引》是美国费城科学情报所（Institution for Science Information，简称 ISI）于 1961 年创刊的引文检索工具。一开始为年刊，1965 年开始出版季刊，1979 年以后改为双月刊，1990 年以后开始发行光盘版数据库，1997 年以后发行网络版数据库 SCIE，2001 年通过 ISI Web of Knowledge 平台向因特网用户提供检索服务。

SCI 收录的来源期刊逐步增加，有一定的变化。1997 年通过网络版推出 SCI-Expanded 来源期刊，目前 SCI-E 已经达到 8,300 多种。这些期刊来源于 40 多个国家 150 多个学科，主要涉及数学、物理学、化学、天文学、计算机科学、材料学、生物学、生物化学、生物工艺、植物学、动物学、农学、兽医学、医学、药理学、儿科学、外科学、肿瘤学、精神病学等,其中生命科学及医学来源期刊约占 SCI-E 期刊总数的 1/3。

二、检索途径和方法

Web of Science 除了英语检索界面外,还有中文简体、中文繁体、日语、朝鲜语、葡萄牙语、西班牙语和俄语等检索界面,中文简体检索界面如图 7-3-1 所示。点击右上角的语种切换菜单可以在各语种之间进行切换。Web of Science 的检索途径有基本检索（Search）、作者检索（Author Search）被引文献检索（Cited Reference Search）、化学结构检索（Structure Search）和高级检索（Advanced Search）等。

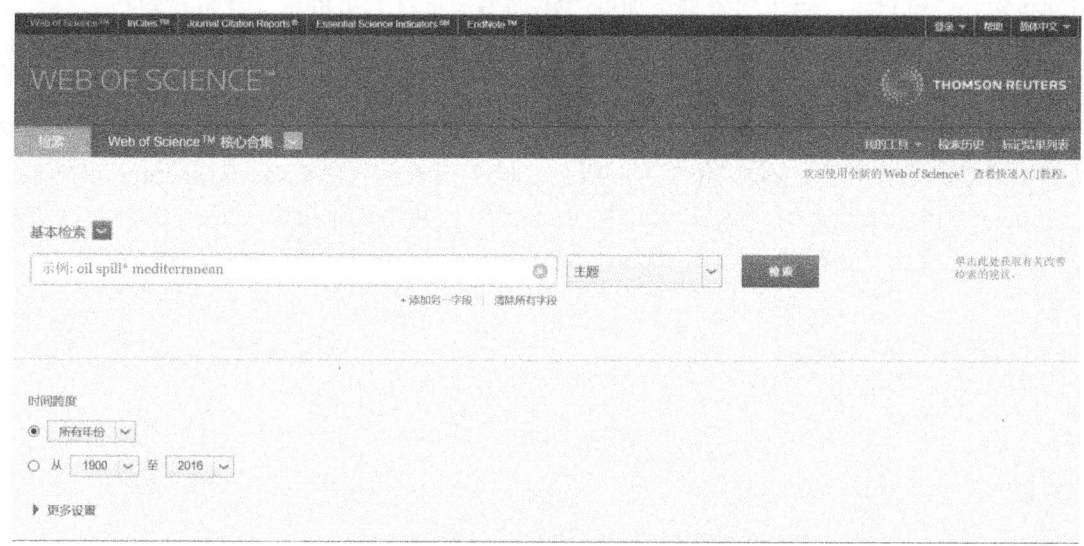

图 7-3-1　Web of Science 的中文检索界面

（一）基本检索

Web of Science 数据库的默认检索界面为基本检索（图 7-3-1），即 Web of Science 的核心合集的检索界面。如需访问其他数据库,可点击左上角"Web of Science 核心合集"右侧的下拉菜单选择其他数据库即可,视各教学科研机构订购的数据库而定,如图 7-3-2 所示。

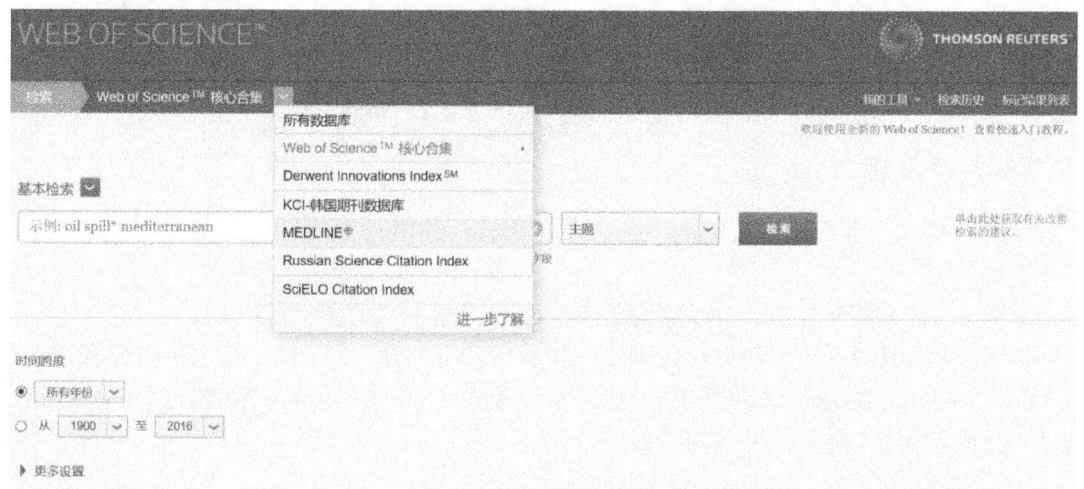

图 7-3-2　Web of Science 可检索部分数据库

通过基本检索可以检索到 Web of Science 来源期刊上发表的文献。Web of Science 的普通检索界面提供了按文章的主题（Topic）、标题（Title）、作者（Author）、作者标识（Author Identifiers）、团体作者（Group Author）、编者（Editor）、出版物名称（Publication Name）、DOI、出版年（Year Published）、地址（Address）、机构扩展（Organization-Enhanced）、会议（Conference）、语种（Language）、文献类型（Document Type）、资金资助机构（Funding Agency）、授权号（Grant Number）、入藏号（Accession Number）和 PubMed ID 等检索文献的途径。其中主题字段检索与 PubMed 或 Embase 数据库的主题词检索不同，仅表示在文献的题名、摘要和关键词 3 个字段中进行检索。Web of Science 可以实现布尔逻辑检索、截词检索和强制检索。点击检索框下面的"添加另一字段"可以增加逻辑检索行。

示例 1：检索急性呼吸窘迫综合征（Acute Respiratory Distress Syndrome）的英语综述文献

分析：该题目涉及 3 个概念，一是急性呼吸窘迫综合征，二是用英语发表的文献，三是综述文献。操作如下，在如图 7-3-1 所示的检索框中输入 "Acute Respiratory Distress Syndrome"（注意加引号）；再点击"添加另一字段"，选择语种英语（English）；再次点击"添加另一字段"，选择文献类型中的综述（Review），点击"检索"按钮，结果如图 7-3-3 所示。

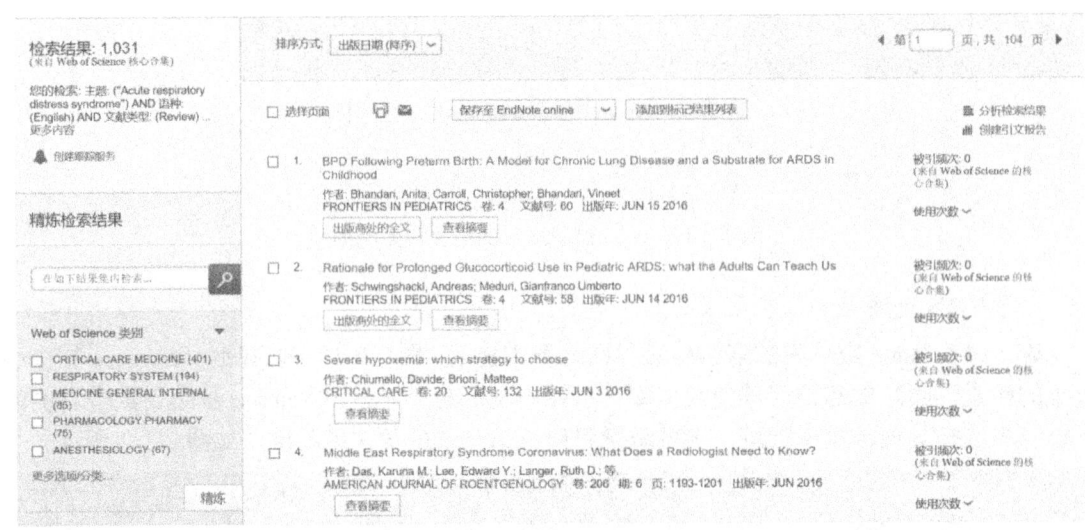

图 7-3-3　急性呼吸窘迫综合征英语综述文献

（二）作者检索

点击"基本检索"按钮右侧的下拉菜单，选择"作者检索"即进入如图 7-3-4 所示的作者检索界面。

示例 2：检索第三军医大学免疫学研究所吴玉章教授发表的文献

操作：在如图 7-3-4 所示的检索框中，按要求输入"Wu"和"YZ"，在选择研究领域中选择"Life Sciences Biomedicine"，在选择组织中选择"Third Military Medical University"，点击"完成检索"，检索结果如图 7-3-5 所示。

图 7-3-4 作者检索界面

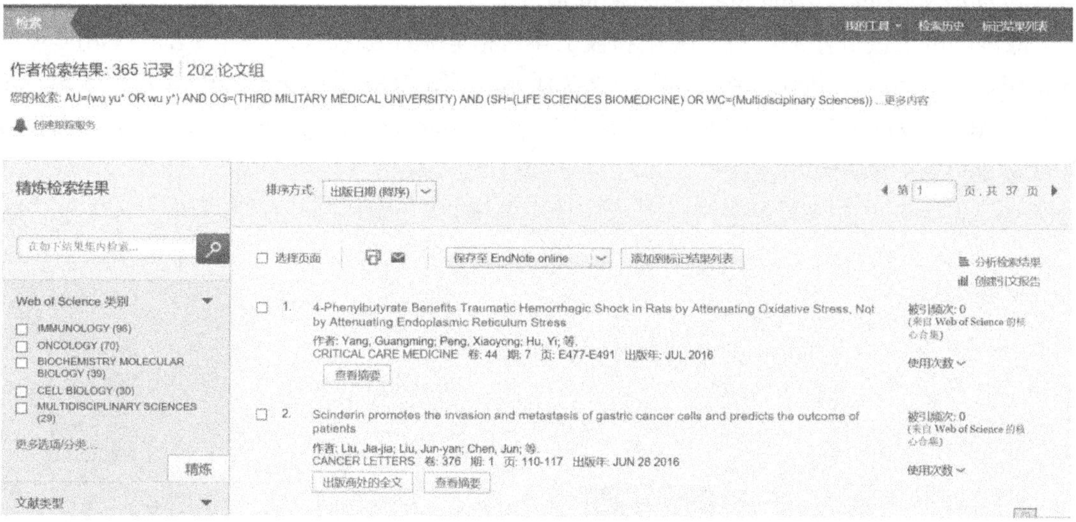

图 7-3-5 作者检索结果界面

（三）被引参考文献检索

被引参考文献检索是 Web of Science 的最大特色。它提供了从特定的被引文献出发检索施引文献的途径和方法，点击"基本检索"按钮右侧的下拉菜单，选择"被引参考文献检索"选项即进入如图 7-3-6 所示界面。引用是对特定的文献进行引用，因此被引文献检索界面提供了被引作者、被引著作和被引年份 3 个提问检索框，这样可以将被引文献限定在比较明确的范围内。如果只在被引作者检索框中输入作者信息，则可以检索特定的作者发表的所有文献被引用的情况。被引参考文献检索界面还提供了 Web of Science 所有被引

"期刊缩写列表"。

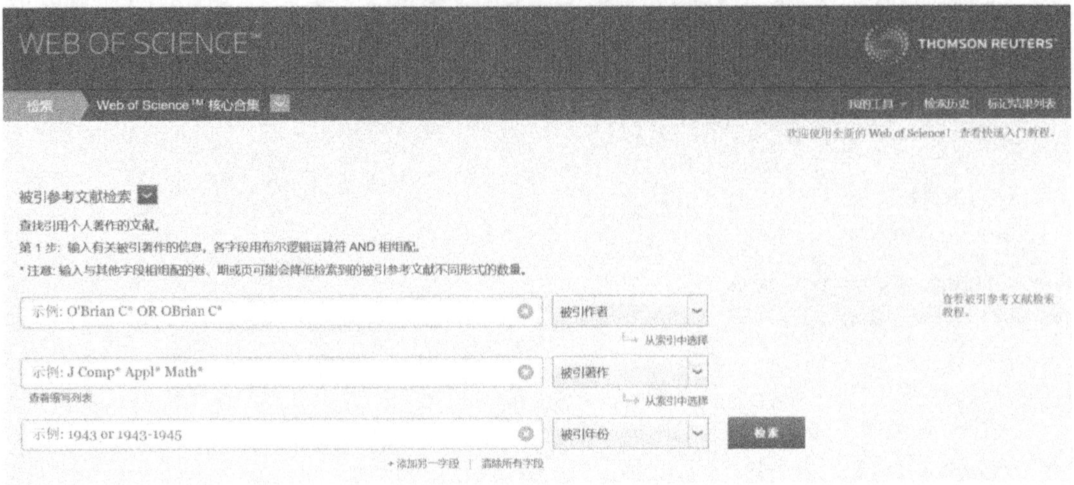

图 7-3-6 被引参考文献检索界面

示例 3：检索吴玉章教授 2003 年发表在《Virology》杂志第 313 卷 2 期上的一篇论文
《Oral immunization with rotavirus VP7 expressed in transgenic potatoes induced high titers of mucosal neutralizing lgA》被引用的情况。

操作：可在被引作者、被引著作和被引年份检索框中分别键入 Wu YZ 和 Virology 以及 2003，点击 search 按钮，结果如图 7-3-7 所示。该论文被引用了 25 次，即有 25 篇论文引用过《Oral immunization with rotavirus VP7 expressed in transgenic potatoes induced high titers of mucosal neutralizing lgA》一文。

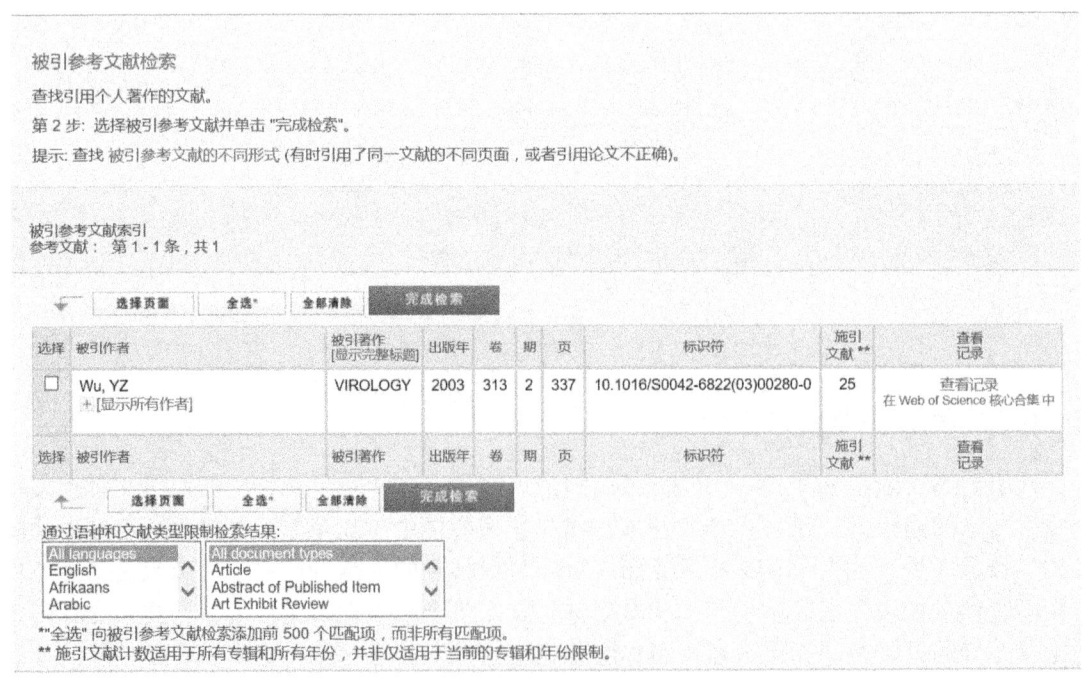

图 7-3-7 被引参考文献检索结果显示界面

检索被引参考文献的另外一种方法是检索出某特定的文献,然后在该特定文献的全记录界面点击右上角"被引频次"按钮,如图 7-3-8 所示,同样可得到该文献的所有施引文献列表。

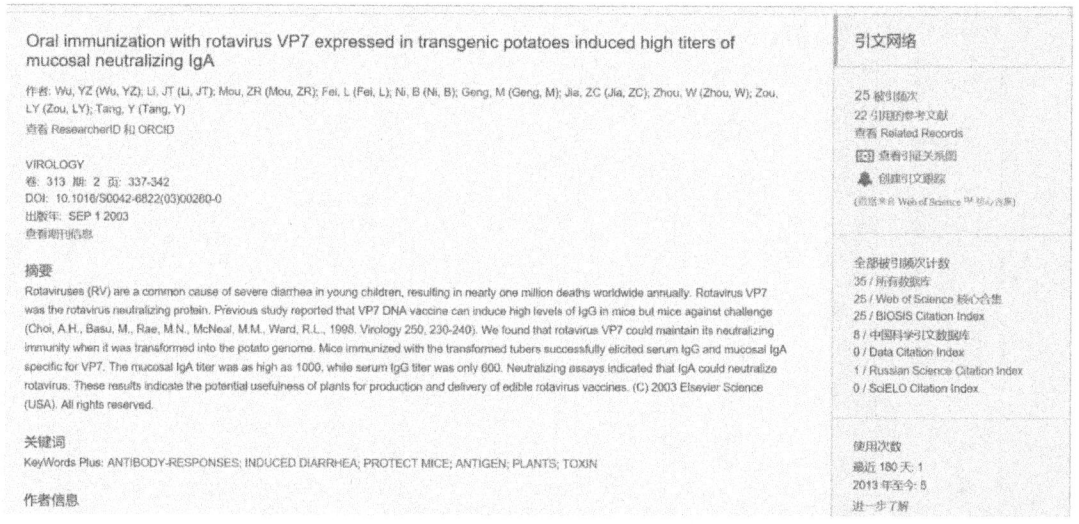

图 7-3-8　文献全记录界面

(四) 化学结构检索

Web of Science 核心合集还包含了两个化学数据库,这是两个专门提供给化学和药学等学科研究人员使用的数据库。提供了全球核心的化学、药学期刊和发明专利的最新发现或改进的有机合成方法,提供了翔实的化学反应综述和详尽的实验细节,以及化合物的化学结构和相关性质,包括制备和合成方法。初次使用化学结构检索需要安装一个 Java 程序。点击"基本检索"按钮右侧的下拉菜单,选择"化学结构检索"选项即进入如图 7-3-9 所示的界面。

只要根据需要在化学结构绘图中单击化学结构绘图选项,绘制化学结构并将其插入到下面的"检索式"框中,然后在化合物数据和化学反应数据各检索框中填入或选择相应的数据,点击检索按钮即可得到检索结果。

示例 4:要求通过化学结构检索有关阿司匹林的制备方面的文献

操作:在图 7-3-9 所示的检索界面中绘制阿司匹林的化学结构式,如图 7-3-10 所示。然后在化合物数据和化学反应数据各检索框中填入或选择相应的数据,点击检索按钮,检索结果如图 7-3-11 所示。

(五) 高级检索

通过 Web of Science 提供的高级检索功能,可在检索框内构建更复杂的检索式进行检索,使检索结果更加精确。如果对构建复杂的检索式还不熟悉,也可先进行简单的检索,再进行布尔逻辑运算。点击"基本检索"按钮右侧的下拉菜单,选择"高级检索"选项即进入如图 7-3-12 所示的界面。

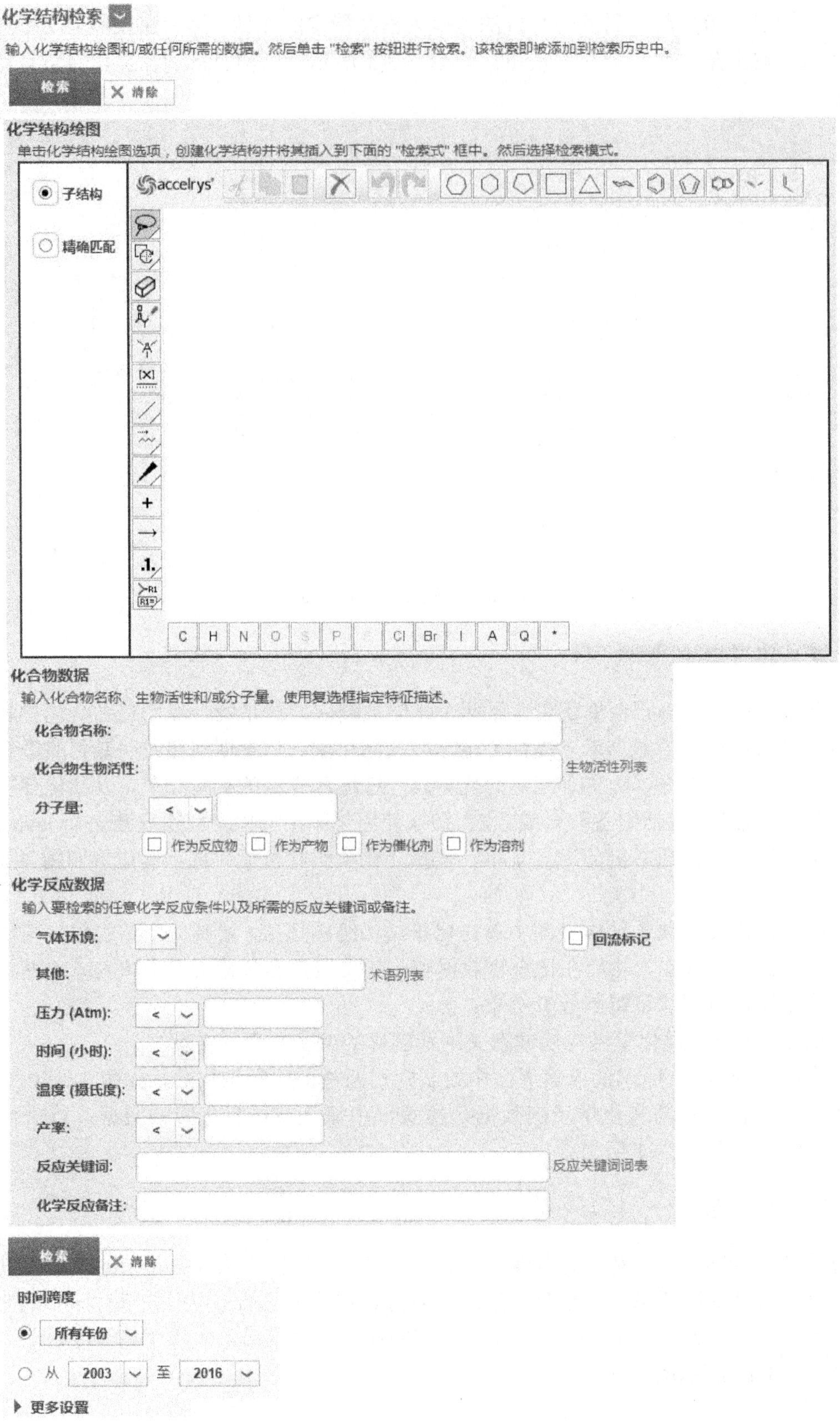

图 7-3-9 化学结构检索界面

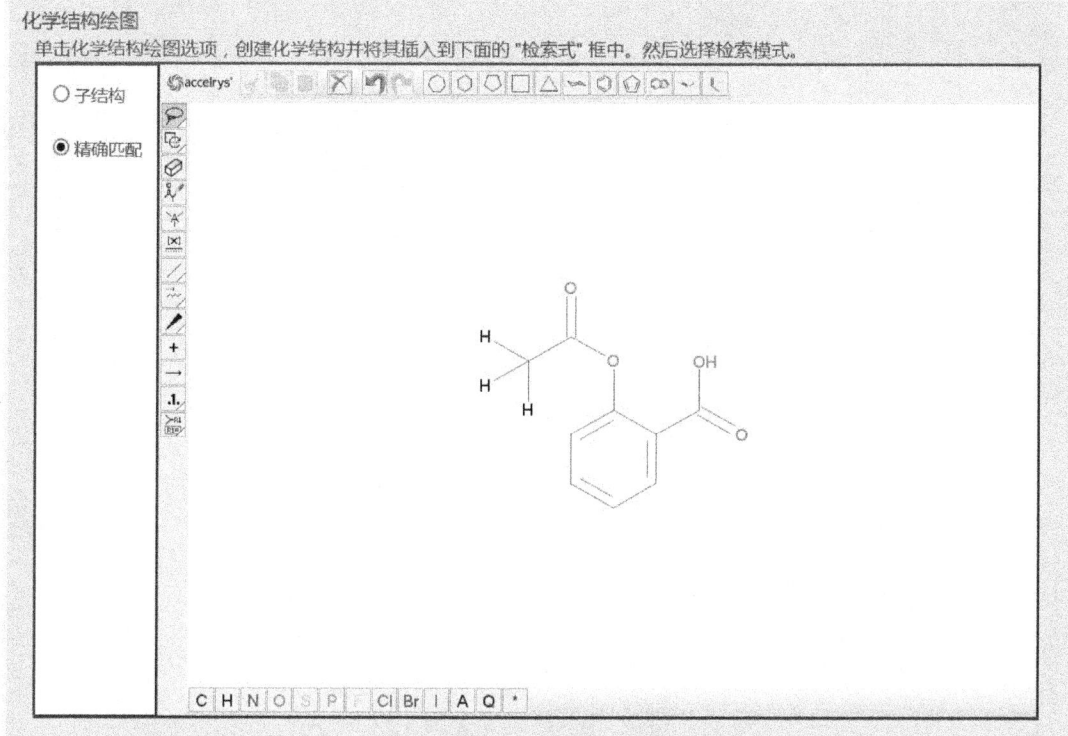

图 7-3-10 化学结构式绘图

"高级检索"的检索式由一个或多个字段标识以及一个检索字符串组成。如在高级检索界面的检索框中输入检索表达式"TS=H1N1 AND AU = Thompson W*",表示在来源文献中检索作者 Thompson W.发表的研究 H1N1 的文献。Web of Science 的字段标识符如图 7-3-12 所示。此外,高级检索提供了 5 个运算符:AND、OR、NOT、SAME 和 NEAR。Web of Science 要求运算符的每个字母必须大写。SAME 表示所连接的检索词在同一句子中出现。NEAR 用于连接两个检索词,即要求两个词出现在同一句中,但不要求前后顺序,可以用"NEAR/n"(n 代表一个正整数)限定两个词之间的可以间隔的单词数,两个单词之间最多可以有 n-1 个单词存在。运算符的优先顺序为:( )>SAME>NOT>AND>NEAR>WITH>OR。Web of Science 支持截词检索"*"和"?"。

示例 5:检索第三军医大学科研人员发表的烧伤研究文章

操作:可以直接在高级检索框内构筑检索式 TS=Burns AND AD=Third Mil Med Univ 进行检索;也可以分别检索出 TS=Burns;AD=Third Mil Med Univ 的结果,再进行逻辑"与"运算,结果如图 7-3-13 所示。表明到目前为止 Web of Science 核心合集收录第三军医大学科研人员发表的烧伤研究论文有 171 篇。

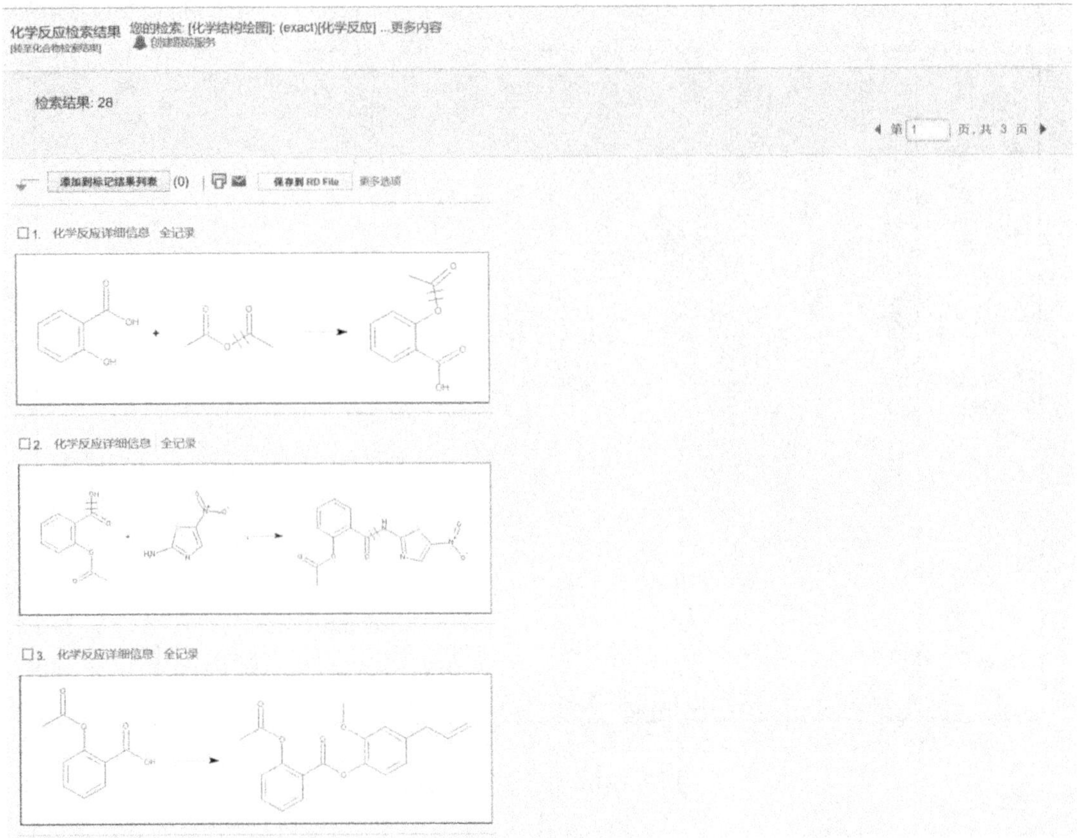

图 7-3-11 化学结构检索结果

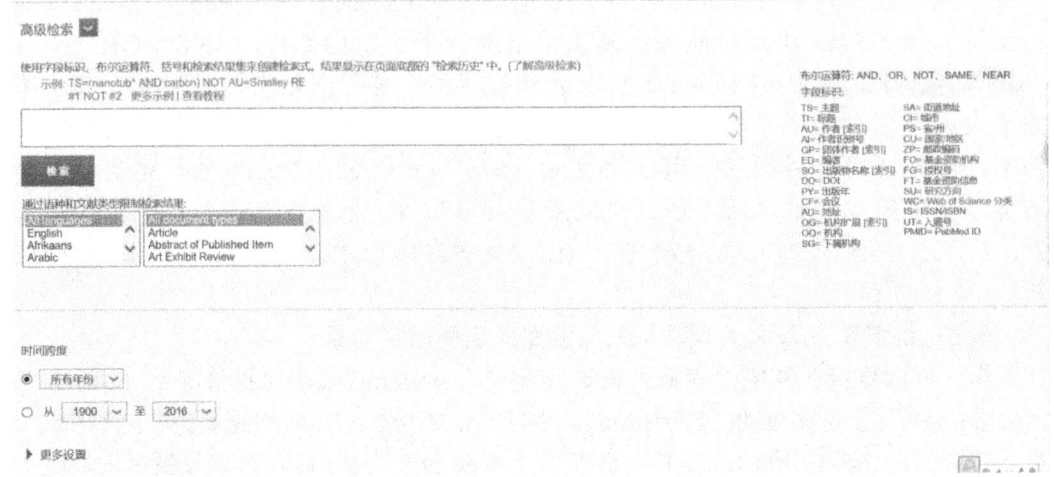

图 7-3-12 Web of Science 的高级检索界面

图 7-3-13　高级检索式"TS=Burns AND AD=Third Mil Med Univ"的检索结果

掌握了 Web of Science 的这几种基本的检索途径和方法，再加以灵活的运用就可以实现各种检索需求。

三、检索结果的处理

（一）检索式的管理

点击 Web of Science 检索界面右上角的"检索历史"按钮即进入图 7-3-14 所示的检索历史显示区，从这里可以看到整个检索过程。

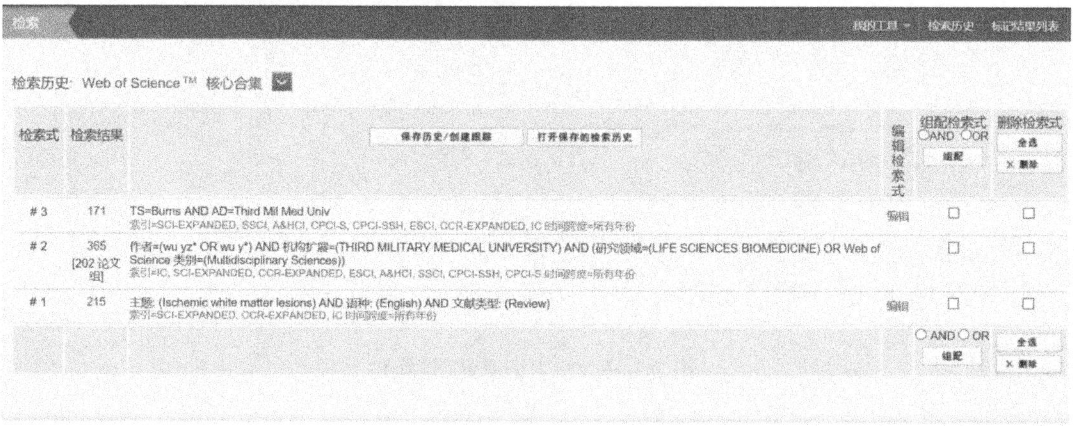

图 7-3-14　检索历史

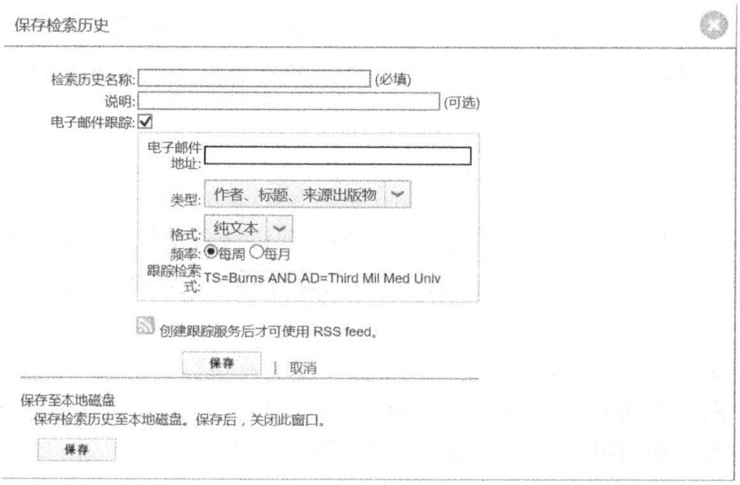

图 7-3-15　保存检索历史界面

选择需要的检索式后，可以对其进行编辑、删除、逻辑运算、保存和创建跟踪等操作。保存检索式和创建跟踪服务需要进行注册并登录。图 7-3-15 所示为保存检索历史界面，根据需要对所选择的检索式进行命名，并对相应的选项进行选择后点击"保存"按钮即可。

（二）检索记录显示

在检索历史显示界面，点击检索结果命中文献数字的超级链接即进入检索记录显示界面，如图 7-3-16 所示。可以根据需要对检索记录进行重新排序，对选中的记录进行打印、发送电子邮件、保存到 EndNote Online 或添加到标记结果列表等操作。检索记录默认按出版日期降序排列，可以根据需要对检索记录按相关性、被引频次、使用次数等进行排列。

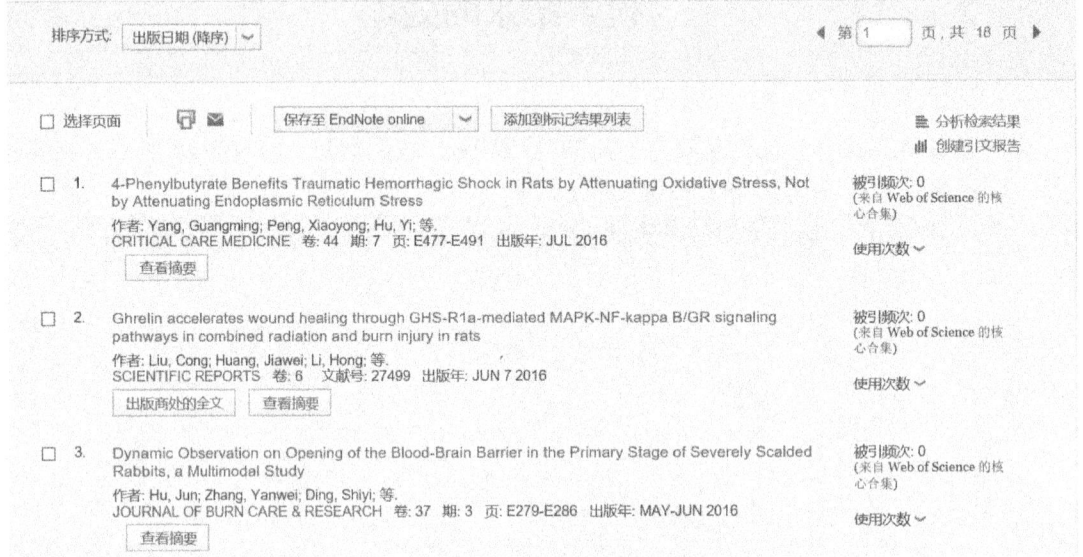

图 7-3-16　检索记录显示界面

（三）检索结果精炼

利用 Web of Science 提供的工具，可从类别、文献类型、研究方向、来源出版物名称等方面对 Web of Science 的检索结果进行进一步精炼，使检索结果更加接近检索需要，如图 7-3-17 所示。

（四）检索结果分析

在检索记录显示界面的右上角或左下角点击"分析检索结果"按钮，即可对检索结果进行分析。根据需要可以从作者、国家/地区、机构等方面对检索结果进行分析，如图 7-3-18 所示。

通过对检索结果的分析可以获得所需信息。比如对作者进行分析可以知道某一研究领域的高产作者，对机构进行分析可以知道全世界哪些研究机构发表该主题研究论文最多，对来源出版物进行分析有助于投稿时选择刊物。图 7-3-19 为 1996~2016 年 20 年间发表急性呼吸窘迫综合征研究论文最多的 10 个机构。

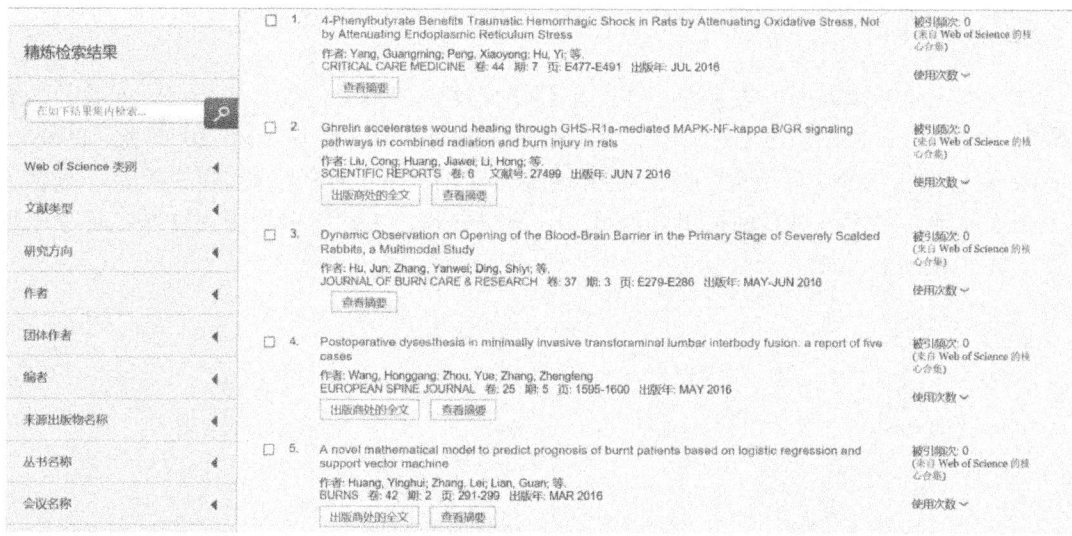

图 7-3-17 精炼检索结果界面

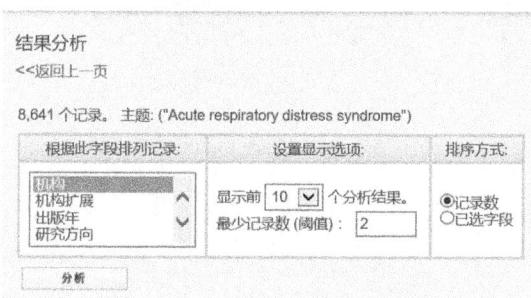

图 7-3-18 检索结果分析选项

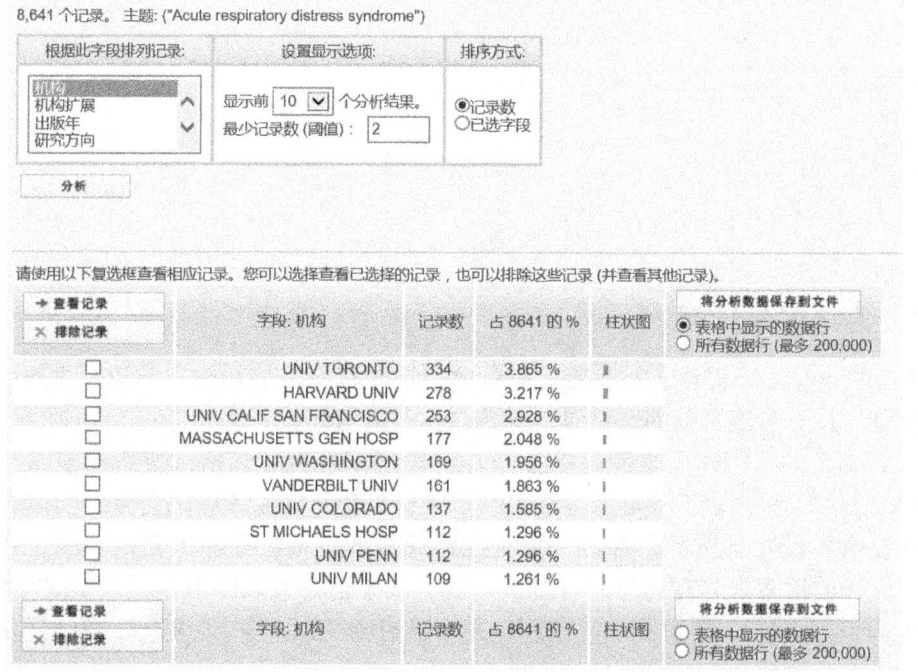

图 7-3-19 检索结果分析

(五) 创建引文报告

在检索记录显示界面的右上角点击"创建引文报告"按钮，Web of Science 显示检索结果的引文报告，如图 7-3-20 所示。引文报告中的两个直方图显示近 20 年来，Web of Science 数据库收录急性呼吸窘迫综合征文献量的变化和引文量的变化。引文报告还提供了被引频次总计、去除自引后的被引频次总计、施引文献、去除自引的施引文献、每项平均引用次数、h-index 等信息。

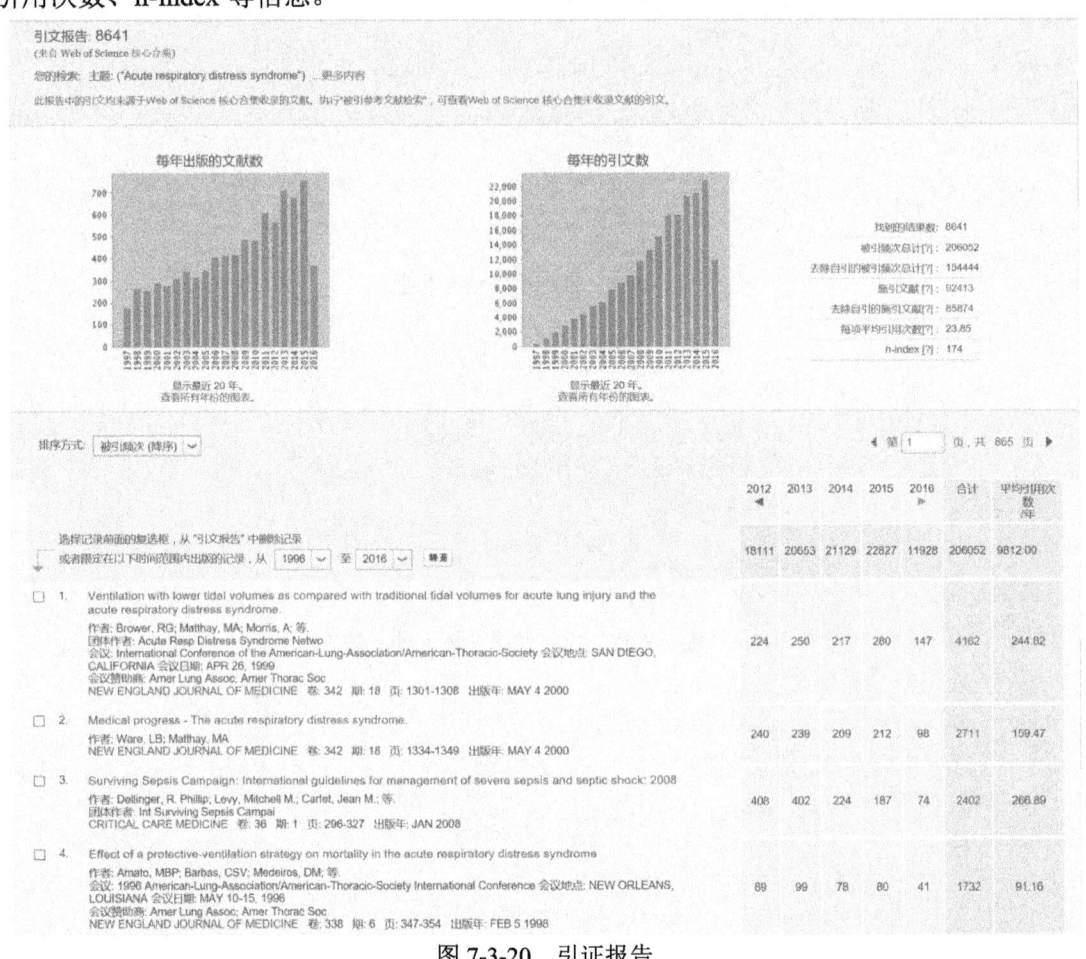

图 7-3-20　引证报告

(六) 创建引文跟踪

Web of Science 还提供了对特定文献创建引文跟踪服务的功能。创建引文跟踪需要进行注册登录。打开特定文献的全记录，如图 7-3-21 所示。

点击右上角的"创建引文跟踪"按钮，对电子邮件地址和格式等进行设置后，点击"创建引文跟踪"按钮即可，如图 7-3-22 所示。创建引文跟踪后，当特定文献每次被引用时，邮箱会自动收到电子邮件。若要更改跟踪设置，请打开右上角"我的工具"菜单栏中的"保存的检索式和跟踪"进行重新设置。如果自己发表或关注的文献被别人引用，说明别人与自己的研究有联系，可以通过电子邮件等方式与该文作者取得联系，开展科研合作。

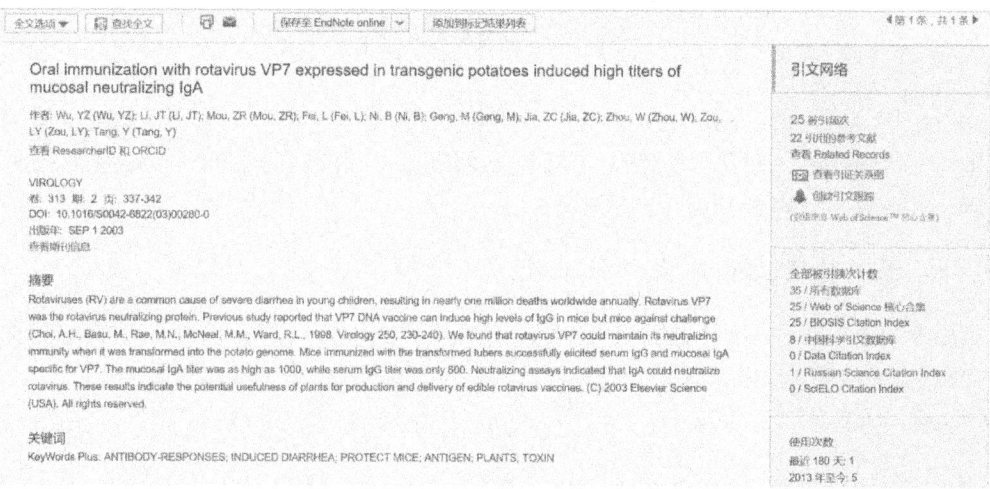

图 7-3-21　检索结果的全记录格式

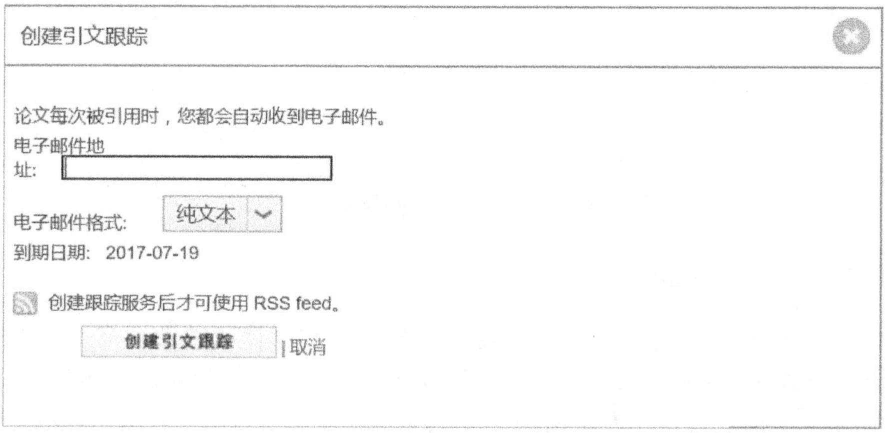

图 7-3-22　创建引文跟踪设置

除了创建引文跟踪服务外，还可查看特定文献的施引文献、参考文献、相关文献等。点击全记录页面右侧的"查看引证关系图"按钮可以打开某一篇文献的引证关系图，如图7-3-23 所示。查看引证关系图需要安装 Java 程序。

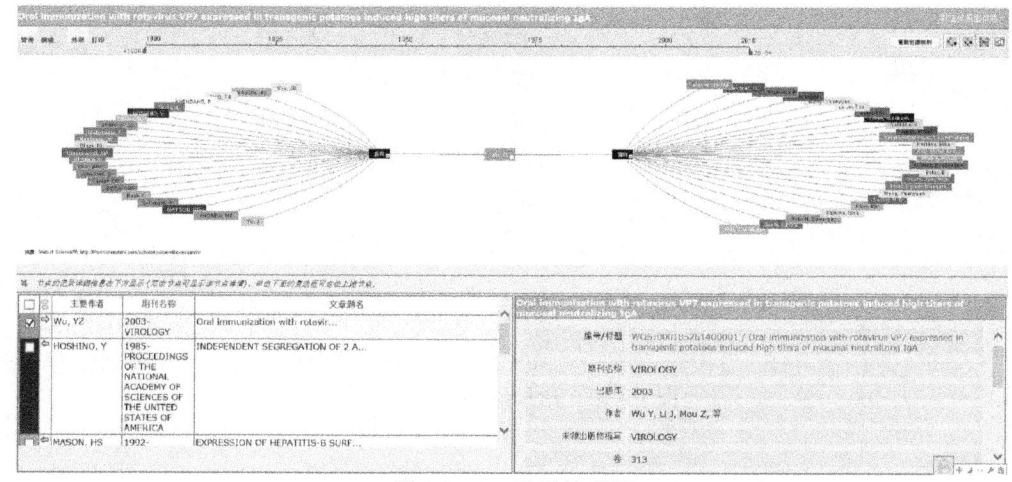

图 7-3-23　引证关系图

四、个性化工具

初次使用 Web of Science 时，点击右上角的"登录"菜单进行注册，就可以使用系统提供的个性化服务工具了。个性化工具主要服务有保存检索式和建立文献跟踪服务、EndNote 网络版的使用和 Research ID 等。

（一）保存检索式和建立文献跟踪

利用 Web of Science 提供的这项服务，可对重要的检索式进行保存，对特定的文献建立引文跟踪，如图 7-3-24 所示。

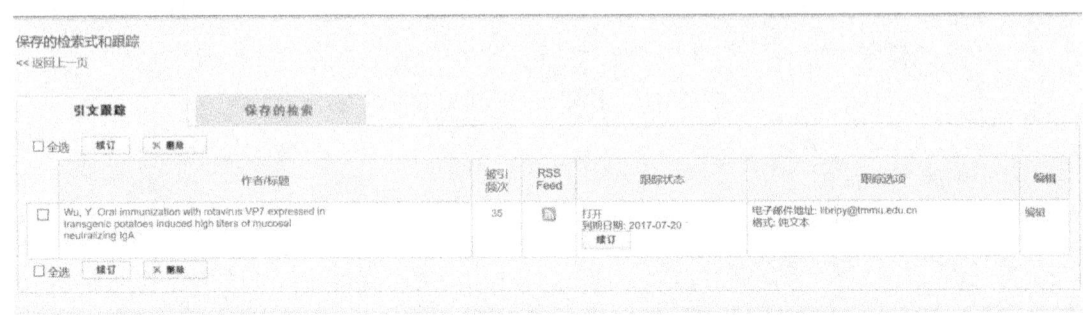

图 7-3-24　保存检索式和建立文献跟踪

（二）EndNote online

EndNote 是汤姆森路透科技集团开发的一款参考文献管理软件，需要付费购买。而 EndNote 网络版通过 Web of Science 注册登录后可免费使用。网络版 EndNote 功能不及单机版强大，管理文献数量也不及单机版多（图 7-3-25）。

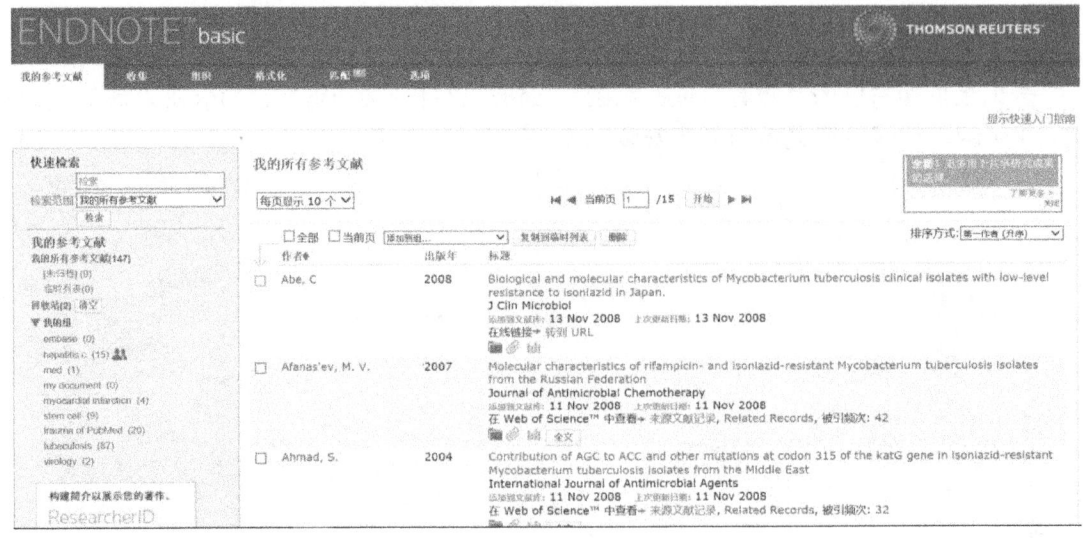

图 7-3-25　EndNote 网络版界面

（三）Researcher ID

Researcher ID 提供全世界每位科研工作者一个专属于他自己的身份识别号码。利用 Web of Science 提供的 Researcher ID，可建立自己的著作清单，产生个人的引用信息，在世界范围内分享自己的研究成果。通过 ResearherID 也可以找到其他科研工作者，了解他们的研究动态，与他们取得联系，合作开展相关研究。

练 习 题

1. 如何在检索结果记录中遴选出综述文献？
2. 如何确定特定的研究领域哪些文献受到同行关注最多？
3. 如何合理选择发表论文的期刊？
4. 如何在检索结果中去除自引？
5. 如何利用 Web of Science 遴选科研合作机构和合作研究伙伴？

（李彭元　武海东）

第八章 学术评价系统

第一节 F1000

一、为什么要使用 F1000

阅读文献是科研工作者的重要活动之一。然而在这个知识急剧增长的时代,每位科研工作者都面临这样一些问题:专业文献那么多,究竟哪些才是值得一读的?从哪些文献中可以了解到本领域的研究热点及趋势?从哪些文献中可以获得新的发现和有价值的信息?凡此种种,归纳起来即为文献筛选的问题。

文献筛选的方法有多种,目前最常用的方法是按期刊影响因子(IF)值或论文被引频次的高低来进行判断和筛选。这两种方法均有其合理性,但也存在不足:一是期刊影响因子的高低并不直接等同于期刊论文的质量,因而它只是一种粗略而不够严谨的逻辑推断方法;二是学术论文的被引有其滞后性,高被引数据通常在论文发表 2-3 年后才能体现出来,因此通过被引频次来进行筛选容易漏掉那些最新而又有价值的文献;三是它们并不能对文献内容中有价值的部分做出更为准确有效的评价,它给出的只是某一数值,而数值须在比较中才具有意义。

咨询导师或学术领域的专家虽可部分地解决上述问题,但显然也会受其关注的领域、阅读视野以及精力等因素的影响。Faculty of 1000(以下简称 F1000)正是为解决生物医学领域的科研及临床工作者的上述问题而出现的。

二、F1000 的构成

F1000 是一个为生物学及医学研究人员提供学术文献评估与推荐信息的二次文献数据库,同时也是为科研人员和临床医生提供快速发现、评价和发表为一体的综合服务系统,该库于 2002 年由维特克·特拉茨创建,目前它提供 3 项服务:F1000Prime,F1000Research 以及 F1000Workspace。其首页如图 8-1-1 所示。

F1000 的理念是使科研人员在有限的时间内获得更具价值的文献,弥补单纯用影响因子来衡量期刊之不足。F1000 的价值源自于由英国 BMC 公司邀请的全球 10,000 余位生物医学领域的专家,他们从 PubMed 收录的数千种生物医学期刊中甄选出重要的医学及生物学论文,并给出具体的评论、阅读建议及推荐理由。

三、F1000Prime

F1000Prime 是由近 10,000 名全球生物医学领域顶尖学者对重要生物医学科研论文提供推荐服务的二次文献数据库,也是 F1000 的主体内容。国际学术界对其有很高的评价,如国际著名神经科学领域的诺贝尔奖获得者 Martin Raff 教授就认为使用 F1000Prime 可帮助找出所有重要的关键文章,节省阅读重要文献的时间,推荐的文献经过两次以上的同行评审更能确认文章的重要性及可读性。

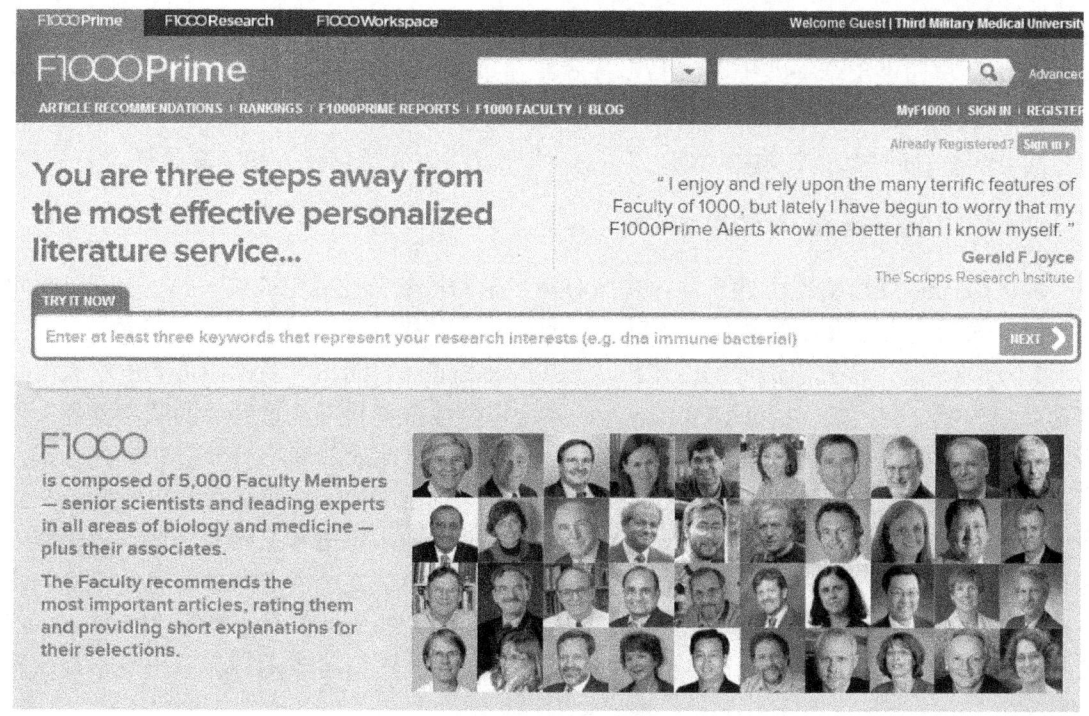

图 8-1-1　F1000 首页

F1000Prime 将生物学与医学分为 44 个领域，其中生物学 24 个，医学 20 个。F1000 评价体系对 PubMed 收录的全部文章进行筛选，现已挑选并推荐出 10 万余篇重要文章，覆盖 3,700 种期刊。每篇推荐论文都会获得一个星级评分及论文重要性的评论。论文分"好（good）"、"非常好（very good）"和"杰出（exceptional）"三个星级（分别对应为一颗星、二颗星和三颗星）。论文的推荐总星级数为所得到推荐人给出星级数的总和。F1000Prime 对每个领域的论文按综合得分（即推荐总星级数）进行排名。

（一）F1000Prime 的主要功能

1. Article Recommendations　遴选出近期某研究领域中有着重要价值和文献，并从意义、创新点、方法等方面给予评价。专家评审 PubMed 收录的文献并作出推荐建议，所推荐的文章可准确反映其在研究领域内的贡献及在同行中的影响力。每日实时更新，更加及时地突出全球最重要的论文。

2. Rankings　对选出的文章进一步分级，按照推荐分数和浏览量进行排序。

All Time Top 10：在所有时段中推荐总星级数排名前 10 的论文。

Current Top 10：近 30 天内推荐星级数排名前 10 的论文。

All Time Most Viewed：所有时段中浏览次数排名前 10 的论文。

Current Most Viewed：近 30 天内浏览次数排名前 10 的论文。

Hidden Jewels：不常被浏览但值得阅读的论文。

3. F1000Prime reports（F1000 Faculty reviews）　就生物学和医学领域近期的热门研究提供的同行评议报告。这些报告均由被提名的专家根据近期各领域内的重要研究与发现进行梳理，探讨未来研究方向并给以简短评论。

4. F1000Faculty　及时获得生物学、医学某一领域的专家信息及其做出的评论。F1000

拥有高水平的专家团队,据资料显示,目前专家已有近 10,000 人,其中包括 5 位诺贝尔奖得主;81 位英国皇家学会院士;12 位拉斯克奖得主(Lasker prize);136 位国家科学院研究员;97 位国家医学研究院研究员。

5. Blog　即时发布各领域动向、观点、研究方法、文章排行、趣味新闻等。

(二) F1000Prime 的使用方法

F1000Prime 既可实现上述 5 项内容的分类浏览与检索,也可完成统一检索;此外,它还为科研人员提供个性化的文献服务以及智能化的论文提醒(My F1000)等功能。

1. 分类浏览　首先点击 "ARTICLE RECOMMENDATIONS" 图标,再点击左边栏目内的某一领域分类,如 "Biotechnology",系统将会按推荐日期从近到远的顺序罗列出所推荐的文献(图 8-1-2)。可根据需要更改为论文发表日期或总评价得分依序排列方式。点击 Save/Follow 按钮可跟踪某篇文献的评论信息,点击 Export 按钮则可输出所选论文到自己的文献管理软件系统(如 EndNote)。在某篇文献中,点击专家照片则可了解推荐专家信息,点击 "** Recommendations" 链接则可了解推荐该文的所有专家信息。可进一步点击某位专家下面的 "Follow" 链接跟踪其论文推荐评论的最新信息;点击 "** Dissents" 链接则可了解对该文推荐持异议的专家信息。此外,系统还利用 图标标示出高下载次数的论文。

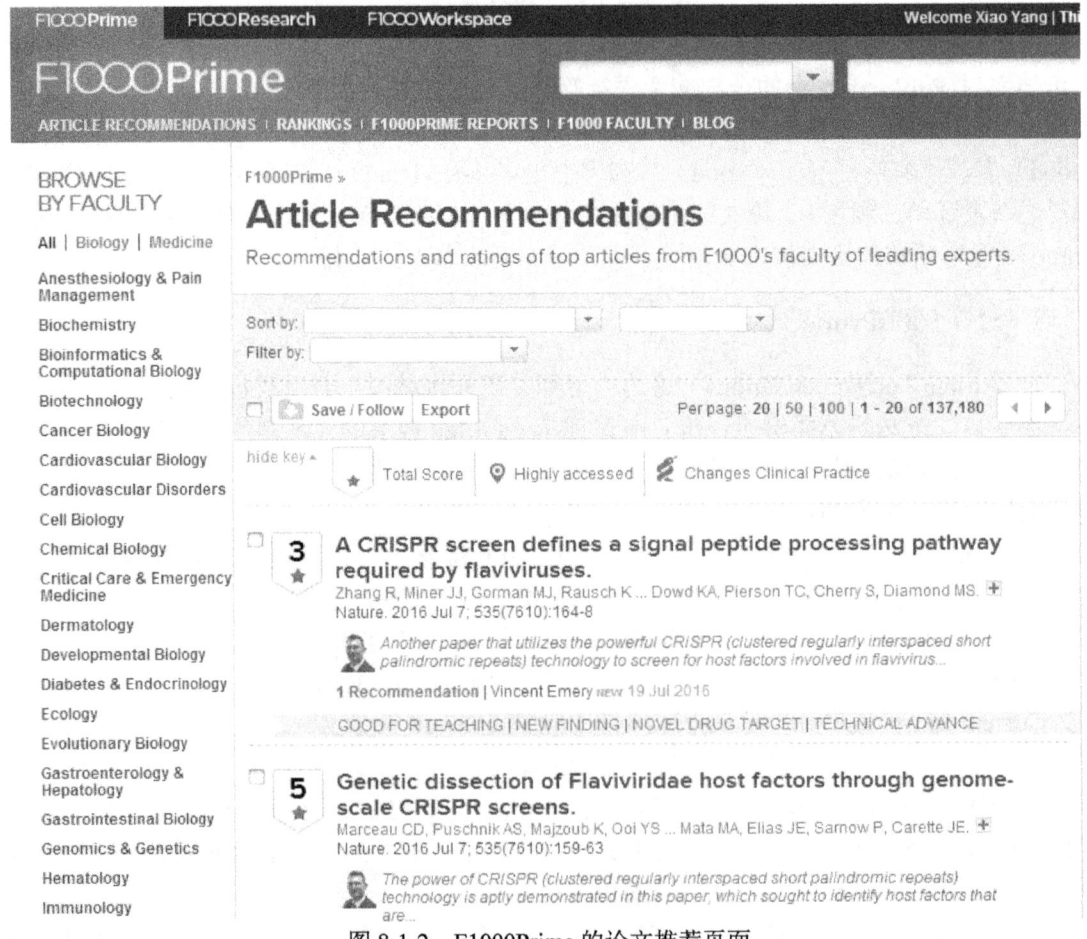

图 8-1-2　F1000Prime 的论文推荐页面

每篇推荐论文的下面均有专家给出的评论标签，如新发现（New Finding）、技术进展（Technical Advance）、有趣假说（Interesting Hypothesis）、重要确认（Important Confirmation）、争议性发现（Controversial Findings）、教学助益（Good for Teaching）等，方便用户快速把握专家的评论观点。

2. 检索　F1000Prime 的检索框位于首页或每一页面顶端，直接在检索框中输入检索词并回车即可。用户在系统返回检索结果后，仍可通过页面左侧的"REFINE SEARCH"提供的功能来添加关键词或进一步限定论文发表年份、评论发表日期、专家类别、文献类型、评价得分范围等（图8-1-3）。

图 8-1-3　F1000Prime 的默认检索框

3. 高级检索　点击图 8-1-3 所示的 "Advanced" 链接即可在系统弹出的高级检索框中进行检索。系统提供多字段组合检索，并可限定论文发表年份、评论发表日期、专家类别、文献类型、评价得分范围等。

示例：检索 F1000 中收录的标题中含有"吸烟"与"肺癌"的学术论文

操作步骤如下：在 F1000Prime 界面中点击"Advanced"链接，系统弹出高级检索框，在 Search 后的输入框中分别输入："Smoking"与"Lung Cancer"，并在字段选择菜单中选择"Title"，然后点击"Search"按钮进行检索。如图 8-1-4 所示。

4. 个性化设置　经过 My F1000 的账号注册后，便可实现其个性化设置。可设定个性化页面，显示出自己感兴趣的领域中最近被评论的文章；还可设定邮件提醒，将选取的特定研究主题资料发送至指定的电子邮箱，也可储存检索策略等。

四、F1000Research

F1000Research 是一个涵盖所有生命科学领域的全球开放获取期刊论文投稿平台。在获得编辑部基本的科学性以及完整性审核后，未经审稿人审稿的论文会立即被刊发在

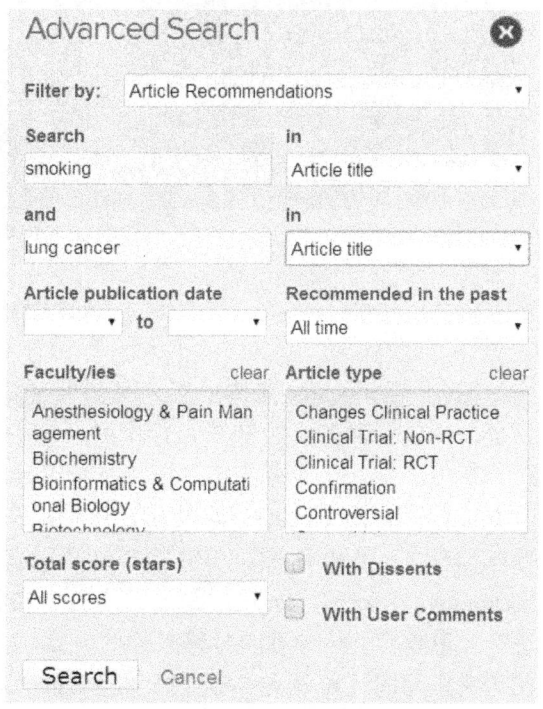

图 8-1-4　F1000Prime 的高级检索界面

网站上。随后，来自受邀审稿人的评议意见也会与论文列在一起公开发布（包括评审专家的姓名以及评议报告）。作者可上传文章的新版本，以回应审稿者的评议。一旦通过了同行评议，论文就会被编入 PubMed、Scopus 和其他数据库。作为 F1000Research 采取的开放科学模式的一部分，每篇文章的相关数据也会被发布，并且可以自由下载，以便于审稿

者和其他研究人员进行分析。

F1000Research 刊发各种形式的文章、既包括传统的科研文章、综述、单项发现、案例报告、观察、实验指南、也包括了一些其他科学出版商不可能发表的科研重复、无效结果或者阴性结果。

F1000Research 解决了当今困扰科学出版的主要问题，即研究的及时传播，同行评议和数据共享（图 8-1-5）。

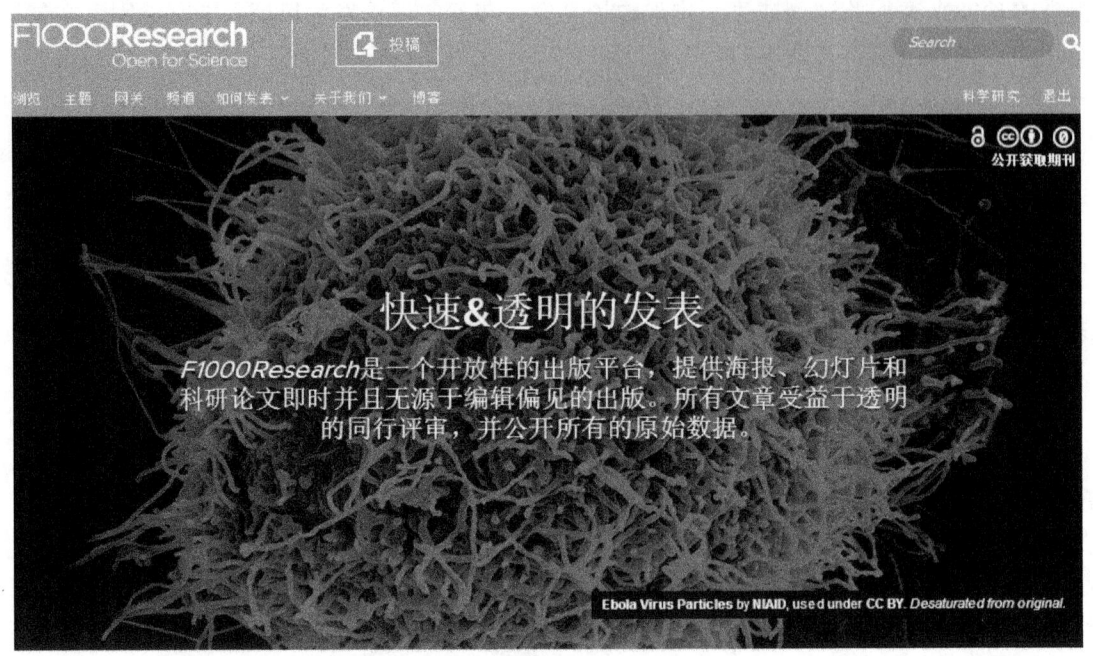

图 8-1-5　F1000Research 界面

五、F1000workspace

F1000Workspace 是为研究人员科研全过程（科研文献发现、收集、管理、撰写及交流分享）提供帮助的一个网络工作平台。它包含一个基于 Web 的文献编辑管理平台，一个浏览器扩展项，一个强大的 Microsoft Word 插件以及一个简洁的桌面 APP 用于上传导入 PDF 文件。已购 F1000 的机构用户可通过 F1000 Workspace 网页版平台进行文献的管理、存储和分享；可利用桌面 APP 将文献从现有的文献编辑管理软件（如 EndNote，RefWorks，Mendeley，Zotero，Papers 等）导出并上传到网络平台；可利用浏览器扩展项提供的功能进行文献保存，同时可以对感兴趣的文章、段落或语句进行标记和注释并分享给项目成员；在论文撰写时还可利用 Word 插件轻松插入参考文献、查找新引文或实现智能引文推荐。

练 习 题

1. 在 F1000Prime 中利用其高级检索功能检索全球范围内近 50 年来有关慢性乙型肝炎病毒感染的综述文献。

2. 对 F1000Prime 的检索结果按其总评分由高到低进行排序，并将检索到的题录信息导入到自己的文献管理软件中。

第二节 基本科学指标（ESI）

一、数据库简介

基本科学指标数据库（Essential Science Indicators，简称 ESI）由美国科技信息所（ISI）于 2001 年推出的衡量科学研究绩效、跟踪科学发展趋势的基本分析评价工具。ESI 基于汤森路透 Web of Science（SCIE/SSCI）所收录的全球 10,000 多种学术期刊上发表的 Article 和 Review，按照论文的总数、总被引次数和篇均被引次数进一步分析，分别排出居世界前 1%的研究机构、科学家、研究论文，居世界前 50%的国家/地区、居前 50%的期刊以及居前 0.1%的热点论文。可提供生物与生化、临床医学、免疫学、微生物学等 22 个学科领域的科学家、机构（大学、公司、政府、实验室）、国家/地区和期刊的排名。数据覆盖当年并向前滚动十年，每两个月更新一次。

ESI 数据库不仅能为研究人员提供学科的研究热点及发展趋势方面的信息，还可作为评价国家、研究机构及科学家的一种工具。

二、ESI 数据库的使用

该数据库分为指标（Indicators）、学科基准值（Field Baselines）和引用阈值（Citation Thresholds）3 个模块，每个模块下分别有一些细化指标及功能，如图 8-2-1 所示。

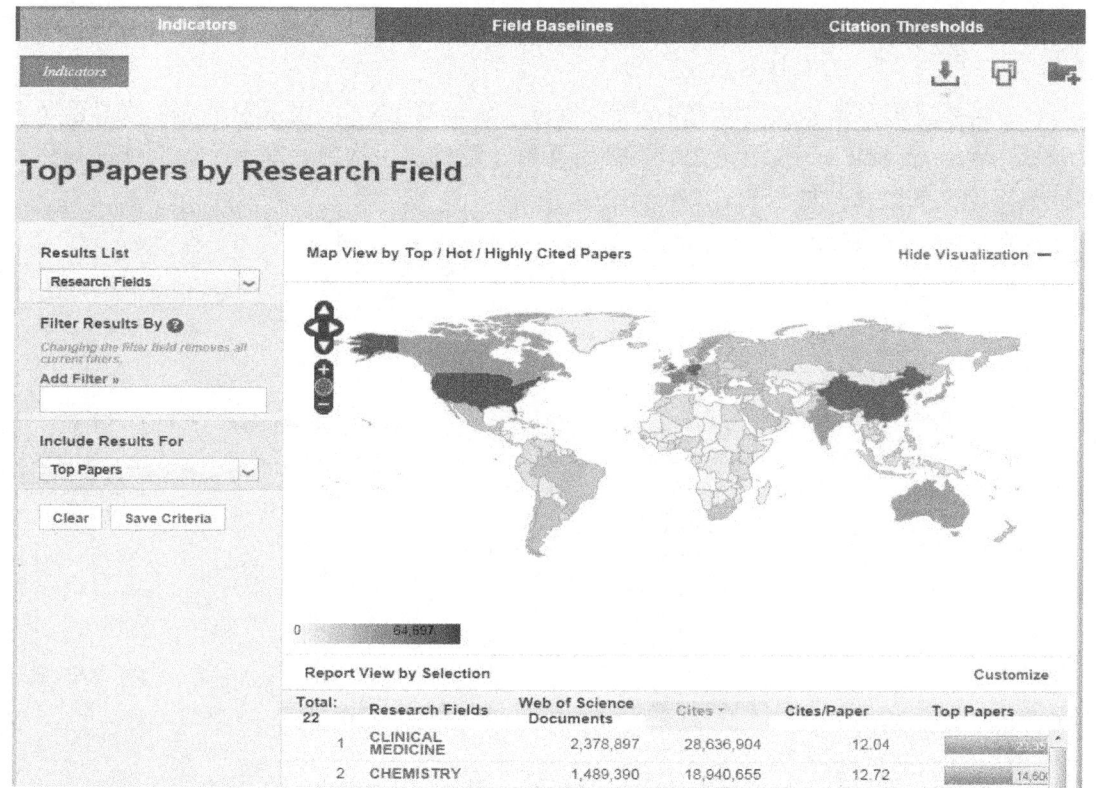

图 8-2-1 ESI 主界面

（一）指标（Indicators）

指标（Indicators）页面提供了 ESI 各学科所有机构的数值指标，按被引频次的高低确定出衡量研究绩效的阈值，分别排出居世界前 1%的研究机构、科学家、研究论文，居世界前 50%的国家/地区和居前 0.1%的热点论文。可通过页面右侧提供的各种选项进行组合查看机构的学科影响力排名、各 ESI 学科的高水平论文、高被引论文和热点论文等。可点击页面顶端右侧的 3 个按钮" "进行数据的下载、打印等操作。

指标（Indicators）页面可划分为 3 个区域：筛选区、图示区和结果区。筛选区位于页面的左侧，提供了 3 个筛选框，可选择不同的数据集，包括研究领域、作者、机构、期刊、国家/地区、研究前沿等，也可以选择不同的文献类型，包括高水平论文（Top Papers，含高被引论文和热点论文）、高被引论文（Highly Cited Papers，同一年同一个 ESI 学科发表论文的被引用次数按照由高到低进行排序，排在前 1%的论文）、热点论文（Hot Papers，发表于两年内，最近两个月被引用次数为各领域 Top 0.1%的论文）等；图示区用于查看数据的可视化结果，通过点击 Show Visualization 和 Hide Visualization 来显示或隐藏可视化地图；结果区可查看分析对象的详细指标表现，通过点击 Customize 自定义结果区中显示的指标。

示例 1：查看清华大学进入全球前 1%的学科

（1）点击指标（Indicators）选项，进入指标（Indicators）页面。

（2）在页面左侧的 Results List 选择研究领域（Research Fields）。

（3）点击 Add Filter，在弹出的菜单中选择机构（Institutions）。

（4）输入目的机构名称 Tsing Hua，系统会自动提示英文全称，选择"TSING HUA UNIV"。

（5）结果区显示清华大学共有 16 个学科进入全球前 1%，列表从左至右依次显示了研究领域、Web of Science 收录论文数、被引次数、篇均被引次数、高水平论文或高被引论文或热点论文的数量，如图 8-2-2 所示。

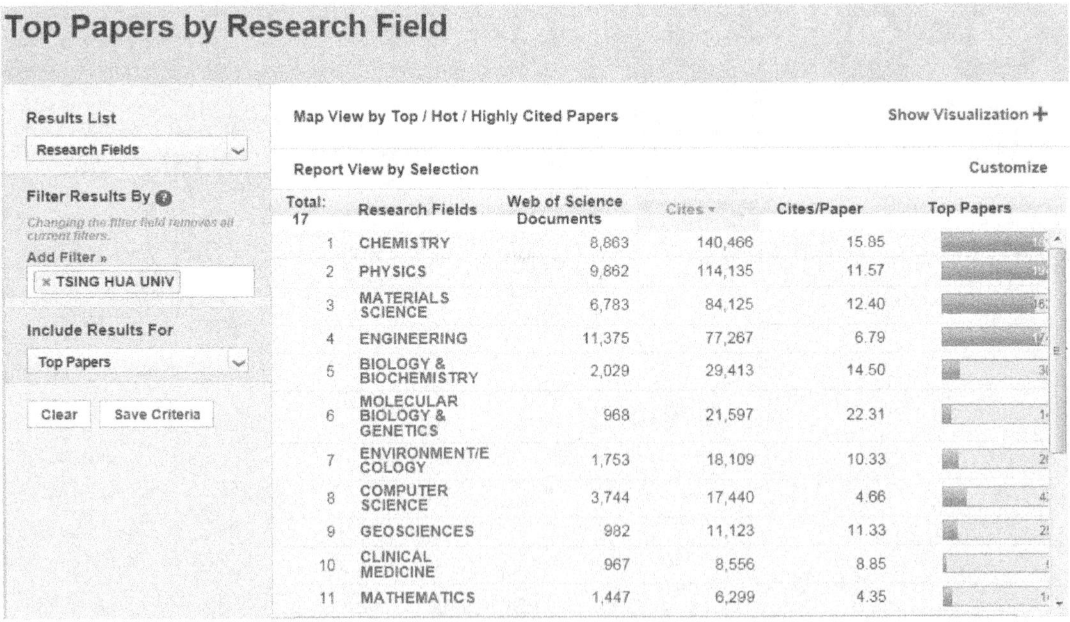

图 8-2-2　清华大学进入全球前 1%的学科

示例 2：获取第三军医大学在各 ESI 学科的高水平论文、高被引论文或热点论文

（1）在指标（Indicators）页面选择研究领域（Research Fields）。

（2）点击"Add Filter"，在弹出的菜单中选择机构（Institutions）。

（3）输入目的机构名称 third，系统会自动提示英文全称，选择"THIRD MIL MED UNIV"。

（4）结果区显示第三军医大学共有 4 个学科进入全球前 1%，其中 All Fields 项包括第三军医大学已进入和未进入全球前 1% 的所有 ESI 学科的论文指标信息，如图 8-2-3 所示。

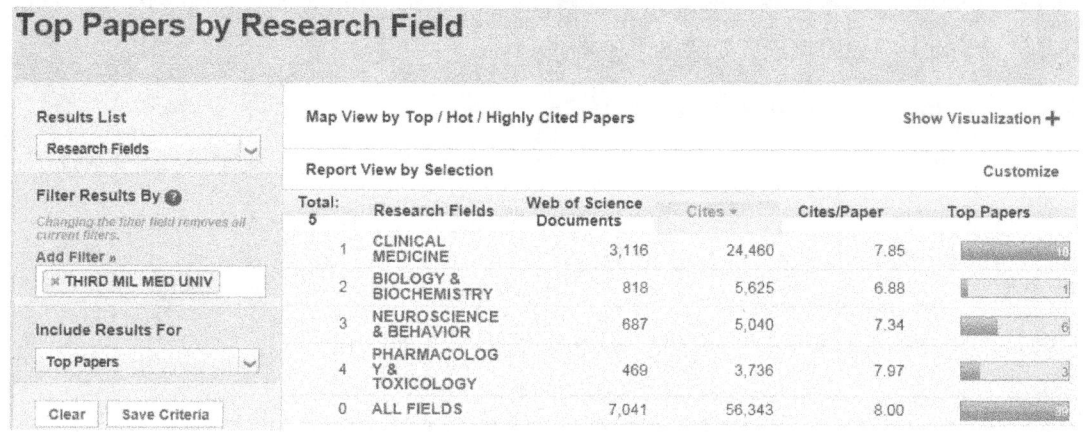

图 8-2-3　第三军医大学进入全球前 1%的学科

（5）点击"All Fields"后面包含论文数量的条形图，显示第三军医大学进入 ESI 的全部论文，每篇论文显示标题、作者、出处及研究领域，并显示其被引频次，点击左侧的"Include Results For"下拉菜单，可分别显示"Top Papers"、"Highly Cited Papers"、"Hot Papers"，如图 8-2-4 所示。

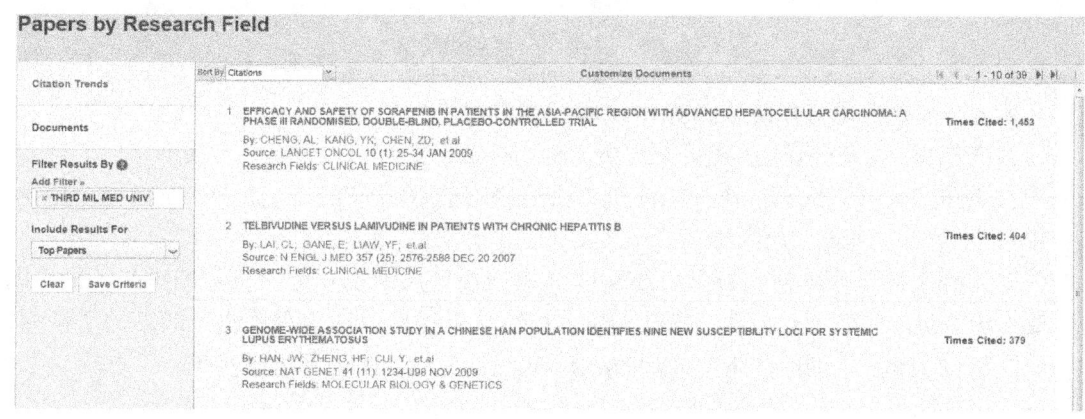

图 8-2-4　机构进入 ESI 的全部论文

（6）点击论文标题可获取该论文的详细信息，点击被引频次则显示被引趋势图。

示例 3：查看免疫学研究前沿

研究前沿（Research Fronts）是按照共引关系聚类分析得到的一组高被引论文，是通过测量高被引论文之间的相关度（高被引论文之间的共被引关系）而形成的高被引论文的聚类,再通过对聚类论文题目的分析形成相应的研究前沿。可用于了解新的突破可能出现的领域以及科学家之间的非正式交流的关系。用户可以浏览某学科的研究前沿,也可以输入检索词检索某研究主题的研究前沿(点击"Add Filter",选择"Research Fronts")。

(1)在指标(Indicators)页面中选择研究前沿(Research Fronts),此时在结果区显示研究前沿论文。

(2)点击"Add Filter",选择研究领域(Research Fields),在弹出的窗口中点击"Immunology"前的加号。

(3)结果区显示免疫学研究前沿论文情况,可分别按"Top Papers"、"Highly Cited Papers"、"Hot Papers"显示,如图8-2-5所示。

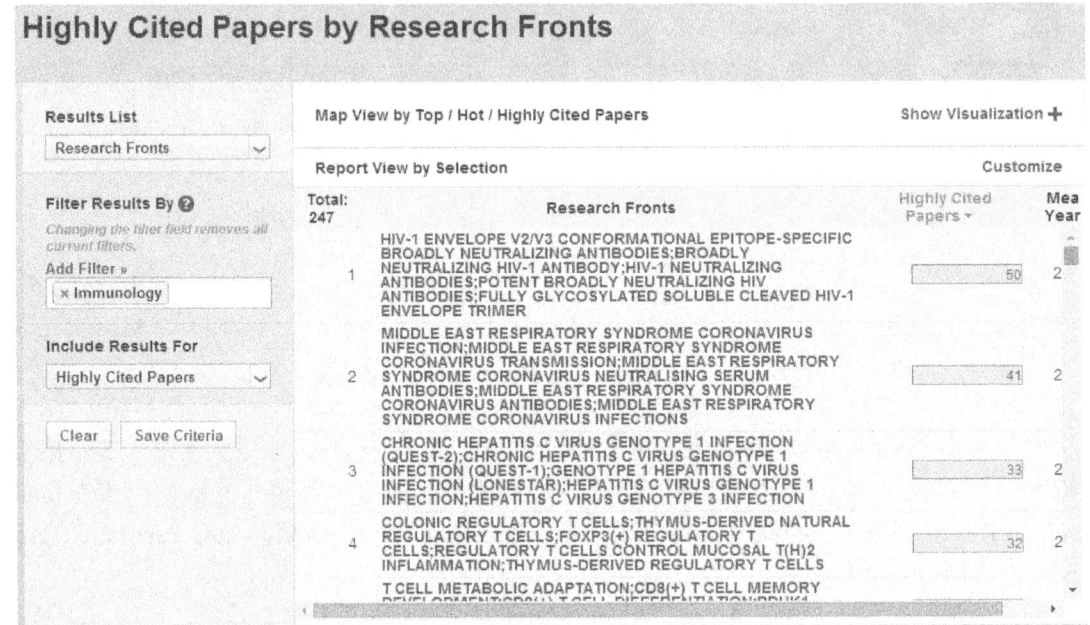

图8-2-5 免疫学研究前沿论文

示例4:查看中国科学院在ESI中化学领域的排名

(1)在指标(Indicators)页面中选择机构(Institutions)。

(2)点击"Add Filter",在弹出的菜单中选择研究领域(Research Fields),在弹出的窗口中点击"Chemistry"前的加号。

(3)结果区显示化学研究领域各机构的排名情况,从左至右依次显示了排名、机构名称、Web of Science收录论文数、被引次数、篇均被引次数、高水平论文(或高被引论文、热点论文)的数量;中国科学院(CHINESE ACAD SCI)在该领域排名第一,如图8-2-6所示。

(二)学科基准值(Field Baseline)

学科基准值(Field Baseline)是ESI中提供的衡量各学科研究绩效的基准值,即某论文是否达到了该学科的平均水平或某一百分点,为引文统计数据提供了比较分析的依据,包括平均引文率(Citation Rates)、百分位(Percentiles)和学科排名(Field Rankings)3部分。

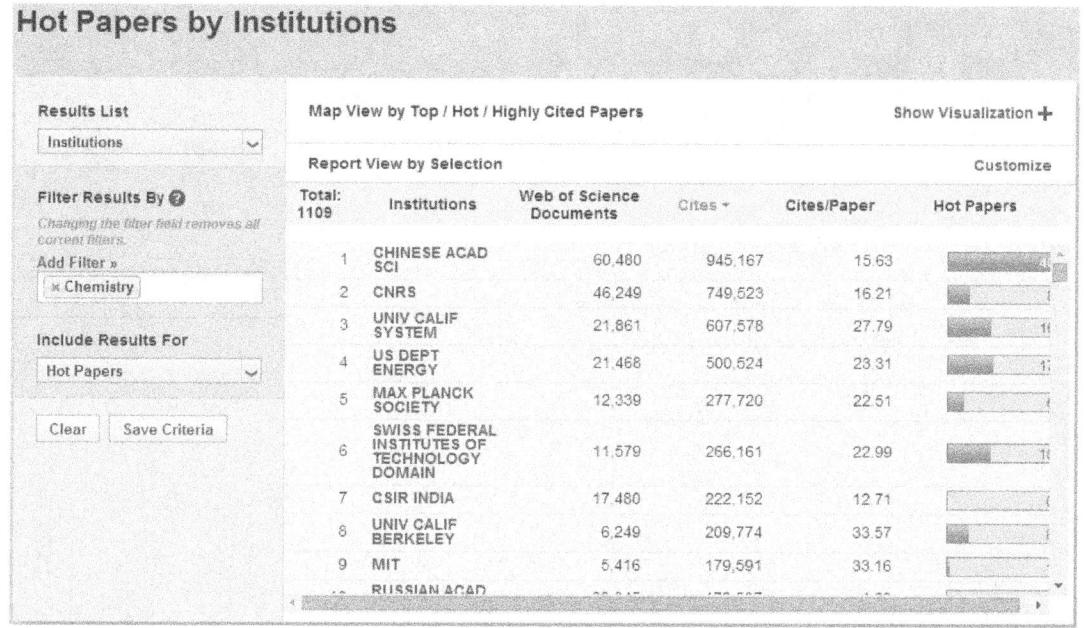

图 8-2-6　化学领域研究机构排名

平均引文率（Citation Rates）表示 ESI 中全部学科及 22 个学科每年发表论文的篇均被引次数，如图 8-2-7 所示。例如临床医学（Clinical Medicine）领域 2010 年发表的论文截止到目前（2016 年）的篇均被引次数为 15.05，如果某篇在 2010 年发表的医学论文最新的被引次数高于 15.05，则该论文的被引次数较高，达到并超过了全球平均水平。

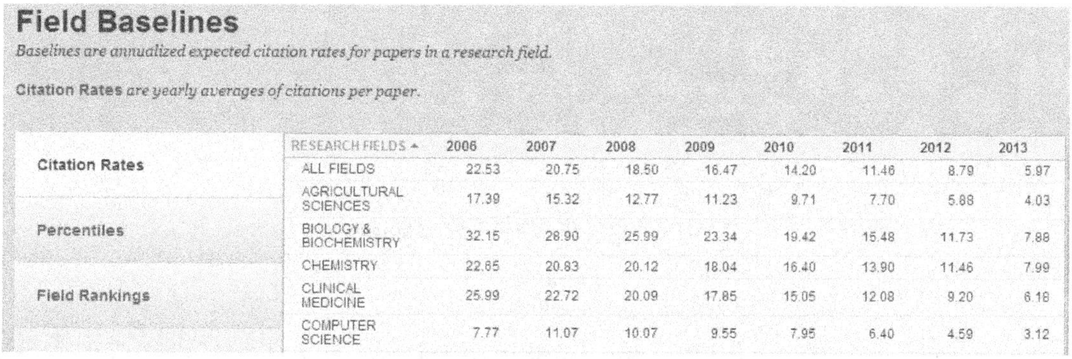

图 8-2-7　平均引文率（Citation Rates）

百分位（Percentiles）表示每年发表的论文在全球范围内达到某个百分点（分别为 0.01%、0.1%、1%、10%、20%、50%）应被引用的次数，如图 8-2-8 所示。例如临床医学（Clinical Medicine）领域 2010 年发表的论文，截至目前被引次数要达到或超过 121 次才能进入该领域 2010 年发表论文被引次数的全球前 1%。

学科排名（Field Rankings）显示 10 年间 22 个学科每个学科的论文总数、总被引次数、篇均被引以及高被引论文数量的情况，如图 8-2-9 所示。

Field Baselines

Baselines are annualized expected citation rates for papers in a research field.

Percentiles define levels of citation activity. The larger the minimum number of citations, the smaller the peer group.

RESEARCH FIELDS ▲	2006	2007	2008	2009	2010	2011	2012	2013	2014	2015
50.00%	19	17	15	14	12	10	7	5	3	
CHEMISTRY										
0.01%	1,566	1,785	1,978	1,730	1,340	924	834	478	287	
0.10%	577	553	572	494	463	350	294	175	113	
1.00%	184	169	163	146	136	118	92	64	38	
10.00%	52	47	44	41	36	31	26	19	11	
20.00%	31	29	27	25	22	19	16	12	7	
50.00%	11	10	10	9	8	7	6	5	3	
CLINICAL MEDICINE										
0.01%	1,619	1,664	1,402	1,495	1,157	984	808	474	260	
0.10%	708	595	534	487	387	284	236	153	87	
1.00%	210	188	166	144	121	94	70	48	27	
10.00%	58	51	45	40	34	27	21	14	8	
20.00%	35	31	28	25	21	17	13	9	5	
50.00%	13	11	10	9	8	6	5	4	2	

图 8-2-8　百分位（percentiles）

Field Baselines

Baselines are annualized expected citation rates for papers in a research field.

Field Rankings provide 10-year citation rates and aggregate counts of highly cited papers.

RESEARCH FIELDS ▲	No. OF PAPERS	No. OF CITATIONS	CITATIONS PER PAPER	HIGHLY
AGRICULTURAL SCIENCES	360,811	2,797,540	7.75	
BIOLOGY & BIOCHEMISTRY	655,444	10,270,266	15.67	
CHEMISTRY	1,489,390	18,940,655	12.72	
CLINICAL MEDICINE	2,378,897	28,636,904	12.04	
COMPUTER SCIENCE	316,331	1,775,124	5.61	
ECONOMICS & BUSINESS	231,766	1,639,587	7.07	
ENGINEERING	1,039,757	6,514,058	6.26	
ENVIRONMENT/ECOLOGY	376,515	4,462,890	11.85	
GEOSCIENCES	382,357	4,180,586	10.93	
IMMUNOLOGY	227,850	4,168,475	18.29	
MATERIALS SCIENCE	656,411	6,498,492	9.90	
MATHEMATICS	374,555	1,468,002	3.92	

图 8-2-9　学科排名（Field Rankings）

（三）引用阈值（Citation Thresholds）

引用阈值（Citation Thresholds）是论文进入 ESI 各学科、高被引论文或热点论文所要求的最少引用次数，包括 ESI 阈值（ESI Thresholds）、高被引论文阈值（Highly Cited Thresholds）或者热点论文阈值（Hot Paper Thresholds）3 部分。

ESI 阈值（ESI Thresholds）按学科给出了 ESI 前 1%的作者和机构以及前 50%的国家和期刊在 ESI 统计的十年间的引用阈值，如图 8-2-10 所示。例如，当前进入临床医学（Clinical Medicine）领域前 50%的要求是 10 年间发表论文的最低总被引次数不少于 3,127 次。

高被引论文阈值（Highly Cited Thresholds）按学科给出近 10 年各年度发表的论文被引次数排在前 1% 的最低被引次数，如图 8-2-11 所示。

Citation Thresholds

A citation threshold is the minimum number of citations obtained by ranking papers in a research field in descending order by citation count and then selecting the top fraction or percentage of papers.

The **ESI Threshold** *reveals the number of citations received by the top 1% of authors and institutions and the top 50% of countries and journals in a 10-year period.*

ESI Thresholds

Highly Cited Thresholds

Hot Paper Thresholds

RESEARCH FIELDS ▲	AUTHOR	INSTITUTION	JOURNAL	COUNTRY
AGRICULTURAL SCIENCES	354	1,570	1,353	768
BIOLOGY & BIOCHEMISTRY	820	5,185	5,600	604
CHEMISTRY	1,376	5,707	5,107	791
CLINICAL MEDICINE	1,634	1,765	3,768	3,127
COMPUTER SCIENCE	271	2,467	978	311
ECONOMICS & BUSINESS	311	3,430	993	184
ENGINEERING	414	1,742	1,494	619

图 8-2-10 ESI 阈值（ESI thresholds）

Citation Thresholds

A citation threshold is the minimum number of citations obtained by ranking papers in a research field in descending order by citation count and then selecting the top fraction or percentage of papers.

The **Highly Cited Threshold** *reveals the minimum number of citations received by the top 1% of papers from each of 10 database years.*

ESI Thresholds

Highly Cited Thresholds

Hot Paper Thresholds

RESEARCH FIELDS ▲	2006	2007	2008	2009	2010	2011	2012	2013	201
AGRICULTURAL SCIENCES	117	105	90	73	67	49	38	26	
BIOLOGY & BIOCHEMISTRY	235	215	193	167	137	105	79	53	
CHEMISTRY	184	169	163	146	136	118	92	64	
CLINICAL MEDICINE	210	188	166	144	121	94	70	48	
COMPUTER SCIENCE	85	97	91	75	68	53	38	27	
ECONOMICS & BUSINESS	157	138	108	88	74	53	36	22	
ENGINEERING	97	94	81	78	67	55	40	29	

图 8-2-11 高被引论文阈值（Highly Cited Thresholds）

热点论文阈值（Hot Paper Thresholds）是以两个月为单位，显示近两年各 ESI 学科最近两个月被引次数排在前 0.1%的论文的最低被引次数，如图 8-2-12 所示。

Citation Thresholds

A citation threshold is the minimum number of citations obtained by ranking papers in a research field in descending order by citation count and then selecting the top fraction or percentage of papers.

The **Hot Papers Threshold** *reveals the minimum number of citations received during the most recent two-month period by the top 0.1% of papers from the past two years.*

ESI Thresholds

Highly Cited Thresholds

Hot Paper Thresholds

RESEARCH FIELDS ▲	2014-2	2014-3	2014-4	2014-5	2014-6	2015-1	20
AGRICULTURAL SCIENCES	7	6	6	6	5	5	
BIOLOGY & BIOCHEMISTRY	13	14	12	10	9	13	
CHEMISTRY	18	19	20	18	17	14	
CLINICAL MEDICINE	12	13	12	11	10	10	
COMPUTER SCIENCE	10	23	8	9	9	7	
ECONOMICS & BUSINESS	5	5	6	5	4	4	
ENGINEERING	7	7	8	7	7	7	

图 8-2-12 热点论文阈值（hotpaper thresholds）

练 习 题

1. 利用 ESI 查看药学研究前沿文献。

2. 查看第三军医大学在 ESI 临床医学领域的排名。

第三节 期刊引证报告（JCR）

一、JCR 简介

期刊引证报告（Journal Citation Reports，简称 JCR）是由美国科学情报研究所开发的一款基于引文数据统计信息的多学科期刊评价工具。通过对参考文献的标引和统计，JCR 可以在期刊层面衡量某项研究的影响力，显示出引用和被引期刊之间的相互关系。JCR 分为自然科学版（JCR Science Edition）和社会科学版（JCR Social Sciences Edition）两部分。其中 2016 年发布的自然科学版收录了 8,700 多种期刊，涉及农业、天文学、生物化学、生物学、计算机科学、医学、精神病学、肿瘤学、药理学、儿科学、外科学等 176 个学科领域；社会科学版收录了 3,200 多种期刊，涉及人类学、考古学、传播学、信息科学与图书馆学、精神病学、心理学、卫生政策、护理学、老年医学、健康与康复、药物滥用等 56 个学科领域。

JCR 提供的引文数据和指标主要有以下 10 种：

1. 总引用次数（Total Cites） 某一特定期刊的文章在 JCR 出版年被引用的总次数。

2. 影响因子（Journal Impact Factor） 期刊在过去两年发表的论文在当前 JCR 年的平均被引次数。

3. 去除自引的影响因子（Journal Impact Factor Without Self Cites） 去除期刊自引后计算得到的期刊影响因子。

4. 五年影响因子（5 Year Journal Impact Factor） 期刊论文过去 5 年的平均被引次数，通过使用过去 5 年期刊的被引次数除以 5 年的论文总数而得。

5. 立即指数（Immediacy Index） 也称即年指标，用期刊中某一年中发表的文章在当年被引用次数除以同年发表文章的总数得到的指数，反映了期刊论文被引用的及时性，可以评价哪些期刊发表了大量热点论文。

6. 被引半衰期（Cited Half-Life） 指某一期刊自创刊以来所发表的全部论文，在统计当年被引用的全部次数中，较新的一半的时间跨度，是衡量期刊老化速度的一个指标。

7. 引用半衰期（Citing Half-Life） 指该期刊引用的全部参考文献中，较新一半是在多长一段时间内发表的。通过这个指标可以反映出作者利用文献的新颖度。

8. 特征因子（Eigenfactor） 以 JCR 为数据源，构建剔除自引后的期刊 5 年期引文矩阵，以类似于 PageRank 的算法迭代计算出的期刊权重影响值，是对一种期刊总价的度量。其基本假设是：期刊被高影响期刊引用越多则其影响力也越高。与影响因子不同，特征因子不仅考察了引文的数量，而且考虑了施引期刊的影响力。

9. 论文影响力（Article Influence Score） 0.01*Eigenfactor Score/X，其中 X=5 年期刊发表论文总数除以 5 年全球所有期刊论文总数，该指标反映了某期刊论文在发表后第一个 5 年的平均影响力。Article Influence 的平均值为 1，如该值大于 1，说明当前期刊中的每篇论文的影响力高于平均水平；如果该值小于 1，说明该期刊中的每篇论文的影响力低于平均水平。

10. 学科分区（Quartile in Category） 把某一个学科的所有期刊都按照当年的影响因子降序排列，然后按期刊数量平均 4 等分（各 25%），分别是 Q1，Q2，Q3，Q4 四个分区。

二、JCR 主界面

JCR 提供了网络检索方式，可以直接访问 https：//jcr.incites.thomsonreuters.com/，或者在 Web of Science 检索平台中选择"Journal Citation Reports"，即可进入 JCR 主界面，如图 8-3-1 所示。

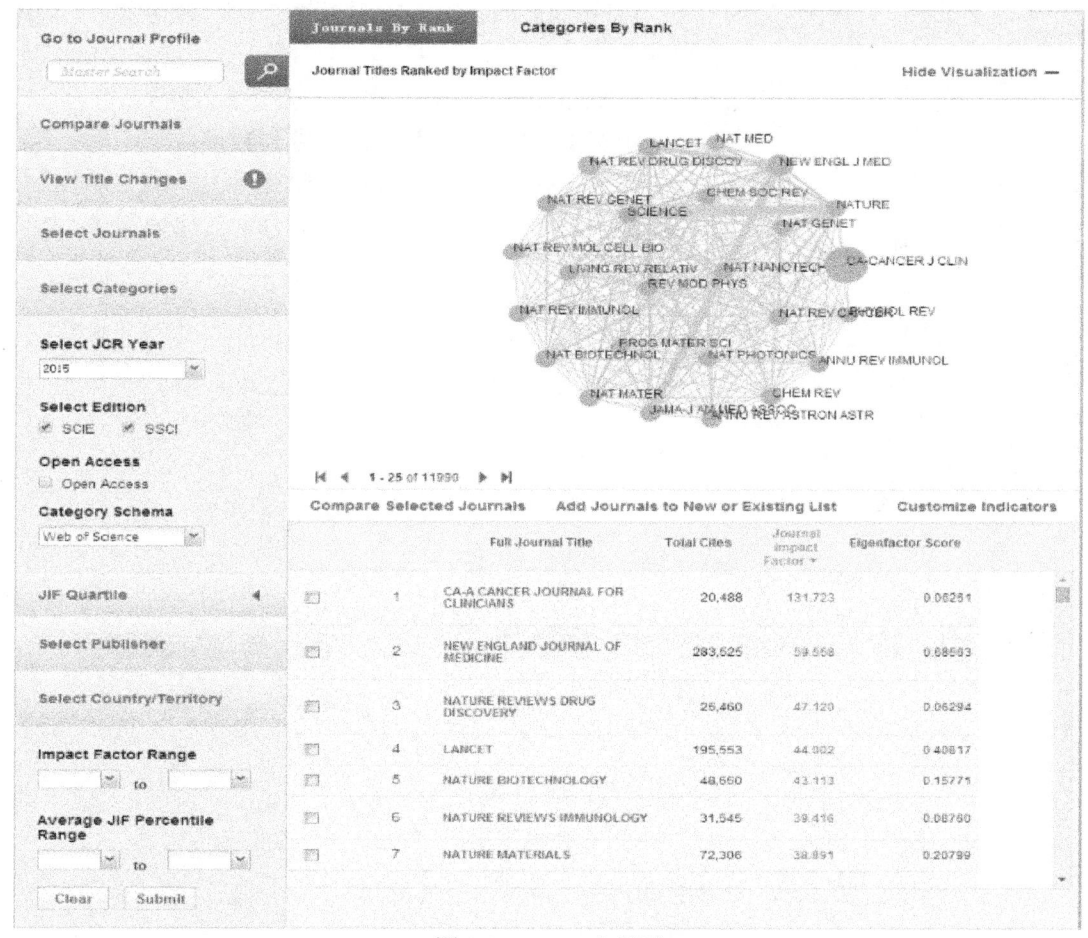

图 8-3-1　JCR 主界面

JCR 主界面分以下功能区域：

1. 左栏是筛选区，可以根据多个选项来筛选期刊数据集，包括学科、JCR 版本、年份、分区、出版社、国家/地区、影响因子区间等，也可以查看期刊的更名历史（View Title Changes）。
2. 右栏顶端可以选择按期刊影响力排名模式或学科影响力排名模式浏览数据。
3. 右栏图示区展示论文期刊或学科的网络关系视图。
4. 右栏结果区显示经过筛选得到的数据和相应的指标。

三、JCR 检索

在 JCR 主界面的左栏筛选区，可以选择一个或多个选项来对期刊或学科进行检索及分析：

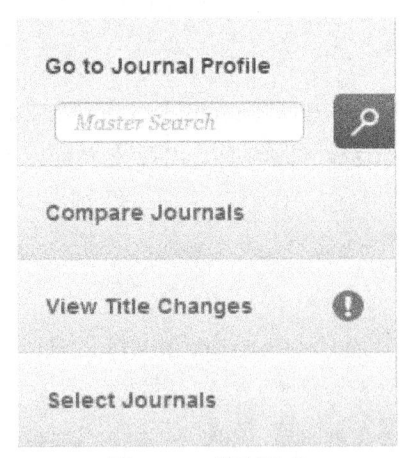

图 8-3-2　期刊检索

1. 期刊检索　期刊检索主要可以通过左栏筛选区的以下选项（如图 8-3-2 所示）进行检索分析：

Go to Journal Profiles：可通过期刊全称、期刊缩写、刊名关键字或 ISSN 号检索期刊，具有自动识别刊名功能。

Compare Journals：对多本期刊进行多角度比较。

View Title Changes：查看过去 2 年刊名发生变化的期刊列表。

Select Journals：选定多本需要查看的期刊。

示例 1：检索 PLoS One 的期刊数据

在筛选区"Go to Journal Profiles"中输入"PLoS One"，点击检索图标，就可以看到 PLoS One 的相关数据，如图 8-3-3 所示。

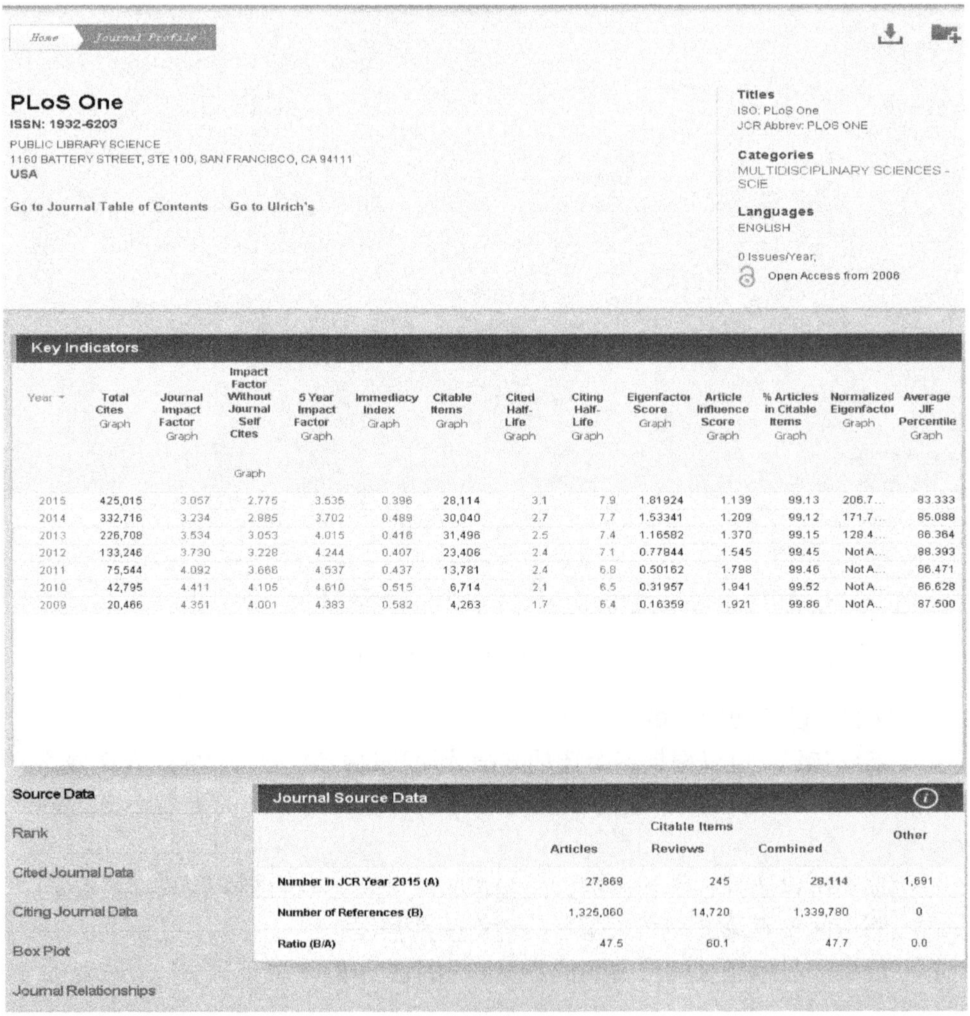

图 8-3-3　检索结果

从图 8-3-3 检索结果中，可以得到该杂志的 ISSN 号、出版地、学科分类以及历年来的总引用次数、影响因子等一系列的信息。还可以通过点击页面下方的各项指标对期刊进行更详细的了解。

2. 期刊或学科分析　除了前面介绍的选项，JCR 主界面左栏筛选区还针对期刊和学科分析提供了多个筛选项：①Select Categories——选择具体检索学科；②Select JCR Year——选择 JCR 年份与版本；③Select Edition——选择数据源为自然科学版（SCIE）和/或社会科学版（SSCI）；④Open Access——是否限定为开放获取期刊；⑤Category Schema——选择 Web of Science 或 ESI（Essential Science Indicators）；⑥JIF Quartile：选择期刊学科分区；⑦Select Publisher——选择期刊出版商；⑧Select Country/Territory——选择期刊出版国别或地区；⑨Impact Factor Range——限定影响因子范围；⑩Average JIF Percentile Range：限定期刊影响因子百分位范围。

通过对这些选项结合应用，可了解某一学科近几年的发展趋势，或者某学科期刊的影响力分布情况，以及可以对出版商、国家或地区的学科期刊进行分析。

示例 2：查看皮肤病学在 2015 年影响因子排名前 10 位的期刊详细情况

点击筛选区"Select Categories"，按字顺找到"DERMATOLOGY"勾选，并在"Select JCR Year"选择"2015"，点击 Submit，如图 8-3-4 所示。

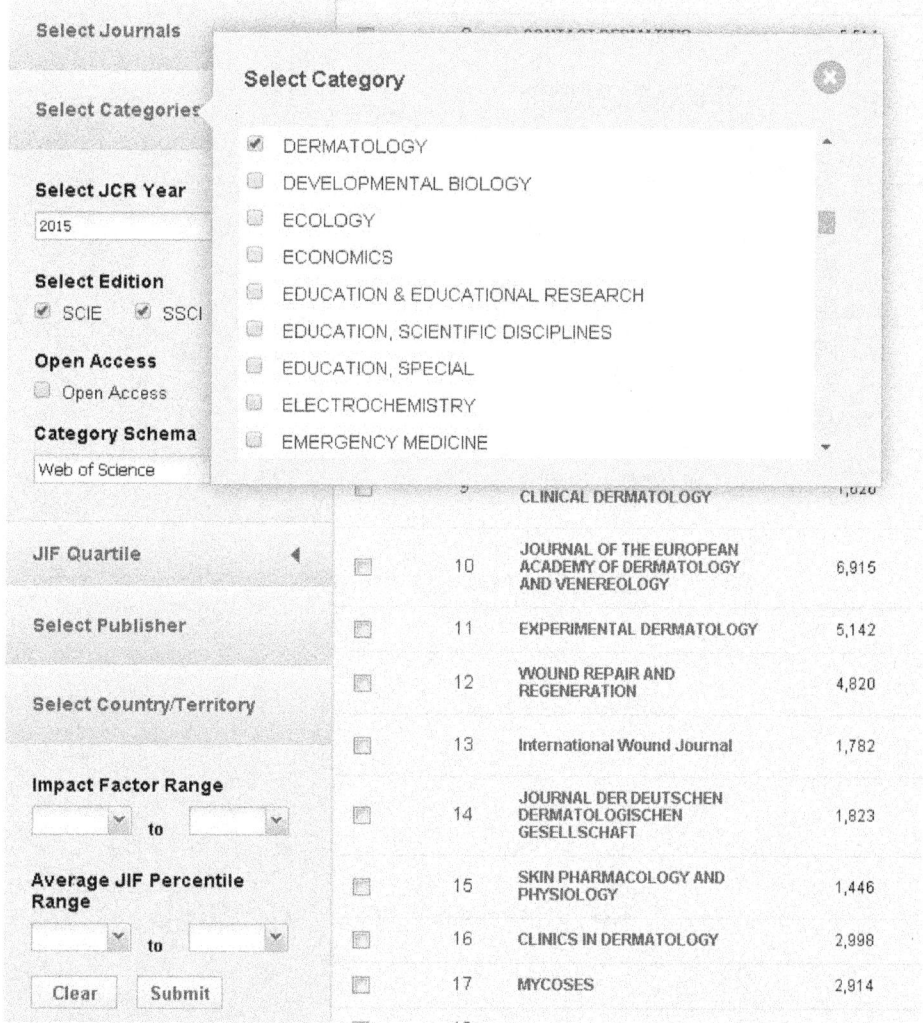

图 8-3-4　皮肤病学期刊检索

将检索结果按影响因子降序排序，即可看到 2015 年皮肤病学影响因子排名前 10 位的期刊，点击期刊就可看到期刊的详细信息。

示例 3：查看美国 2015 年影响因子 2.0～5.0 的期刊详细情况

点击筛选区"Select Country/Territory"输入"USA"并选择，在 Impact Factor Range 限定为"2.000 to 5.000"，并在"Select JCR Year"选择"2015"，点击 submit（如图 8-3-5 所示），即可看到 2015 年美国影响因子 2.000～5.000 的期刊，点击期刊就可看到期刊的详细信息。

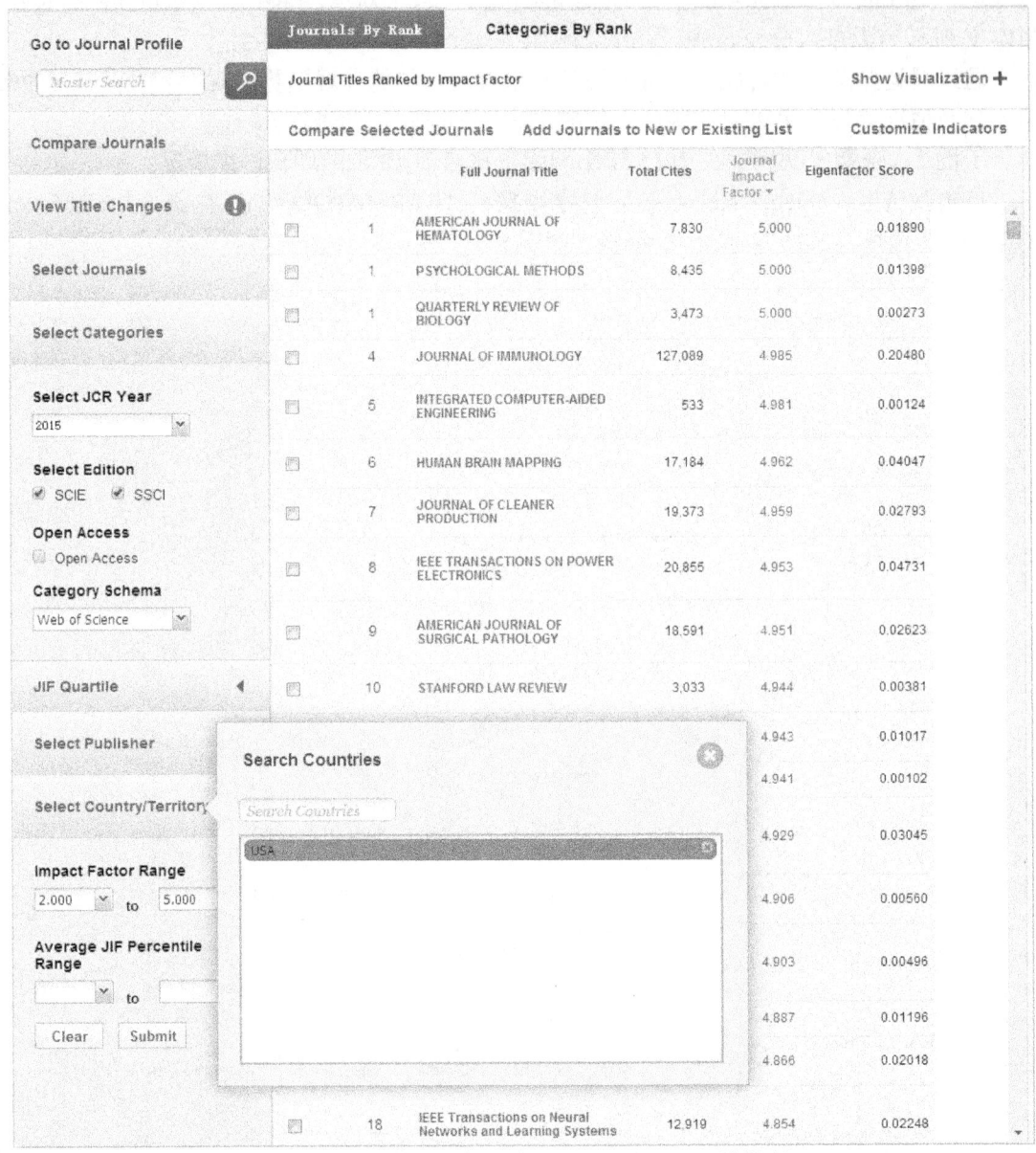

图 8-3-5　美国 2015 年影响因子 2.000～5.000 的期刊

练 习 题

1. 查看 NATURE 杂志近五年的影响因子变化情况。
2. 查看预防医学领域 Q1 分区的期刊情况。

第四节 InCites 数据库

一、InCites 简介

InCites 是汤森路透集团在汇集和分析 Web of Science （SCIE/SSCI/AHCI）引文数据的基础上建立起来的科研评价工具，综合运用了各种计量指标和 30 余年来各学科各年度的国际指标性数据。InCites 能够帮助政府和学术研究机构中的决策者、科研管理人员分析某机构的学术表现和影响力，并针对全球同行的研究成果进行比较。用户通过它可实时跟踪特定机构的研究产出和影响力；将机构的研究绩效与其他机构以及全球同学科领域的平均水平进行比对；发掘机构内具有学术影响力和发展潜力的研究人员，并监测机构的科研合作活动，以寻求潜在的科研合作机会。

二、InCites 模块与功能

访问 https：//incites.thomsonreuters.com/，登陆 InCites 数据库，如图 8-4-1 所示。InCites 包含 6 个模块（人员，机构，区域，研究方向，期刊、图书、会议录文献，基金资助机构）和 5 个系统报告（本地期刊利用率、研究绩效、合作论文、追踪技术热点、机构简介）。

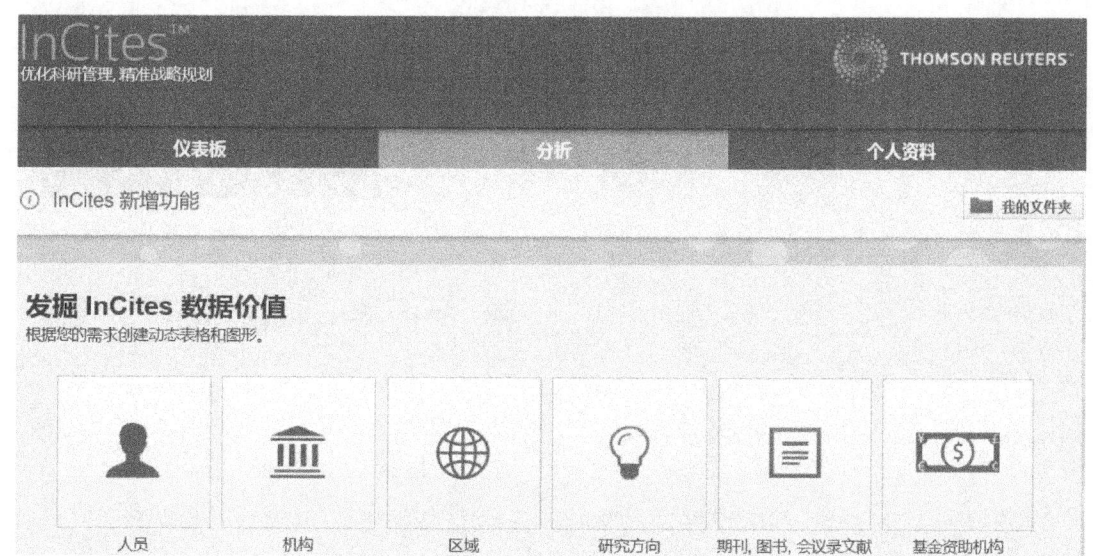

图 8-4-1 InCites 主界面

1. 人员 可分析各个机构所属科研人员和科研团体的产出和影响力等。
2. 机构 可分析全球各个机构的科研绩效并与同行进行对比。

3. 区域　可分析各个机构的国际合作区域分布情况。

4. 研究方向　可分析机构在不同学科分类体系中的学科布局。

5. 期刊、图书、会议文献　可分析文献所发表的期刊、图书和会议文献分布。

6. 基金资助机构　可分析全球各类基金资助项目的产出及影响力。

7. 系统报告　InCites 数据库中内置报告模板，可以通过机构名称一步分析其研究绩效、合作论文等。

InCites 每个模块分为 3 个区，如图 8-4-2 所示：左侧为筛选区，可以根据多个选项来筛选数据集，包括机构名称、合作机构、文献类型、出版年等。右上为图示区，可以看到通过筛选得到的各个学科数据所生成的统计图像，在图示区可选择不同类型的图像，包括：条形图、气泡图、树状图、饼图、雷达图、地理分布图等，或者选择作图的指标，包括 Web of Science 论文数、论文被引百分比、高被引论文百分比、热点论文百分比等调整图中希望显示的统计结果。右下为结果区，浏览筛选后得到的各个学科的数据和相应的指标。

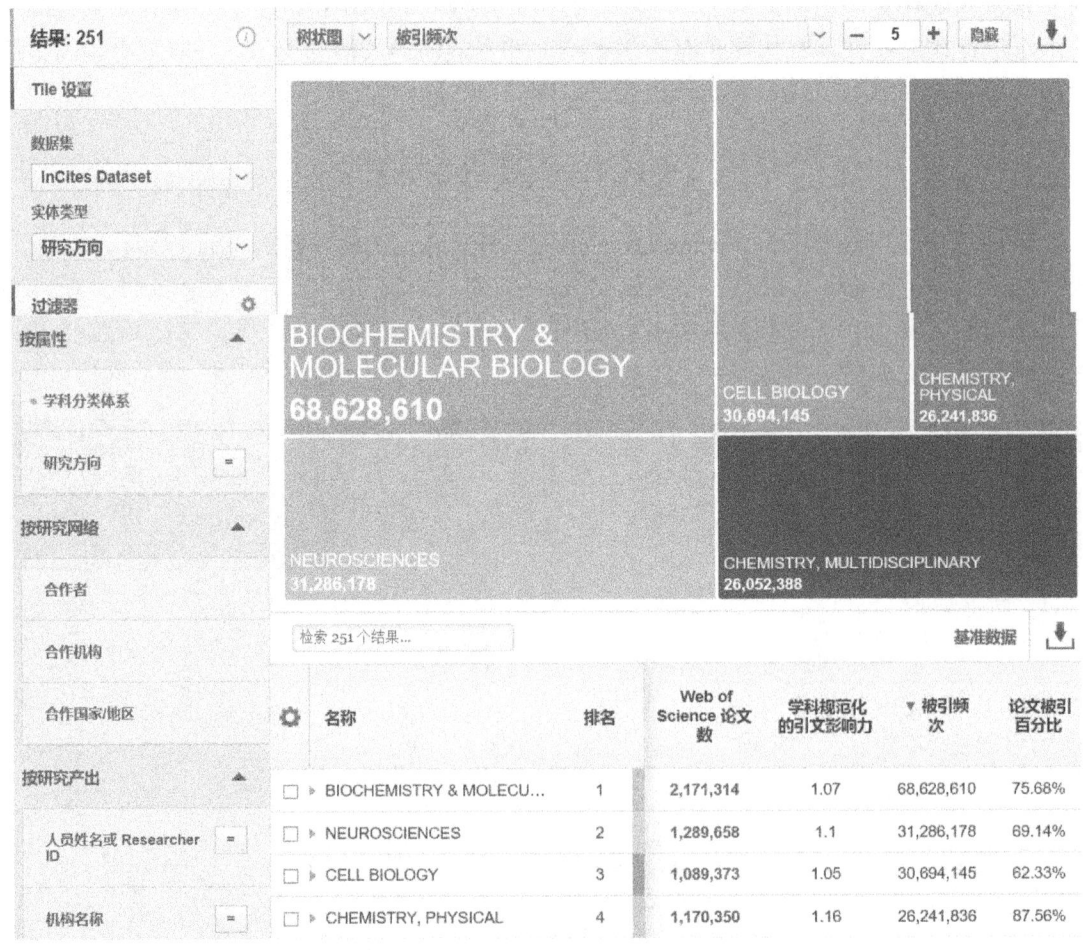

图 8-4-2　InCites 模块结构

三、InCites 数据库的评价指标

InCites 建立了全新的文献计量学评价指标体系，以求全方位、多角度评价科研绩效。InCites 提供的指标达数十项，且很多指标为该库特征性文献计量学指标，如学科规范化的引文影响力、相对影响力等，主要文献计量学指标及其意义如下：

1. 相对于全球平均水平的影响力（Impact Relative to World） 某组出版物的引文影响力与全球总体出版物的引文影响力的比值。这个指标可以被应用于机构、国家和全球水平。该指标展示了某项研究的影响力与全球研究影响力的关系，反映了相对的科研绩效水平。全球平均值总是等于 1。如果该比值大于 1，即表明该组论文的篇均被引频次高于全球平均水平；小于 1，则低于全球平均水平。

2. 学科规范化的引文影响力（Category Normalized Citation Impact，CNCI） 这是一个排除了出版年、学科领域与文献类型作用的无偏影响力指标，因此使用它可以进行不同规模、不同学科混合的论文集比较。如果 CNCI 大于 1，表明该组论文的被引表现高于全球平均水平；小于 1，则低于全球平均水平。

3. 期刊规范化的引文影响力（Journal Normalized Citation Impact，JNCI） 按期刊、出版年和文献类型统计的规范化的引文影响力（论文篇均引文数）。JNCI 指标能够提供某单一出版物（或某组出版物）与其他科研工作者发表在同一期刊（或同一组期刊）上成果的比较信息。如果 JNCI 的值超过 1，说明该科研主体影响力高于平均值；如果 JNCI 的值低于 1，说明其影响力低于平均值。

4. h 指数（h-index） 由 J.Hirsch 于 2005 年首次提出。h 指数的计算基于一组按被引频次降序排列的出版物集合。如果 N 篇论文拥有大于等于 N 次引文，则 h 指数等于 N。例如，某人的 h 指数是 20，这表示他已发表的论文中，每篇被引用了至少 20 次的论文总共有 20 篇。

5. 平均百分位（Average Percentile） 一篇出版物的百分位是通过建立同出版年、同学科领域、同文献类型的所有出版物的被引频次分布（将论文按照被引用频次降序排列），并确定低于该论文被引次数的论文的百分比获得的。如果一篇论文的百分位值为 1，则该学科领域、同出版年、同文献类型中 99% 的论文的引文数都低于该论文。

6. 被引次数排名前 1% 的论文百分比与被引次数排名前 10% 的论文百分比 按类别、出版年和文献类型进行引文统计，排名前 1% 或 10% 的出版物百分比，这是反映机构中优秀科研成果的指标之一。该指标数值越大，表明该组文献表现越好。如果某组论文的该指标值等于 1%，说明该组论文中有 1% 的论文位于全球同类论文（同一学科、出版年和文献类型）被引次数排名的前 1%，也说明这组论文的水平与全球平均水平相当。一个高于 1% 的值，代表该组论文中超过 1% 的论文位于全球同类论文排名的前 1%。

7. 国际合作论文百分比（% of International Collaborations） 国际合作论文百分比是某论文集中，国际合作论文的数量除以该论文集的论文总数的数值，以百分数的形式表现。国际合作论文百分比指标体现了机构或科研工作者吸引国际合作的能力。

8. 高被引论文百分比（% Highly Cited Papers） 高被引论文百分比指标是指某一文献集（论文、作者、机构、国家、期刊及学科领域）内的 ESI 高被引论文数除以该文献集中文献总数的数值，以百分数形式展现。这个指标可以用来评价高水平科研并且能够展示

某一机构论文产出在全球最具影响力的论文中的百分比情况。

在 InCites 结果区，点击 ✦ 图标可以自由选择指标。已选指标：可以对已选的指标进行排序或者删除。浏览指标：可以添加更多指标，包括国际合作论文、平均百分位等。

四、InCites 应用

示例 1：分析第三军医大学的科研绩效，并与其他医科大学对比分析

（1）选择"机构"模块 🏛。

（2）在"筛选区"中通过"机构名称"输入第三军医大学英文名称，系统会自动提示近似名称。

（3）在"筛选区"中通过"出版年"选择分析年份（默认为 1980 年至今）。

（4）点击"更新结果"，显示第三军医大学从 1980 年至今共发表 SCI 论文数 9,152 篇，该组论文学科规范化的引文影响力为 0.87，论文被引用百分比为 68.86%，总被引频次为 71,211 次（图 8-4-3）。

✦	名称	排名	Web of Science 论文数	学科规范化的引文影响力	▼ 被引频次	论文被引百分比
☐	Third Military Medical University	1	9,152	0.87	71,211	68.86%

图 8-4-3　机构绩效结果

图 8-4-4　同行机构对比

（5）选择同行机构进行对比分析，可以利用"筛选项"，按照如下条件选择对比机构：机构类型（例如大学、政府、医院等）；国家/地区（按照机构所属的国家/地区来选择）、排名（按照是否进入 THE 大学排名和是否进入 ESI 引用前 1%来选择）、机构联盟（按照机构所属的联盟，例如中国 C9 高校、澳大利亚的 GROUP OF 8 等来选择）。本例在机构名称处直接输入对比医科大学的英文名称（图 8-4-4）。

（6）选择需要分析的学科分类，利用"研究方向"筛选项。InCites 有 9 种学科分类可供选择：①ESI 学科分类（22 个）；②Web of Science 核心合集学科分类（251 个）；③中国国务院学位委员会和教育部《学位授予与人才培养学科目录（2011 年）》（目前提供其中 12 个学科门类和 77 个一级学科的分析数据）；④ANVUR；⑤GIPP（6 个）；⑥澳大利亚 ERA 分类（23 个一级分类和 149 个二级分类）；⑦巴西 FAPESP 分类；⑧OECD Frascati 学科分类；⑨英国 RAE 分类（63 个）和 REF 分类（36 个）。

（7）在"筛选项"继续选择其他选项分析数据：文献类型、期刊、开放获取、出版商、基金资助机构、Web of Science 论文数范围、被引频次、出版年（本例选择 2005 年至今）等。

（8）最后再次点击"更新结果"后得到本机构和对比机构的数据（图 8-4-5）。

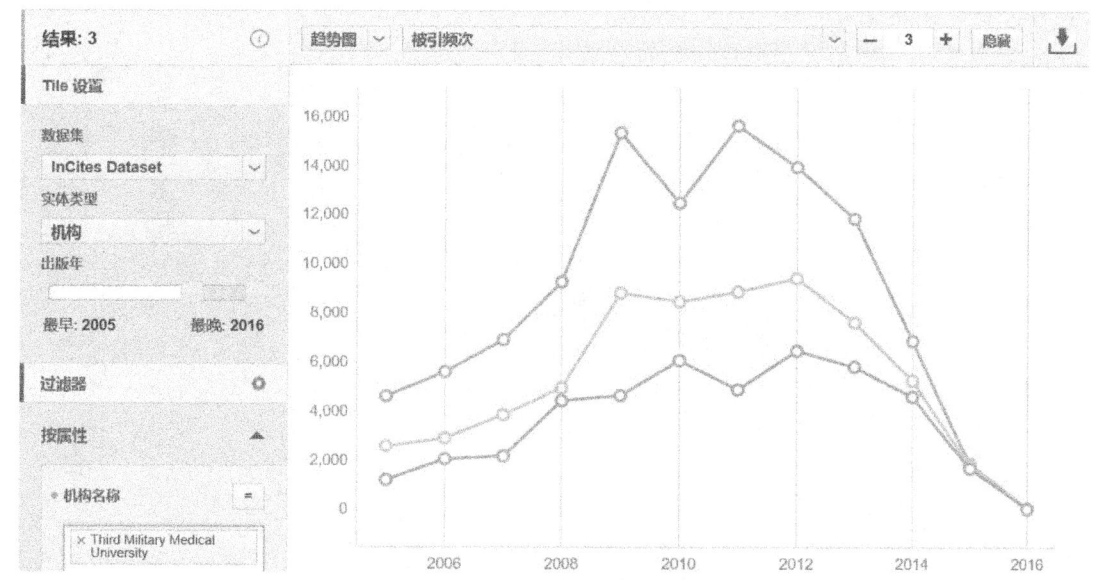

图 8-4-5　机构对比（以被引频次为指标）

示例 2：分析第三军医大学的合作机构

（1）选择"机构"模块🏛。

（2）在"研究网络"的"合作机构"中输入机构名称，系统会自动提示。

（3）点击"更新结果"后可得到第三军医大学的合作机构信息，如图 8-4-6 所示。结果显示，与第三军医大学合著论文最多的机构为第四军医大学，共合作发表 SCI 论文 227 篇，学科规范化的引文影响力为 3.83。

名称	排名	Web of Science 论文数	学科规范化的引文影响力	被引频次	论文被引百分比
Fourth Military Medical Univer…	1	227	3.83	4,063	79.74%
Sun Yat Sen University	2	139	4.05	3,819	74.82%
Chongqing Medical University	3	404	0.94	3,361	74.5%
Second Military Medical Univ…	4	169	4.73	3,290	71.6%
Fudan University	5	137	5.23	3,114	70.07%
Chinese Academy of Medical…	6	113	3.52	2,727	71.68%
Zhejiang University	7	146	8.4	2,599	73.97%

图 8-4-6　合作机构

示例 3：分析第三军医大学的合作国家/地区

（1）选择"区域"模块🌐。

（2）在"合作机构"键入 Third Military Medical University，并点击"更新结果"，结果显示与第三军医大学科研人员合著发文的地区分布状况，除中国内地的科研机构外，合著发文最多的为美国，如图 8-4-7 所示。

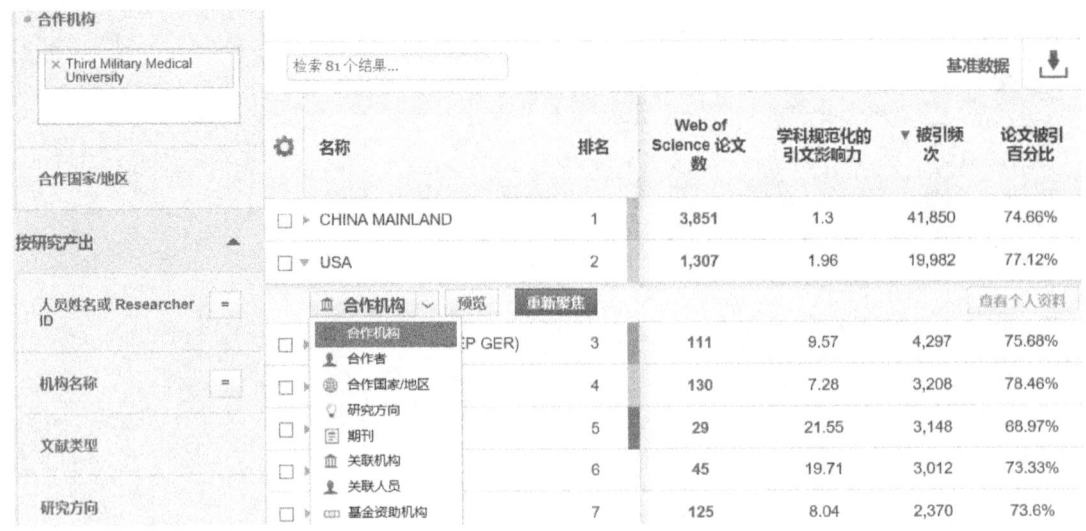

图 8-4-7　合作国家

（3）在上一步得到的结果处，选择某一国家/地区，例如 USA，选择要分析的内容，例如"期刊"。

（4）点击"重新聚焦"，可进一步对和 USA 合著论文的期刊分布进行分析，结果显示第三军医大学科研人员与美国科技人员合作发文最多的期刊为 PLOS ONE，如图 8-4-8 所示。

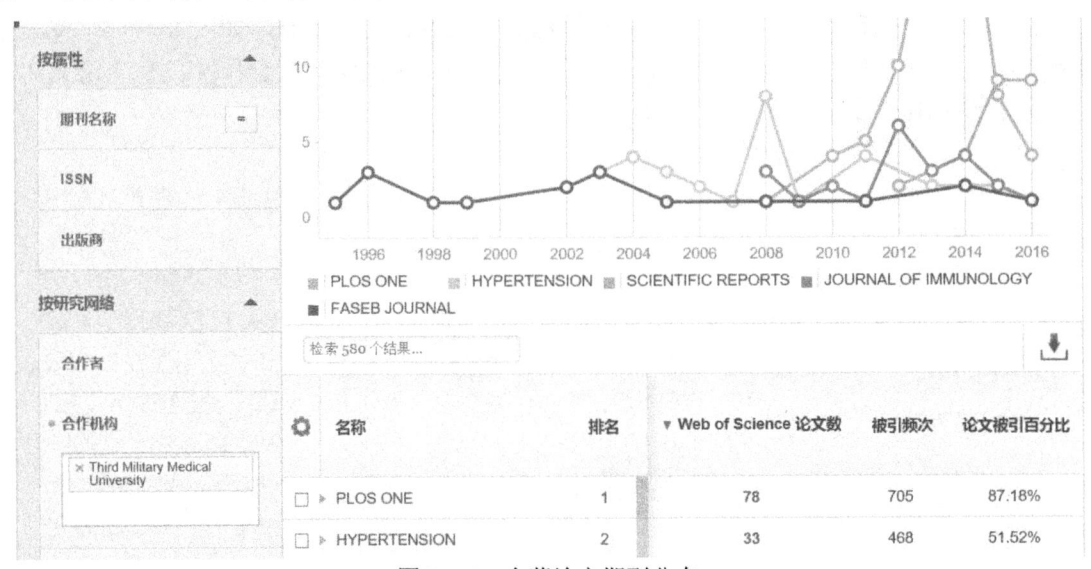

图 8-4-8　合著论文期刊分布

练　习　题

1. 查询免疫学学科发文量及总被引频次排名全球前 10 位的来源机构。

2. 查询 2010～2016 年第三军医大学国际合作论文百分比、被引次数排名前 10% 的论文百分比和高被引论文百分比。

（何晓阳　耿　鹏　赵　岩　武海东）

第九章 特种文献信息检索

特种文献是指出版发行和获取途径都比较特殊的科技文献，主要包括学位论文、会议文献、科技报告、专利文献、科技档案、标准文献和政府出版物等。特种文献涉及领域广泛、特色鲜明、内容新颖、实用性强、参考价值高，在医学研究和医药产品的研发领域提供了重要的资源价值。随着网络资源的广泛应用，特种文献的生产及需求量急速增长，相应的检索时效性和便利性亦有很大提高，互联网已成为获取特种医学文献的主要手段。

第一节 学位论文检索

学位论文是指高等学校、科研机构的毕业生为了获得各级学位所撰写的论文。根据《中华人民共和国学位条例》的规定，学位论文分为学士论文、硕士论文和博士论文3种。学位论文具有选题新颖，学术性强，阐述详细等特点，而博硕士学位论文还具有独创性等特点。除此之外，学位论文中参考文献的全面性，有助于对相关文献进行追踪检索，对科学研究有着较高的参考价值。作为一种特殊类型的文献，学位论文一般不公开发表或出版，高校图书馆和专业图书馆一般也仅收藏本单位的学位论文，对外单位的论文难于系统有效地收集，因此在纸质载体时代学位论文的获取比较困难。但在互联网时代，学位论文的检索与全文获取则要方便许多，学位论文数据库是主要来源。

一、国内学位论文检索

国内学位论文的检索可以通过商业公司开发的学位论文数据库如清华同方的中国优秀博硕士学位论文全文数据库、北京万方的中国学位论文全文数据库，也可以通过国家文献机构如国家科技图书文献中心、中国高等教育文献保障系统（CALIS）所开发的学位论文数据库来实现。此外国内多数高校也会有本校自建的学位论文数据库。

（一）CNKI 博/硕士学位论文全文数据库

中国优秀博/硕士学位论文全文数据库（CDMD）是 CNKI 重要的数据库产品，是目前国内相关资源最完备、高质量、连续动态更新的中国优秀博硕士学位论文全文数据库之一。数据库收录了 1984 年至今全国 428 家培养单位的博士学位论文和 701 家硕士培养单位的优秀硕士学位论文，目前累计博硕士学位论文全文文献 300 多万篇。

产品分为十大专辑，包括基础科学、工程科技Ⅰ、工程科技Ⅱ、农业科技、医药卫生科技、哲学与人文科学、社会科学Ⅰ、社会科学Ⅱ、信息科技、经济与管理科学。十大专辑下分为 168 个专题。

1. CDMD 检索界面　中国优秀博/硕士论文全文数据库（CDMD）的检索界面左侧为学科专辑导航，右上为检索字段及控制条件，右下为数据库简要说明，如图 9-1-1 所示。
2. CDMD 检索方式　数据库提供了检索、高级检索、专业检索、科研基金检索及句子检索 5 种检索方式，系统默认为检索。检索条件包括 12 个内容检索字段：主题、题名、作者、导师、学位授予单位、关键词、摘要、目录、全文、参考文献、中图分类号、学科专业

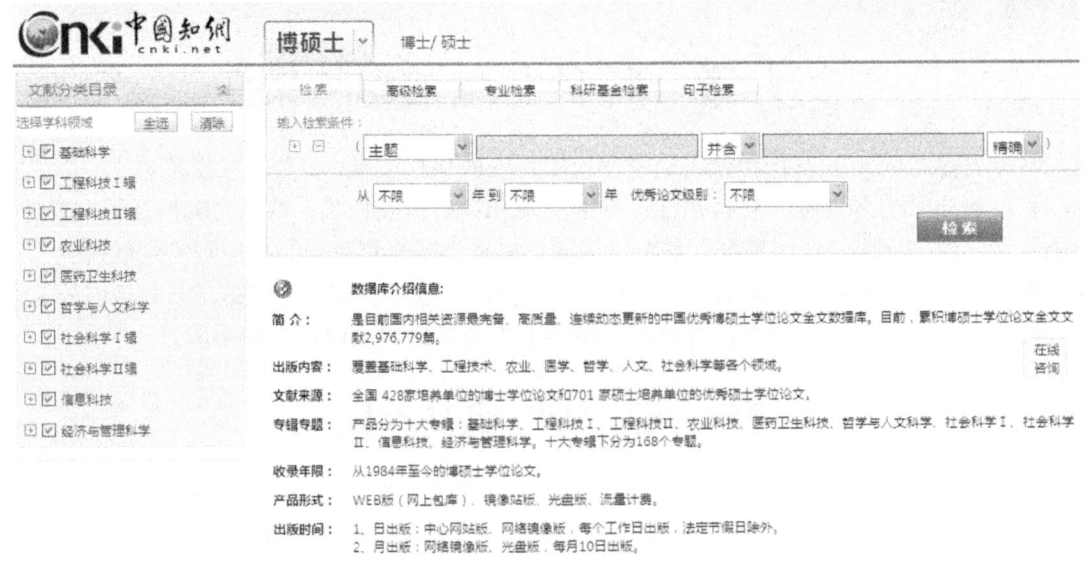

图 9-1-1　中国优秀博/硕士论文数据库检索平台

名称等。最常用的检索方式是使用"主题"字段（主题字段是指在题名、关键词、摘要等字段同时检索，查全率及查准率更高）进行检索。字段匹配有"精确"和"模糊"两种匹配方式，"作者"、"导师"、"学位授予单位"、"中图分类号"的专指度相对较高，最好使用精确匹配的方式检索。

示例 1：检索有关"高原性心脏病"的学位论文

检索步骤：在"检索"界面，选择"主题"检索字段，输入检索词"高原性心脏病"。这时需要注意的是，使用关键词检索时要考虑相关术语（同义词及上位词、下位词等）。比如"高原性心脏病"，还可以表达为"高心病"、"高原心脏病"等。可通过词间组配，检索词之间使用布尔逻辑组配"并含"、"或含"、"不含"检索。此外，还可以选择限定条件如年限、优秀论文级别等进一步限定检索。结果如图 9-1-2 所示。

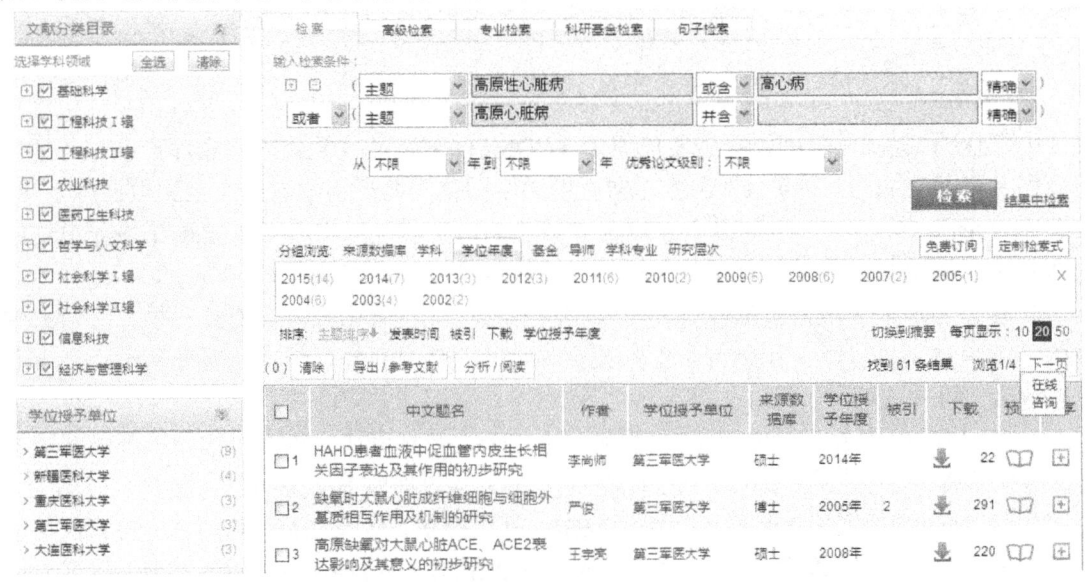

图 9-1-2　检索结果

3. 检索结果浏览与保存　CDMD 全文格式为 KDH，阅读全文前需安装专用浏览器 CAJView。点击检索结果中学位论文题名链接，即可浏览论文的详细题录信息和相关文献信息链接，如图 9-1-3 所示。点击“整本下载”，论文自动以“篇名+作者名”为文件名进行保存，或者直接点击检索页面的下载图标保存全文。也可在结果中看到“本文链接的文献网络图示”、“参考文献”、“相似文献”、“同行关注文献”、“相同导师文献”、“相关作者文献”、“文献分类导航”等，实现与该文献相关的知识关联。

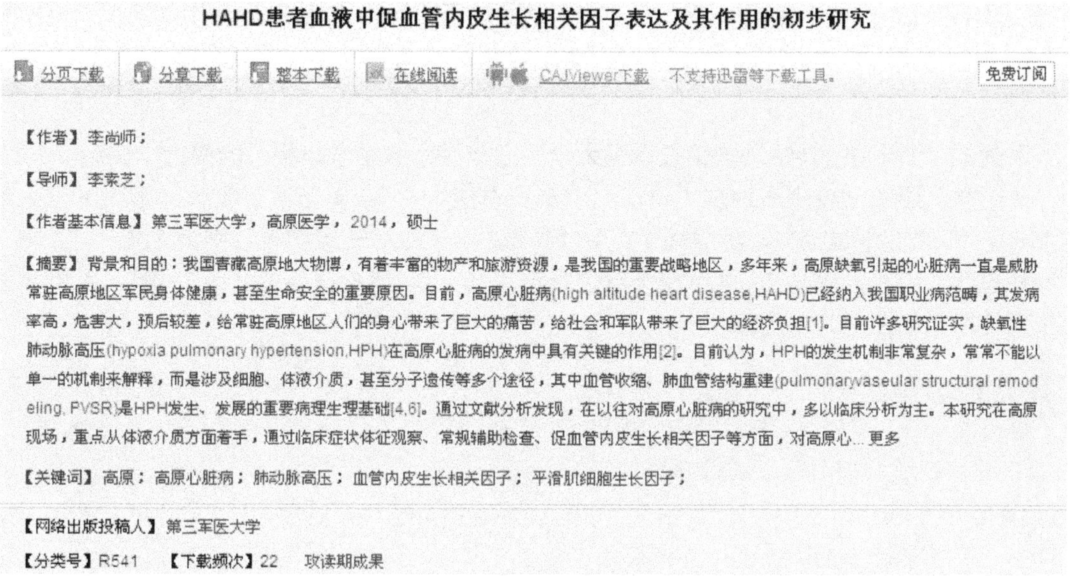
HAHD患者血液中促血管内皮生长相关因子表达及其作用的初步研究

分页下载　分章下载　整本下载　在线阅读　CAJViewer下载　不支持迅雷等下载工具。　免费订阅

【作者】李尚师；

【导师】李素芝；

【作者基本信息】第三军医大学，高原医学，2014，硕士

【摘要】背景和目的：我国青藏高原地大物博，有着丰富的物产和旅游资源，是我国的重要战略地区，多年来，高原缺氧引起的心脏病一直是威胁常驻高原地区军民身体健康，甚至生命安全的重要原因。目前，高原心脏病(high altitude heart disease,HAHD)已经纳入我国职业病范畴，其发病率高，危害大，预后较差，给常驻高原地区人们的身心带来了巨大的痛苦，给社会和军队带来了巨大的经济负担[1]。目前许多研究证实，缺氧性肺动脉高压(hypoxia pulmonary hypertension,HPH)在高原心脏病的发病中具有关键的作用[2]。目前认为，HPH的发生机制非常复杂，常常不能以单一的机制来解释，而是涉及细胞、体液介质，甚至分子遗传等多个途径，其中血管收缩、肺血管结构重建(pulmonaryvaseular structural remodeling, PVSR)是HPH发生、发展的重要病理生理基础[4,6]。通过文献分析发现，在以往对高原心脏病的研究中，多以临床分析为主。本研究在高原现场，重点从体液介质方面着手，通过临床症状体征观察、常规辅助检查、促血管内皮生长相关因子等方面，对高原心... 更多

【关键词】高原；高原心脏病；肺动脉高压；血管内皮生长相关因子；平滑肌细胞生长因子；

【网络出版投稿人】第三军医大学

【分类号】R541　【下载频次】22　攻读期成果

图 9-1-3　检索结果浏览与保存

（二）万方中国学位论文全文数据库

中国学位论文全文数据库由国家法定学位论文收藏机构——中国科技信息研究所开发。1995 年中国科技信息研究所委托万方数据公司将其收录的 1977 年以来我国各学科领域的硕士、博士学位论文加工制成“中国学位论文文摘数据库”。2002 年，万方又推出“中国学位论文全文数据库”（China Dissertation Database，CDDB），收录自 1980 年以来我国理、工、农、医、人文社科、交通运输、航空航天、环境科学等各个领域的博士、博士后及硕士研究生论文。与国内 900 余所高等院校、科研院所合作，占研究生学位授予单位 85%以上。论文总量达 360 余万篇，并采取逐年回溯、月度追加的办法不断更新，每年增加约 30 万篇。

进入万方学位论文库页面，可以通过 3 种方式查找论文。一是输入检索词直接检索；二是点击“高级检索”，限定检索条件如全部、主题、题名或关键词、作者、关键词、摘要、DOI、学位—专业等 14 个字段检索，或者通过检索词逻辑组配检索式进行“专业检索”；三是在“学科、专业目录”中选择学科，逐级缩小范围浏览相关论文，并可以在浏览页面限定“标题”、“作者”、“关键词”、“时间”等“在结果中检索”。另外万方数据还根据学位授予单位的地理位置，设置了地区分类导航，如图 9-1-4 所示。点击该地区学校列表即可浏览该校相关学位论文。

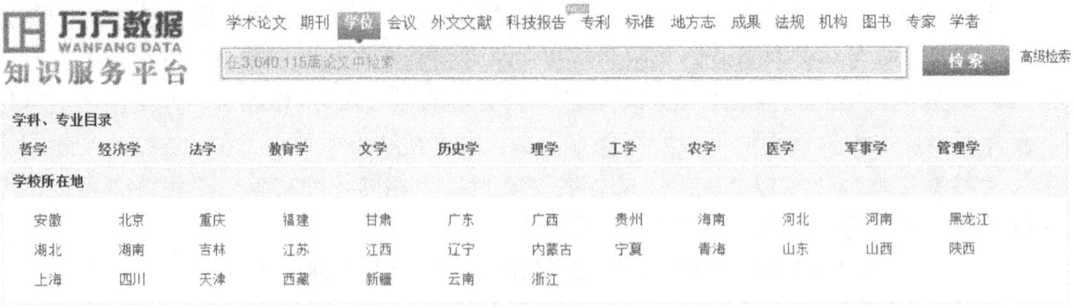

图 9-1-4 万方中国学位论文全文数据库

示例2：利用地区导航浏览第三军医大学近三年军事医学学科相关的博士学位论文

在检索页面的学校所在地选"重庆"、"第三军医大学"，即是万方收录的第三军医大学自1989年以来的学位论文，在学科分类中通过选择一、二、三级学科分别为"医药、卫生"、"特种医学"、"军事医学"，再对授予单位限定"博士"，年份限定为"近三年"，得到相应的检索结果，如图9-1-5所示。

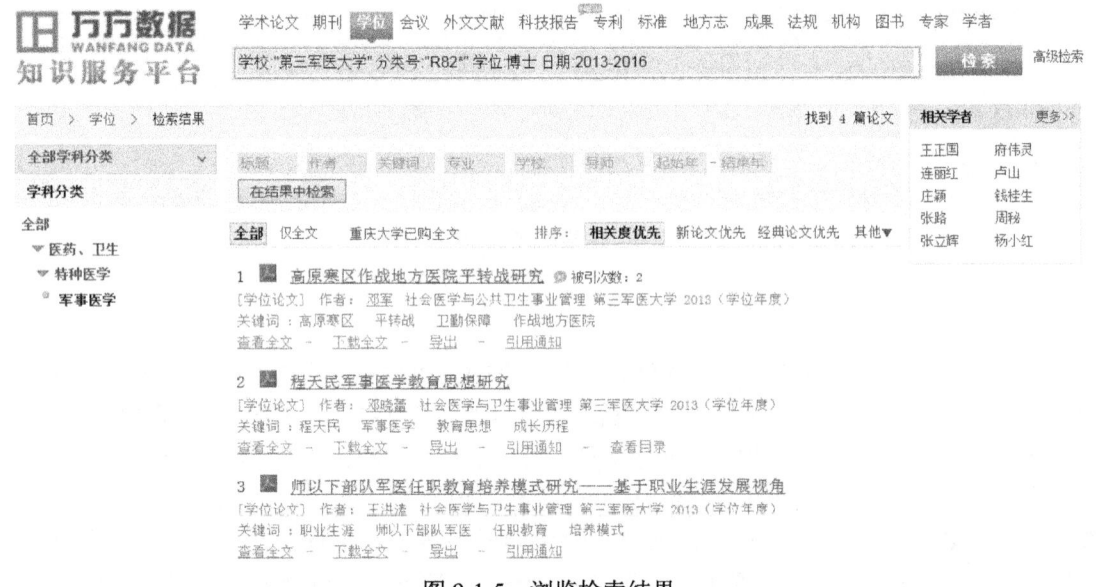

图 9-1-5 浏览检索结果

进入到文献详细题录信息页面，可"查看全文"、"下载全文"、"查看目录"、"导出"、"添加到引用通知"几个选项，并可将其分享到新浪、腾讯微博等。还有对"相关学者"、"相关检索词"、"参考文献"、"引证文献"、"相似文献"的链接信息，通过选择相应的学者、检索词或文献，即可查看与之相关的文献，实现知识关联。除此之外，还可以点击该文献的关键词，查看与某一关键词有关的知识脉络并有相关图表分析。如查看检索结果页面文献"高原寒区作战地方医院平转战研究"中的关键词"高原寒区"的知识脉络分析，结果如图9-1-6所示。知识脉络的分析可以看到该关键词的研究趋势及相关文献热词，关联的"经典文献"、"研究前沿文献"及"相关学者"也有链接信息，还可对该关键词的最多8个关键词进行比较分析，从而了解其趋势，对未来的学术研究有很好的参考作用。

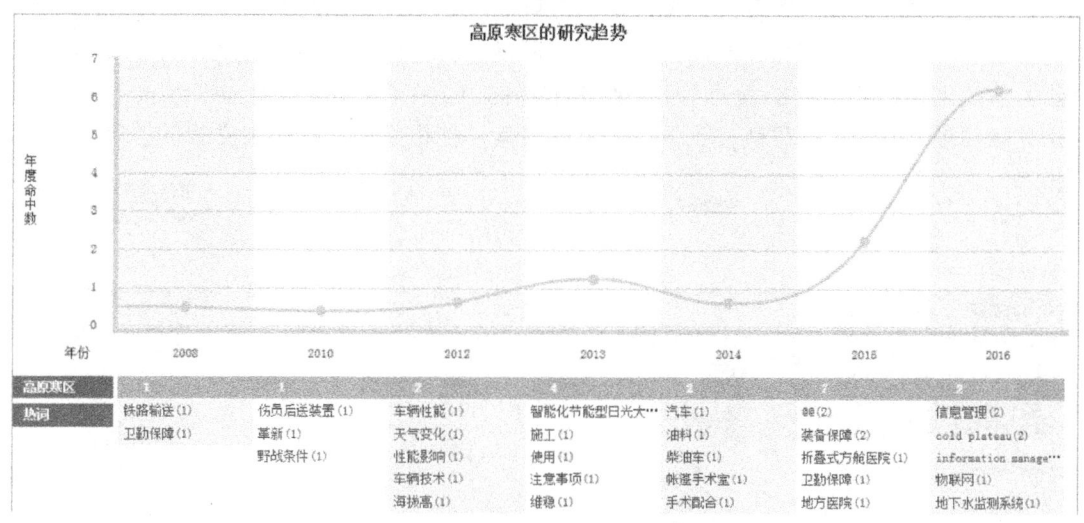

图 9-1-6 关键词的知识脉络分析

（三）CALIS 学位论文库

CALIS 学位论文中心服务系统面向全国高校师生，提供中外文学位论文检索和获取服务，为高校范围内的读者通过网络利用博硕士学位论文信息提供了途径和保障。CALIS 学位论文库由国家教委投资构建高校范围内学位论文的共建共享，采用"文摘索引集中建库，论文全文分布保存利用"的模式，由 CALIS 集中建库并通过网络提供服务，学位论文全文由培养研究生的学校收集、保存和利用。

该系统采用 e 读搜索引擎，检索功能便捷灵活，可通过"全部字段"、"题名"、"作者"、"导师"、"摘要"、"关键词" 6 个字段提供检索功能，默认为"全部字段"的检索，也可区分检索"全部"、"中文"、"英文"，以限定所需检索结果的范围，如图 9-1-7 所示。

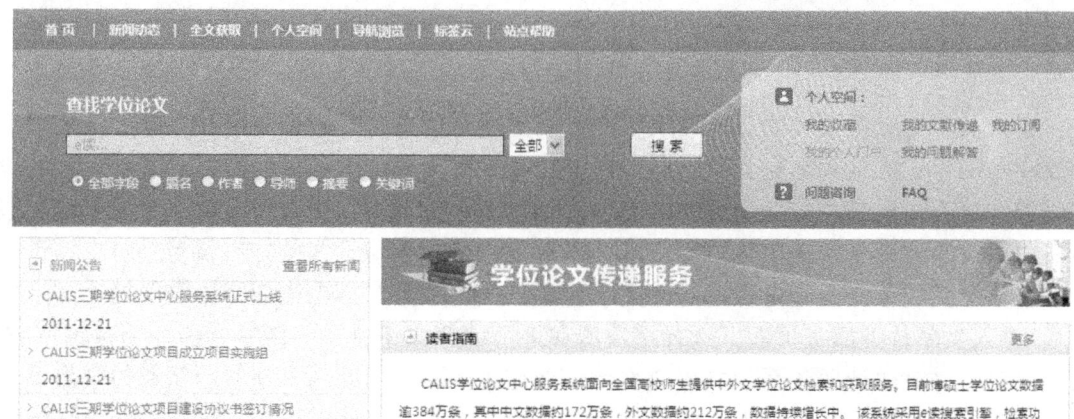

图 9-1-7 CALIS 学位论文中心服务系统检索平台

进入检索结果页面,例如检索有关"干细胞"的学位论文,检索结果的左侧区域,可以限定显示范围为"检索纸本资源"、"检索电子资源"、"不显示报纸文章";也可精简检索结果,限定到"出版年"、"语种"、"类型"、"学科"、"收录数据库"、"收录馆"等检索;还可以对检索结果进行"排序"、"时间筛选"、"双语推荐",以及"可视化分析"等,如图9-1-8所示。除此之外,点击对检索词"干细胞"解释的"更多",即可查看与干细胞相关词汇的知识关联(图9-1-9),并可链接到关联词汇的检索,能很好地实现相关文献的扩展检索。

图 9-1-8　检索结果

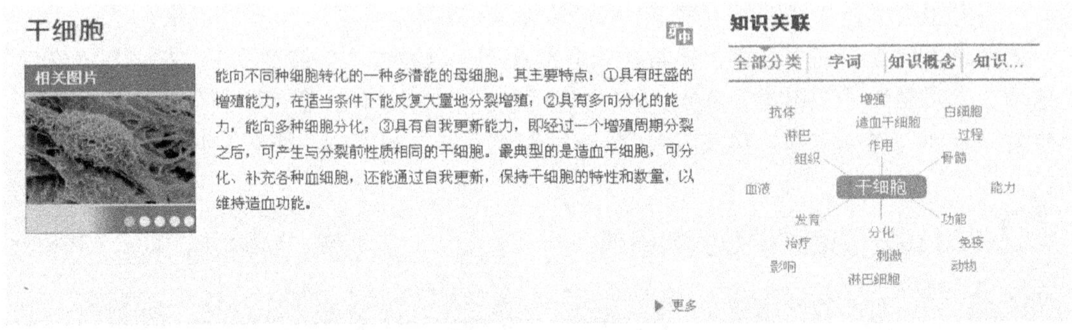

图 9-1-9　检索词解释及知识关联

进入具体文献检索页面,未登录用户可看到该学位论文的题录信息及"借外馆纸书"、"文献传递"这些基本信息。登录后,系统能够根据用户登录的身份,显示适合用户的检索结果。检索结果通过多种途径的分面和排序方式进行过滤、聚合与导引,并与其他类型资源关联,方便读者快速定位所需信息。系统提供部分学位论文的在线浏览前 16 页论文的服务,想要获取全文则可以通过"文献传递"获得服务。点击检索结果页面的"文献传递",进入文献传递服务页面,选择用户所在地区的图书馆登录(图9-1-10),进入用户所在图书馆的文献传递服务系统并提交文献传递请求,即可帮助用户获取所需要的学位论文全文。如果不能通过登录进入,可以联系该校图书馆员,以确认该馆是否支持统一认证服务或馆际互借服务。

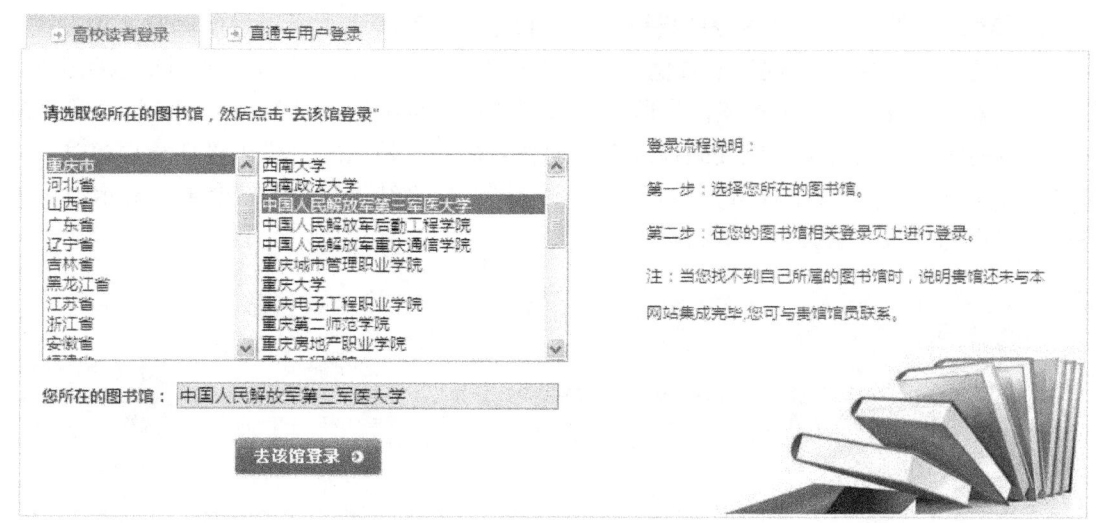

图 9-1-10 文献传递服务登录

除直接查找论文外，CALIS 学位论文库也提供"导航浏览"功能，以增加用户获取论文的途径。"学科导航"可按"所有学科"、"所有答辩年"、"所有学校"导航浏览想要查看的学位论文，相应论文的题录信息都有显示，还能对论文使用"评价"、"收藏"、"试读"、"全文"及"标签"等功能。

二、国外学位论文检索

检索国外高校学位论文主要通过美国 ProQuest 公司出版的博硕士学位论文数据库（ProQuest Dissertations & Theses，PQDT），以及国内国道数据公司出版的 DDS 学位论文集成发现系统。

（一）PQDT 博硕士论文库

ProQuest digital dissertations（PQDD）是美国 ProQuest Information and Learning 公司（原 UMI 公司）开发的博硕士论文数据库，2004 年 12 月更名为 ProQuest Dissertations & Theses（PQDT）。ProQuest 是美国国会图书馆及加拿大国家图书馆指定的全美、全加拿大博硕士论文的收藏机构。

PQDT 有文摘库和全文库之分。文摘库收录了 2,000 余所大学的 400 多万篇博、硕士学位论文的题录和文摘，以欧美大学为主，也提供国内 80 多所重点高校近 20 年的部分学位论文。收录年代从 1861 年开始，内容覆盖文、理、工、农、医等各个学科领域。

为满足国内读者对学位论文全文的广泛需求，中国高等教育文献保障系统（CALIS）文理中心组织，中科公司-亚信公司协助国内各高等院校、学术研究单位以及公共图书馆共同引进了 ProQuest 学位论文全文数据库，并且在国内建立了 3 个镜像站（CALIS、上交大、中信所）。凡参加论文联合订购的集团成员馆均可共享整个集团订购的全部学位论文，实现了学位论文的网络共享。目前，镜像库收录国外博硕士学位论文 58 万多篇。

1. 检索与浏览　PQDT 数据库提供了基本检索、高级检索、学科导航浏览 3 种方式。

（1）基本检索：系统的缺省界面就是基本检索，如图 9-1-11 所示。通过输入关键词、题名、作者等字段进行简单检索，字段间支持逻辑运算符组配，也可以对特定的词组或短语加引号后实行强制检索，以提高检准率。用作者名进行检索时，可以以任意顺序输入，如 "Nawy，Tal."和 "Tal. Nawy"的检索结果相同。检索结果默认为 "全部"显示，也可将结果限定为 "只显示有全文的结果"。

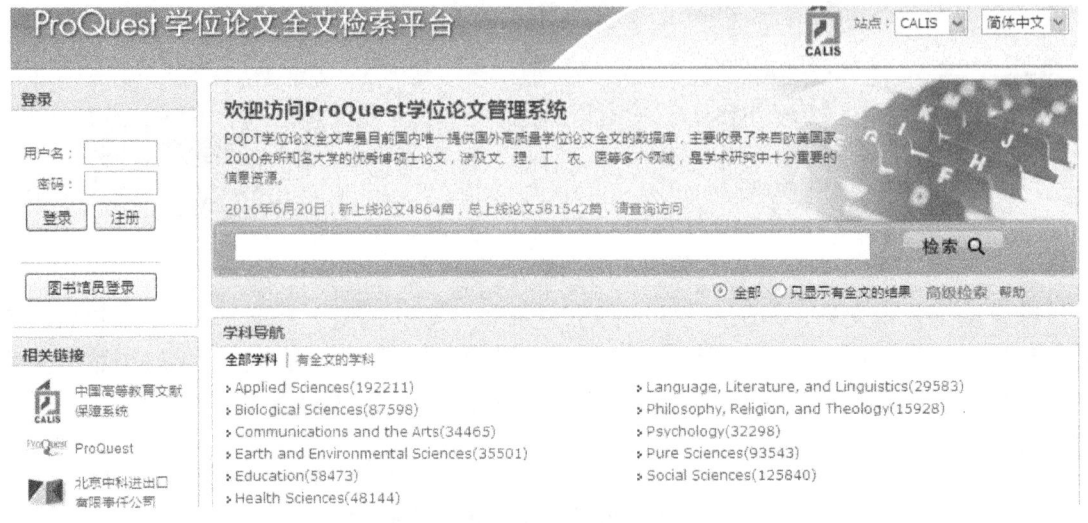

图 9-1-11　ProQuest 学位论文全文检索系统

（2）高级检索：高级检索界面是在基本检索的基础上增加了 "标题"、"摘要"、"全文"、"学科"、"作者"、"学校"、"导师"、"来源"、"ISBN"、"出版号"检索字段，对各字段可以使用布尔逻辑算符限定条件。"学科"字段通过选择相对应的一、二、三级学科限定，对论文的 "出版年度"、"学位"类型、"语种"、"显示"形式的限定，选择所需要的限定条件，对应相应的检索结果。

示例 3：检索 2014～2015 年普林斯顿大学分子生物学专业的博士学位论文

在高级检索页面限定学校为 "Princeton University"，出版年度限定为 2014 年至 2015 年，学位限定为 "博士"，学科选择一级学科 "Biological Sciences"，二级学科 "Biology"，三级学科 "Molecular"（图 9-1-12），点击 "检索"，即可查询所需文献。结果如图 9-1-13 所示。

（3）学科导航：学科导航提供导航树，分为 "全部学科"、"有全文的学科"两种显示形式。导航树分为 3 级，一级导航树分为 11 个大类，包括：应用科学（Applied Sciences）、生物科学（Biological Sciences）、传播与艺术学（Communications and The Arts）、地球与环境科学（Earth and Environmental Sciences）、教育学（Education）、保健科学（Health Sciences）、语言、文学和语言学（Language, Literature, and Linguistics）、哲学、宗教和神学（Philosophy, Religion, and Theology）、心理学（Psychology）、纯科学（Pure Sciences）和社会学（Social Sciences）等。可点击导航树节点相对应的一、二、三学科逐级展开，浏览各类目下的论文，同时提供二次检索快速查找模式，方便查看该学科下对应学位论文。

图 9-1-12　PQDT 高级检索界面

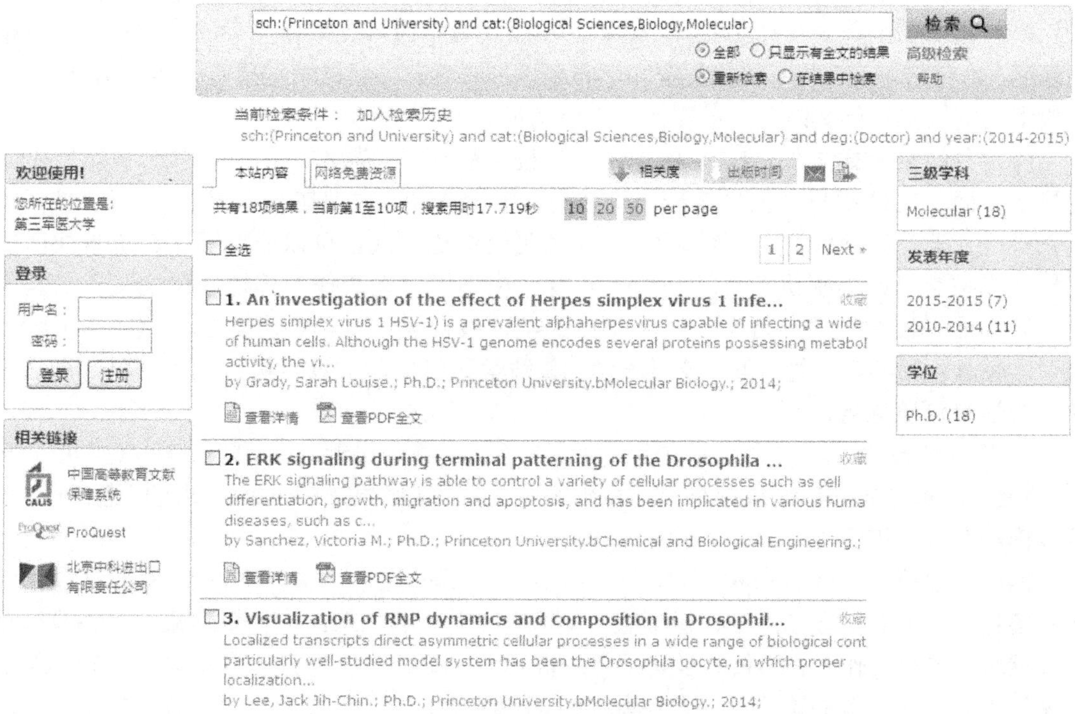

图 9-1-13　检索结果

2. 检索结果处理　检索完成后，系统直接按论文名称、作者、学校、学位、指导老师、学科和出版日期等题录信息显示检出的文献，系统默认每页显示 10 条检索结果，亦可选择每页显示为 20 或 50 条结果。根据需要选择按"相关度"、"出版时间"排序，或进行二次检索，缩小查找范围。同时还提供将需要的检索结果发送到指定邮箱；或者选取多个所需文献做成表格形式，以方便文献管理等。要查看文献详细信息，点击论文题名链接到完整信息页面，已订阅的文献可直接查看并下载 PDF 原文。

（二）DDS 学位论文库

DDS（Dissertation Discovery System），即学位论文集成发现系统，是国内国道数据公司提供学位论文数据集成与知识发现的系统平台，语种为英文，收录范围从 1998 年至今。该库主要收录了来自欧美国家 1,300 多所知名院校的优秀博硕学位论文，其中 70%是美国之外的世界名校，涉及导师 51 万余名，专业方向 28,000 多个，涵盖理、工、农、医、管、经、法、教、文、史、哲、军、艺等 13 大学科门类，目前全文近 86 万篇，是学术研究中重要的信息资源。

该系统有英语论文相似性检测功能，以数据库中全部英文版的博硕学位论文为指纹库，快速准确地检测出论文中的不当引用、过渡引用，甚至是抄袭、伪造、篡改等学术不端行为。通过论文相似性检测，系统自动生成细致的检测报告，以有助于论文的修改。DDS 适合国内英文毕业论文，国外留学毕业论文，或者向国外学术期刊投稿论文的相似性检测。该库收录的学位论文全部为正式发表，检测者提交的论文不收录到数据库系统。

1. 检索方式　进入 DDS 学位论文系统，它主要提供两种学位论文检索方式。一是快速检索，默认是对"标题、作者、关键词"的检索；二是高级检索，主要提供"标题"、"作者"、"关键词"、"全文"、"学校"、"导师" 6 个检索字段，支持检索词间的逻辑组配及精确匹配，也包括年度范围、学位类型和学科范围的界定。虽然检索结果有中英文语种显示，但检索框默认支持英文词组，不支持中文检索词。

除两种检索方式之外，DDS 还提供了院校导航和学科导航这两种导航方式。一是院校导航界面，DDS 提供"世界名校（按名称首字母排序，非美国地区）"、"世界名校（按国别排序，非美国地区）"、"美国名校" 3 种院校浏览方式，可以通过顺序浏览查找所需院校，或按字母或国别快捷跳转到相关院校，更为便捷地查找到该校学位论文。二是学科导航界面，该系统提供哲学、经济学、法学、教育学、文学、历史学、理学、工学、农学、医学、军事学、管理学、艺术学等 13 种学科门类，下设一级、二级学科，提供了较好的学科浏览服务。

2. 检索结果的输出　检索完成后，系统按论文名称、作者、出版年、学位、学校、学科、关键词、指导老师等题录信息显示检出的文献，检索结果排序根据需要可以选择按"重要度排序"或"年份排序"。

例如快速检索"Oncology"后，可在结果显示页面通过"文献细览"，查看文献详细题录信息，在页面下方"点击镜像下载"，即可下载全文。DDS 在检索结果中，将鼠标置于文献对应的论文作者、学校、学科、导师信息上，能够"发现 N 篇与此论文主题相似的论文"、"查看此作者的论文"、"发现此学校的论文数：N"、"发现该研究方向的论文数：N"、"发现该导师指导的论文数：N 篇"、"发现该导师的学生：N 人"（对学生姓名列表），点击对应的信息，即可链接查看相关文献。如图 9-1-14 所示。

图 9-1-14　检索结果页面

除此之外，在检索结果页面的右侧，还可以进行二次检索，选择对应的检索项输入检索词，以便更好地限定论文的查找范围。勾选所需要的文献，系统还提供"Txt 文件（Tab 分隔）"、"CSV 文件"、"Excel 文件"3 种方式导出文献的题录信息。

练 习 题

1. 利用 CNKI 博硕士学位论文库检索第三军医大学高原医学专业近 5 年的博硕士学位论文。

2. 利用 PQDT 学位论文库高级检索，检索标题包含病毒感染，学科类别为微生物学的文献，并在检索结果页面限定发表年度为 2015 以来的学位论文。

3. 比较 CNKI 与万方学位论文库的相同及区别之处。

第二节　会议文献检索

一、会议文献概述

一般来说会议文献包括会议信息和会议论文，主要是指会议论文或论文集。会议信息预告学术会议召开的时间、地点等，是撰写会议论文和参加学术会议的指南。会议论文一般主要是指在各专业学术会议上交流的学术报告和论文、论文集。学术会议分为国际会议、全国性会议、地区性会议等。各种学术会议，尤其是国际会议和全国性的会议，都是国内外的权威专家们云集的场所，他们提交的论文代表着目前该领域的最高水平和最新动态。许多新的研究发现也多以会议论文的形式首次公开发表。因此会议论文具有针对性强、内容新颖、学术价值高和传递信息及时等特点。会议文献按产生的过程可以分为会前文献和会后文献。会后文献是在会前文献的基础上加工而成的，它的系统性更强，学术价值更高。会后文献的主要出版形式是图书或期刊。

参加学术会议，可以与同行进行面对面的交流与讨论，这种交流更容易激发出思想的火花,与一般的通过文献进行学术交流相比有着不可比拟的优势。随着社会经济文化的发展和交通运输的日益便利,各种学术会议呈逐年增加的趋势,学术会议论文的增长速度也大于图书和期刊的增长速度。因此,会议论文是国内外公认的重要学术信息,也是科研人员使用较多的文献类型之一。

二、会议信息检索

一般期刊中报道学术信息很零散,不易收集。当人们希望预先了解近期将要召开哪些重要的学术会议,这些会议在何时何地召开,由谁主办,参会的条件等信息时,或者希望对已经召开的会议有所了解时,就需要了解和掌握学术会议信息检索的一般知识,借助于专门的检索工具进行学术会议信息检索。目前,全世界每年召开的国际性学术会议上万个,我国每年召开的学术会议也有数千个,其中医学领域的学术会议约有 1,000 个。我们可以通过多种检索工具、网站等检索会议信息。

(一)中华医学会网站

中华医学会网站(http://www.cma.org.cn/)是中华医学会组织学术交流活动、开展继续医学教育的学术网站。点击主页的"学术活动"进入会议信息页面,包含征文通知、会议通知、计划查询 3 个栏目,用户可在"会议通知"中可获取由中华医学会各分会、中华医学系列期刊编辑部及音像社主办的学术会议信息,如图 9-2-1 所示。

图 9-2-1 中华医学会主页

(二)好医生会议

好医生会议(http://conference.haoyisheng.com)主要内容包括会议预告、会议新闻、会议服务、会议专题等栏目。网站主页左上角还按照学科、地点、时间进行分类导航,方便用户浏览或检索需要的会议信息。每条会议信息包括会议简介、类型、学科、规模、地点、时间、联系方式等内容。网站还设有精华课件、会议论坛专栏,提供给用户一个学习和交流的平台(图9-2-2)。

图9-2-2　好医生会议主页

(三)中国学术会议在线

中国学术会议在线(http://www.meeting.edu.cn/meeting)是由教育部科技发展中心主办,面向广大科技人员的科学研究与学术交流信息服务平台。用户可以从会议预告、会议通知、会议回顾3个栏目中获取需要的会议信息,可以在主页中部查看到最新发布会议以及即将召开会议,如图9-2-3所示。

网站还提供了学科分类浏览和站内资源检索功能。在学科分类中,用户可以点击希望查阅的会议信息所属学科来查找所需信息;在站内资源检索中,通过输入要查找的会议名称或关键字来检索相关的会议信息,点击进入每一条会议检索结果,都会有会议基本信息、组织结构、重要日期和会务组联系方式。

·246· 医学文献检索

图 9-2-3 中国学术会议在线主页

(四) Medsci 会议频道

Medsci 会议频道 (http://www.medsci.cn/meeting/) 是 Medsci 的栏目之一,提供国内外专业临床研究的会议信息,目前拥有超过 150 万专业用户,其中高中端医生会员 60 余万。Medsci 会议频道提供按学科分类、地域分类以及会议日历及关键词等方式搜索会议信息,还可以进行会议发布和网络报名,如图 9-2-4 所示。

(五) 爱唯医学网会议中心

爱唯医学网会议中心 (http://www.elseviermed.cn/meeting) 主要介绍国际、国内医学会议最新动态,提供重要医学会议的信息预告,是爱思唯尔出版集团推出的国际医学专业学术交流平台。用户可通过学科分类导航浏览或筛选需要的会议信息,每条会议信息的最下方会根据浏览的专题,推荐相关的新闻报道和用户可能感兴趣的会议,如图 9-2-5 所示。

(六)《世界会议》

《世界会议 (World Meeting)》是由美国世界会议信息中心 (World Meeting Information Center) 编辑,美国麦克米伦公司出版的一套丛刊,1963 年创刊,专门预报 2 年内在世界各地召开的科学与技术方面的国际会议,现为季刊。每期分正文或索引两个部分,共四个分册:《世界会议:医学》,《世界会议:美国与加拿大》,《世界会议:美国与加拿大以外》,《世界会议：社会与行为科学，人性服务与管理》。《世界会议》提供了 6 种索引：关键词索引、会议日期索引、会议地点索引、出版物情况索引、会议征集截止日期索引和主办机构索引。

图 9-2-4　Medsci 会议频道主页

图 9-2-5　爱唯医学网会议中心主页

（七）《科技会议预报》

《科技会议预报》（*Scientific Meetings*）1957 年创刊，季刊，美国加州科技会议出版公司出版，预报未来一年内要召开的科技会议。每期分为两部分，第一部分按学术团体名称排列，第二部分按会议日期排列。

（八）《近期国际科技会议预告》

《近期国际科技会议预告》（*Forthcoming International and Technical Conference*）由英国 ALSIB 编辑出版，1971 年创刊，季刊。预报年内即将召开的国际会议和英国国内的科技会议信息，主要包括会议名称、会议日期、主办机构及联系地址等。

（九）学术会议网医学会议预报

学术会议网医学会议预报（http://www.medical.theconferencewebsite.com/）是专为用户提供免费查询国际医学会议信息及继续医学教育课程的一站式网站，设有基本检索和高级检索两种方式，高级检索可对会议专业、关键词、地点、时间进行限定。注册用户还可以发布会议信息、获取最新会议通知、管理会议等，如图 9-2-6 所示。

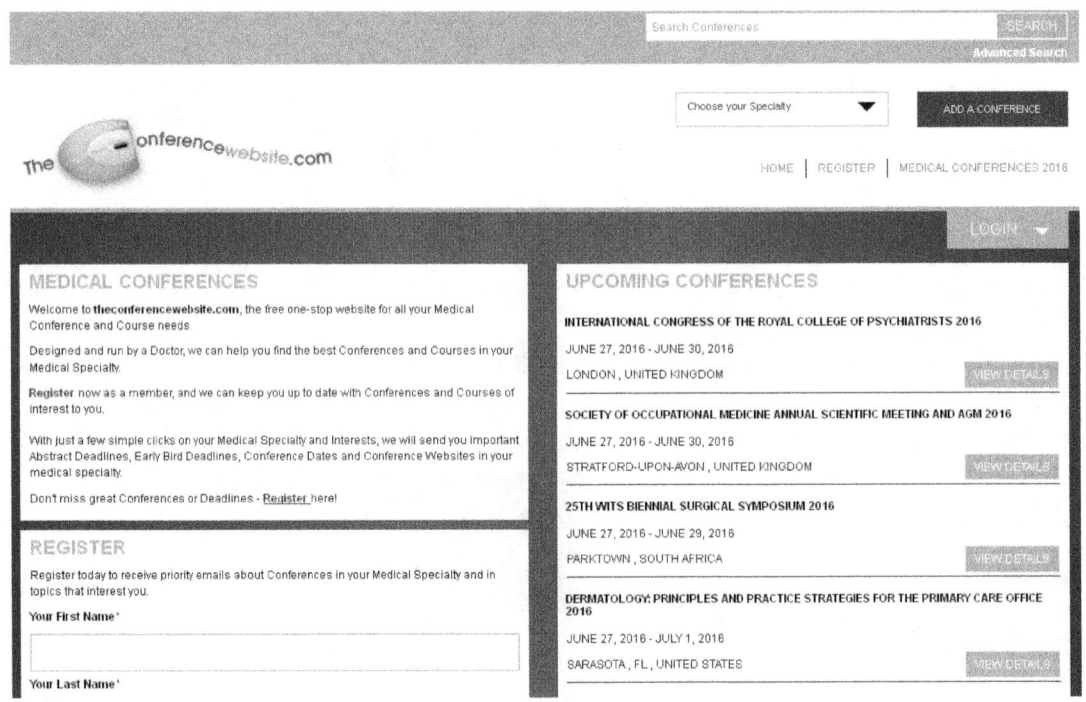

图 9-2-6　学术会议网医学会议预报主页

（十）AllConferences

AllConferences（http://www.allconferences.com）收集各类会议信息，并按学科、日期、会场、地点进行分类。医学会议信息是该网站的重点收录内容之一，点击相关链接进入医学会议信息页面，可以按照更加详细的学科分类来浏览需要的会议信息。用户还可以实现快速检索和高级检索，高级检索可从关键词、国家、日期、会议类型等字段分别检索。每条会议信息都提供会议的 URL，登录后的用户还可以和会议的组织者联系、下载相关资料等，如图 9-2-7 所示。

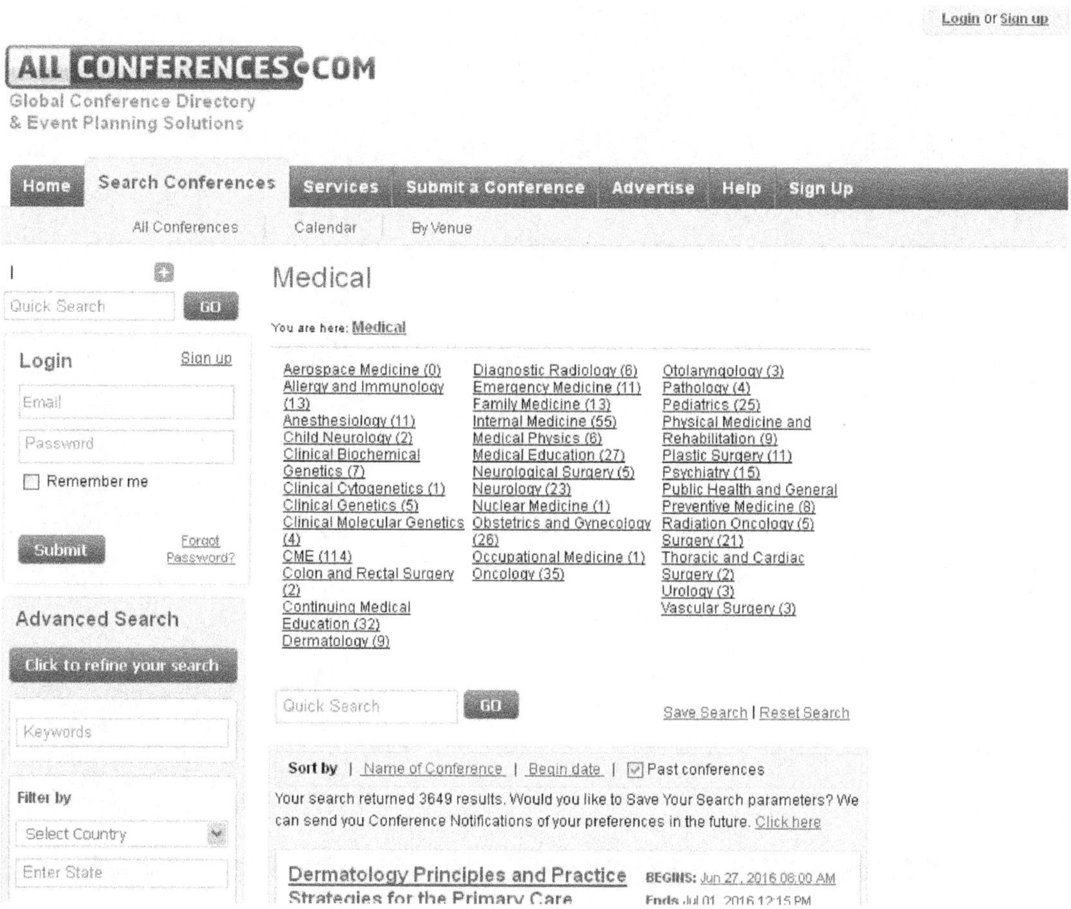

图 9-2-7　AllConferences 主页

（十一）Doctor's Review Meetings

Doctor's Review Meetings（http://www.doctorsreview.com/meetings）由加拿大魁北克蒙特利尔 Parkhurst 出版公司建立，提供了全球 209 个国家和地区的医学会议和医学教育信息。网站除了提供会议信息外，还包括会议举办城市的自然景观等旅游信息。当用户进行关键词检索时，可输入单个词组，也可以输入带有逻辑运算符的复合表达式，检索结果可查询到当年和第二年即将召开的会议信息和课程培训信息，如图 9-2-8 所示。

在一些综合性的门户网站中通过浏览或利用搜索引擎也可以检索到一些医学会议信息。通过浏览方式查询医学会议信息需要对网站的分类目录有较多的了解。通过搜索引擎检索会议信息，可在检索框输入"会议、meeting、conference、congress、symposium、convention、seminar、workshop"等词汇，可以检索到很多会议信息。进一步增加专题词汇或会议召开时间等限定信息，可检索到更加专指的会议信息。如在 Yahoo 主页的检索框中键入 HIV Conference 2016，可以检索到 2016 年召开的一系列有关艾滋病会议的信息，如图 9-2-9 所示。与医学会议信息预告网站比较，综合性的门户网站分类目录中的医学会议信息要少得多。

图 9-2-8　Doctor's Review Meetings 主页

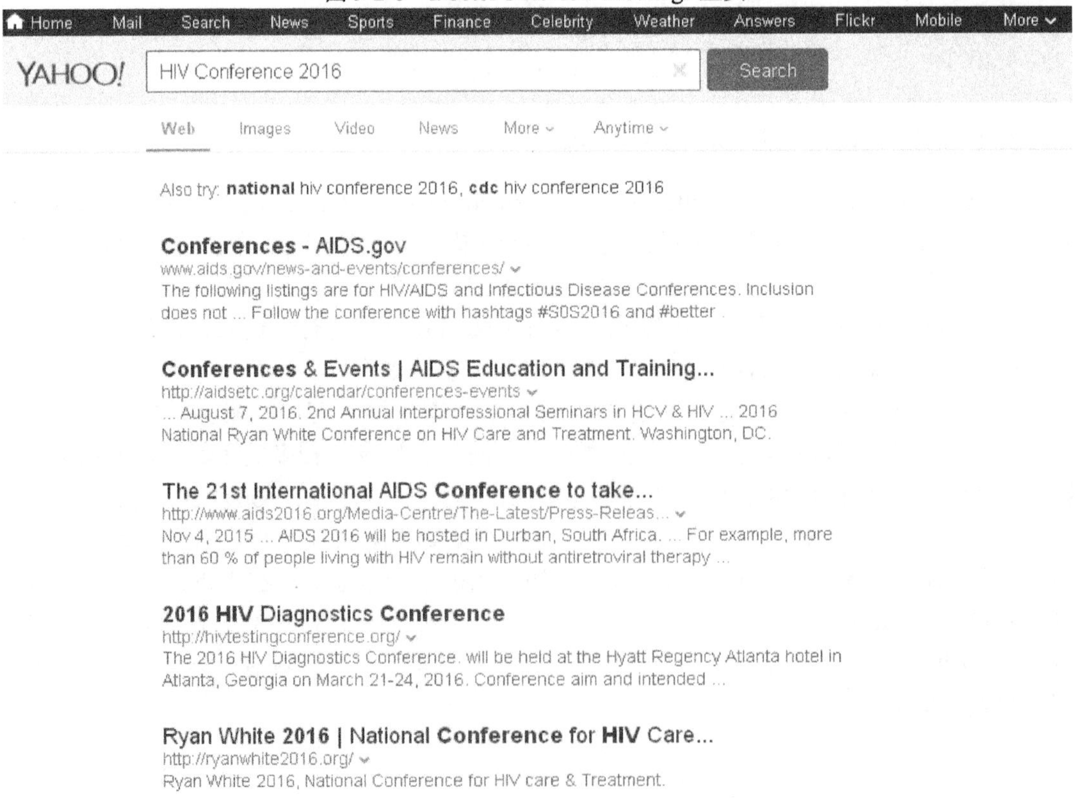

图 9-2-9　Yahoo 有关艾滋病会议的信息界面

其余如首席医学网（http://www.9med.net/）、临床频道（http://www.cc mtv.cn/）、中国医学论坛（http://www.cmt.com.cn/）等专业网站都设有会议信息专版，可供了解医学领域有关会议召开的信息。

三、会议论文检索

对已经召开的学术会议，研究人员希望了解它们产生了什么论文和会议录，这时可以利用各种网络数据库进行检索。

（一）中国学术会议论文全文数据库

中国学术会议论文全文数据库（Chinese Academic Conference Papers，CACP，http://c.g.wanfangdata.com.cn/Conference.aspx）由中国科学技术信息研究所开发，通过万方数据中心向用户提供检索服务。该数据库收录了1990年以来的国家级学会、协会、研究会组织召开的各种学术会议论文，内容涵盖自然科学、人文社科、工业技术、农业、医学等多个领域，是国内学科最全、数量最多的学术会议论文数据库之一。

登录万方数据主页后，点击"会议"进入学术会议论文资源的检索页面，如图9-2-10所示，可直接进行简单检索，或通过学术会议分类导航及会议主办单位进行浏览。点击检索框后的"高级检索"标签，即进入万方数据跨库检索界面，可实现高级检索和专业检索。

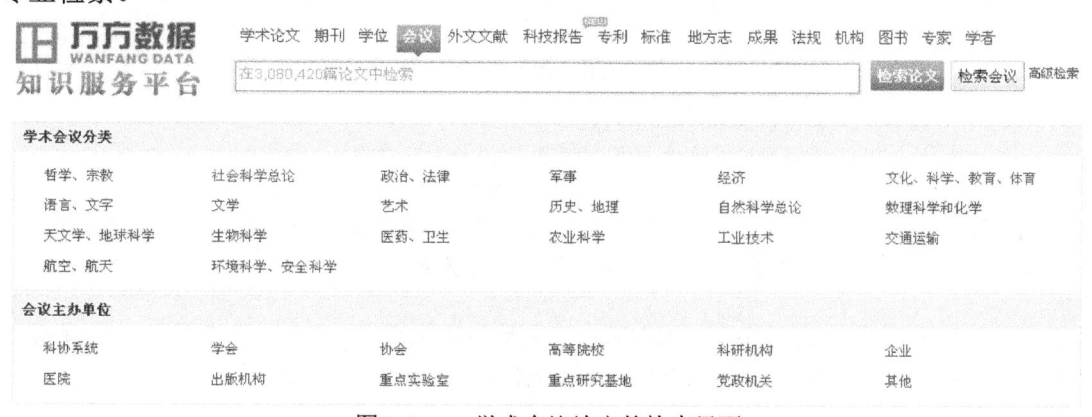

图9-2-10 学术会议论文的检索界面

（二）中国重要会议论文全文数据库

中国重要会议论文全文数据库是清华同方（http://www.cnki.net）的数据库之一。重点收录我国1999年以来，中国科协系统及国家二级以上的学会、协会，高校、科研院所，政府机关举办的重要会议以及在国内召开的国际会议上发表的文献。其中，国际会议文献占全部文献的20%以上，全国性会议文献超过总量的70%，部分重点会议文献回溯至1953年。至今已累积会议论文全文273万多篇，分为基础科学、医药卫生科技、农业科技等10大专辑。

在中国知网主页先选择"会议"资源，再点击检索框后的"高级检索"，就可进入国内外重要会议论文全文数据库检索界面。在此页面可以实现快速检索、高级检索、专业检索、作者发文检索、科研基金检索、句子检索和来源会议检索等多种途径检索，如图9-2-11所示。

(三) 中文会议论文数据库

中文会议论文数据库是国家科技图书文献中心（National Science and Technology Library，NSTL，http://www.nstl.gov.cn/NSTL/）的系列数据库之一。数据库主要收录了1985年以来我国国家级学会、协会、研究会以及各省、部委等组织召开的全国性学术会议论文。数据库的收藏重点为自然科学各专业领域，每年涉及600余个重要的学术会议，年增加论文4万余篇，每季或月更新。外文会议论文数据库主要收录了1985年以来世界各主要学会或协会、出版机构出版的学术会议论文，部分文献有少量回溯。学科范围涉及工程技术和自然学科各专业领域，每年增加论文20余万篇，数据每周更新。

图 9-2-11　中国重要会议论文全文数据库检索界面

打开国家科技图书文献中心（NSTL）的文献检索主页，如图 9-2-12 所示，选择检索字段，输入检索词，选择外文会议库或中文会议库，实现检索需求。

(四) 会议论文引文索引

会议论文引文索引（Conference Proceedings Citation Index，CPCI）其前身为 ISI Proceedings，由美国科学情报研究所（ISI）出版的科学技术会议录索引（Index to Scientific & Technical Proceedings，ISTP）与社会科学与人文科学会议录索引（Index to Social Sciences & Humanities Proceedings，ISSHP）合并而成，2008 年并入 Web of Science 平台，可以与 SCI 及 SSCI 等数据库进行跨库检索，如图 9-2-13 所示。CPCI 包括 Science（CPCI-S，涵盖了所有科技领域的会议录文献）和 Social Science & Humanities（CPCI-SSH，涵盖了社会科学、艺术及人文科学所有领域的会议录文献）两部分的内容，学科覆盖范围达 256 个，收录了 1990 年至今的全球最重要的学术会议信息，包括专著、丛书、预印本以及来源于期刊的会议论文，每年收录 12,000 多个会议的内容，年增加 22.5 万条记录，数据每周更新，提供了综合全面、多学科的会议论文资料。

第九章 特种文献信息检索 ·253·

图 9-2-12 NSTL 会议论文数据库检索界面

图 9-2-13 CPCI 检索主页

1. 检索方法　CPCI 集成在 Web of Science 平台中，检索途径也与 SCI 数据库基本相同，包括基本检索（Basic Search）、作者检索（Author Search）被引文献检索（Cited

Reference Search）和高级检索（Advanced Search）。因此，此处仅介绍与 SCI 数据库不同的内容。

（1）基本检索：在 Web of Science 检索平台的基础上，CPCI 基本检索界面的可检索字段除主题、作者、出版物名称等，还增加了会议字段（Conference，包括会议时间、地点、举办者及会议名称），用以检索相应的会议信息。如检索"2015 年在伦敦举办的 The European Society of Cardiology Congress 的会议文献"，则可以选择"会议"字段，输入检索词"The European Society of Cardiology Congress（或其缩写 ESC、关键词 Cardiology Congress）AND London AND 2015"，点击"检索"即可，如图 9-2-14 所示。

图 9-2-14　CPCI 检索界面

（2）作者检索：CPCI 数据库的作者检索页面及方法与 SCI 相同，但其收录的数据为 1990 年开始，即 1990 年以后收录进 CPCI 的会议论文才能被检索到。

（3）被引文献检索：CPCI 数据库的被引文献检索页面及方法与 SCI 相同，但其收录的数据为 1990 年开始，即 1990 年以后收录进 CPCI 的会议论文才有被引记录。

（4）高级检索：与基本检索相同，CPCI 较 SCI 的高级检索界面增加了会议（Conference）字段，其余检索方法不变。

2. 检索结果的处理　同 Web of Science 其他数据库一样，CPCI 也提供了检索式的保存、调用、建立电子邮件跟踪提示，对检索记录进行保存、打印、发送电子邮件和导入参考文献管理软件，对检索结果的进一步精炼、分析检索结果、创建引文报告等功能。略有不同的是 CPCI 的"精炼检索结果"多选框中出现了"会议标题"选项，可以看到检索结果中所属会议的名称，如图 9-2-15 所示。此外，检索结果的排序方式、检索结果分析等页面也可以看到"会议标题"选项。

（五）OCLC FirstSearch 会议论文数据库

OCLC（Online Computer Library Center）是世界上最大的文献信息服务提供机构之一，FirstSearch 是 OCLC 的一个联机参考服务系统。OCLC FirstSearch 会议论文数据库包括 PaperFirst（国际学术会议论文索引）和 ProceedingFirst（国际学术回忆录索引）两个数据库，均每周更新两次。

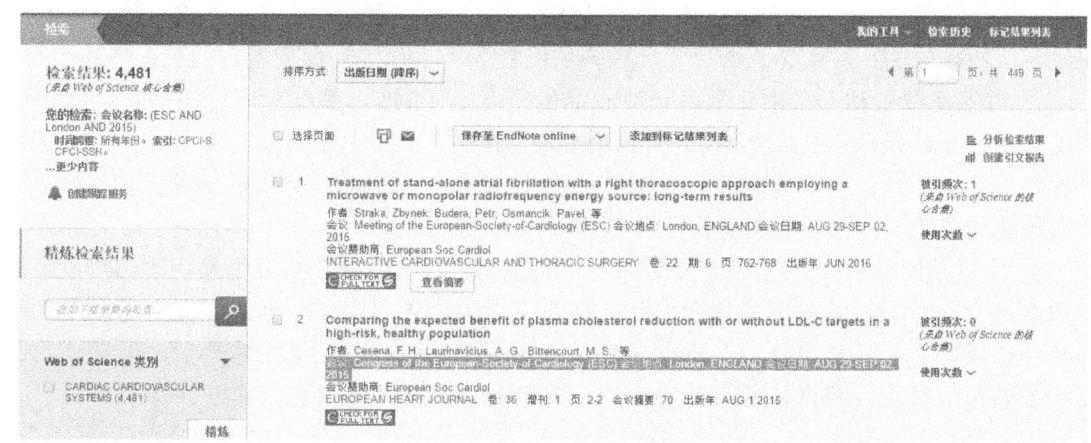

图 9-2-15 CPCI 的精炼检索结果界面

PapersFirst 数据库是一部在世界范围召开的大会、座谈会、博览会、研讨会、专业会、学术报告会上发表的论文的索引，涵盖了自 1993 年 10 月以来所有来自于大英图书馆文献供应中心的会议论文和资料，共有 810 多万条记录。ProceedingsFirst 是 PapersFirst 的相关库，是一部会议录的索引，它包括在世界各地举行的学术会议上发表的论文的目录表。PapersFirst 中的每条记录都可以对应到该数据库中的某条会议记录，目前共有近 46 万条记录。

练 习 题

1. 在中华医学会网站查找最新的会议通知。
2. 在 MedSci 中查找 2015 年第 7 届疫苗大会的相关信息。
3. 在 AllConferences 中查找病理学（Pathology）的最新会议信息。
4. 在中国学术会议论文全文数据库中检索第三军医大学近 5 年发表的会议论文。
5. 在 CPCI 中检索 2015 年美国临床肿瘤大会（ASCO）的相关会议论文，并自己选择字段对检索结果进行分析。

第三节 专利信息检索

一、概 述

专利（Patent）一词来源于拉丁文的 Litterae Patentes，含有"公开"之意。专利是世界上最大的技术信息源,据实证统计分析,专利包含了世界科技信息的90%~95%。专利包含三重意思:专利权,即国家专利管理机关依法授予专利申请人独占实施其发明创造的权力;获得专利权的发明创造;专利文献。专利检索实际上就是对专利文献的检索。

(一)专利的分类

根据我国现行专利法,专利包括发明专利、实用新型专利和外观设计专利3种类型。

1. 发明专利　发明是指对产品、方法或者其改进所提出的新的技术方案,主要体现新颖性、创造性和实用性。取得专利的发明又分为产品发明(如机器、仪器设备、用具)和方法发明(制造方法)两大类。如"促肝细胞生成素"、"稳定的血红蛋白的制备方法"等。

2. 实用新型专利　实用新型是指对产品的形状、构造或者其结合所提出的适于实用的新的技术方案,授予实用新型专利不需经过实质审查,手续比较简便,费用较低,因此,关于日用品、机械、电器等方面的有形产品的小发明,比较适用于申请实用新型专利。如"医用冷敷袋"、"多功能脊椎牵引器"等。

3. 外观设计专利　外观设计是指对产品的形状、图案或者其结合以及色彩与形状、图案的结合所作出的富有美感并适于工业应用的新设计。外观设计专利的保护对象,是产品的装饰性或艺术性外表设计,这种设计可以是平面图案,也可以是立体造型,更常见的是二者的结合,授予外观设计专利的主要条件是新颖性。如"包装盒《冬虫夏草》"。

(二)授予专利的条件

根据《中华人民共和国专利法》(2001年修正)第22条规定,授予专利权的发明和实用新型,应当具备新颖性、创造性和实用性。

1. 新颖性　是指在申请日以前没有同样的发明或者实用新型在国内外出版物上公开发表过、在国内公开使用过或者以其他方式为公众所知,也没有同样的发明或者实用新型由他人向国务院专利行政部门提出过申请并且记载在申请日以后公布的专利申请文件中。

2. 创造性　是指同申请日以前已有的技术相比,该发明有突出的实质性特点和显著的进步,该实用新型有实质性特点和进步。

3. 实用性　是指该发明或者实用新型能够制造或者使用,并且能够产生积极效果。

中国于1979年开始起草中国专利法,1980年成立专利局,1984年正式通过《中华人民共和国专利法》,并于1985年4月1日起正式实施。1992年9月4日又通过了关于修改《中华人民共和国专利法》的决定,新专利法于1993年1月1日起实施。根据1993年开始实施的专利法规定,对下列各项不授予专利权:科学发现、智力活动的规则和方法、疾病的诊断和治疗方法、动物和植物品种、用原子核变换方法获得的物质。

(三)专利文献

专利文献是实行专利制度的国家或组织在审批专利过程中产生的官方文件及其出版物的总称。根据其不同功能,分为3大类:详细描述发明创造具体内容及其专利保护范围的各种类型的专利说明书;刊载专利题录、专利文摘、专利索引的专利公报、专利年度索引;专利分类表等。但狭义的专利文献主要是指专利说明书。

专利说明书是申请人向政府递交说明其发明创造的书面文件,上面记载着发明的实质性内容及辅助实施的具体方案,并提出专利权范围。政府根据此文件审查、公告征求异议,然后予以批准,编订号码,公开发行。专利说明书的组成包括以下内容:

1. **专利文献著录项目** 通常刊在专利说明书的扉页,向人们提供有关该说明书所载发明创造的技术、法律等方面的情报特征。

2. **权利要求书** 提供了该专利申请或专利保护的技术特征范围,是确定专利权范围及判定侵权的依据。

3. **说明书正文** 对申请专利的发明创造做出清楚说明的文件,包括发明创造名称、所属技术领域、已有技术水平、目的、技术方案、与背景技术相比所具有的效果、附图说明、最佳实施方案等部分。

4. **附图** 是用于补充说明书文字部分的文件,有些国家把附图看成是专利申请文件中一个独立部分,在中国,附图则属于说明书的一部分。

5. **摘要** 对说明书所述发明创造的重点内容或主要技术特征的简明介绍,通常刊登于专利说明书的扉页上。

6. **其他** 有些专利说明书还附有检索报告,检索报告是审查员在对专利申请文件中描述的发明创造进行有关技术水平的文献检索后,报告检索结果的文件。少数国家或专利组织出版的专利说明书附有检索报告,多数国家则将检索报告的内容在专利文献著录项目中以"相关技术的文献"或"已发表的有关技术水平的文献"为名列出。

(四)专利检索相关概念

1. **国际专利分类法** 国际专利分类法,是指用于专利文献分类的等级列举式分类法,又译为《国际专利分类表》。1951 年法国、联邦德国、英国和荷兰等国的专利专家组成分类法工作组,共同编制国际通用的专利分类法。1968 年分别用英文和法文同时出版。

此后,美国、日本等国也陆续参加推广工作,成立扩大的 IPC 联合会,并由世界知识产权组织主持修订工作,1974 年、1979 年、1985 年和 1989 年分别出版第 2~5 版。各版都编有索引。IPC 有德、日、俄、西班牙、葡萄牙等文种的译本,第 2 版以后的各个版本都有中文译本。

到 20 世纪 80 年代末,世界上已有 50 多个国家和地区在出版的专利文献中标注 IPC 分类号。其中标注至分组级的有 36 个国家、1 个国际组织和 1 个地区性组织。标注至小类一级的有 11 个国家和 1 个地区性组织。中国自 1985 年 4 月 1 日起在出版的专利文献上标注 IPC 分类号。

IPC 体系共分五级,即部(Section)、类(Class)、小类(Subclass)、组(Group)和分组(Subgroup)。

(1)八个部:分别用 A~H 表示,所包含内容如下:A 部,人类生活必需品(Human Necessities);B 部,作业、运输(Performing Operations, Transporting);C 部,化工、冶金(Chemistry, Metallurgy);D 部,纺织、造纸(Textiles, Paper);E 部,固定建筑物(Fixed Constructions);F 部,机械工程(Mechanical Engineering)、照明(Lighting)、热工(Heating)、武器爆破(Weapons Blasting);G 部,物理(Physics);H 部,电学(Electricity)。

(2)分部(Subsection):分部不作为分类的一个级。在每个部中包含若干分部,分部没有类号,只有列分部名称。例如:A 部包含 4 个分部:即农业、食品与烟草、个人与家用物品、保健与娱乐。

（3）大类（Glass）：大类标志由部类号加上两位阿拉伯数字组成，例如：A部保健、娱乐分部下设4个大类：

A61 医学或兽医学；卫生学

A62 救生；消防

A63 运动；游戏；娱乐活动

A99 本部其他类目中不包括的技术主题

（4）小类（Subclass）：每个大类都包括一个或若干个小类。小类类号由大类类号加上一个大写字母（元音字母除外）组成。例如：A61M，将介质输入人体内或输到人体上的器械；为转移人体介质或从人体内取出介质的器械；用于产生或结束睡眠或昏迷的器械。

（5）组（Group）：每一个主组号由小类号加上1~3位阿拉伯数字，之后是一条斜线，再加上两个零组成。例如：A61M 1/00，吸引器或汲送器。

（6）分组（Subgroup）：分组是主组的细分，分组号是在主组号斜线之后加上至少一个不为零的两个以上的数字组成。如：A61M 1/02，输血装置；A61M 1/04，气胸装置。

由于专利文献总是比较具体的谈某一技术，因而必须在分类表中查得具体的细目，才能查到具体内容的专利。如："可弯曲的内窥镜"的IPC号为A61B1/005，其中：

A（部）：人类生活必需（农、轻、医）

A61（大类）：医学或兽医学；卫生学

A61B（小类）：诊断；外科；鉴定

A61B1/00（主组）：用目视或照相检查人体的腔或管的仪器，如内窥镜

2. 申请号和专利号　申请号（Application Serial Number）是专利局在受理专利申请时给出的编号，专利号（Patent Number）则是在授予专利权时给出的编号。在我国，一旦授予专利权，原申请号即转变为专利号，但也有很多国家（如美国）专利号和申请号不同。

3. 公开号和公告号　公开号（Publication Application Number）是发布公开申请说明书时所给的号码。如前所述，在我国，发明专利在初步审查合格后公开，之后还须经实质审查方可授予专利权。而公告号则是实用新型专利和外观设计专利经初步审查合格后公开申请说明书时给出的号码，无需实质审查即可授予专利权。

4. 优先权日　优先权（Priority）是指同一项发明创造的申请者在一个缔约国提出专利申请后，在一定期限内又在其他缔约国提出专利申请，申请者有权要求在前一国的申请日期作为在后一国的申请日，即优先权日。例如某人于2008年1月1日在美国就某项发明提出专利申请，而在2008年5月1日又在我国就同一项发明提出申请，则可主张以2008年1月1日作为我国的申请日。对于发明或实用新型，在外国（缔约国）申请专利后12个月内在我国申请专利者可享有优先权，而对于外观设计，这一期限为6个月。

5. 同族专利　关于同族专利有不同的定义，当前最主流的定义是，同族专利是指基于同一优先权文件，在不同国家或地区，以及地区间专利组织多次申请、多次公布或批准的内容相同或基本相同的一组专利文献。有时候，有人也会将这个概念扩展为包括对同一技术提出的所有相关专利申请所产生的专利文献。

由至少一个共同优先权联系的一组专利文献，称一个专利族（Patent Family）。在同一专利族中每件专利文献被称作专利族成员（Patent Family Members），同一专利族中每件专利互为同族专利。在同一专利族中最早优先权的专利文献称基本专利。

二、国内专利文献检索

可以通过中国国家知识产权局网站（http://www.sipo.gov.cn/）提供的专利检索及分析系统（http://www.pss-system.gov.cn/）检索专利。该系统共收集了 103 个国家、地区和组织的专利数据，同时还收录了引文、同族、法律状态等数据信息。用户能够对专利全文说明书及外观设计图形进行浏览、下载和打印。通过该网站还能够查看国家知识产权局公告，了解其最新动态。

图 9-3-1　专利检索及分析系统主页

专利检索及分析系统主页如图 9-3-1 所示。点击顶部导航栏的"专利检索"可选择检索方式进行检索。

专利检索及分析系统的专利检索共有 3 种检索方式：常规检索、高级检索和导航检索。

1. 常规检索　提供专利国家和地区的选择（图 9-3-2）以及检索要素、申请号、公开（公告）号、申请（专利权）人、发明人、发明名称 6 种检索条件的选择，如图 9-3-3 所示。鼠标移至检索框后屏幕会显示关于该检索入口的检索词输入规则。选择检索入口，在检索框输入检索词后即可进行检索。

图 9-3-2　国家和地区

图 9-3-3　检索条件

2. 高级检索　可在申请号、申请日、公开（公告）号等检索入口进行检索，鼠标移至检索框屏幕将显示关于该检索入口的检索词输入规则。分别在不同检索入口对应的检索框中输入检索词，点击"生成检索式"，系统会根据输入的表格项信息，在检索式区域生成对应的检索式，点击"检索"按钮，即可进行检索。另外，可根据需要在检索式区域进一步手动编辑检索式，如图 9-3-4 所示。

3. 导航检索　可以根据 IPC 分类号的导航进行检索，如图 9-3-5 所示。

4. 检索结果　检索结果列表中显示每条记录的概要信息，包括申请号、申请日、发明名称等。系统进一步提供文献详细信息、同族信息、引文信息、对比文献、法律状态、查看申请（专利权）人基本信息等内容。需要注意的是，不是每条记录都提供上述信息，例如中国公开文献不提供引文信息、对比信息查看。

图 9-3-4　高级检索

图 9-3-5　导航检索

示例 1：使用高级检索方式检索白介素重组技术方面的专利

可以在"摘要"或者"发明名称"字段输入检索式"（白介素 or 白细胞介素）and 重组"，点击"检索"按钮，即可得到关于白介素的重组技术方面的专利文献，如图 9-3-6 所示。

三、国外专利文献检索

国外很多国家都建立了专门的专利服务网站，检索和浏览说明书扉页信息基本都是免费的，有的网站还提供全文及附图的浏览、下载。

图 9-3-6 检索结果

（一）美国专利商标局网上专利检索

美国专利商标局网站（http://patft.uspto.gov/）提供的专利信息检索资源，包括授权专利数据库、专利申请公布数据库、专利申请信息查询数据库、专利权转移数据库，如图 9-3-7 所示。其中，授权专利数据库可以检索 1790 年以来授权的美国发明专利、外观设计专利、

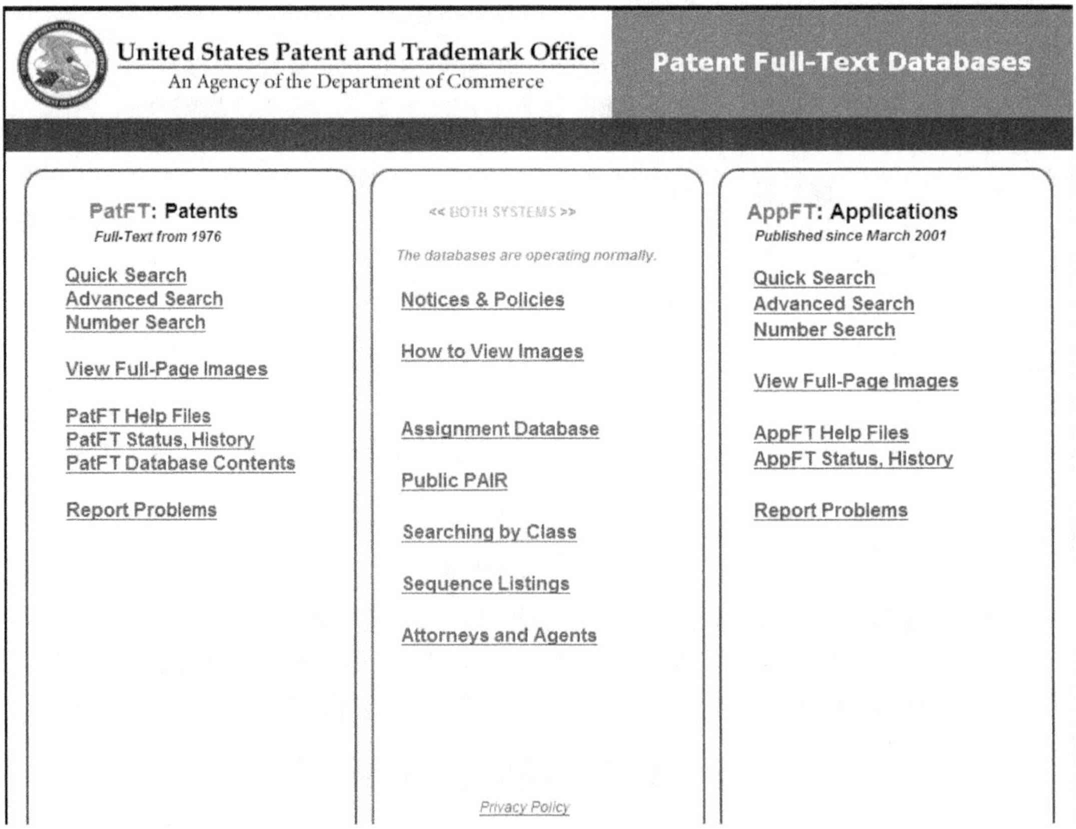

图 9-3-7 美国专利和商标局专利数据库

植物品种专利、再颁专利、依法登记的发明等；专利申请公布数据库可以检索 2001 年以来的发明专利申请公布和植物品种专利申请公布；专利申请信息查询数据库可以检索专利申请公布及授权专利的专利申请基本资料、审查过程、继续申请、国外优先权、保护期限延长、缴费等相关信息；专利权转移数据库可以检索 1980 年以来的专利权转移信息。

1. 检索方式　数据库提供了 3 种检索途径：快速检索（Quick Search）、高级检索（Advanced Search）和号码检索（Number Search）。

示例 2：查找"自动注射器（Automatic Syringe）"有关的专利文献

点击"Quick Search"，选择检索字段"Abstract"（提高查全率，单纯利用"名称"字段易漏检），如图 9-3-8 所示。

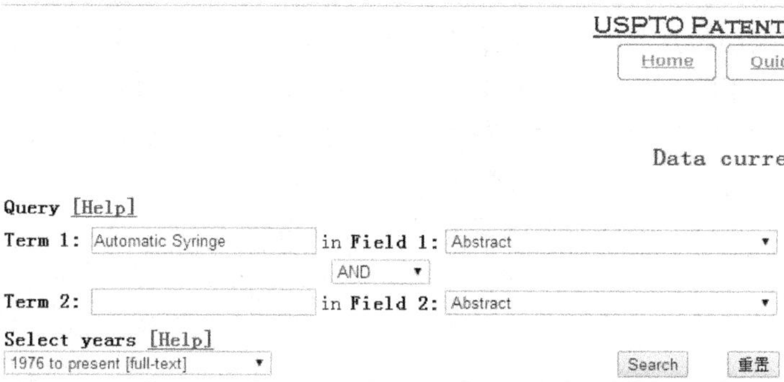

图 9-3-8　快速检索

2. 结果显示　点击检索结果中专利号或者专利名称，即可看到该专利全文内容，包括文本格式的各著录项如摘要（Abstracts）、相关专利（Related U.S. Patent Documents）、参考专利（References Cited）、权利声明（Claims）及详细描述（Description）等。如果想获得图像格式的全文，则点击页面上部的红色"Images"链接。该系统提供的全文格式为 tiff 格式，如图 9-3-9 所示。

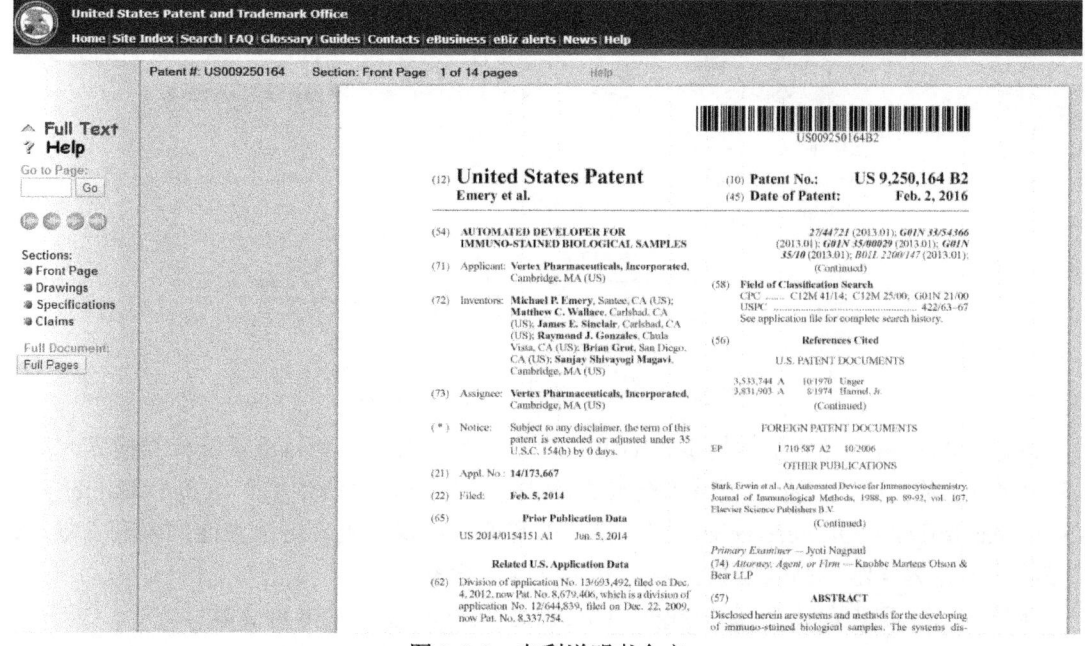

图 9-3-9　专利说明书全文

（二）欧洲专利局网上专利检索

为了促进专利信息的利用，拓宽已有的专利文献传播渠道，欧洲专利局、欧洲专利组织成员国及欧洲委员会合作开发了欧洲专利局网上专利检索（https://worldwide.espacenet.com/）。

欧洲专利局网上专利检索可检索欧洲专利局及欧洲组织成员各国的专利文献，包括欧洲专利局（EP）、英国、德国、法国、奥地利、比利时、意大利、芬兰、丹麦、西班牙、瑞典、瑞士、爱尔兰、卢森堡、塞浦路斯、列支士登等欧洲专利局成员国的专利。另外，它还可以检索国际专利信息（PCT）、日本专利信息以及全世界范围内的 3,000 万件专利文献。支持语种为英语、德语、法语。

欧洲专利局网上专利检索的突出特点是可以通过优先权号检索同族专利。其中，欧洲专利局数据库提供最近 24 个月公布的欧洲专利申请公开说明书；欧洲专利组织各成员国数据库提供该国最近 24 个月公布的专利说明书；世界知识产权组织数据库提供最近 24 个月公布的 PCT 专利申请公开说明书；世界范围专利数据库（Worldwide）以英文文摘报道 80 个国家和地区的专利文献，并且可浏览 20 多个国家专利全文说明书。

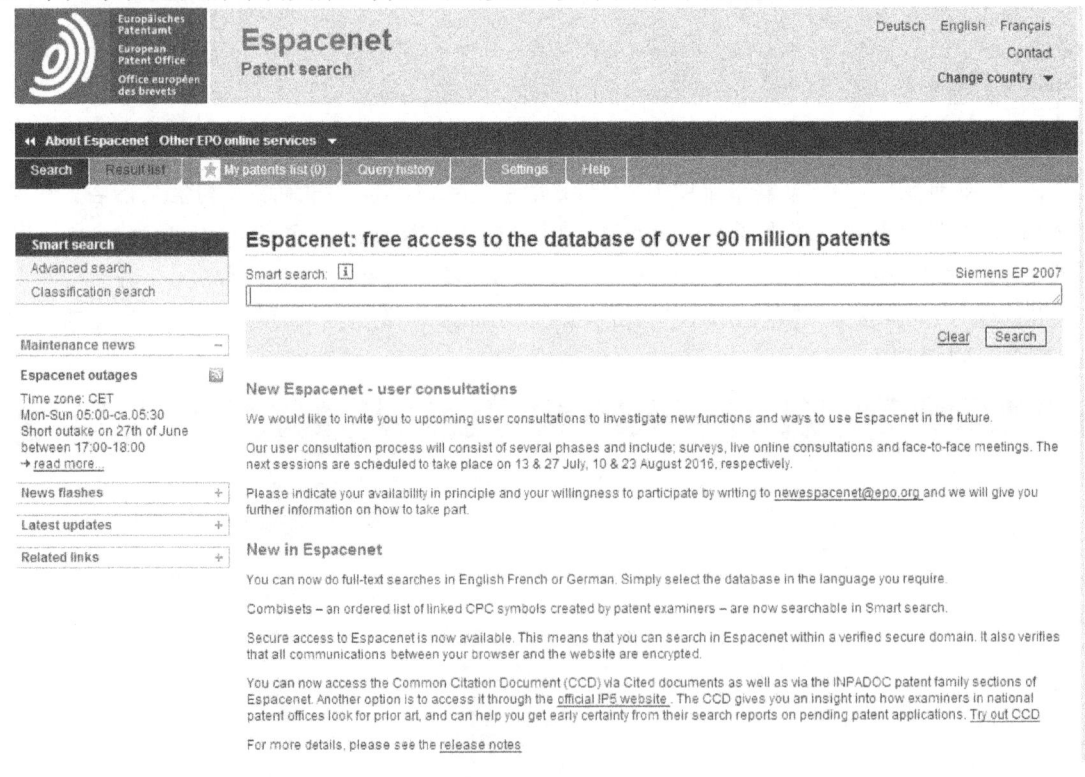

图 9-3-10　欧洲专利局网上专利检索

欧洲专利局网上专利检索提供了简单检索、高级检索、专利号检索及分类检索，如图 9-3-10 所示。数据库支持布尔逻辑组配检索。如在 Title 检索字段中输入"（dye OR pigment）AND（decolorizatio OR decolorizing）"，将检出有关染料退色处理方法方面的专利文献。如果使检索词作为词组，则需要加上双引号进行强制检索。

示例 3：检索有关"心脏除纤颤器（Heart Defibrillators）"的专利文献

简单检索：选择 Smart search，打开简单检索页面，输入检索词 Heart Defibrillators，最后点击 Search。

分类检索：依次选择 Classification search（分类检索），然后依次选择 A Human Necessities（生活需要）→MEDICAL OR VETERINARY SCIENCE；HYGIENE→ELECTROTHERAPY；MAGNETOTHERAPY；RADIATION THERAPY→Electrotherapy；Circuits Therefor→Heart Defibrillators A61N1/39，点击复选框，然后点击 Copy to search form，系统自动将 CPC 分类号复制到高级检索界面，最后点击 Search，即可得到检索结果，如图 9-3-11 所示。

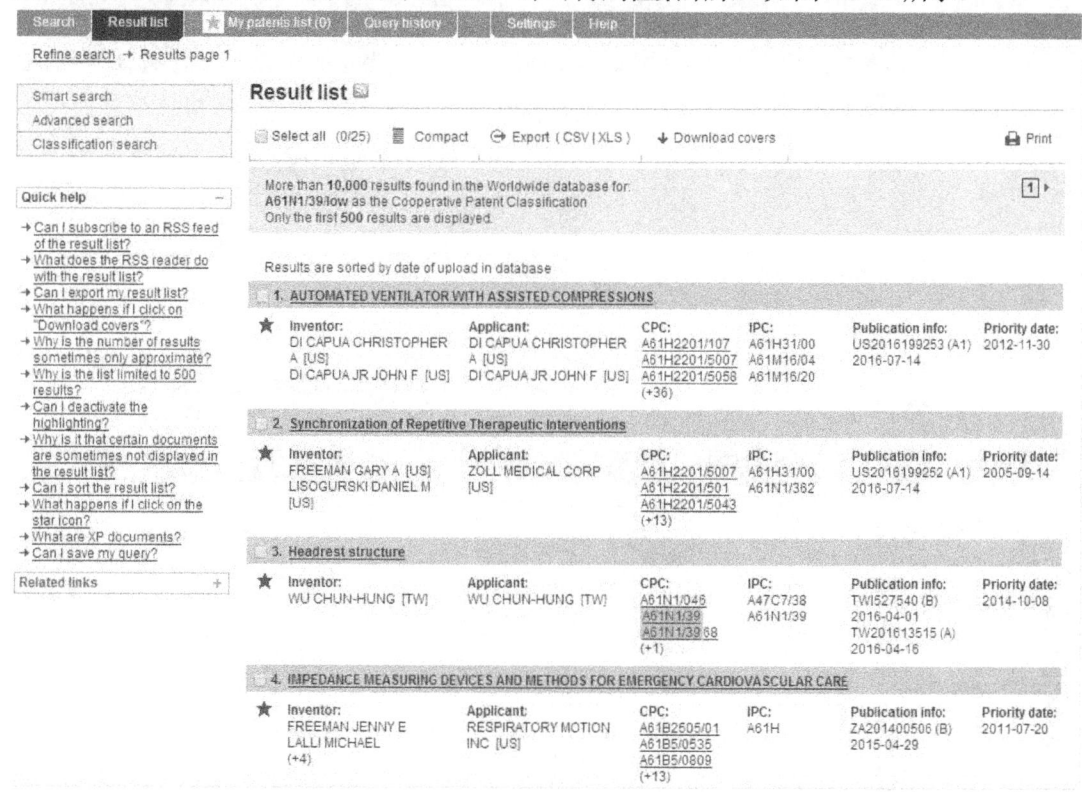

图 9-3-11　检索结果

（三）世界知识产权组织网上专利检索

世界知识产权组织网上专利检索（https://patentscope.wipo.int/）提供了可供检索的网上免费数据库，通过该数据库可以检索所有成员国提交的国际申请公开（PCT）、工业品外观设计、商标和版权的相关数据，如图 9-3-12 所示。

（四）日本特许厅网上专利检索

日本特许厅于 1999 年 3 月 31 日开始使用工业产权数字图书馆（IPDL）免费提供各项检索服务，包括日本专利、实用新型和外观设计专利文献、法律状态、审查中间过程文件、复审无效决定、外国公报等。是把原日本工业产权资料馆（IPDL）等公众阅览室里的文献，通过因特网和检索系统无偿地向读者提供，旨在使更多的读者便捷、高效地得到日本专利、商标及其他相关文献。该网站提供英文与日文两种界面。

打开日本专利局英文网站（http://www.jpo.go.jp/），点击"IPDL"链接，进入日本工业产权数字图书馆主页（英文版），如图 9-3-13 所示。数据库提供发明与实用新型、商标、外观设计的分类检索。另外还包括数据库的专利数量、年限等内容介绍。一般检索较多的是"发明与实用新型"。

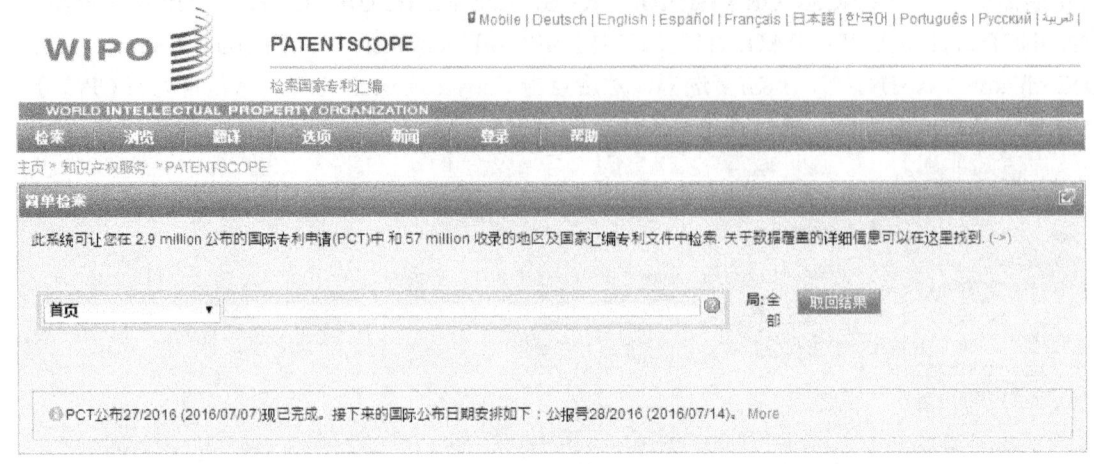

图 9-3-12　结构化检索

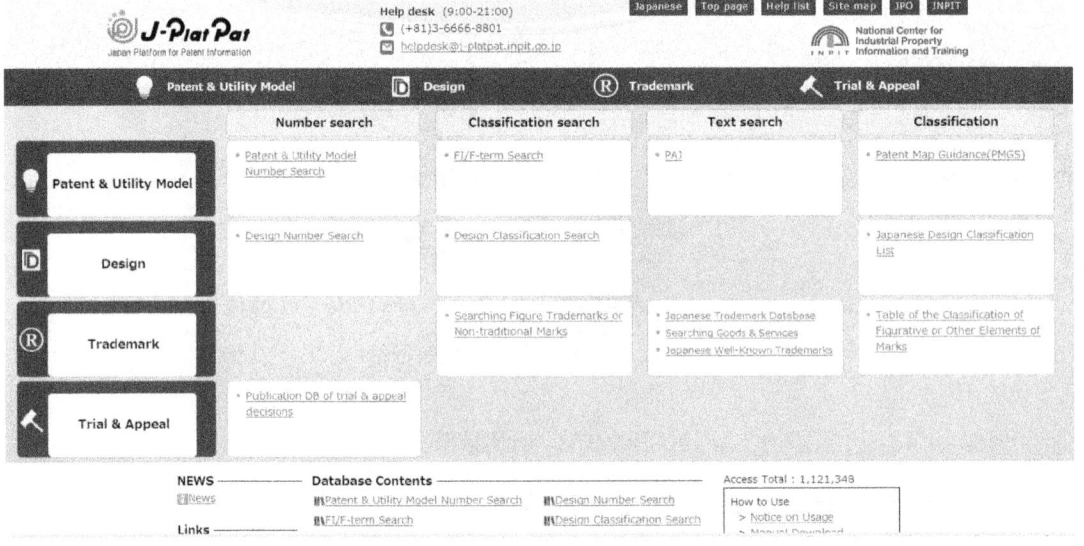

图 9-3-13　日本工业产权数字图书馆

点击"Text search"下的"PAJ"即可检索日本专利文献的英文文摘数据库。PAJ 数据包括 1976 年以来的日本公布的专利申请著录项目与文摘（含主图），以及 1993 年以来的专利法律状态信息，有字段检索、号码检索两种检索方式。字段检索使用申请人、发明名称、摘要中的英文关键词进行检索，并选择公开日期和 IPC 分类号进行限定检索。号码检索包括申请号、公开号、专利号及对审查员驳回决定进行上诉的编号。

（五）德温特专利文献数据库

Derwent Innovations Index（简称 DII）是由 Derwent（全球最权威的专利文献信息出版机构）共同推出的基于 Web 的专利信息数据库，这一数据库将 Derwent World Patents Index（德温特世界专利索引，简称 WPI）与 Patents Citation Index（专利引文索引）加以整合，以每周更新的速度，提供全球专利信息。Derwent Innovations Index 收录来自全球 40 多个专利机构（涵盖 100 多个国家）的 1,000 多万条基本发明专利，2,000 多万条专利情报，资料回溯至 1963 年。Derwent Innovations Index 提供 Derwent 专业的专利情报加工技术，协助研究人员简捷有效地检索和利用专利情报，鸟瞰全球市场，全面掌握工程技术领域创新科技的动向与发展。

通过 Web of Science（http://apps.webofknowledge.com/）检索平台可选择 Derwent Innovations Index 数据库进行专利检索，如图 9-3-14 所示。

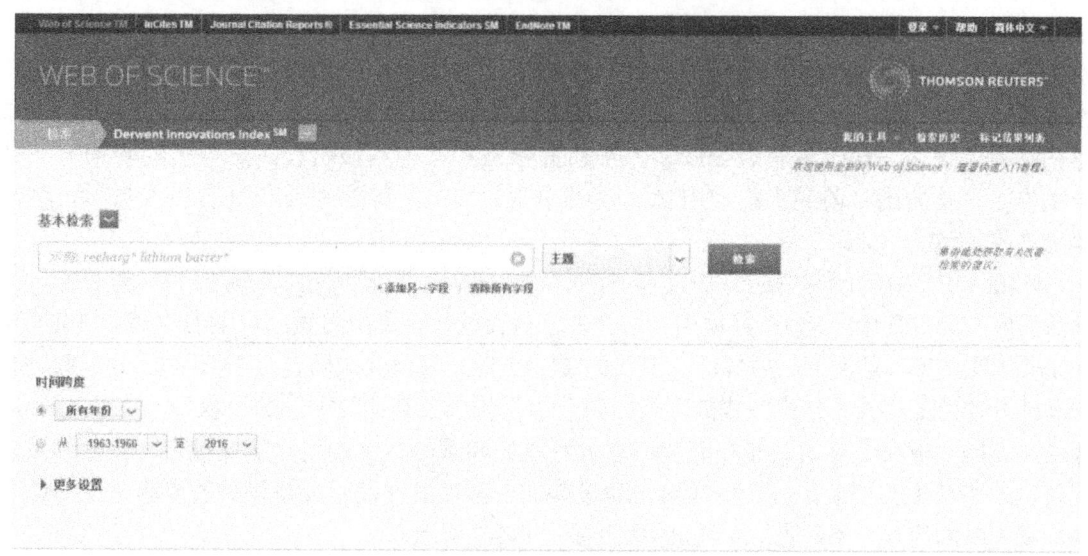

图 9-3-14　德温特专利文献数据库

练　习　题

1. 在国内专利检索系统内查找有关人造膝关节的专利文献。
2. 在欧洲专利局网上专利检索系统中利用分类检索查找有关眼镜检测仪器（Instruments for examining the eyes）的专利文献。

第四节　军事医学信息检索

随着互联网的不断发展，网上军事医学信息资源逐渐增多，但是由于军事医学信息的保密性等特点，获取军事医学信息的难度仍然较大。从目前情况看，对于军事医学信息的获取，主要包括两种方式：一是数据库检索，二是通过网站获取。

一、数据库检索

（一）NTIS（http://www.ntis.gov）

NTIS 是美国国家技术情报服务局（National Technical Information Service）的简称，隶属于美国联邦政府商务部的技术管理机构，是美国目前最大的政府信息资源中心。NTIS 的使命是收集科学研究成果和研究进展动态信息并向公众传播，为联邦政府其他部门提供信息产品及服务，通过提供激励创新和发明的信息来促进国家经济和社会发展。

NTIS 的信息资源来自于 3 部分：一是美国政府机构，包括农业部、商务部、国防部等 200 多个政府机构；二是世界上其他国家的政府机构，包括加拿大、日本、英国、苏联、西欧和前东欧国家；三是有合作协议的机构，包括私人部门、个人、公司和其他机构。

NTIS 收藏和整理的研究报告来自约 2,000 多个政府或是公立及民营科技单位。这些机构（或是与政府订有合约的公司）所产生的研究报告、数据文件、光盘或视听数据等科技信息，均由 NTIS 加以整理，制作成文摘性期刊、数据库等媒介提供使用。NTIS 所整理发行的政府科技报告主要是"四大报告"（即 PB 报告、AD 报告、NASA 报告和 DOE 报告）的可公开和已经解密的部分。它们分别来自美国商务部、三军科研机构、航空和宇航局及能源部。四大报告历史悠久，数量繁多，覆盖面广（涉及 350 多个学科和主题领域），参考和利用价值大。现收藏有近 300 多万篇研究报告和其他科技资料，每年大约新增 8 万件技术报告，是美国目前最大的政府信息资源中心。其中，美国本国产生的约占 70%，其他国家产生的约占 30%。

NTIS 的产品除了科技报告以外，还有 NTIS 数据库、能源科技库、联邦科研进展库等多种数据库产品。其中，NTIS 数据库是一个非常重要的特种文献数据库，主要收集了 1964 年以来美国国防部、能源部、内务部、宇航局（NASA）、环境保护局、国家标准局等联邦政府、州及地方政府部门立项研究完成的项目报告，少量收录了其他国家（如加拿大、法国、日本、芬兰、英国、瑞典、澳大利亚、荷兰、意大利等）和国际组织的科学研究报告，包括项目进展过程中所产生的初期报告、中期报告和最终报告等，能够及时反映科技的最新进展。该数据库每年新增约 6 万条数据。NTIS 的主页如图 9-4-1 所示。

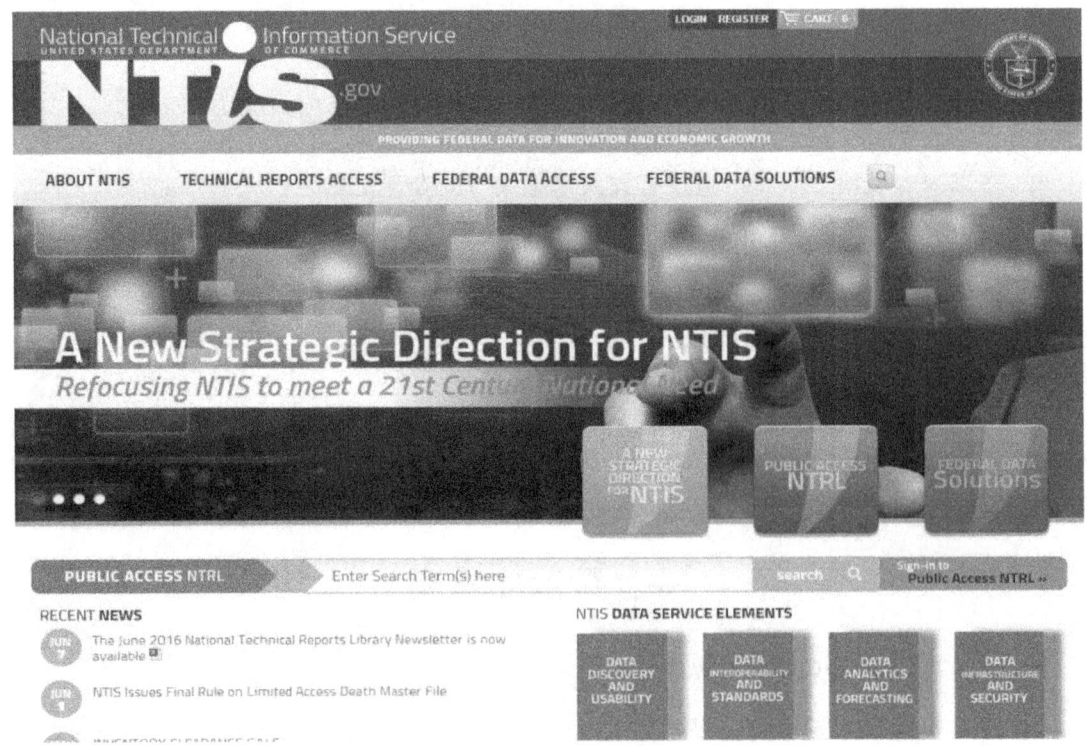

图 9-4-1　NTIS 主页

在 NTIS 主页上可免费检索 NTIS 数据库 1964 年以来的文献题录信息，如需全文，则需另外付费。NTIS 数据库的检索结果，如图 9-4-2 所示。

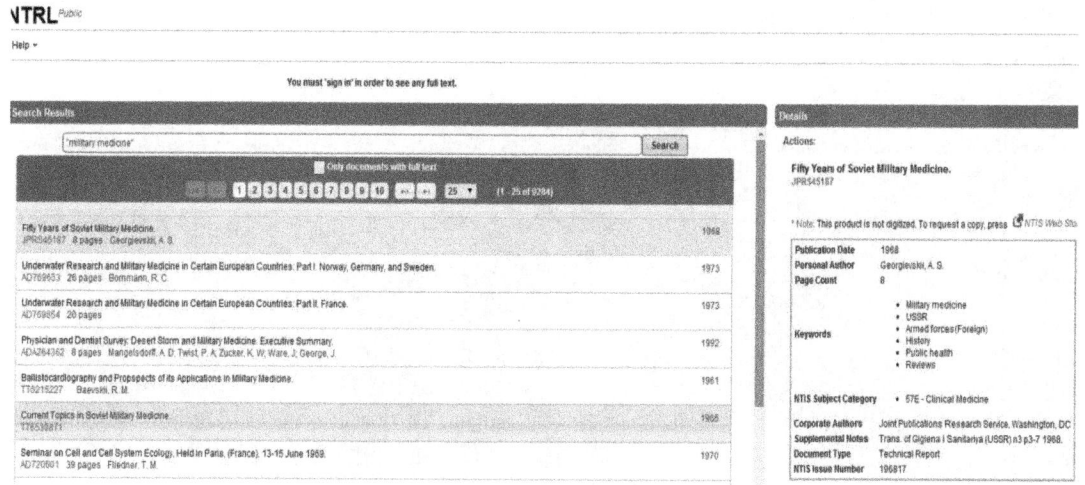

图 9-4-2　NTIS 数据库的检索结果页面

（二）PubMed（http://www.ncbi.nlm.nih.gov/PubMed/）

PubMed 是由美国国立医学图书馆开发的全球最著名的免费生物医学文献数据库。国立医学图书馆的前身是 1836 年开发的陆军军医总署图书馆，因此 PubMed 数据库收录了大量的军事医学信息。PubMed 收录的国外的军事医学期刊主要有 Military Medicine（军事医学）、Journal of Nuclear Medicine（核医学杂志）、Navy Medicine（海军医学）、Journal of the Royal Naval Medicine Service（皇家海军医疗勤务杂志）、Journal of the Royal Army Medical Corps（皇家军医杂志）、U.S. Army Medical Department journal（美国陆军医学部杂志）。有关 PubMed 数据库的检索方法详见第三章第二节。

二、军事医学网站

除了通过数据库来检索军事医学信息以外，网络检索也是获取军事医学信息的一个重要途径。在互联网上，由各国军事医学研究机构或团体设立的网站，通常都会介绍了本单位的性质任务、研究方向、组织部门、课题项目、研究成果、最新产品和相关领域的各种信息，因此通过这些网站可以获取军事医学信息。

（一）国内军事医学网站

国内军事医学网站主要包括军事医学教学、科研和医疗机构网站。

1. 军事医学科学院（http://www.bmi.ac.cn/）　军事医学科学院是中国人民解放军的最高医学科研机构，创建于 1951 年 8 月，现设有卫生勤务与医学情报、放射医学、基础医学、卫生学环境医学、微生物流行病、药理毒理、卫生装备、生物工程、输血医学等研究所，主要从事平、战时特殊环境、特殊损伤医学防护和卫生防疫技术、装备及相应基础研究，如图 9-4-3 所示。

2. 第二军医大学（http://www.smmu.edu.cn/）　第二军医大学是我国重要的军事医学教学、科研和医疗机构之一，除一般医学之外还设有海军医学、卫生勤务学等军事医学特色学科。与军事医学密切相关的学科还有军事生物工程、野战内科学和野战护理学等。学校网站主页如图 9-4-4 所示。

图 9-4-3　军事医学科学院主页

图 9-4-4　第二军医大学主页

3. 第三军医大学（http://www.tmmu.edu.cn/）　第三军医大学是我国重要的军事医学教学、科研、临床医疗机构之一，是一所军事医学特色非常鲜明的医科大学。构建有直接面向高技术战争的，包括烧伤外科学、防原医学、野战外科学、野战内科学、军事预防医学、高原军事医学、军事心理学以及新概念武器防治学的军事医学学科体系，形成了以战创伤为重点的军事医学特色，学校主页如图 9-4-5 所示。

图 9-4-5 第三军医大学主页

4. 第四军医大学（http://www.fmmu.edu.cn/） 第四军医大学是我国重要的军事医学教学、科研、临床医疗机构之一，航空航天医学、军事预防医学、军事口腔医学是一般医学之外主要的军事医学学科，同时，积极开展军事医学电子工程、军事医学心理学的研究。学校主页如图 9-4-6 所示。

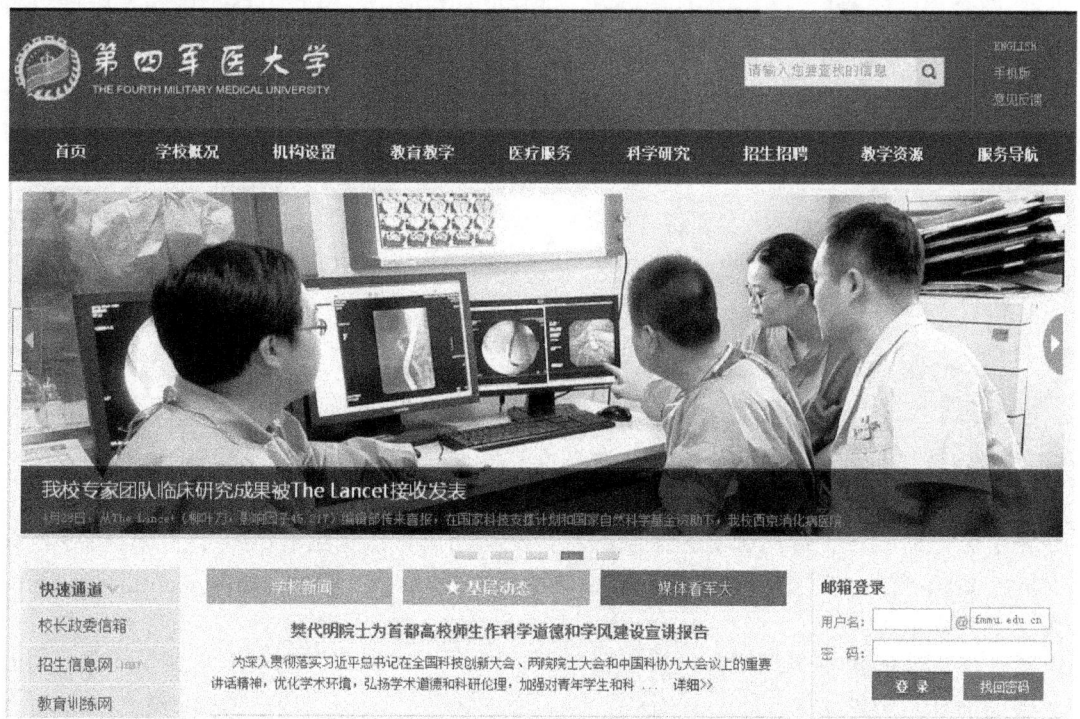

图 9-4-6 第四军医大学主页

5. 南方医科大学公共卫生与热带医学学院（http://web2.fimmu.com/phatm/） 南方医

科大学公共卫生与热带医学学院的前身是第一军医大学热带军队卫生学系。学院设置流行病学系、生物统计学系、职业卫生与职业医学系、环境卫生学系、营养与食品卫生学系、少儿卫生学系、毒理学系、放射医学系、病原生物学系、微生物学系、卫生管理学系、心理学系、病毒研究所（BSL-3 实验室）、卫生检测中心、预防医学实验教学中心和心理咨询中心等。公共卫生与热带医学学院主页如图 9-4-7 所示。

图 9-4-7　南方医科大学公共卫生与热带医学学院主页

6. 台湾国防医学院（http://www.ndmctsgh.edu.tw/default.asp）　台湾国防医学院设有海军医学、航空航天医学、寄生虫与热带医学等军事医学特色学科，如图 9-4-8 所示。

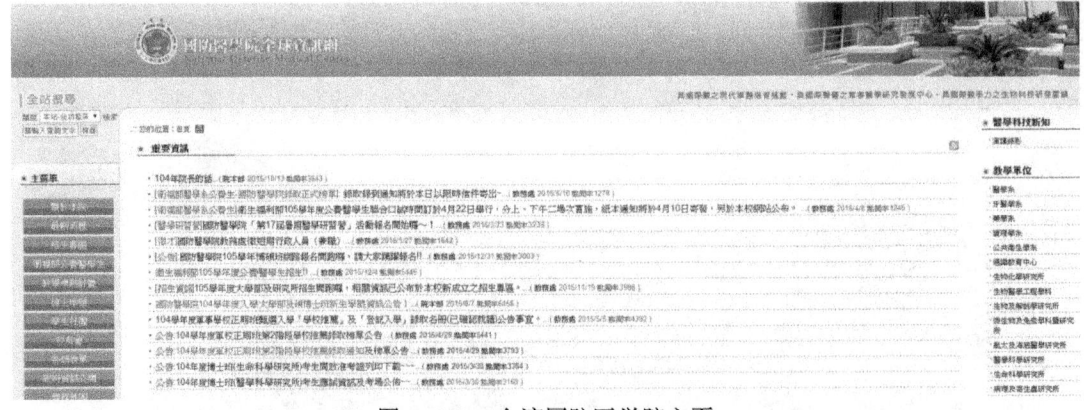

图 9-4-8　台湾国防医学院主页

为了更好地服务于台湾国防医学院的军事医学研究，该院图书馆建立了一个军事医学（台湾称军阵医学）专题网站，网址为 http://library.ndmctsgh.edu.tw/milmed/milmed.htm，如图 9-4-9 所示。

该专题网站的军事医学资源比较丰富，包括以下几个部分：①军事医学资料库，可免费检索国内外相关军事医学的题录信息；②军事医学专门领域，按照不同的军事医学门类收集国内外相关文献及网站地址；③军事医学网络资源，按照相关医学研究机构、医学院校和图书馆进行分类收集整理；④馆藏国内外军事医学期刊。

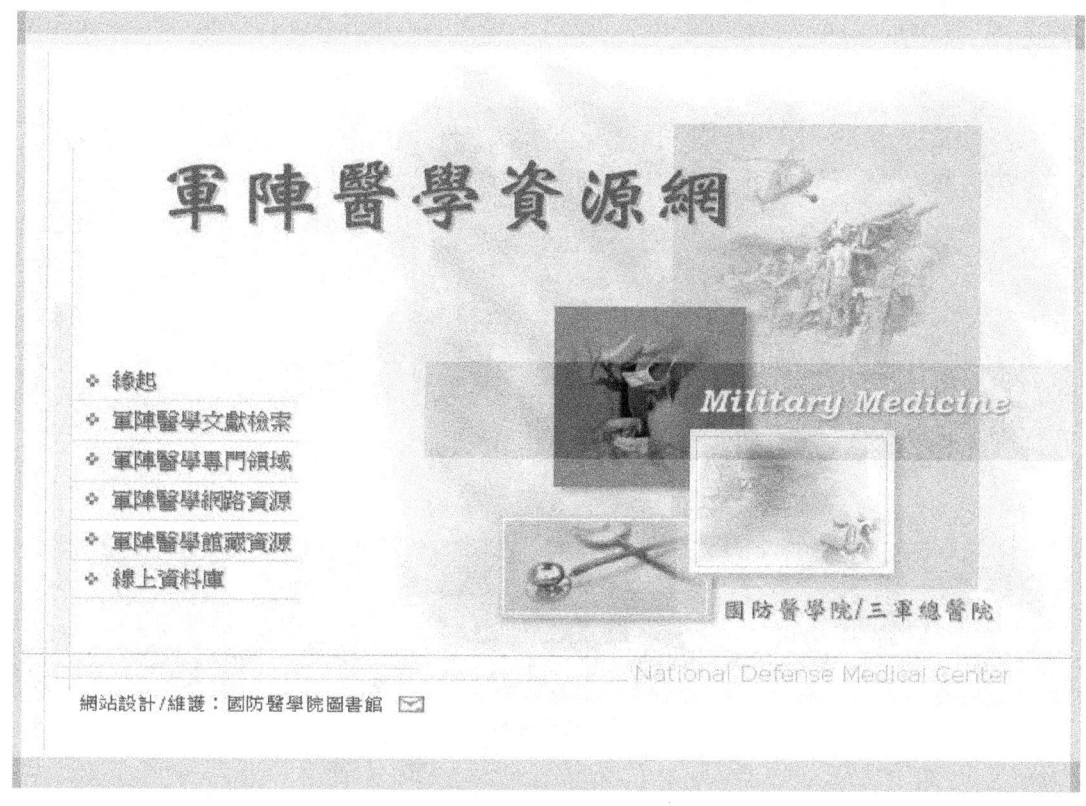

图 9-4-9　军阵医学网站主页

(二) 美军军事医学网站

美国的军事医学非常发达,军事医学科研机构较多,在互联网上的军事医学信息也相当丰富。

1. 美军医科大学 (https://www.usuhs.edu/)　美军医科大学 (Uniformed Services University of the Health Sciences, 简称 USU) 成立于 1972 年,位于马里兰州的贝塞斯达,是一所专门从事军事医学、公共卫生教育和研究的机构,主页如图 9-4-10 所示。

美军医科大学的研究项目覆盖从临床到与军事和公共卫生有关的许多方面。其中不少项目与军事医学关系密切,诸如部队的健康保护、热带医学、灾害医学、军事卫勤准备以及极端环境的适应等。

2. 美国三军放射生物学研究所 (https://www.usuhs.edu/afrri)　美国三军放射生物学研究所 (Armed Forces Radiobiology Research Institute) 简称 AFRRI,成立于 1960 年。作为一个美国三军联合机构,自成立伊始,AFRRI 就一直致力于美国政府部门、学术机构、实验室以及当其他国家开展合作,进行电离辐射的生物学效应研究。此外,还提供医疗培训和辐射事故的紧急应急处理,如图 9-4-11 所示。

AFRRI 的使命是通过对电离辐射效应的深入研究,维护美国军人的健康和保持美军的战斗力。其研究领域主要包括危害人体健康放射性物质的预防、辐射损伤的生物学评价、战场单一电离辐射损伤或生化战剂复合损伤的治疗、辐射剂量的生物学测定、急慢性电离辐射暴露后近期和远期效应等。

图 9-4-10　美军医科大学主页

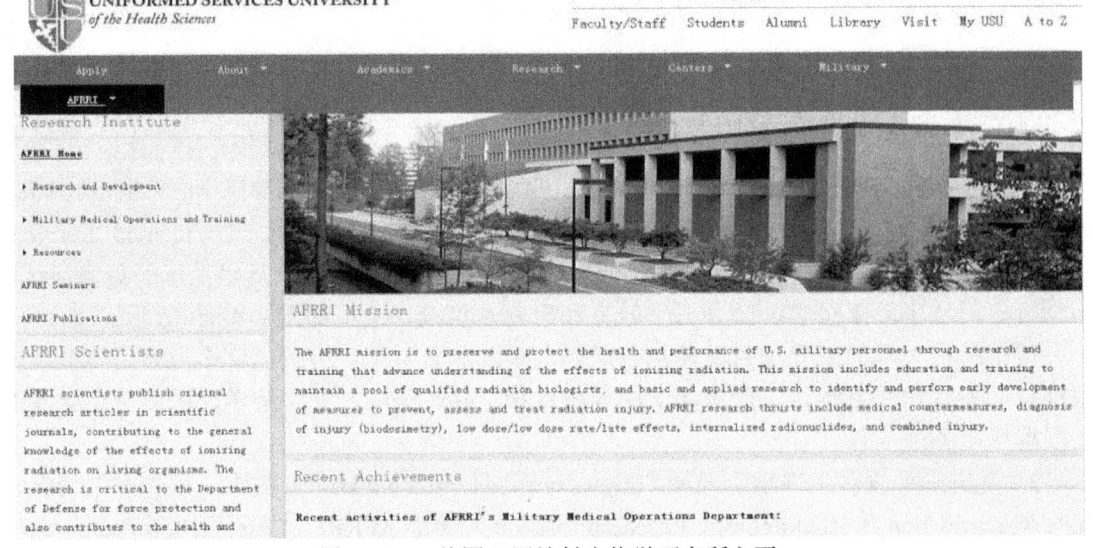

图 9-4-11　美国三军放射生物学研究所主页

3. 美国陆军军事医学机构网站

（1）美国陆军医学研究和装备司令部（http://mrmc.amedd.army.mil/）：美国陆军医学研究与卫生物资部（US Army Medical Research and Materiel Command，简称 USAMRMC），位于美国马里兰州的迪特里克堡，是美陆军军事医学研究的专职管理机构。该机构职能是开展军事医学研究、卫生物资管理、信息技术开发与利用、医疗设施和采办等，为美军官兵提供最佳的预防、治疗和康复等医疗服务，如图 9-4-12 所示。

USAMRMC 的研究包括以下五个基本领域：①军事传染病研究，包括疫苗、生物技术、预防/治疗药物、诊断/预后、媒介控制、医疗自动化指挥系统（C4ISR）、艾滋病毒对策等

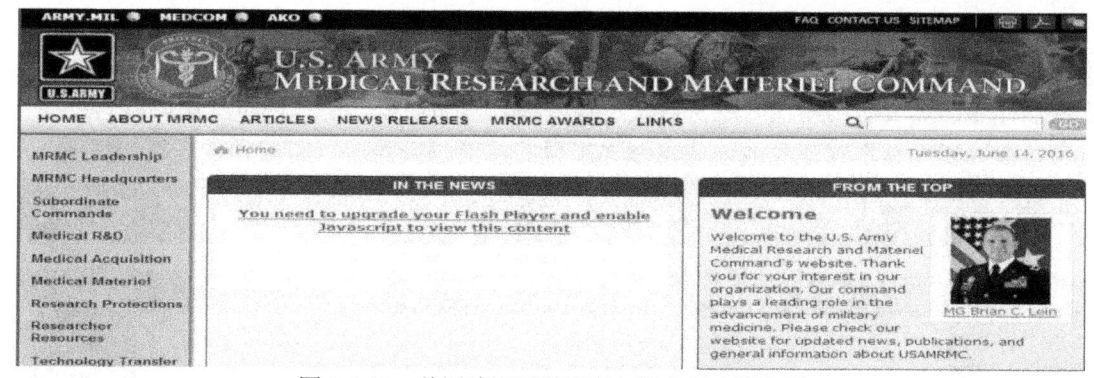

图 9-4-12　美国陆军医学研究与装备司令部主页

研究；②战斗伤亡护理研究，包括损伤控制复苏、创伤性脑损伤、战斗创伤治疗、健康监测与诊断技术、战斗牙科等；③军事作业医学研究，损伤预防与减轻、心理卫生和心理韧性、生理卫生、环境卫生与防护等；④医学生化防护研究，包括疫苗、预处理、诊断学、治疗学、基础研究等；⑤临床和康复医学研究，包括神经肌肉骨骼康复、再生医学和移植物、视觉恢复、疼痛管理等。

（2）沃尔特里德陆军研究所（http://www.wrair.army.mil/）：沃尔特里德陆军研究所（Walter Reed Army Institute of Research，简称 WRAIR），是美国国防部中规模最大、研究项目最多样化的一个生物医学研究机构，主页如图 9-4-13 所示。

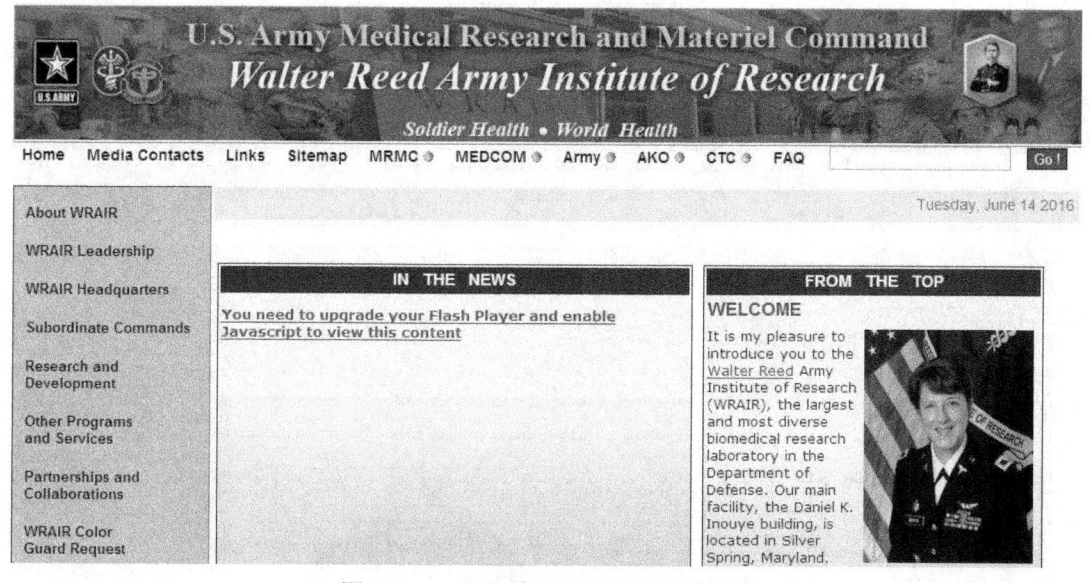

图 9-4-13　沃尔特里德陆军研究所主页

该研究所的研究领域涉及疟疾、HIV、精神病学和神经科学、军事伤亡研究、预防医学，军事病原体的抗原发现和疫苗开发、军用药物开发、区域性传染病疫苗、药物和设备的测试、诊断和治疗设备的研发等。

（3）美国陆军传染病医学研究所（http://www.usamriid.army.mil）：美国陆军传染病医学研究所（U.S. Army Medical Research Institute of Infectious Diseases）简称 USAMRIID，成立于 1969 年，位于马里兰州的迪特里克堡，隶属美国陆军医学研究和装备司令部，主页如图 9-4-14 所示。

该所致力于生物战剂医学防护的基础和应用研究，生产保护性疫苗。其基础研究集中于探究控制致命微生物的途径，已研制出各种方法来帮助士兵抵御生物武器和天然的传染性疾病；专门负责研制药物、疫苗以及生物隔离，诸如炭疽杆菌和肉毒杆菌等各种细菌的疫苗，探究以天然形式或者战地武器形式出现的可能感染美国军队的各种病毒的性质。

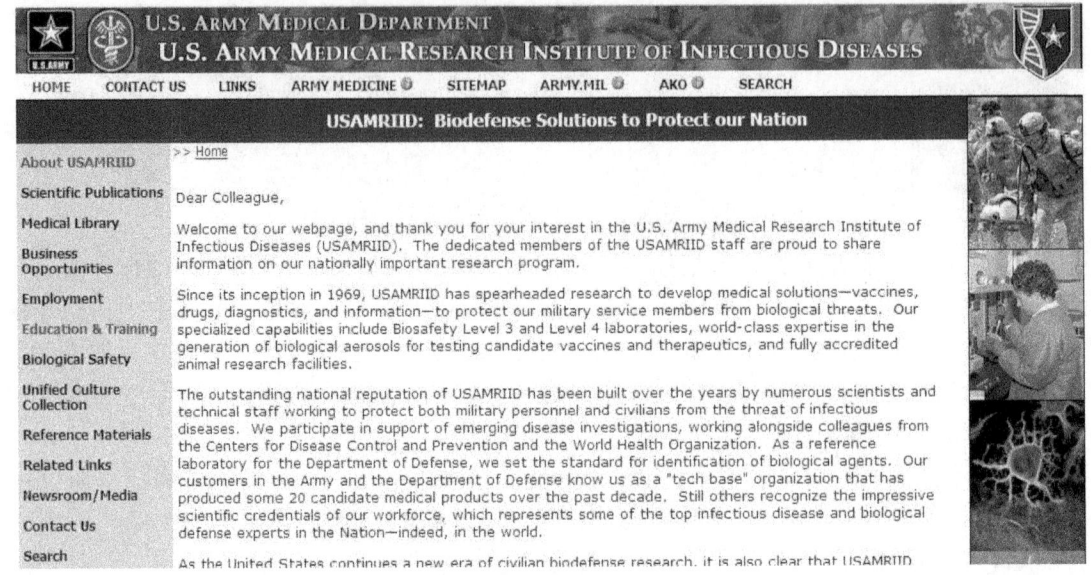

图 9-4-14　美国陆军传染病医学研究所主页

（4）美国陆军防化医学研究所（https://usamricd.apgea.army.mil/）：美国陆军防化医学研究所（U.S. Army Medical Research Institute of Chemical Defense，USAMRICD）位于美国马里兰州的阿伯丁实验场，是美国防部的重点化学防护研究机构，主页如图 9-4-15 所示。

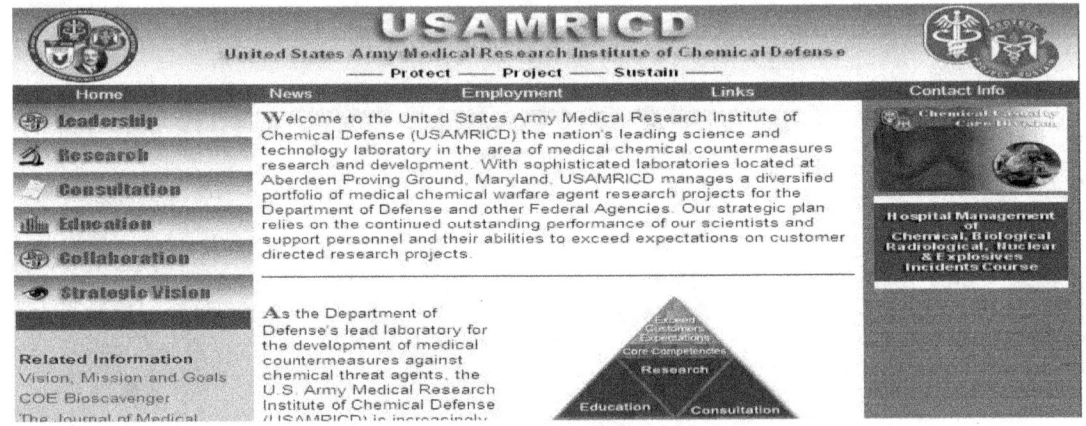

图 9-4-15　美国陆军防化医学研究所主页

该所的任务是负责进行与化学战剂医学防护有关的研究、发展、试验评估以及化学伤亡的医疗管理，致力于医学化学防护的研究、教育和训练，揭示和建立应对化学战剂威胁的医疗策略。研究内容包括神经性毒剂（抗惊厥、痉挛药、神经保护剂、肟）、刺激剂（作用机制、伤口愈合、药物干预）、窒息剂（有毒化学品、吸入暴露、肺损伤的实验模型、药物干预）、氰化物（药物筛选、行为评价）、毒素（作用机制、分子结构、体外模型、药物干预）等。

（5）美国陆军环境医学研究所（http://www.usariem.army.mil）：美国陆军环境医学研究

所（U.S. Army Research Institute of Environmental Medicine，USARIEM）位于美国马萨诸塞州的纳提克，是美国国防部重要的环境和运动生理学研究机构，主页如图9-4-16所示。

图 9-4-16　美国陆军环境医学研究所主页

该所的研究领域主要包括4个方面：①生物物理学和生物医学建模，研究内容包括服装生物物理学、生物医学/预测模型、生理监测等；②军事劳动，研究内容包括体能训练/人力性能优化、减少肌肉骨骼损伤、军事生物力学研究、认知能力、决策与判断、伤害流行病学、部署卫生防护等；③军队营养学，研究内容包括生物能（bioenergetics）与代谢、健康体重管理等；④热带医学和高原医学，内容包括冷应激生理学、热应激生理学、高原生理学、水合、环境疾病等。

（6）美国陆军航空医学研究所（http://www.usaarl.army.mil）：美国陆军航空医学研究所（The U.S. Army Aeromedical Research Laboratory，USAARL），位于美国阿拉巴马州的拉克尔堡，是美军著名的航空生物医学研究机构，主页如图9-4-17所示。

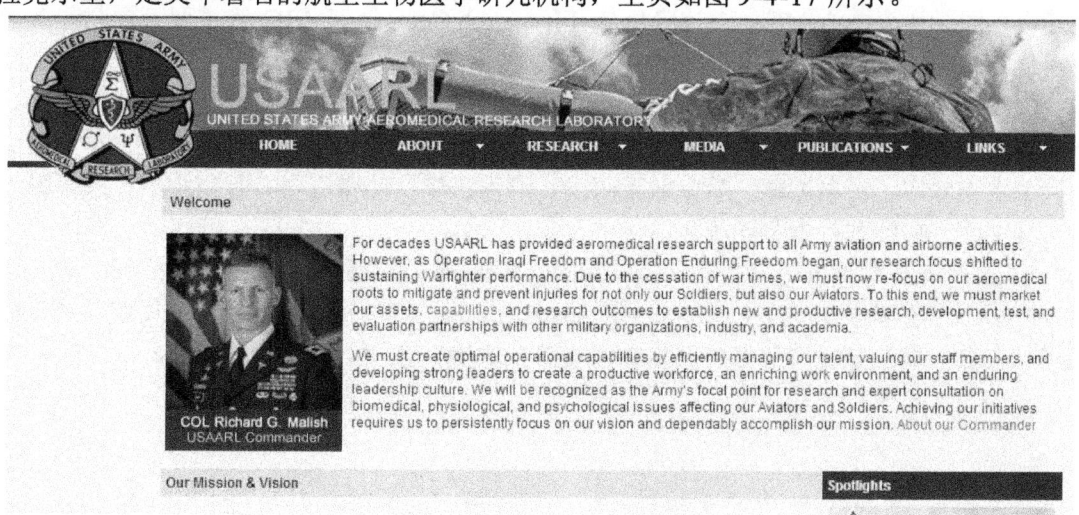

图 9-4-17　美国陆军航空医学研究所主页

该研究所的任务是保护和提高美军飞行员和士兵的健康、安全、战斗力和生存能力。具体包括以下几个方面：①减少健康危害，在陆航平台、战术作战车辆和武器系统中改善和提高人的战斗力；②评估和减轻噪音、加速、冲击、视觉需求、应激、疲劳对飞行员健康的危害；③通过改进设计和性能要求来加强航空和作战生命支持设备；④空运后送医疗装备的评估。

（7）美国陆军外科研究所（http://www.usaisr.amedd.army.mil）：美国陆军外科研究所（US Army Institute of Surgical Research，USAISR），位于美国得克萨斯州的休斯敦山姆堡，是美国国防部惟一的重点烧伤研究中心，主页如图9-4-18所示。

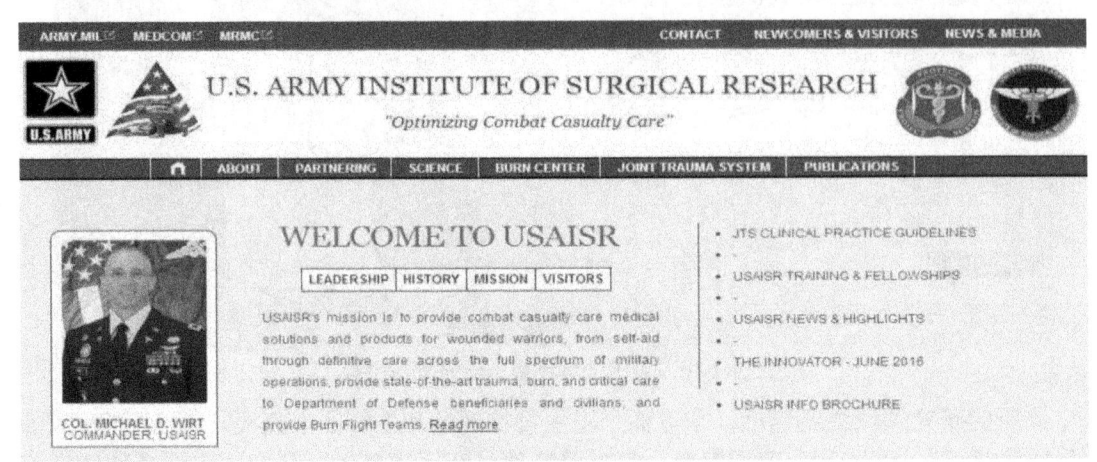

图 9-4-18　美国陆军外科研究所主页

该所拥有先进的烧伤治疗技术和设备，为重度及危重烧伤的陆、海、空三军官兵提供医疗服务，同时也为非军队患者提供服务。研究重点是烧伤、外伤、骨折等疾病的出血控制、复苏和软组织损伤修复等。

4. 美国海军军事医学机构网站

（1）美国海军医学研究中心（http://www.med.navy.mil/sites/nmrc/Pages/ index.htm）：美国海军医学研究中心（The Naval Medical Research Center，NMRC），主要开展与作战及军事作业有关的生物医学基础研究和应用研究，主页如图9-4-19所示。

NMRC 的研究重点是对常规战争和非常规战争中出现的医学问题提出合适的解决方案。目前正在开展的研究包括生物防御、传染病、战斗伤亡护理、牙科和生物医学研究、定向能生物效应、环境健康、航空航天医学、潜水医学、热带医学、骨髓捐赠、医学模型和仿真、流行病学和行为科学等。

（2）美国海军卫生研究中心（http://www.med.navy.mil/sites/nhrc/Pages/ default.aspx）：美国海军卫生研究中心（Naval Health Research Center，NHRC），致力于开展增强海军的健康、安全、战斗准备和战斗力的生物医学解决方案，主页如图9-4-20所示。

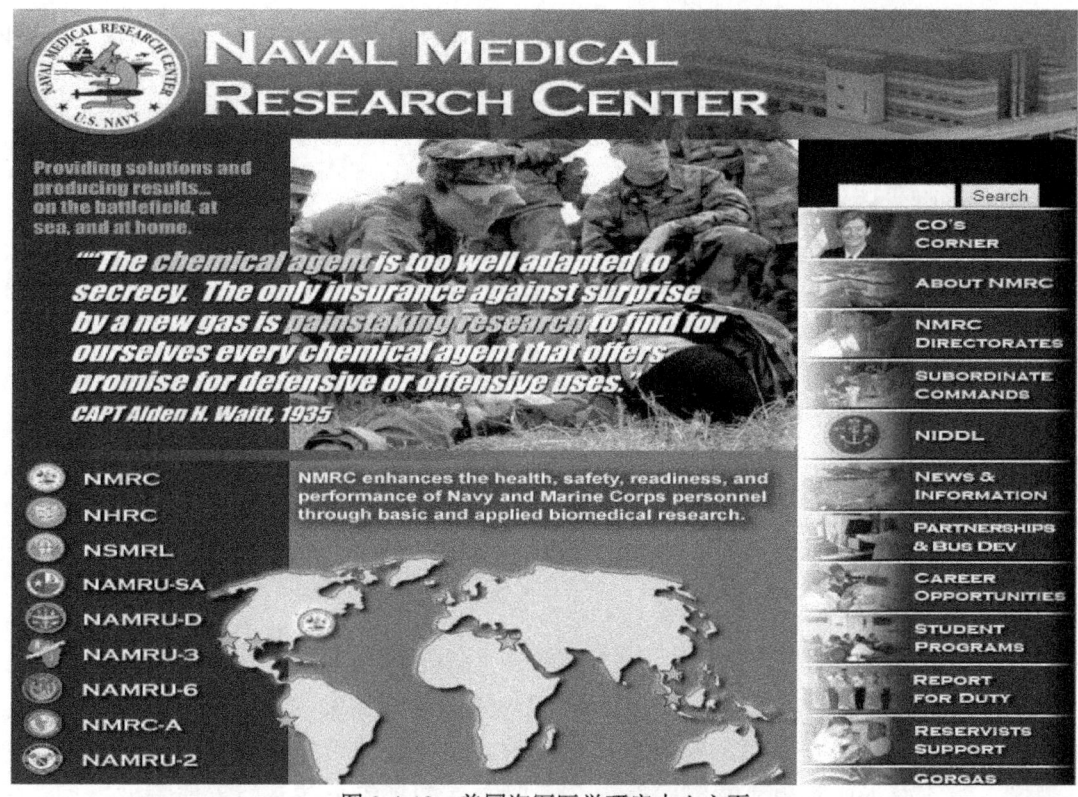

图 9-4-19　美国海军医学研究中心主页

图 9-4-20　美国海军卫生研究中心主页

该中心的研究内容包括医学模型、仿真与任务支持；环境应激研究、物理应激、负载和影响、应激的认知神经科学；行为科学及流行病学，包括焦虑干预策略、行为需求评估以及接种后流行病学研究等；腺病毒疫苗临床试验以及艾滋病毒/艾滋病预防计划等。

（3）美国海军潜艇医学研究所（http://www.med.navy.mil/sites/nsrml/Pages/default.asp）：美国海军潜艇医学研究所（Naval Submarine Medical Research Laboratory，

NSMRL）的使命是通过对潜艇医学的研究，来保护军人的健康并提高战斗力，主页如图 9-4-21 所示。

图 9-4-21　美国海军潜艇医学研究所主页

该所的研究领域主要包括 3 个方向：①潜水和潜水环境模拟室专业方向，包括低频水下噪声对潜水员心理学影响、潜水员佩戴式测声仪的研制、甲板潜水站水下噪声监测仪、湿式潜水服噪声衰竭测定等；②潜艇医学和逃生／援救研究室专业方向，包括潜艇人员心理学选拔、潜艇艇员作业能力评估、潜艇环境空气质量卫生学评估、潜艇人员死亡率跟踪调查研究、潜艇人员援救时高压氧治疗设备实用性评估、氢氧化锂吸附筒吸附 CO_2 性能评价、失事潜艇艇内生存条件研究、核潜艇艇员生存能力训练、高压暴露后 MK10 脱险服逃生训练、核潜艇舱室 CO_2 被动吸附法研究等；③作业环境的感知室专业方向，包括诱发耳听觉波（EOAEs）实验研究、海勤人员新兵听力保护研究、航母甲板人员的听力保护研究等。

（4）美国海军航空航天医学研究所（http://www.med.navy.mil/sites/nhrc/namrl/Pages/default.aspx）：美国海军航空航天医学研究所（Naval Aerospace Medical Research Laboratory，简称 NAMRL）的任务是进行航空航天医学和相关科学的研究、开发、测试和评估，以增强海军、海军陆战队和其他军事人员的健康和安全，主页如图 9-4-22 所示。

NAMRL 的具体研究是开展与航空航天操作环境相关的生物系统的研究，包括感知过程、适应证、治疗药物、大气生理学。此外，NAMRL 还开展认知、心理、生理和精神分析研究以提高和增强飞行员选拔标准。

（5）美国海军第二医学研究所（http://www.med.navy.mil/sites/nmrc/Pages/ namru_2.htm）：美国海军第二医学研究所（Naval Medical Research Unit 2，NAMRU-2），位于柬埔寨金边，主要任务是对东南亚国家有军事意义的传染病展开生物医学基础研究和应用研究，主页如图 9-4-23 所示。

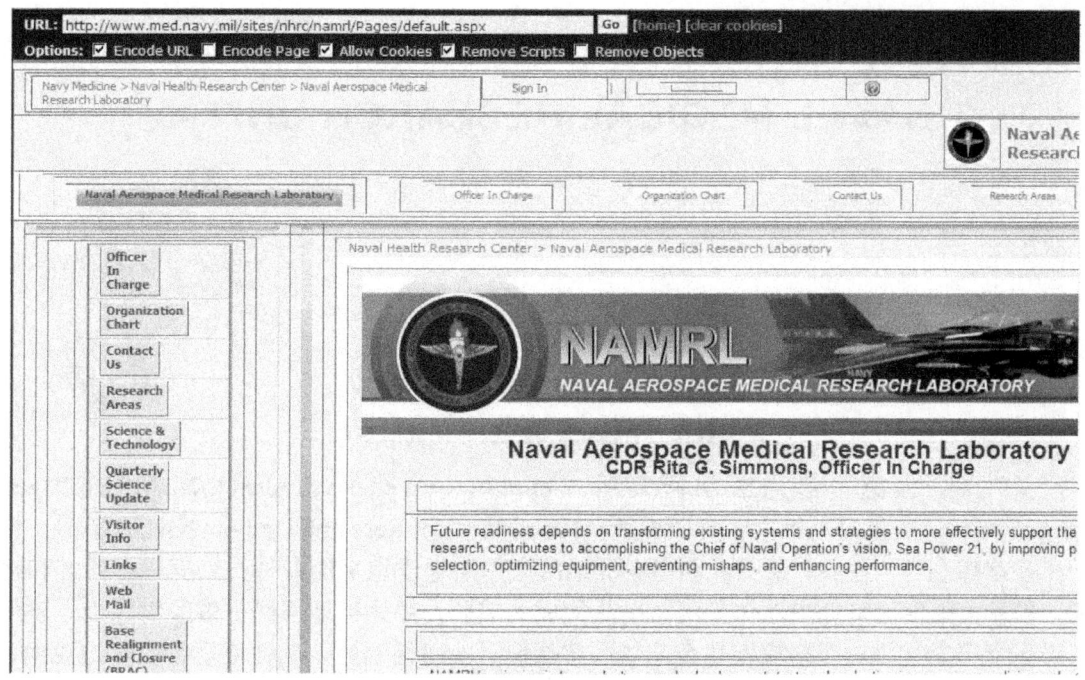

图 9-4-22　美国海军航空航天医学研究所主页

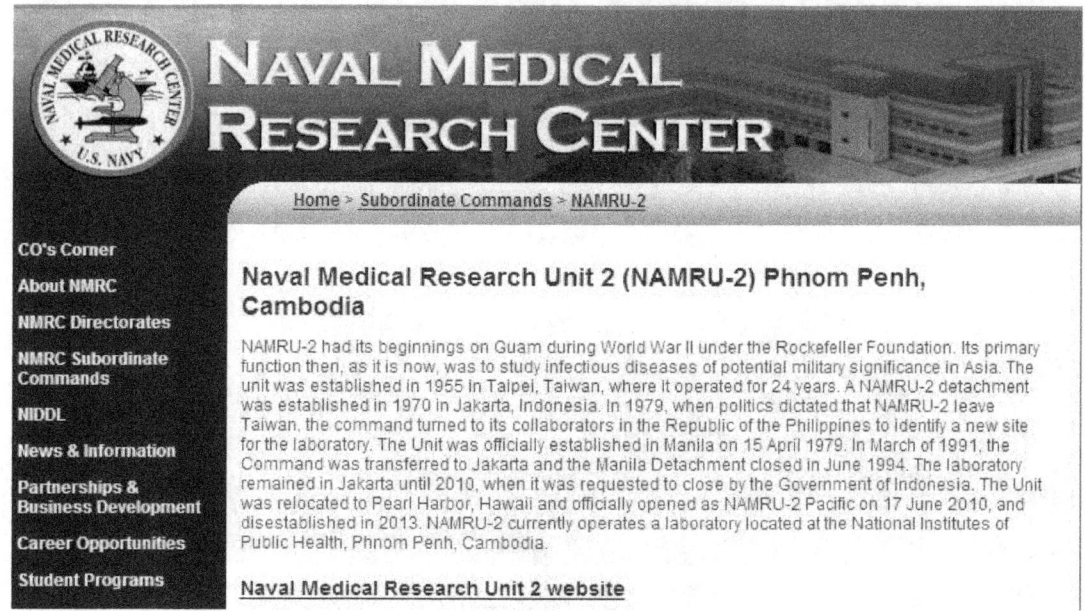

图 9-4-23　美国海军第二医学研究所主页

（6）美国海军第三医学研究所（http://www.med.navy.mil/sites/namru3/ Pages/Naval%20Medical%20Research%20Unit3.aspx）：美国海军第三医学研究所（Naval Medical Research Unit 3，NAMRU-3），位于埃及开罗，任务是研究与驻西南亚和非洲的美海军人员的健康、安全和战略有关的医学问题。主要进行传染性疾病研究，包括疫苗的评估，治疗药物，诊断化验和病媒控制措施，提高疾病监测和疫情爆发的应对能力，主页如图 9-4-24 所示。

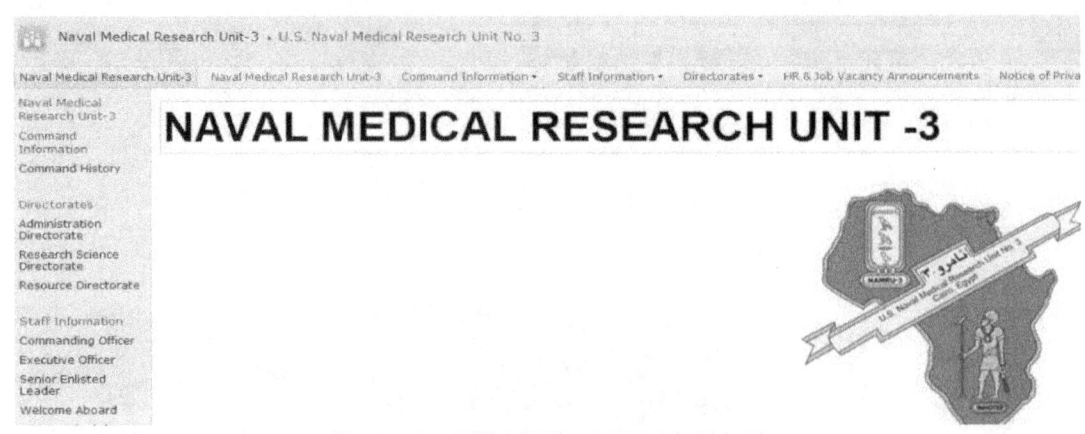

图 9-4-24　美国海军第三医学研究所主页

（7）美国海军第六医学研究所（http://www.med.navy.mil/sites/NAMRU6/Pages/namru6.htm）：美国海军第六医学研究所（Naval Medical Research Unit 6，NAMRU-6），位于秘鲁首都利马，主要对中美洲和南美洲地区有军事医学意义的各种传染病进行研究和检测，以最大限度地降低当地传染病对军队构成的威胁，并为当地居民提供医学保障。该所下设多个研究室，对包括疟疾和登革热、黄热病、病毒性脑炎、利什曼病、南美锥虫病、肠道疾病如志贺菌病和伤寒的防治等开展研究，主页如图 9-4-25 所示。

图 9-4-25　美国海军第六医学研究所主页

(8) 美国海军医学研究中心——代顿支队 (http://www.med.navy.mil/sites/nmrc/Pages/namrud.htm)：美国海军医学研究中心——代顿支队 (Naval Medical Research Unit—Dayton, NAMRU-D)，主要开展航空医学和环境卫生方面的研究，主页如图 9-4-26 所示。

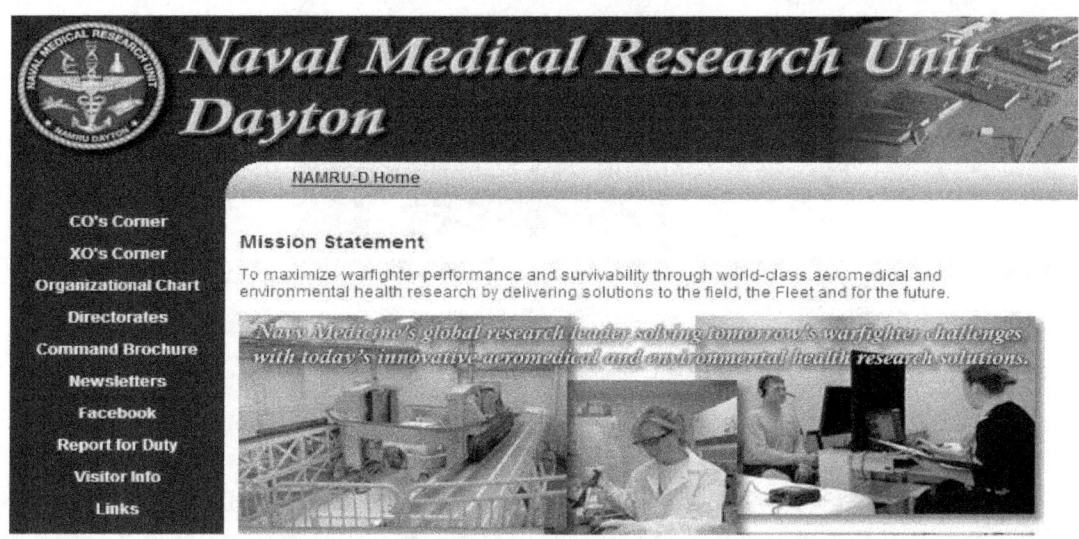

图 9-4-26　美国海军医学研究中心——代顿支队主页

(9) 美国海军医学研究中心——圣安东尼奥支队 (http://www.med.navy.mil/sites/nmrc/Pages/namrusa.htm)：美国海军医学研究中心——圣安东尼奥支队 (Naval Medical Research Unit - San Antonio, NAMRU-SA) 主要开展定向能生物效应研究、牙科和生物医学研究、战斗伤亡护理研究，主页如图 9-4-27 所示。

图 9-4-27　美国海军医学研究中心——圣安东尼奥支队主页

5. 美国空军航空航天医学院 (http://www.wpafb.af.mil/afrl/711hpw/u safsam.asp)　美国空军航空航天医学院 (U.S. Air Force School of Aerospace Medicine, 简称 USAFSAM) 位于德克萨斯州的布鲁克空军基地。主要从事航空航天医学的教育、培训、咨询，内容包括平战时伤病员空运后送、高压医学、生物环境工程学、公共健康和航空航天生理学等。同时也对空勤人员进行健康评估，主页如图 9-4-28 所示。

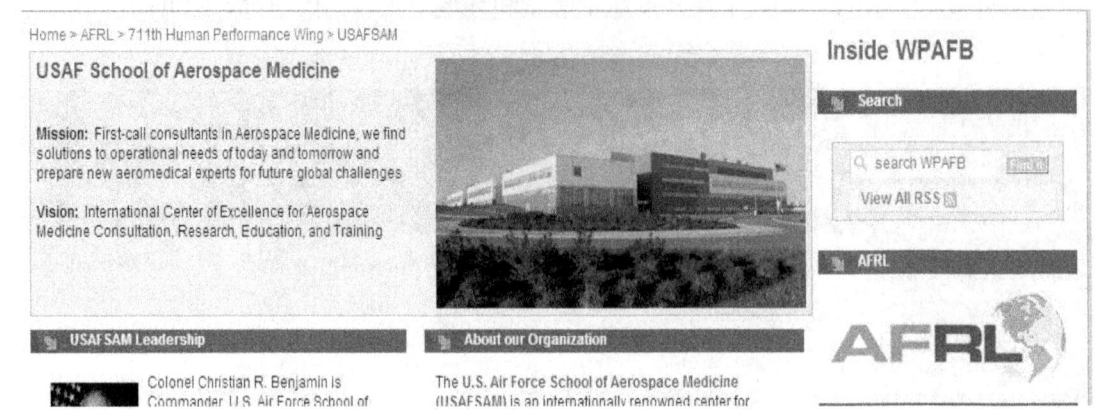

图 9-4-28 美国空军航空航天医学院主页

（三）澳大利亚军事医学会网站（http://amma.asn.au/）

澳大利亚军事医学会（Australian Military Medicine Association，AMMA），成立于 1991 年，是一个专门从事军事医学研究的科研机构，与澳大利亚国防部公共卫生服务处联系紧密，主页如图 9-4-29 所示。

协会宗旨是促进军事医学研究，传播军事医学知识，出版和发行军事医学杂志。目前，已出版和发行军事医学杂志 Journal of Military and Veterans' Health，该杂志为季刊，可免费获取全文。

图 9-4-29 澳大利亚军事医学会主页

（四）日本防卫医学研究中心网站（http://www.ndmc.ac.jp/center/）

日本防卫医学研究中心（Japan's Defense Medical Research Center）设在日本防卫医科大学内，中心的任务是综合研究发生大量、多种伤情及复合伤伤员时的救护、急救处理以及异常环境下机体功能等，主页如图 9-4-30 所示。

图 9-4-30　日本防卫医学研究中心主页

防卫医学研究中心包括 5 个研究部。

1. 外伤研究部　开展灾祸情况下外伤基础和临床研究。主要研究发生大量伤病员时的快速诊断、急救处理方法，查清严重外伤或大范围烧伤等引起的主要脏器障碍的病理。

2. 医疗工学部　研制发生大量伤病员时实施有效诊断和处理所必需的检查和治疗用仪器，以及脏器医学工程学的研究。如研制各种诊断技术、小型医疗仪器、人工脏器、修复器材、医疗机器人，以及其他医学工程学领域的研究和开发。

3. 异常环境卫生研究部　主要研究有害的物理、化学、生物因素（如有害的微生物、化学物质、放射性、异常气温、气压等）引起的机体反应和快速、特异检测技术以及医学对策。

4. 行为科学研究部　研究应激情况下的心理恐慌、异常行为的病理生理、预防方法和对策以及适应性问题等；强应激状况下的机体生理功能、精神活动、脑的神经递质变化等。

5. 情报研究部　研究医疗信息的管理、传递方法等信息工程学问题。例如在灾祸情况下的医疗信息的管理、通信系统以及各医疗单位和自卫队之间的急救信息网络等。

（五）国际军事医学大会网站（http://www.cimm-icmm.org/index_en.php）

国际军事医学大会（International Committee of Military Medicine）1921 年成立于比利时布鲁塞尔，以促进国际军事医学界友好交流与合作，倡导人道主义，保护战争受害者为宗旨，是联合国世界卫生组织承认的国际政府间组织，成员国超过 100 个。网站包括英文和法文两个版本，英文版主页如图 9-4-31 所示。

图 9-4-31　国际军事医学大会英文版主页

该网站包括国际军事医学大会的历史、成员国情况、组织机构等信息。通过该网站，可以获取军事医学大会历年会议及其各种报告和相关出版物的全文信息。

练 习 题

1. 利用 NTIS 网站（http://www.ntis.gov/）检索有关军事医学方面的科技报告。
2. 请列出美国海军在海外的军事医学研究机构的网址。

（江银凤　张　杨　赵　岩　徐成兵）

第十章 文献管理工具

第一节 NoteExpress

一、NoteExpress 简介

NoteExpress 是一款由国内公司自主开发的参考文献管理软件，与国外同类产品相比，它具有更好地支持中文信息环境及国内用户学术信息行为等优点，因而受到国内学术用户的欢迎。其主要功能如下：

1. 文献管理　可高效管理文献资源。包括信息资源检索、题录数据查重、去重、分类、排序、全文下载、全文导入、学习笔记撰写等。可直接在软件中在线检索中国期刊网、万方数据、维普数据、超星、全国报刊索引、中国生物医学文献数据库、PubMed、Library of Congress、ISI Web of Science 等常用在线数据源，且支持用户添加数据源；支持大多数数据库的参考文献导入格式，包括国外同类软件的数据源格式；智能识别全文文件中的标题、DOI 等关键信息，并自动更新补全题录元数据；内置近 5 年的 JCR 期刊影响因子、最新的国内外主流期刊收录范围和中科院期刊分区数据，可在用户添加文献的同时自动匹配填充相关信息；传统的树形结构分类与灵活的标签标记分类结合使用，可使用户在管理文献时更加得心应手；此外，NoteExpress 软件、浏览器插件和青提文献 App，可使用户在不同屏幕、不同平台之间完成文献追踪和收集工作。

2. 写作支持　可有效提升学术论文写作效率。目前，Note Express 支持微软公司的 Word 及金山公司的 WPS 两大主流字处理软件，利用其内置的写作插件可以实现边写作边引用参考文献；内置数千种国内外期刊、学位论文及国家、协会标准的参考文献格式模板，支持用户根据不同需求输出参考文献，支持自动生成校对报告、多国语言模板及双语输出等。

二、数据录入

NoteExpress 的安装非常简单，其公司网站提供了标准 Windows 应用程序安装包，下载后双击即可依照程序的提示信息完成安装。

（一）新建自己的数据库

系统安装后默认的示例数据库为"sample.nel"，建议新建一个数据库而不是直接使用该库，因为在新版本安装时可能会造成数据覆盖而丢失所建信息的情况。新建数据库的操作很简单，点击"文件"菜单，选择"新建数据库"即可，系统将会提示用户输入文件名并选择文件存放位置。

（二）建立并维护个人题录数据库

建立好个人数据库后，便可以建立个人题录数据，系统已经在自建数据库节点下面建立了题录、笔记、检索、组织、回收站等子库（或称文件夹），可以在这些节点下面再建

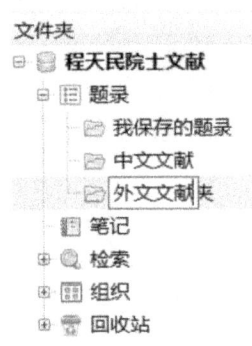

立子文件夹,如在题录下根据需要建立"图书"子文件夹。在题录处点击右键,选择"新建文件夹",如图 10-1-1 所示,输入其文件夹名称即可。也可以根据需要建立多个数据库,目前该系统已支持同时打开多个数据库,并可实现数据库之间的数据传输。

还可以通过选择向上、向下、向左、向右移动文件夹右键菜单来调整所设文件夹的位置排序以及隶属关系。

建立题录库是实现文献管理所需的基础性工作,只有建立好题录库,才能真正实现文献管理,并在论文写作过程中达到事半功倍的效果。

图 10-1-1 新建题录文件夹

（三）数据录入

新建题录有多种方式:

1. 手工创建　步骤如下:

（1）在"题录"文件夹下选中某一子文件夹,作为新建题录的存放位置。

（2）在右侧题录列表中点击鼠标右键,选择"新建题录",也可以通过点击"题录"菜单项里的"新建题录"（快捷键 ctrl+N）实现。

（3）在"新建题录"窗口点击"题录类型",选择题录类型,如图 10-1-2 所示。

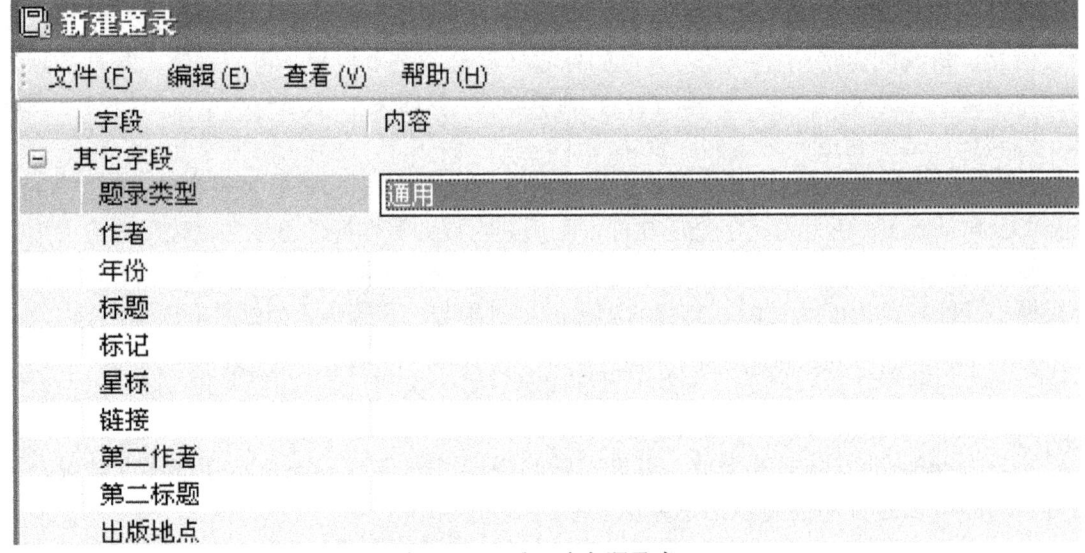

图 10-1-2 手工建立题录窗口

（4）根据需要填写其他字段的相关内容。

（5）保存并关闭新建题录。

如果某条题录信息有误,可以先选中该条题录,然后点击鼠标右键,在弹出的菜单中选择"编辑题录"或者"删除题录"。

在自建题录信息时应该注意,有多个作者时以英文分号加空格隔开,中文作者的姓与名之间不要留空格,这样在写作时才会按照正确的格式输出。

系统允许用户自定义题录显示字段及排序方式,在题录的表头部分点击右键即可实现。

2. 从文献数据库的检索结果中导入　NoteExpress 支持国内的维普、万方、CNKI、国外的 PubMed、Elsevier、Wiley、ProQuest 等多家数据库检索结果的直接导入。系统安装完毕后就已自带了近 200 种导入过滤器以及 1,600 余种国内外常见学术期刊、学位论文等文献样式，在其官方网站上“技术支持”栏目内，还提供了大量过滤器、连接配置文件以及多种期刊的输出样式的下载，以方便检索结果的直接导入和论文格式输出。

下面以 CNKI 总站的学术期刊检索为例，简要介绍批量导入的操作步骤。

（1）进入 CNKI 总站网址：http://www.cnki.net/，然后进入“中国学术期刊网络出版总库”检索所需信息。

（2）选择所需的结果，点击“存盘”按钮。

（3）在显示的页面的左侧选中“NoteExpress”，然后点击“输出到本地文件”按钮。

（4）打开 NoteExpress，选择菜单【文件】→【导入题录】或点击工具栏上的“导入题录”按钮，进入 NoteExpress 的“导入题录”窗口，选中刚保存的文件；并在过滤器下拉菜单中选择“更多过滤器”选项，在弹出页面中选择相应的过滤器“NoteExpress”，点击“确定”按钮，返回“导入”界面。

（5）点击“导入题录”窗口中的“开始导入”按钮，开始批量导入题录。导入后的结果如图 10-1-3 所示。

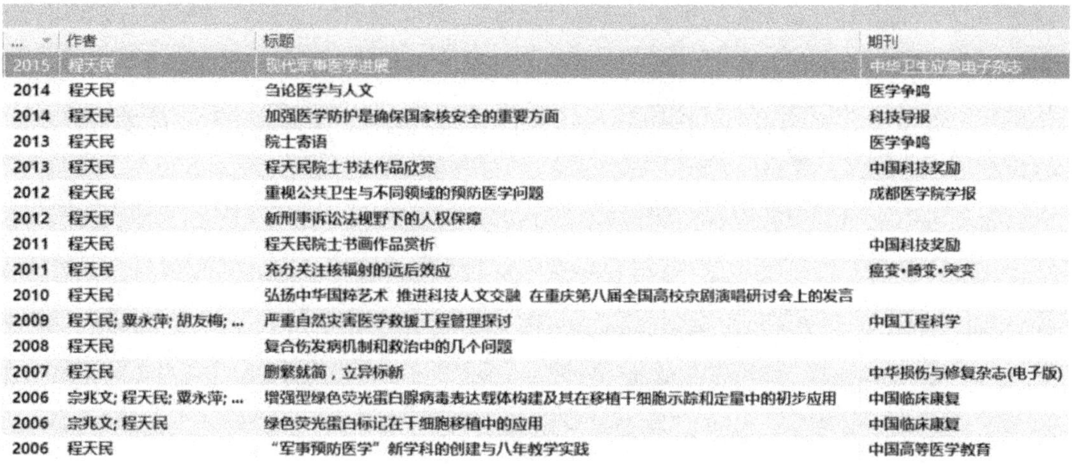

...	作者	标题	期刊
2015	程天民	现代军事医学进展	中华卫生应急电子杂志
2014	程天民	刍论医学与人文	医学争鸣
2014	程天民	加强医学防护是确保国家核安全的重要方面	科技导报
2013	程天民	院士寄语	医学争鸣
2013	程天民	程天民院士书法作品欣赏	中国科技奖励
2012	程天民	重视公共卫生与不同领域的预防医学问题	成都医学院学报
2012	程天民	新刑事诉讼法视野下的人权保障	
2011	程天民	程天民院士书画作品赏析	中国科技奖励
2011	程天民	充分关注核辐射的远后效应	癌变·畸变·突变
2010	程天民	弘扬中华国粹艺术 推进科技人文交融 在重庆第八届全国高校京剧演唱研讨会上的发言	
2009	程天民; 粟永萍; 胡友梅; ...	严重自然灾害医学救援工程管理探讨	中国工程科学
2008	程天民	复合伤发病机制和救治中的几个问题	
2007	程天民	删繁就简，立异标新	中华损伤与修复杂志(电子版)
2006	宗兆文; 程天民; 粟永萍; ...	增强型绿色荧光蛋白腺病毒表达载体构建及其在移植干细胞示踪和定量中的初步应用	中国临床康复
2006	宗兆文; 程天民	绿色荧光蛋白标记在干细胞移植中的应用	中国临床康复
2006	程天民	“军事预防医学”新学科的创建与八年教学实践	中国高等医学教育

图 10-1-3　批量导入题录信息

3. 在线数据库检索后直接导入　NoteExpress 集成了互联网上众多中外文在线文献库的检索，比如生物医学领域常用的 PubMed 数据库。下面以 PubMed 为例，介绍在线数据库检索的检索步骤：

（1）点击菜单【检索】→【在线数据库】，显示如图 10-1-4 所示窗口，选中其中的【PubMed】，点击“确定”按钮。

（2）在弹出的 PubMed 检索窗口选择和填写检索条件（图 10-1-5），可点击“添加”按钮增加检索条件，构造多项条件的检索表达式。制定好检索表达式后，点击“开始检索”按钮。

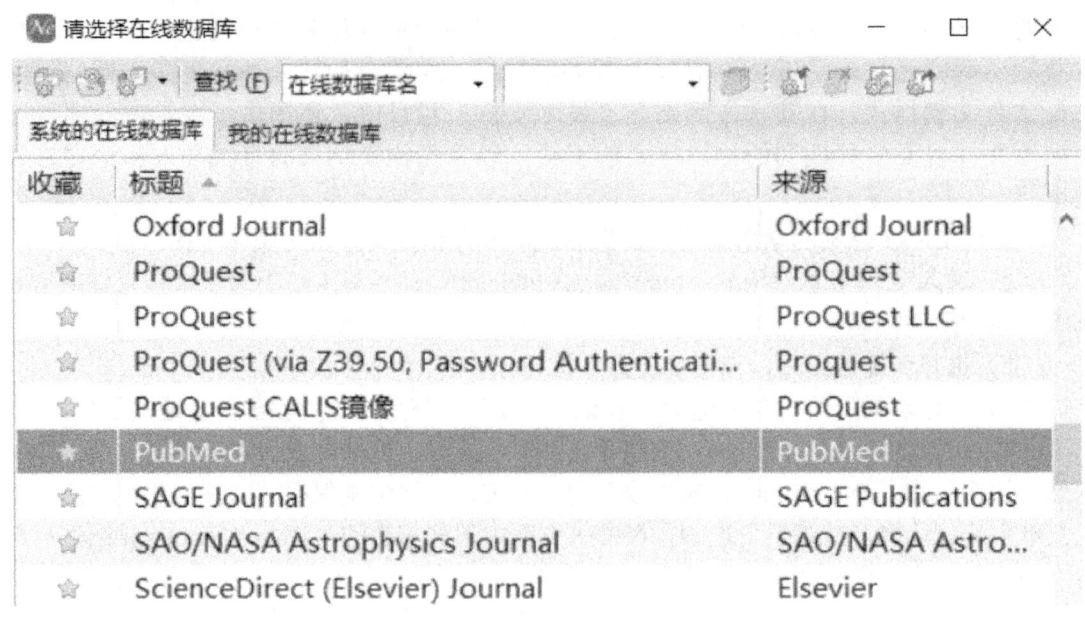

图 10-1-4　选择在线数据库

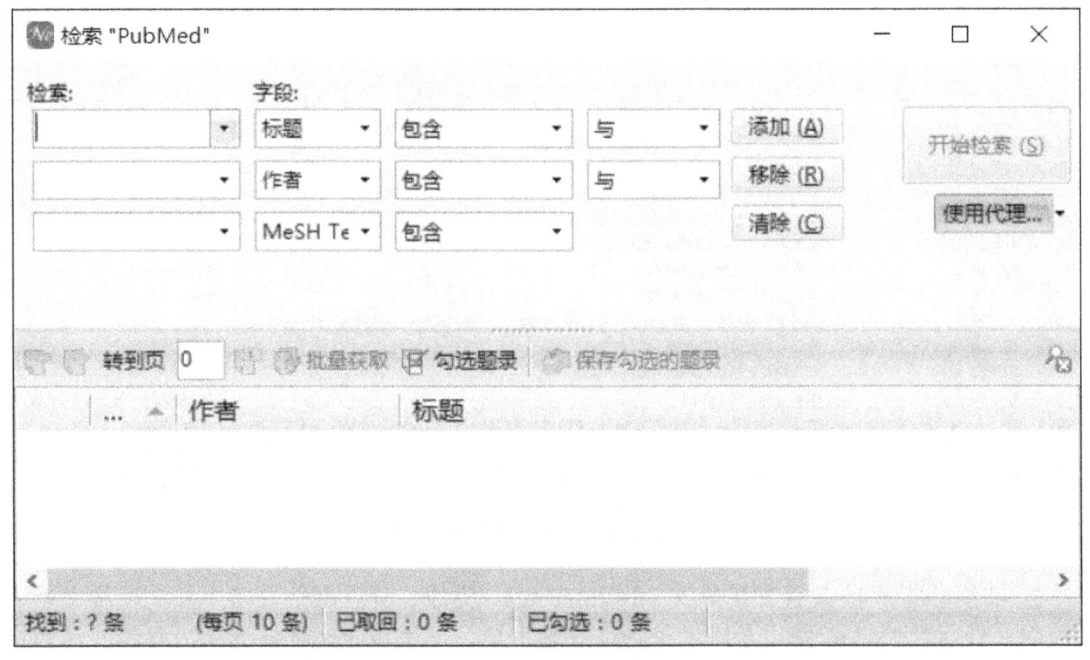

图 10-1-5　NoteExpress 中的 PubMed 数据库在线检索界面

(3) 点击"批量获取"按钮，可一次性取回多页显示内容，提高效率。

(4) 点击"保存勾选的题录"图标，系统会提示选择保存的文件夹，选中即可导入所选中的题录数据。

4. 全文导入后再利用"数据更新"补全题录数据　用户在以前的学习和研究中，可能已积累了很多文献的全文资料。NoteExpress 软件提供了全文导入功能，从而使文献数据的回溯建库变得非常简单，NoteExpress 支持 PDF、CAJ 文件，导入全文时可智能识别标题等重要信息，同时自动更新多条题录的其他元数据信息，建议读者在保存文献全文时,最好文件名即为该文献的标题,以便在后续步骤中利用"在线更新"功能补充全题录的其他信息。

操作步骤如下:

(1)点击菜单【文件】→【导入文件】,然后根据需要选择"添加文件"或"添加目录",再选中要导入的文件或目录,并做好相应的设置即可。

(2)选中所需更新的题录,然后选择菜单【检索】→【在线更新题录】,可以根据需要选择"手动更新"、"自动更新"或"智能更新",若选择的是"手动更新",需进一步设定相应的检索选项和在线数据库,点击"开始检索"按钮,待系统查找完后,再点击"更新"按钮即可。若系统未能补全所需信息时,需手动补充。

5. 从现有论文中析出参考文献　用户还可以通过将自己或他人的现有论文中引用的参考文献导出的方式来获得所需题录信息,实现资源共享。

操作步骤如下:

利用 Word 或 WPS 打开含有参考文献的论文文档,点击 NoteExpress 工具栏上的"设置"按钮,并在弹出的菜单中点击"导出文档中的所有题录到 NoteExpress 数据库"按钮,再根据提示选择题录存放位置即可。如图 10-1-6 所示。

图 10-1-6　导出文档中的题录信息到 NoteExpress 数据库

6. 从移动终端中读取自己收藏的题录信息
NoteExpress 现已推出手机应用"青提文献",从而支持多屏幕协同工作。青提文献可帮助用户通过手机等移动设备利用零碎时间轻松订阅国内外学术期刊最新文章,追踪某方面研究的最新进展,并完成文献收集。

具体操作步骤如下:

(1)在手机中进入"应用商城"或"APP Store"中,检索"青提文献",然后下载安装其应用(现仅支持安卓系统)。

(2)注册并登录青提文献(机构用户需使用机构邮箱进行注册)。

(3)检索或订阅文献。

青提文献 APP 现提供百度学术、知网、万方、PubMed、SD、NSSD 等 6 个数据库的文献检索,同时提供千余种国内外期刊的文献订阅推送服务,用户可根据学科选择,也可添加自定义订阅源,使用"扫一扫"等功能完成文献订阅服务。

(4)选择需要的文献,点击其左下角的"收藏"图标,如图 10-1-7 所示。

(5)登录 NoteExpress 客户端,点击"下载"图标,如图 10-1-8 所示,即可实现将青提文献 APP 中收藏的题录信息提取到"我保存的题录"文件夹下。

三、数 据 管 理

(一)数据查重

题录信息可能存在重复,NoteExpress 提供了查找并快速删除重复题录的功能。打开菜单【检索】→【查找重复题录】,用户可设置待查重的文件夹、需查重字段、匹配度及大小写敏感等信息,点击"查找"按钮即开始查重,系统查找后默认选中找到的所有重复题录,可通过菜单【题录】→【删除题录】或点击右键选择删除所有重复题录,也可以解锁后单独选中某些题录进行删除操作。

图 10-1-7 青提 APP 中的文献选取（收藏）

图 10-1-8 利用 NoteExpress 下载青提 APP 中收藏的文献题录信息

（二）题录的检索、保存及自动更新

检索和保存步骤如下：

1. 选中要检索的文件夹，然后选择菜单【检索】→【在个人数据库中检索】，或直接按快捷键 F3，出现"检索数据库"窗口。如果在笔记中检索，请选中"笔记"或其下级文件夹，再重复以上操作。

2. 根据需要填写检索词及选择检索字段，点击搜索界面上的"增加条件"按钮，可增加搜索条件，实现多条件检索。检索后在左侧"检索"→"最近检索"文件夹下自动形成以"检索历史"+关键词命名的新文件夹（如"检索历史+程天民"），可以通过点击右键选择"保存检索"到"保存的检索"文件夹，便可实现检索结果的长期保存。

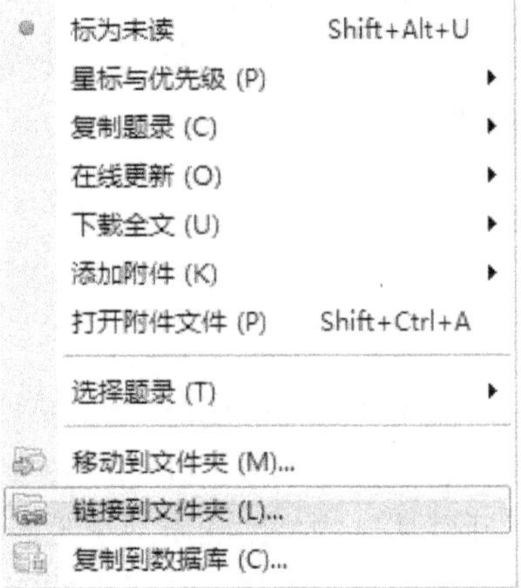

（三）设置虚拟文件夹

虚拟文件夹为某文献属于多个学科交叉的情况提供了解决方法，同一文献可同属于多个文件夹但数据库中只保存一条，且修改任何文件夹中的该条题录，在其他文件夹下都会同时修改，删除其中一文件夹下的这条题录，其他文件夹中仍然存在，只有将最后一条题录删除，这条题录才会彻底从数据库中消失。其操作步骤如下：

1. 选中属于多学科的题录，点击鼠标右键，选择【链接到文件夹】，如图 10-1-9 所示；

图 10-1-9 设置虚拟文件夹界面

2. 在弹出的"选择文件夹"对话框中，选择需要保存的文件夹或新建文件夹，并点击"确定"即可。这时点击下面的"位置"标签，即可看到该题录同属两个文件夹中。

（四）全文下载

NoteExpress 目前支持一些国内外全文数据库的全文下载，如 CNKI、重庆维普、万方数据、PMC、The NASA Astrophysics Data System、HighWire Press、arXiv.org 等，前提是全文为免费资源或用户已拥有这些资源的下载权限。其操作步骤如下：

首先选中要下载全文的题录，然后在右键菜单中选择"下载全文"→"选择全文数据库"，指定一个数据库后，系统将完成其全文下载。

（五）链接全文及批量链接全文

除了直接利用题录信息下载全文外，用户也可将之前已下载、或通过其他途径获得的文献全文，通过添加附件的方式与题录信息建立链接，其操作步骤如下：

1. 选中某条题录，然后点击右下部的"附件"按钮。
2. 在附件下方空白处单击鼠标右键，通过弹出的右键菜单【添加】，选择添加附件的类型。添加后显示如图 10-1-10 所示。

图 10-1-10　添加附件界面

3. 在 NoteExpress 中有两种方式可以查看某条题录是否添加了附件。若添加了附件，标记列中或多出一个红色色块；在预览窗口的工具栏上会多出一个回形针。如果需要查看附件的内容，可以双击全文图标，打开对应的全文，或单击附件栏上的回形针图标，快速打开链接附件中第一个文件。

NoteExpress 还提供了实用的批量链接附件的功能，可帮助用户快速、高效地添加多个文件。操作步骤如下：

点击菜单【工具】→【批量链接附件】，在弹出窗口中选择需要批量链接的文件夹，根据需要设置文件链接的匹配程度、文件类型、是否包含子文件夹等，然后点击"开始"按钮，待系统执行完链接匹配检测后，根据需要调整参数或直接点击"应用"按钮完成批量链接全文附件的操作。

（六）重要级别标识及标签标注

NoteExpress 提供对题录的级别标识。选中某条题录，单击鼠标右键，选择【标记】菜单，然后选择标记符号。NoteExpress 默认提供了 1～5 共 5 种标记，还可自定义标记。

若仅设置重要级别不足以区分文献，用户还可通过设置标签标记的方式进一步区分，其操作步骤如下：

选中题录，点击工具栏中的【标签标记】按钮或者点击鼠标右键后选择【星标与优先级】→【设置标签】，在弹出的菜单输入栏中输入相应的标签文字即可。标签可以输入多个，其间用空格或英文输入状态下的分号来分隔每个标签。

（七）笔记管理

NoteExpress 提供笔记功能，以便于用户记录文献笔记、科研心得、论文草稿等，还可以在 IE 浏览器中具体某个页面直接点击右键选择【添加为 NoteExpress 笔记】，将浏览内容直接添加到笔记中，并且可以与某个参考文献的题录建立链接。可利用 NoteExpress 中编辑笔记窗口的工具栏上的【插入到 Word】按钮，方便地将该段笔记作为论文的一部分。

操作步骤如下：

1. 新建和添加笔记　选中软件主界面左侧【数据库】目录下的【笔记】文件夹，可以根据需要建立子文件夹。在笔记列表上点击鼠标右键，从中选择【新建笔记】，也可以通过对应的菜单选择来实现此功能，还可以直接在当前选中的题录上点击右键，选择【为题录新增笔记】菜单的方式增加一条笔记。在此窗口中还可以设置字体颜色、大小等，如图 10-1-11 所示。

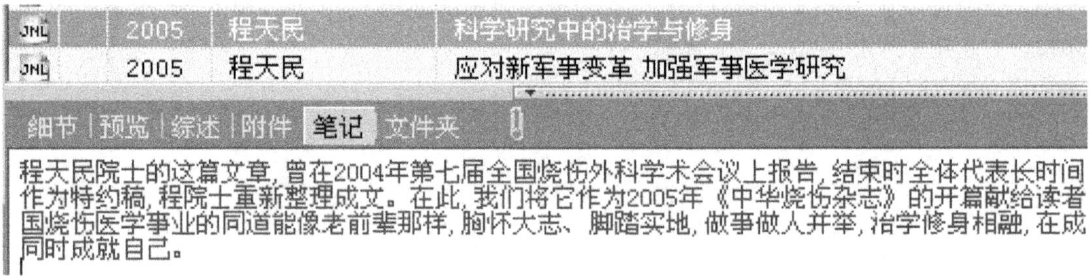

图 10-1-11　添加笔记

2. 将笔记链接到题录　选中一条笔记，点击右键，选择菜单【链接到题录】，在弹出的题录列表中选择某条题录，点击【确定】按钮。

（八）查看期刊影响因子数据及其趋势图

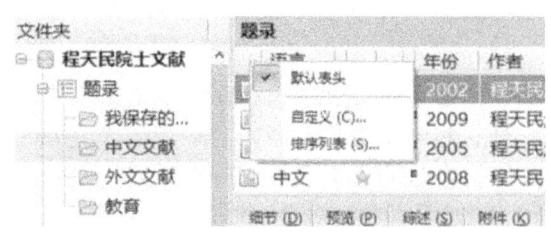

图 10-1-12　自定义题录的表头界面

NoteExpress 在 V3.0.4.6640 版本后添加了影响因子以及收录范围字段，题录数据在导入 NoteExpress 后会自动根据内置的期刊管理器内容自动产生题录期刊的影响因子以及收录范围，但这两个字段并非 NoteExprss 安装时的默认表头内容，所以需要用户自行添加，操作方法如下：

选中某一题录文件夹，在题录信息框中的表头处点击鼠标右键，并在弹出的框中选择"自定义"，如图 10-1-12 所示。

在显示的字段栏中选中"影响因子"和"收录范围"，点击"添加"按钮，并点击"确定"按钮，如图 10-1-13 所示。

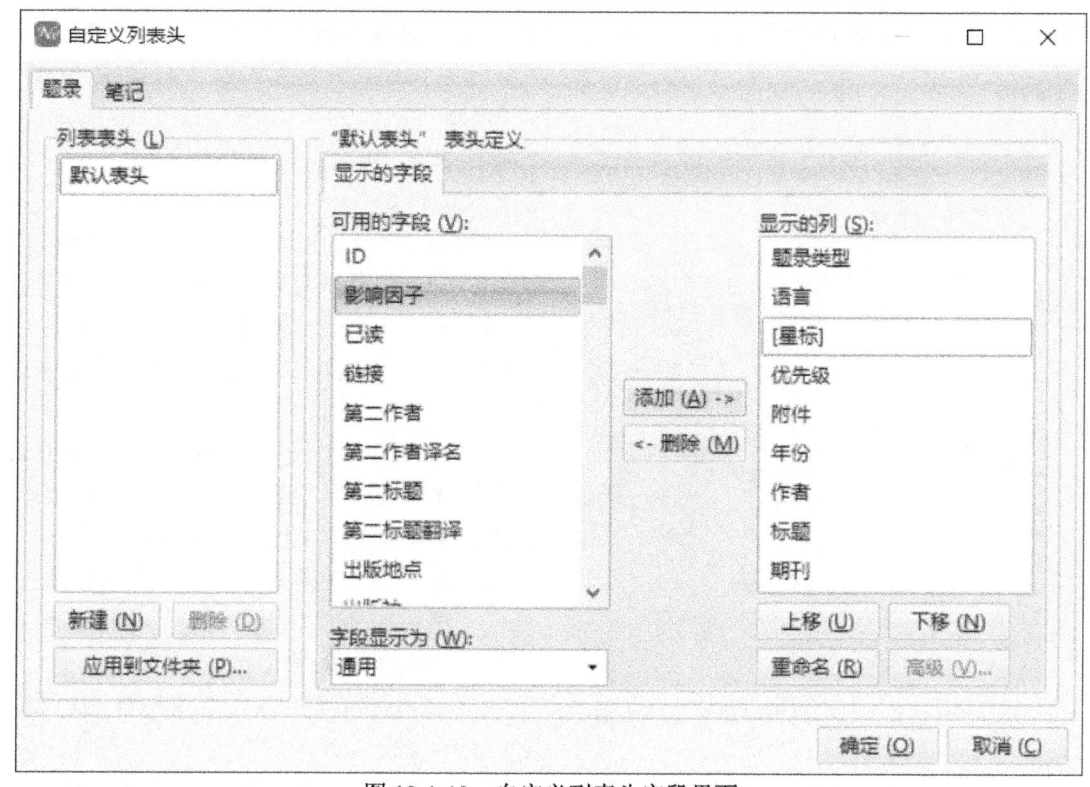

图 10-1-13　自定义列表头字段界面

需注意的是，不同的文件夹可以使用不同的表头，而且题录与笔记的表头均可增删或自行定义。

此外，系统还提供了期刊近 5 年的影响因子趋势图，并在影响因子趋势图中显示了该期刊收录范围。查看时先选择要查看的期刊题录，点击"细节"栏左下角的"影响因子趋势图"图标（图 10-1-14），即可显示该期刊的影响因子趋势图，如图 10-1-15 所示。

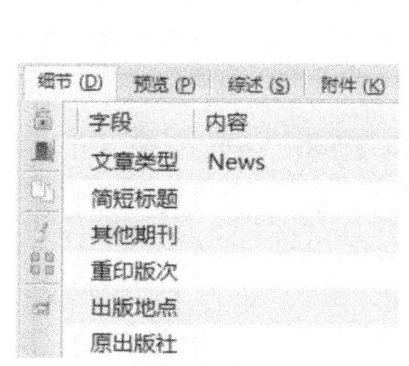

图 10-1-14　期刊影响因子趋势图操作界面

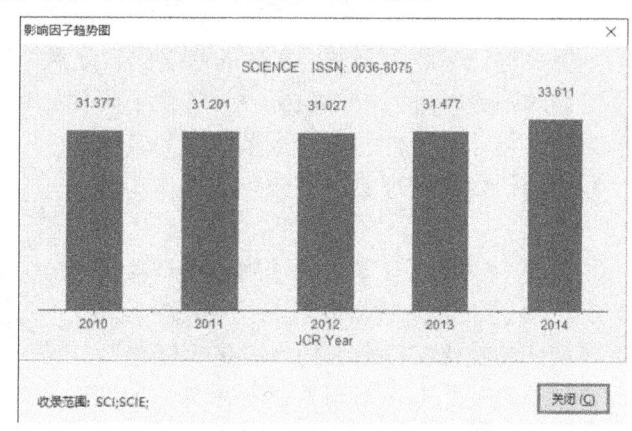

图 10-1-15　期刊影响因子趋势图显示界面

（九）批量编辑或替换题录数据

NoteExpress 提供了批量编辑及替换题录数据的功能。单击"工具"菜单下的"批量编辑"或者"批量替换"子菜单，就会弹出"批量替换与编辑"窗口。此窗口下有两个标签按钮，分别是"查找与替换（D）"和"编辑字段（E）"（如图10-1-16所示），"编辑字段（E）"可对指定的单一字段进行批量编辑。

NoteExpress3.0版本提供了11种字段内容批量编辑方式，用户可以很容易地根据各项提示进行批量编辑操作，其最典型的应用是批量修改"语言"字段的内容。其操作步骤如下：

1. 在"编辑字段"页面中选择"待编辑字段"为"语言"，在"对字段内容的操作"栏中选择"将整个字段替换为文本"。

2. 后在输入框里输入"中文"或其他。

3. 然后单击"修改全部"，这样就实现了语言字段的批量编辑。

NoteExpress还提供了查找与替换功能，与上述操作类似。

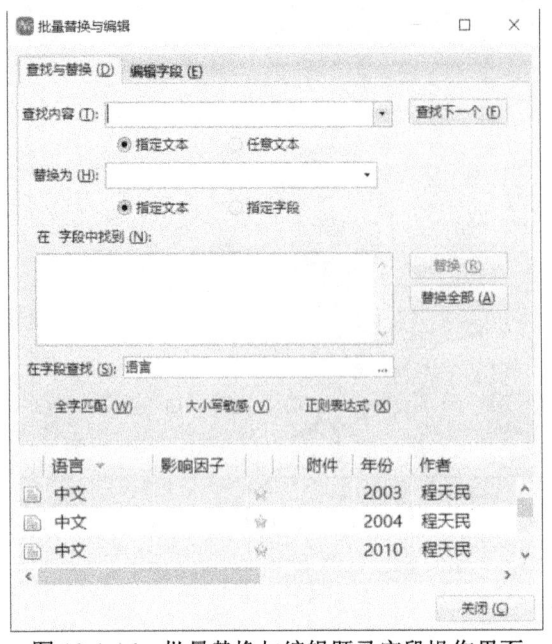

图10-1-16　批量替换与编辑题录字段操作界面

需要注意的是，进行批量编辑时，首先要选择进行批量操作的字段。同一字段在不同的题录类型下名称不同，此时，您可以根据不同的题录类型选择相应的字段。NoteExpress不会自动识别某种题录类型而单独对其进行批量编辑，如果只想对某一题录类型进行批量编辑，需要预先把相应类型的题录链接到一个新建的临时文件夹，然后在此临时文件夹下进行批量编辑。

（十）附件文件的批量重命名

用户自己下载的全文，文件的命名比较随意，给后期的文献管理及使用带来不便，若手工修改则费时费力，NoteExpress提供了附件文件的批量重命名功能。可使用批量重命名的方法，将这些附件的名称批量修改为某一字段值，使附件管理更加高效。其操作步骤如下：

1. 选择菜单【工具】→【附件管理器】。

2. 在打开的对话框中，选择来源字段，系统默认的链接文件命名的字段是"标题"，即使用题录的标题名对附件进行命名，如图10-1-17所示。若一条题录只链接了一个文件，系统只修改文件名，不添加序号；而对于一条题录有多个链接文件的，系统将自动在对其使用题录标题命名的同时添加序号以示区别。点击"开始"按钮即可完成，命名

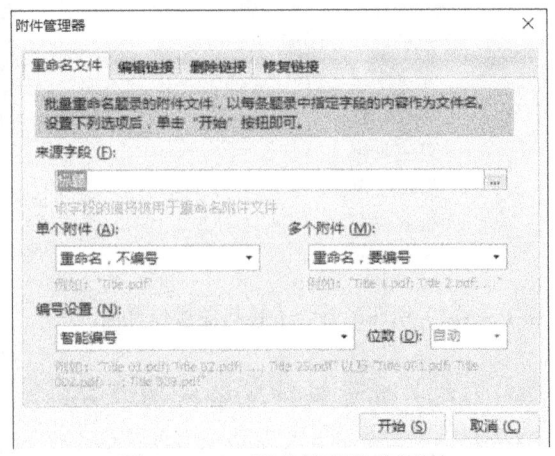

图10-1-17　附件管理操作界面

成功后有信息提示。

四、论 文 撰 写

对文献进行有效的管理，是为了更好地利用。NoteExpress 利用其内置的写作插件可以帮助用户在写作时便捷地引用和标注参考文献，还可按照国内外数千种期刊、学位论文及国家、协会标准的参考文献格式模板进行排版输出，自动生成校对报告等，从而提升论文写作效率。

用户在完成 NoteExpress 的安装后，如果计算机上有 Word 或 WPS 文字编辑软件（NoteExpress3.0 支持 Word2007 及以上版本或 WPS 的多个版本），系统则会自动安装一个插件，打开 Word 或 WPS 后，可以看到如图 10-1-18 所示的工具栏。

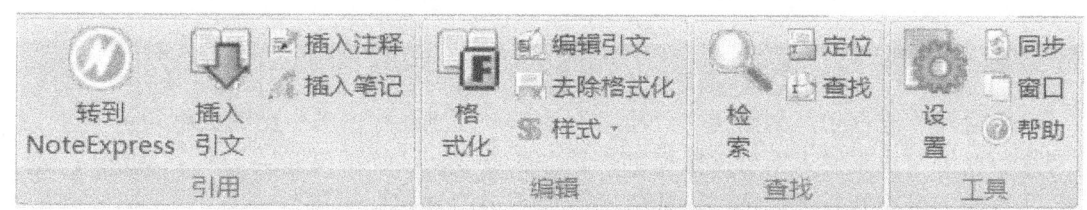

图 10-1-18　Word2007 工具栏

若 Word 工具栏上未发现上述工具栏，或系统重装了 OFFICE 系统，可通过打开 NoteExpress 菜单【工具】→【选项】的"扩展"页面，点击"Word 插件"标签中的"安装"按钮，重新安装 NoteExpress 的 Word 插件。WPS 插件的安装类似，不再赘述。

在论文撰写过程中，该插件的使用方法如下：

（一）插入引文

1. 打开 Word 文档，将鼠标定位到需要插入参考文献的文字处。
2. 选择 Word 工具栏上的"切换到 NoteExpress"按钮，打开 NoteExpress。
3. 在 NoteExpress 主界面的选中"题录"文件夹，然后单击选中右侧题录列表中的某条题录。
4. 回到 Word 界面，点击 Word 工具栏中的"插入引文"按钮。
5. 如需要可重复上述步骤 3-4 的操作，直到完成引文工作。

（二）插入笔记

若在写作过程中需要插入自己之前的笔记，则需首先在 NoteExpress 系统中选中包含笔记的题录，然后光标回到 Word 中插入处，点击插入笔记即可。需注意的是，笔记的插入不会产生参考引文。

（三）插入注释

一般情况下，期刊论文会采用尾注的方式来列出参考文献，但有时也会同时用到脚注。这时即可利用插入注释这一功能来实现。首先需确认采用的输出样式是否已开启脚注功能。启用方法就是打开"样式管理器"，找到需要的样式，双击打开后，点击"注释",在右侧勾选"生成注释列表",然后在需要的地方点击"插入注释"即可生成脚注了。如果希望所有参考文献采用脚注方式标注,则需在 NoteExpress 中打开"样式管理器",找到需要的样式,并在树形结构中找到"脚注",然后在右侧确认选中"生成脚注而非尾注"。

(四)编辑引文

在 Word 中插入引文后,若发现引文信息需要修改,此时可将光标移动到引文标记后,再点击"编辑引文"按钮,系统会弹出一个新的窗口,在这里可以编辑所引用的参考文献题录信息,并可根据需要添加引文的前缀和后缀。选中所需编辑的参考文献题录信息后,再点击"编辑"按钮即可实现引文的编辑。在窗口中还可以设置引用页码、前缀、后缀等信息。

(五)检索

在论文写作过程中可利用引文"检索"功能来快速查找所需引用的文献题录。对于拥有较多数据的用户来说本地引文数据的检索非常重要,系统不仅提供了多字段选择,还可进行二次检索及检索范围的选择,检索界面如图 10-1-19 所示。

(六)定位与查找

在论文写作过程中可定位与查找引文。如引文标记上点击鼠标,然后点击"定位"按钮,系统会自动将光标移动到参考文献列表中的该引文记录处。若在引文标记点击鼠标,再点击"查找"按钮,系统则会在论文正文中查找出引用了该引文的下一处文字,可连续点击"查找"按钮进行查找。

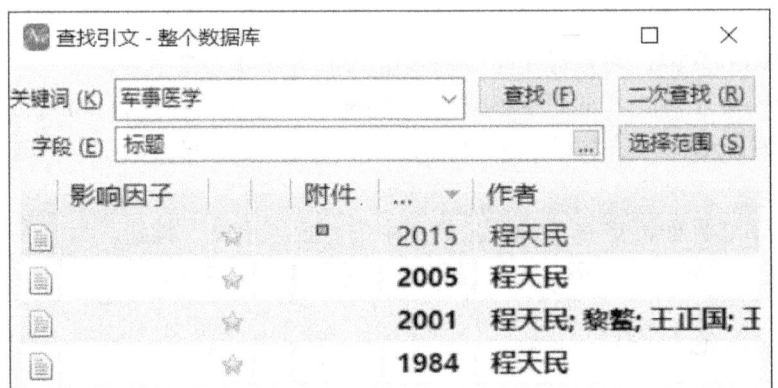

图 10-1-19 引文检索界面

(七)输出最终文本

当修改好稿件并准备投稿时,应该去除文件中有关的 NoteExpress 专用标记,将它们全部转化为 Word 格式。这时用户应该根据投稿意向,规范参考文献格式,然后输出最终文稿。其步骤如下:

1. 格式化参考文献　点击 Word 工具栏上的"格式化参考文献"按钮，在"格式"窗口中点击"浏览"按钮，如列表中有希望投稿的期刊，直接选择，点击"确定"按钮即可自动完成引文的格式化操作。NoteExpress 内置了 1,000 多种国内外著名学术期刊的格式供选择。如果仍不能满足需求，用户可自己编辑输出样式，让参考文献的文中标引和文末参考文献列表按照自己需要的方式生成。通过 NoteExpress 的菜单【工具】→【样式】→【编辑当前样式】进行即可。不过最好在相近的某一种期刊输出格式的基础上进行编辑，这样可收事半功倍之效。编辑完成后保存，再进行参考文献的格式化。还可以在 Word 插件的"设置"按钮中，启动实时格式化功能，如图 10-1-20 所示。这样用户插入文中标引后，NoteExpress 可以当即在文章末尾生成格式化的参考文献列表。

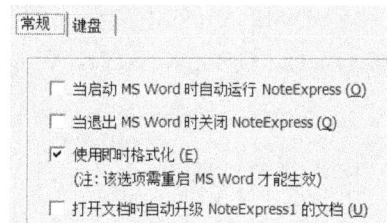

图 10-1-20　格式化参考文献

2. "去除格式化"操作　点击"去除格式化"图标，界面会出现两个按钮，即"去除格式化"和"清除域代码"。如想隐藏引文的详细信息，并移除参考文献列表，只需点击"去除格式化"按钮即可。如果是投稿前的最后格式化处理，需要将 NoteExpress 的所有标记全部清除转换，点击"清除域代码"按钮即可。但需注意的是，由于该操作不可逆，建议在操作此步骤前最好先保存一个完整的 Word 文件备份，以备下次修改。

练　习　题

1. 新建个人数据库，并利用其"在线检索"功能在 PubMed 及 EMBASE 数据库中检索有关阿司匹林诱发哮喘的研究文献，将其题录信息保存到个人数据库中，查找并删除其中重复的题录。

2. 在个人数据库中的题录里创建一个名为"中文文献"的文件夹，并将中国生物医学文献数据库中的检索结果导入到该文件夹内，并利用 NoteExpress 的"下载全文"功能在"CNKI_中国知网"数据库中尝试下载其中的 3 篇文献。

3. 在 Word 文档中插入多条引文，并按照中华人民共和国国家标准文后参考文献著录规则（GBT_7714-2005）的要求格式化参考文献。

第二节　EndNote

一、EndNote 简介

EndNote 是美国 Thomson Reuters 公司开发的一款文献管理软件，它通过将不同来源的文献资料下载到本地，建立本地数据库，可以方便地实现对文献信息的管理和使用，同时，在撰写论文、报告或书籍时，EndNote 可以非常方便地编排参考文献格式，以需要的格式输出。本文以当前最新版本 EndNote X7 为例，介绍其使用方法。

EndNote 的官方网站是 http://www.endnote.com，通过该网站不仅可以了解 EndNote 各方面的情况，而且还可获得各种相关支持，诸如下载最新的链接文件（Connections）、过滤器文件（Filters）、输出格式文件（Styles）和论文模板文件（Templates）等。

EndNote X7 的默认安装路径是在"C:\Program Files\EndNote X7\"目录下,新建数据库文件的默认文件名为"My EndNote Library.enl",这时不但生成一个名为"My EndNote Library.enl"的文件,同时会生成一个同名"My EndNote Library.Data"文件夹。需要注意的是,这个文件和同名文件夹是相关联的,必须在同一个目录下,否则会导致.enl 文件不能使用。这一点在资料备份时要尤其注意。

二、EndNote X7 主界面

EndNote X7 的主界面(如图 10-2-1 所示)除了最上面的菜单栏(包括 File、Edit、References、Groups、Tools、Window、Help)和各种快捷按钮外,主要包括以下 4 个部分。

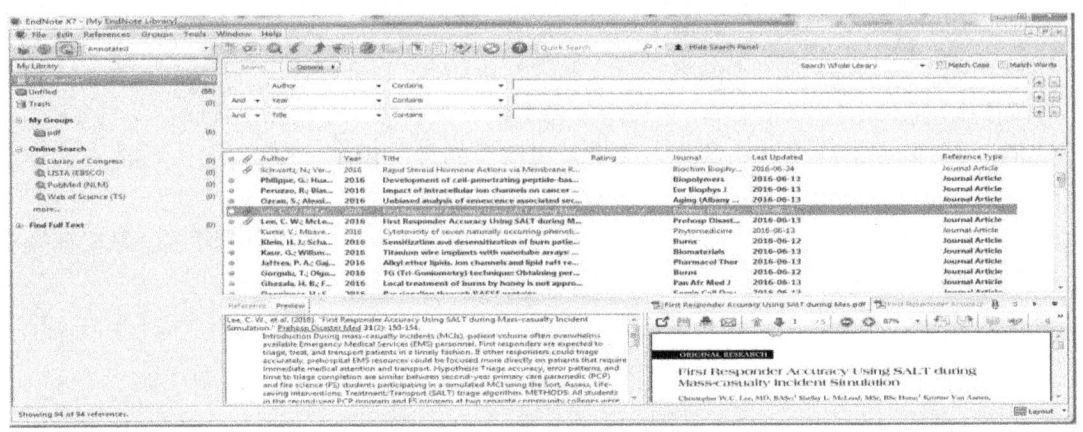

图 10-2-1　EndNote X7 主界面

1. 界面左侧是"分组管理及在线检索"窗口　可对导入的文献信息进行分组管理,同时也可对 PubMed、Web of Science 等常用数据库进行在线检索,当然,有些数据库需要有使用权限,否则无法在线检索。

2. 界面上端是"检索"窗口　不仅可以进行本地和远程检索,还可以保存检索策略,以便下次检索使用。

3. 中间是"文献记录显示"窗口　其中的每一行表示一条具体的文献记录,用鼠标双击某一条记录就可以显示该记录的详细信息,并且可以进行编辑。EndNote X7 中一般的设定会被及时保存,设定完毕或输入完毕,点击右上角的"关闭"即可。

4. 界面下端是"文献信息编辑与预览、全文导入/预览/批注"窗口　可对一条具体的文献记录进行编辑与预览,也可导入 pdf 全文,同时对 pdf 全文进行批注。

三、数据库的建立

数据库建立是文献管理及应用的基础。建立数据库就是将不同来源的相关资料存放到一个文件中,汇聚成一个数据库文件,同时剔除来源不同的重复文献信息,便于分析、管理和应用。

EndNote X7 建立数据库的方式主要有 4 种:手动添加、在线检索、网站输出、格式转换。

(一)手动添加建立数据库

手动添加主要针对文献数量较少、无法直接从网上下载等情况。首先点击"File→New",选择文件保存地址并输入文件名,点击"保存"按钮,新建的数据库文件如图 10-2-2 所示。

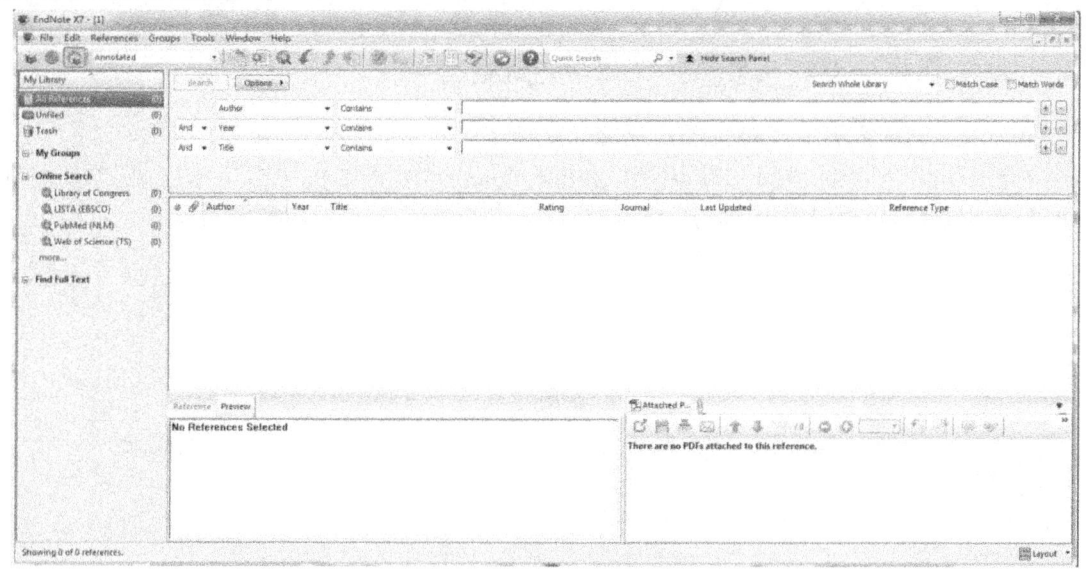

图 10-2-2　新建数据库文件窗口

在图 10-2-2 所示的界面中,在"References"菜单下点击"New Reference"或者直接点击带有绿色加号的快捷图标,出现的"New References"界面如图 10-2-3 所示。

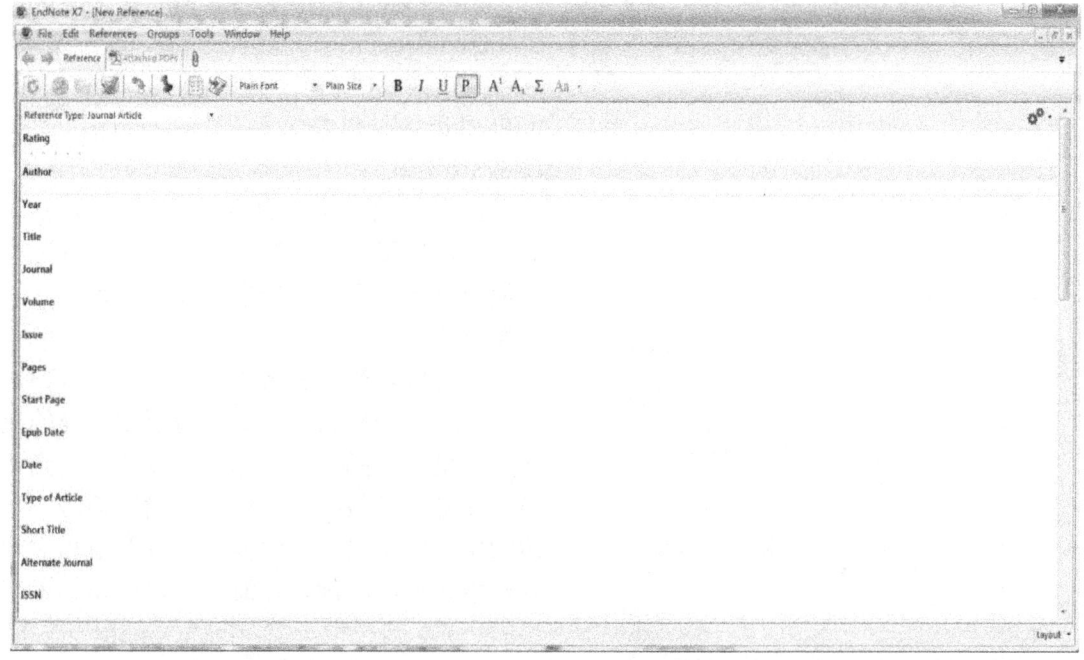

图 10-2-3　新建参考文献窗口

在图 10-2-3 所示的界面中,首先从"Reference Type"的下拉菜单中选择适当的文献类型，默认为"Journal Article"，然后按照已经设好的字段填入相应的信息即可。并不是所有的字段都需要填写，可以只填写必要的信息，输入完毕，即可建立一条新的参考文献记录。

注意：因为各个国家人名的表示差异较大，人名的位置必须一个人名填一行，否则软件无法区分是一个人还是多个人名。关键词的位置也一样，要求一个关键词一行。

（二）在线检索建立数据库（以 PubMed 为例）

第一步：选择需要在线检索的数据库

在图 10-2-2 所示的界面左侧点击"Online Search"中的"PubMed（NLM）"，即可出现在线检索界面，如图 10-2-4 所示。

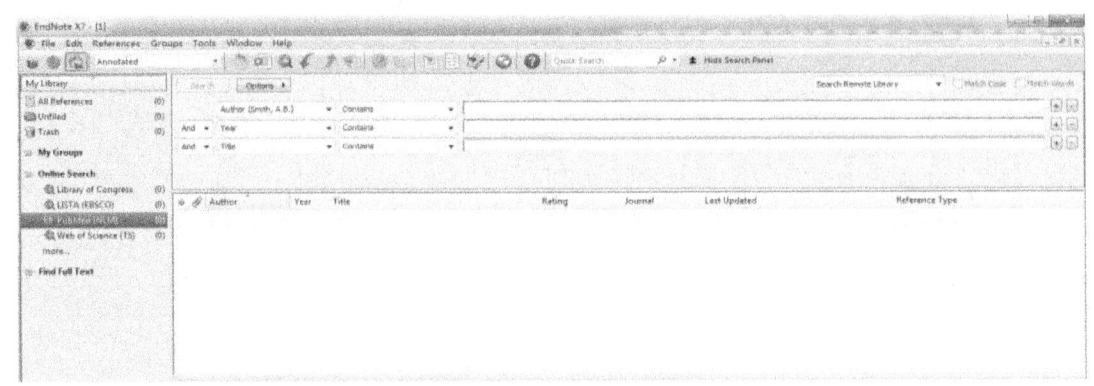

图 10-2-4　在线检索界面

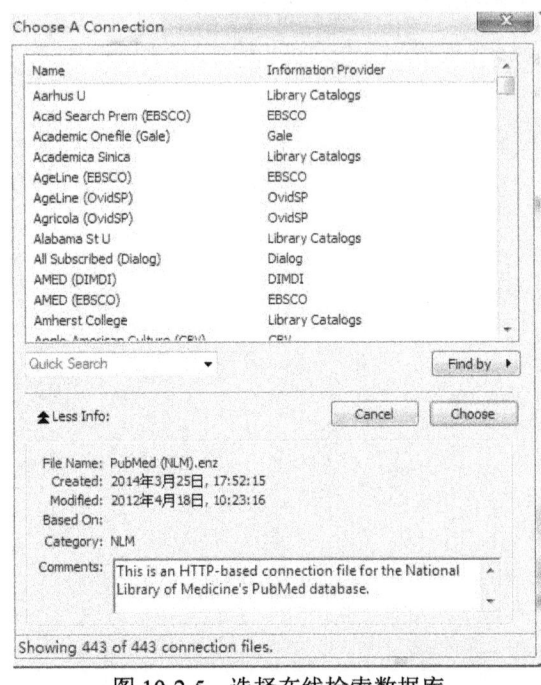

图 10-2-5　选择在线检索数据库

如果需要远程检索的数据库并未出现在"Online Search"中，则点击"More..."链接，或者点击菜单"Tools→Online Search"，都可出现选择在线检索数据库的界面，如图 10-2-5 所示。

在图 10-2-4 所示的界面中，输入待检索的内容，选择相应的逻辑关系，此时就可以方便地进行检索了。检索时注意检索词之间的逻辑关系。

点击检索窗口右侧的"+"、"-"符号，可增加或减少检索行。如果需要用同样的检索条件检索不同的数据库，可以储存检索策略，在检索其他数据库时简单调用即可。当检索条件特别复杂的时候，可以节省每次输入检索条件的时间，还避免了可能误输入产生的错误。点击检索窗口的"Options"按钮，点击"Save Search"即可存储检索策略。

在图 10-2-4 所示的 PubMed 检索框中，输入检索词，点击 Search，将会返回如图 10-2-6 所示的检索结果。

如图 10-2-6 所示，共检索到 605 条符合条件的记录，点击 OK 即可全部下载。在图 10-2-6 的两个方框中也可以对数字进行修改，如将 605 改为 10，将只下载前 10 条文献记录。检索到的文献按时间顺序依次排列，排在前面的为较新的文献。

点击"OK"，出现导入检索结果界面，如图 10-2-7 所示。

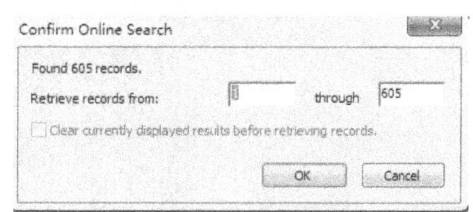

图 10-2-6 在线检索结果

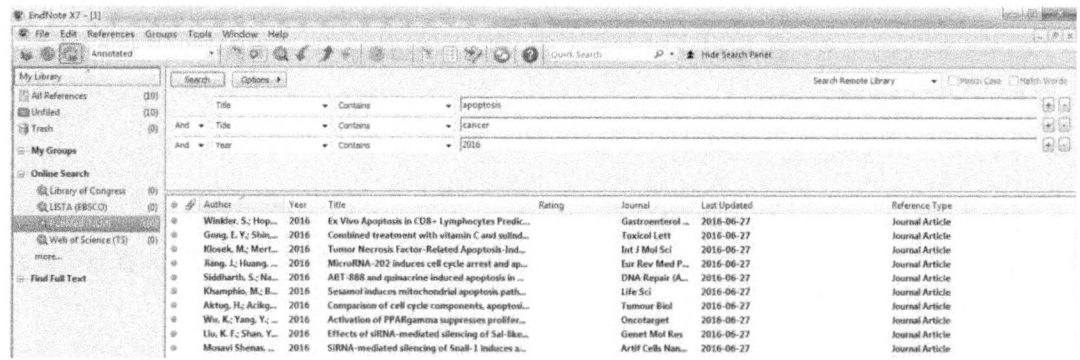

图 10-2-7 导入检索结果界面

（三）网站输出建立数据库

目前有很多网上的数据库都提供直接输出文献到文献管理软件的功能，如 Web of Science、EI、Science Direct 等，下面以 Web of Science 为例加以说明。Web of Science 的检索结果，如图 10-2-8 所示。

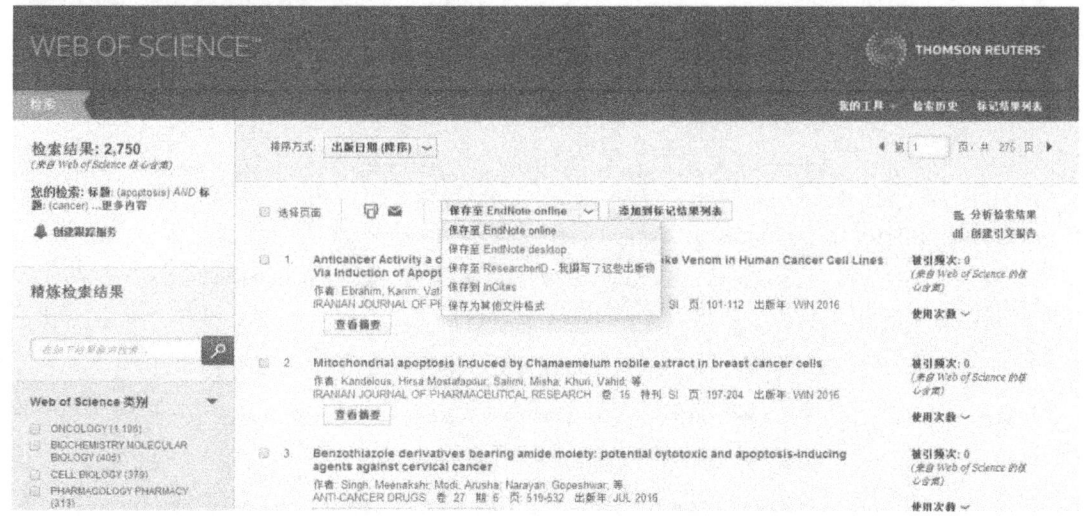

图 10-2-8 Web of Science 检索结果

在如图 10-2-8 所示的界面，点击"保存至 Endnote Desktop"，弹出如图 10-2-9 所示的窗口。

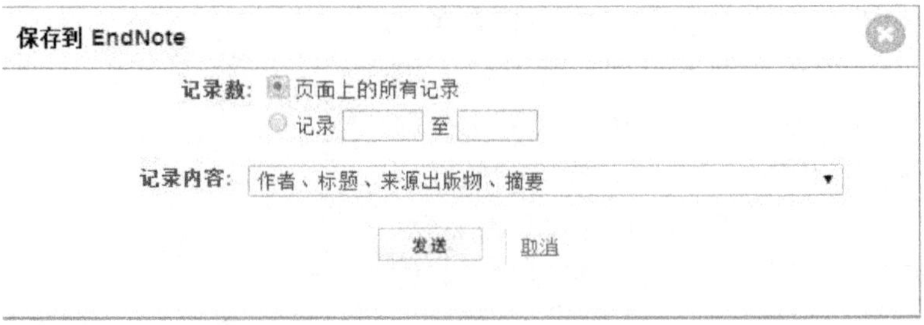

图 10-2-9　保存到 Endnote 窗口

选择要输出的记录范围和记录格式,点击"发送"按钮,即可将 Web of Science 的检索结果导入到 Endnote 中。

(四)格式转换建立数据库

这种方式是指通过格式转换把资料保存为文本文件,然后导入到 EndNote 中。目前,CNKI、万方、维普数据库都可以支持 EndNote 格式。下面以 CNKI 数据库(http://www.cnki.net)为例进行说明。

CNKI 文献格式的转换方法如下:

1. 检索 CNKI 数据库获得检索结果,选择所需要的结果,点击"导出/参考文献"按钮,出现如图 10-2-10 所示的页面。

选择"EndNote",出现如图 10-2-11 所示的页面,点击"导出"按钮,将检索结果保存为文本文件 CNKI.txt。

图 10-2-10　CNKI 引文格式的检索结果

图 10-2-11 Endnote 格式的检索结果

2. 在 EndNote X7 主程序界面，点击"File→Import"，选择要导入的文本文件 NCKI，点击"Import"即可将文献全部导入到 EndNote X7 数据库中。整个过程如图 10-2-12 所示。

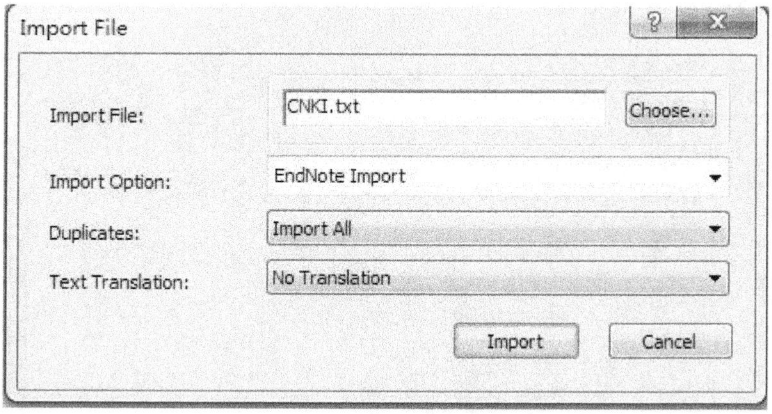

图 10-2-12 导入设置窗口

最终的导入结果如图 10-2-13 所示。

除了导入文本文件外，EndNote X7 还可以导入单篇 PDF 全文（图 10-2-14）和 PDF 文件夹及子文件夹，如图 10-2-15 所示。

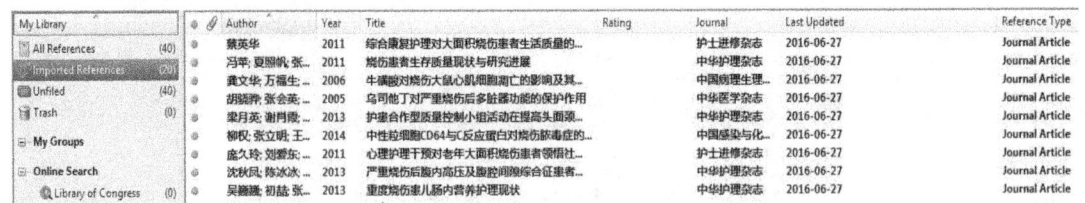

图 10-2-13　导入文献结果

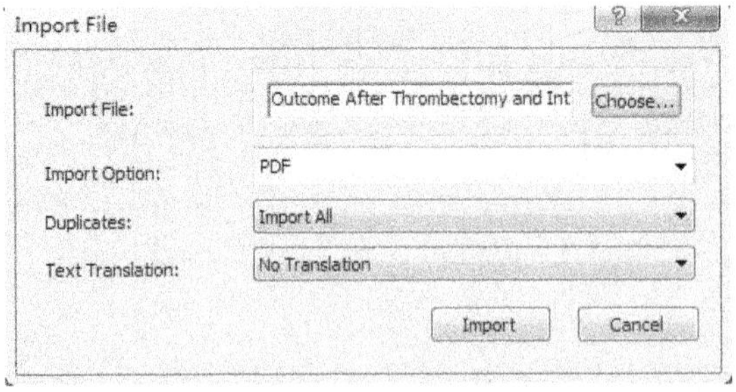

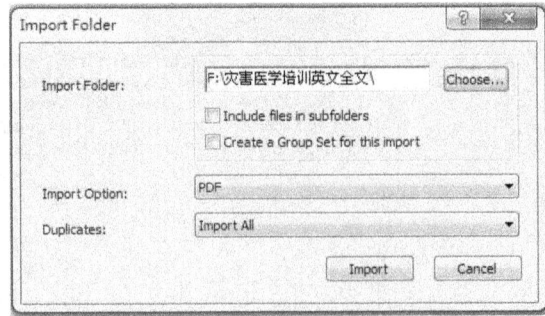

图 10-2-14　导入单篇 PDF 全文　　　　图 10-2-15　导入 PDF 文件夹

导入后能够查看和批注 PDF 文件。

四、数据库的管理

（一）文献排序（Sort Library）

点击"Tools→Library…"即可打开文献排序窗口，如图 10-2-16 所示。

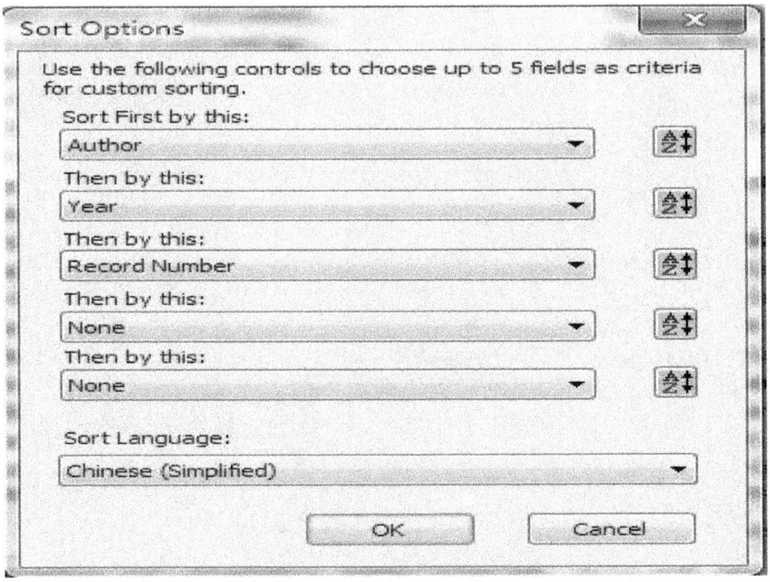

图 10-2-16　文献排序窗口

在如图 10-2-16 所示的界面中，可以选择多个不同的字段对数据库的文献进行升序或降序排列，同时还可以选择排序的语言。当然，我们也可在主界面中直接点击不同的字段进行排序，如单击"Author"，数据库就会按 Author 进行升序或降序排列，再单击一次，次序会反过来。单击"Title"或"Journal"等字段效果一样。

（二）文献查重（Find Duplicates）

在导入文献时，由于文献可能来自不同的数据库，因此就可能存在同一篇文献被重复导入的问题，这时就必须对文献进行查重。点击"Refernces→Find Duplicates"即可打开文献查重窗口，如图 10-2-17 所示。

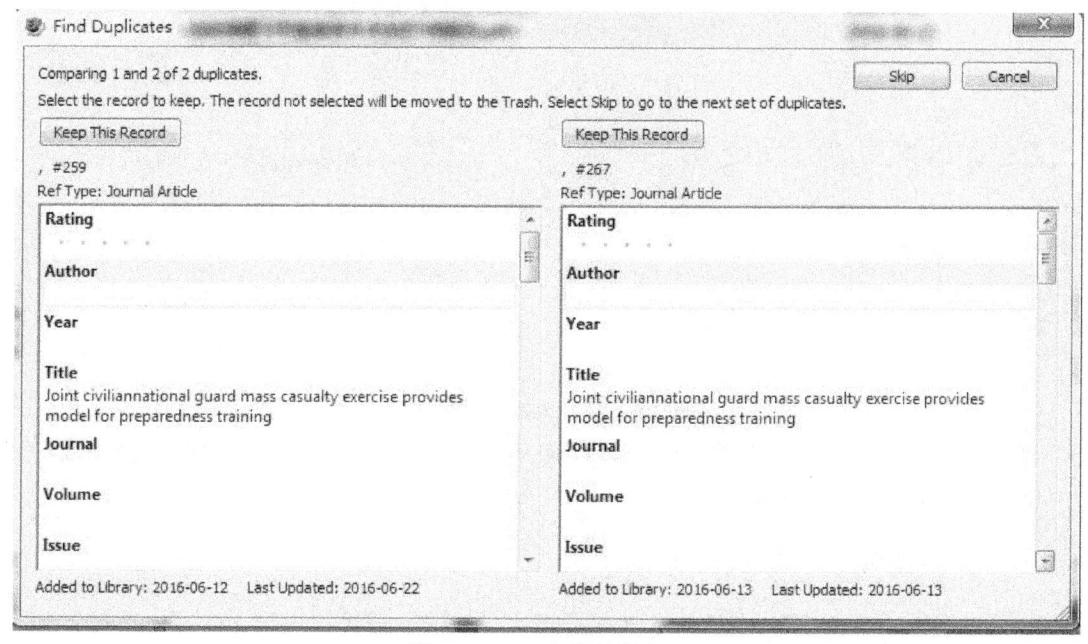

图 10-2-17　文献查重窗口

查重时，对于需要保留的文献，可以直接选择保存，也可修改后进行保存，而没有选择保存的文献直接删除到"Trash"当中。

如果有多篇重复的文献，在图 10-2-17 所示的界面中，单击"Cancel"按钮，对于所有重复的文献则高亮显示，如 10-2-18 所示，直接用键盘上的"Delete"删除。查重时，EndNote 默认将根据作者、出版年、标题等字段来判断文献是否重复。

图 10-2-18　删除多篇重复文献

（三）文献更新（Find Reference Updates）

我们经常下载到很多预发表的文献，当文献正式发表后，部分题录数据会有更新，这样就会产生数据重复和不一致。为此，EndNote 提供数据更新功能。单击"Refernces→Find Reference Updates…"或者右键菜单中单击"Find Reference Updates…"，即可打开文献更新窗口，如图 10-2-19 所示。

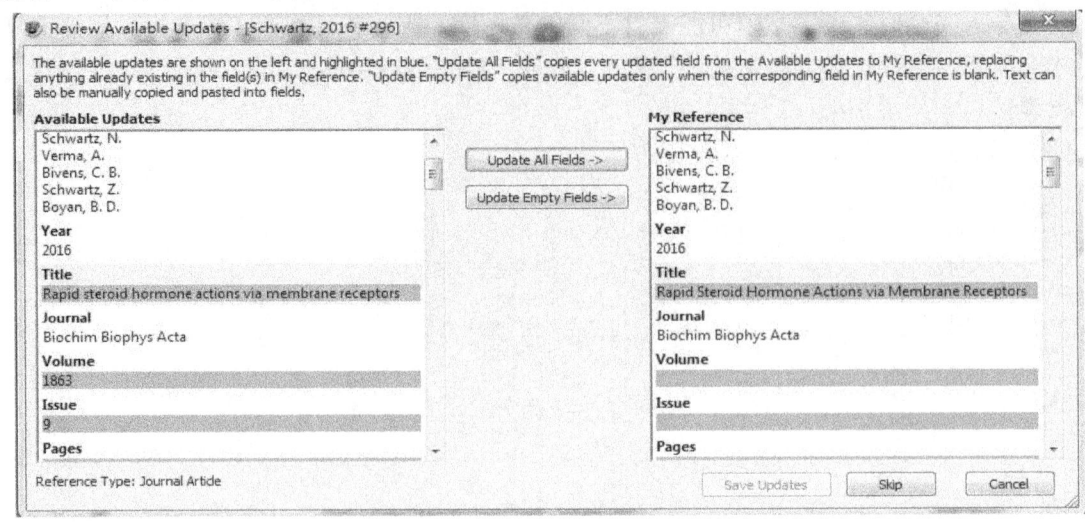

图 10-2-19　文献更新窗口

窗口的右侧是需要被更新的文献，可以选择更新所有字段，也可只更新空白字段，然后点击"Save Updates"即可。

（四）群组管理（Groups）

以类似于建立文件夹和子文件夹的方式来对文献进行分类管理。EedNote X7 可以建立多个 Group Set，然后可以在每个 Group Set 里建立 Group（自定群组）或 Smart Group（智能群组），可以通过拖拽的方式在不同 Group Set 间移动 Group。自定群组是指按照个人的需要所设置的群组分类，利用该功能可将文献按不同的标准建立多个 Group；而智能群组是指基于搜索而自动整合、产生的群组，也就是说，我们可以设定某种限定条件，利用该功能将符合条件的文献自动加入到某个智能群组中。

点击"Groups→Create Smart Group"，即可打开建立 Smart Group 的窗口，如图 10-2-20 所示。

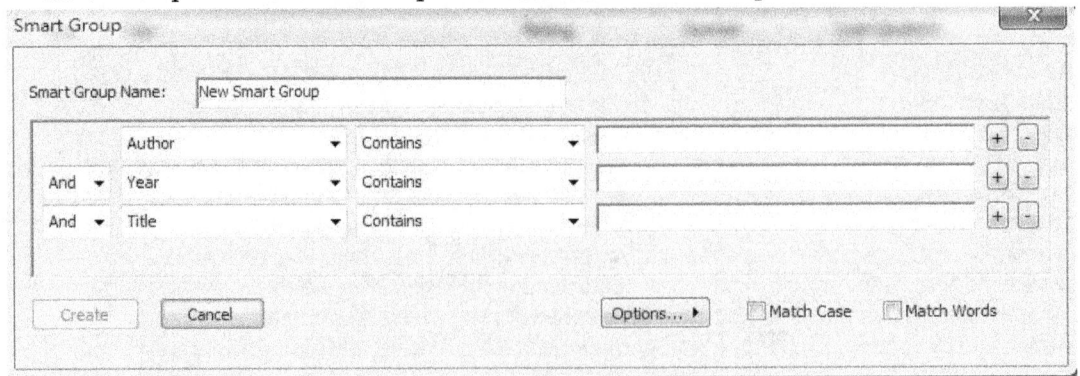

图 10-2-20　建立智能群组窗口

（五）附件管理

EndNote X7 中涉及的附件包括 PDF、图片、Word 文档、网页、表格等，如图 10-2-21 所示。

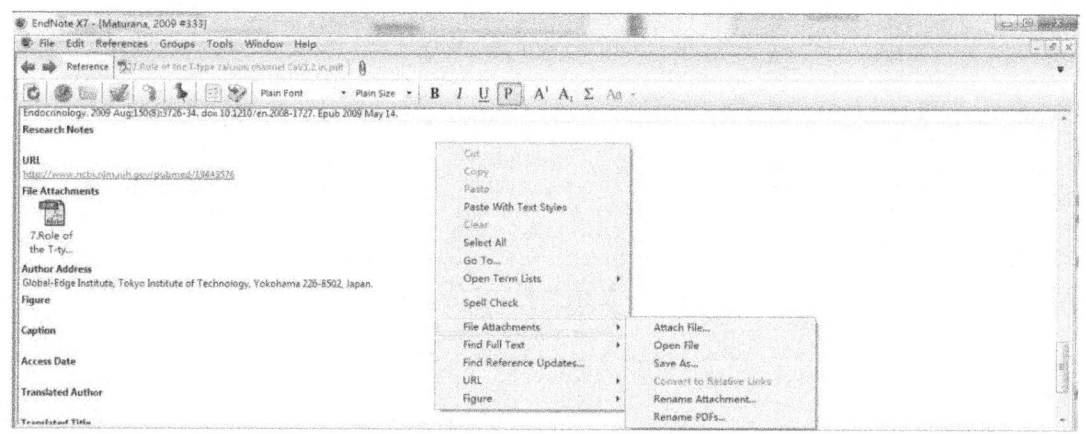

图 10-2-21　附件管理

在如图 10-2-21 所示的界面，点击鼠标右键，然后通过"File Attachments→Attach File…"可添加 PDF 附件，也可以通过拷贝粘贴或者直接拖曳的方式添加。注意这里可添加的附件并不局限于 PDF 文件，可以是图片或其他文件等。

如果是图片，也可以点击鼠标右键，通过"Figure－AttachFigure…"的方式添加。

五、数据库的应用

（一）如何利用数据库来撰写论文

EndNote 最重要的功能之一是在撰写论文或书籍时，可以自动插入、编排文献格式，即所谓的"边撰写边引用（Cite While You Write）"简称 CWYW。在使用 Word 或 WPS 撰写论文时，使用 EndNote 的 CWYW 功能可以轻松地引用参考文献，插入图表，选择符合投稿要求的参考文献格式。这里以 Word2007 为例说明 EndNote 的操作。

一旦 EndNote X7 安装成功，在 Word 窗口上端会自动出现 EndNote X7 工具栏，如图 10-2-22 所示。

图 10-2-22　EndNote X7 工具栏

1. 插入参考文献

（1）第一种方式：打开 EndNote 数据库，在 Word 中将鼠标指向需要插入文献的位置，然后点击"Insert Citation"，将会出现"Find & Insert My References"对话框，输入检索词进行查找，结果如图 10-2-23 所示。

选择具体的文献后点击"Insert"即可。选定的文献既可以是一篇，也可以选定多篇文献进行插入。插入后的结果如图 10-2-24 所示。

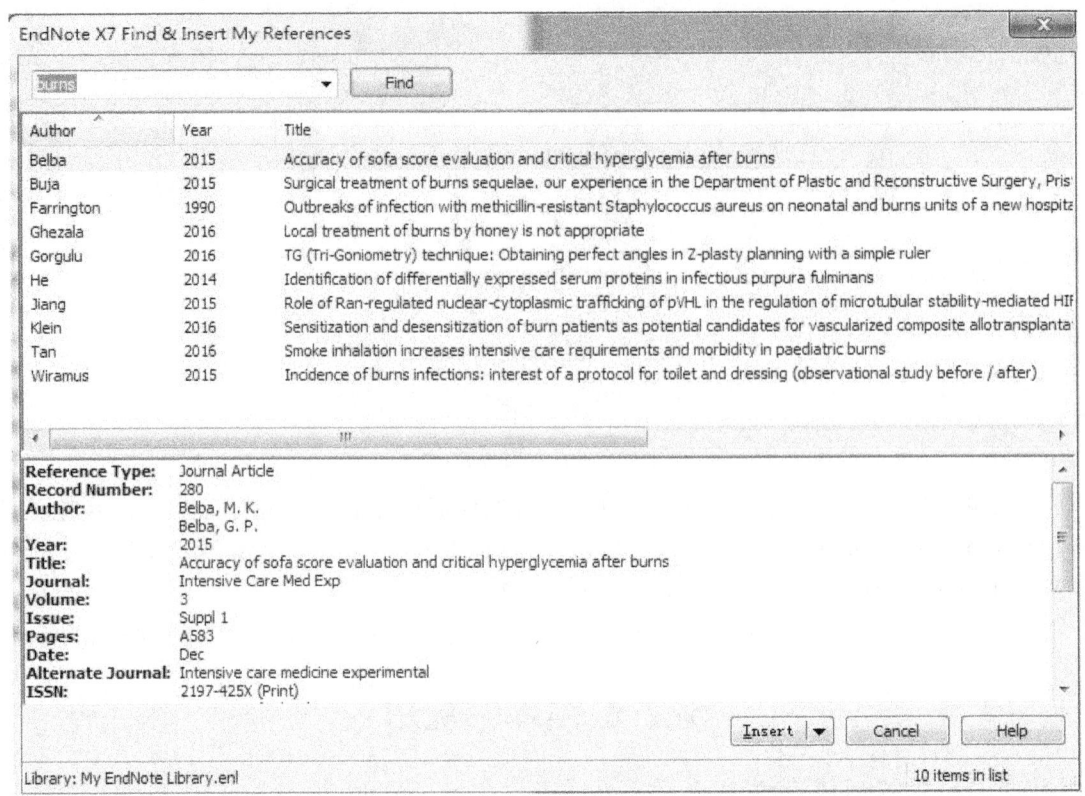

图 10-2-23　查找参考文献结果

clamp technique by its sensitivity to nickel, and a concomitant acceleration of the myocyte spontaneous contractions. Silencing Ca(V)3.2 expression markedly reduced the chronotropic response to steroids. Moreover, modulation of the frequency of cell contractions by different redox agents was independent of channel expression but involved a direct regulation of channel activity. Although oxidants increased both Ca(V)3.2 current amplitude and beating frequency, they decreased L-type channel activity. Reducing agents had the opposite effect on these parameters. In conclusion, the acceleration of ventricular myocyte spontaneous contractions induced by corticosteroids in vitro appears dependent on the expression of the Ca(V)3.2 T channel isoform and modulated by the redox potential of the cells. These results provide a molecular model that could explain the high incidence of arrhythmias observed in patients upon combination of inappropriate activation of the mineralocorticoid receptor and oxidative stress.[1-3]

1. Buja, Z., Arifi, H., Hoxha, E. & Duqi, S. Surgical treatment of burns sequelae. our experience in the Department of Plastic and Reconstructive Surgery, Pristina, Kosovo. *Annals of burns and fire disasters* **28**, 205-209 (2015).

2. Farrington, M., Ling, J., Ling, T. & French, G. Outbreaks of infection with methicillin-resistant Staphylococcus aureus on neonatal and burns units of a new hospital. *Epidemiology and infection* **105**, 215-228 (1990).

3. Ghezala, H.B. & Feriani, N. Local treatment of burns by honey is not appropriate. *The Pan African medical journal* **23**, 147 (2016).

图 10-2-24　插入参考文献结果

（2）第二种方式：在 Word 中将鼠标指向要插入文献的位置，然后点击"Go to EndNote"按钮，在打开的在 EndNote 数据库中，选择要插入的单篇或多篇文献，最后点击工具栏上对应的带红色箭头的快捷图标，即可将选择的文献插入 Word 中。

（3）第三种方式：Copy-Paste：在 EndNote 数据库中，选择要插入的文献，右键单击选择"Copy"按钮，回到 Word 文档中，右键单击要插入文献的位置，然后单击粘贴即可。

2. 格式化参考文献　插入的参考文献有可能不符合投稿期刊的格式要求，因此需要对其进行格式化编辑。在 EndNote 工具栏上点击"Style"下拉框，如下拉菜单中已有需要的期刊，直接选择后即可，如图 10-2-25 所示。否则，单击"Select Another Style…"查找并选择需要的期刊，点击"OK"，程序会自动进行格式化操作，如图 10-2-26 所示。

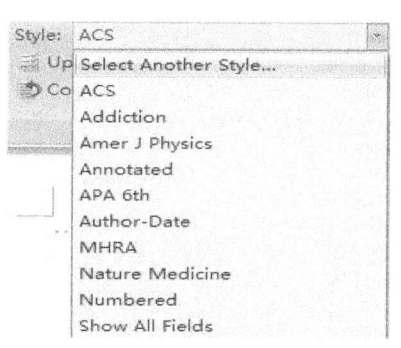

图 10-2-25　选择参考文献格式

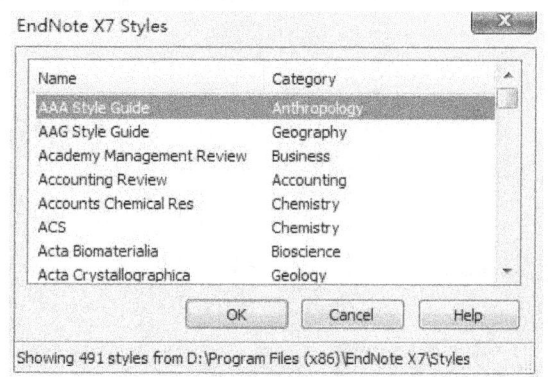

图 10-2-26　查找参考文献格式

另外一种方式是，在 Word2007 的 EndNote 工具栏上，"Bibliography"右下角有一个向右下的箭头，待所有参考文献插入完毕，点击这个箭头即可打开"Configure Bibliography"设置，如图 10-2-27 所示。

在"With Output"的下拉框选择合适的投稿期刊，如果在其中未找到需要的期刊，可点击"Browse…"按钮进行选择，点击"确定"，Word 文档中的参考文献就会按照选定的期刊格式自动进行格式化操作。

3. 去除域代码　如果论文已经撰写完毕准备投稿，投稿前杂志社通常要求去除论文中的 EndNote 域代码。在 EndNote 工具栏上，点击"Convert Citations and Bibliography"按钮，选择"Convert to Plain Text"即可。因为域代码清除以后无法恢复，建议保存未清除域代码的文件以备以后编辑使用。

（二）利用论文模板撰写论文

EndNote 除了提供 2,000 多种杂志的参考文献格式以外，还提供了 200 多种杂志的全文模板。如果向这些杂志投稿，可参照模板样式撰写论文。

下面以投稿《Nature Medicine》杂志为例，说明如何利用全文模板。

在 EndNote 主界面，点击"Tools→Manuscript Templates"，出现如图 10-2-28 所示的界面。

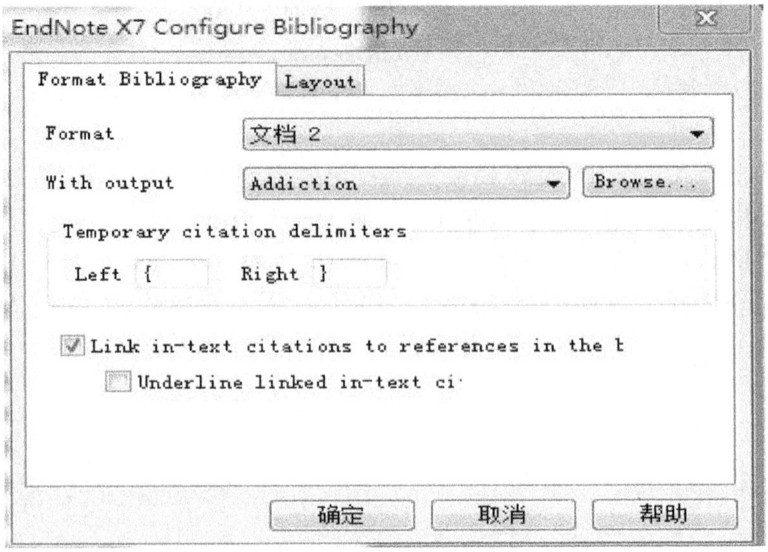

图 10-2-27　格式化参考文献

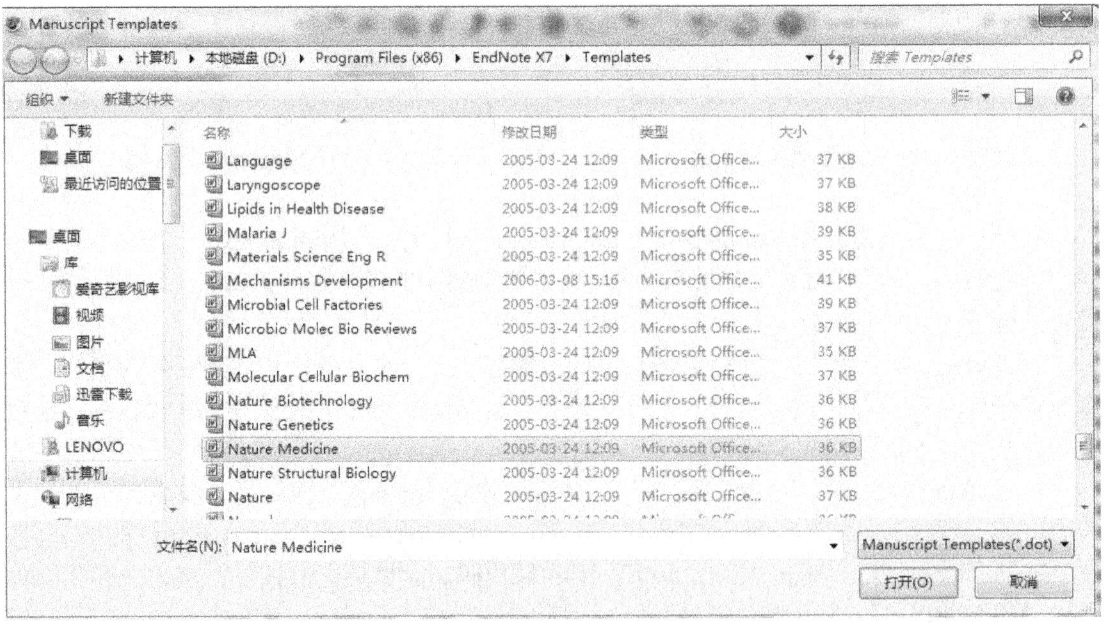

图 10-2-28　选择论文模板界面

在如图 10-2-28 所示的界面选择需要投稿的期刊，这里选"Nature Medicine"，点击打开按钮，即出现"Nature Medicine"的论文模板，如图 10-2-29 所示。

按照提示填写相关内容即可，最后自动生成一个 Word 文档，可以为模板撰写论文。

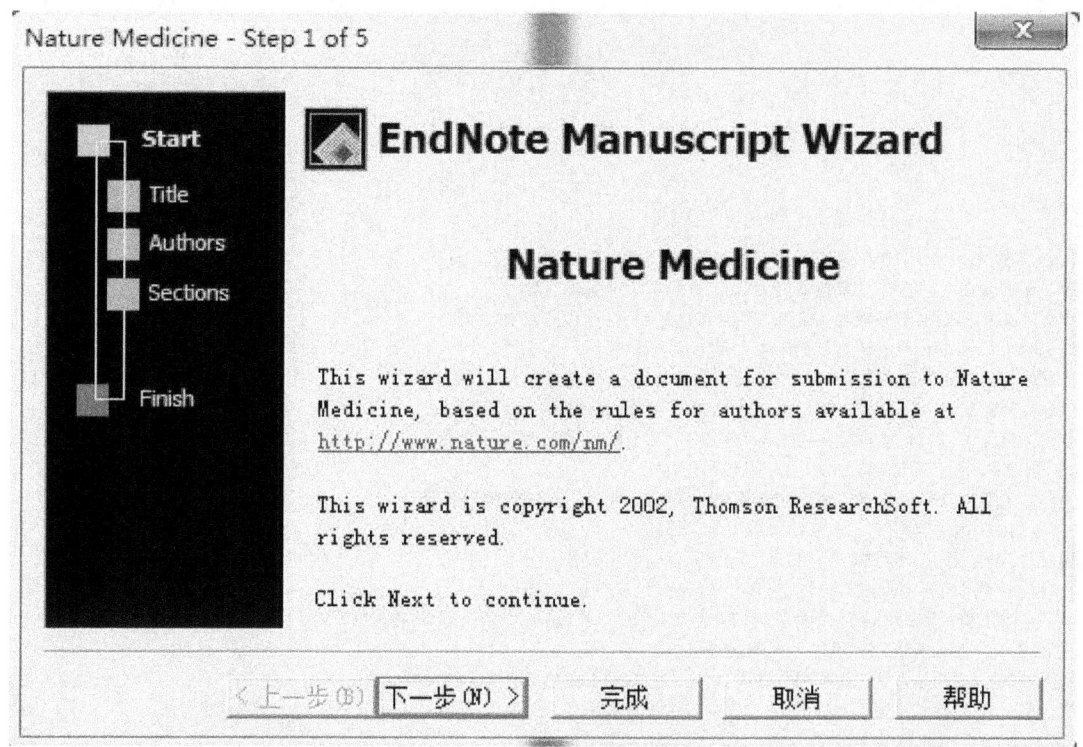

图 10-2-29　Nature 论文模板界面

练 习 题

1. 在 CNKI 中检索近 3 年有关大学生睡眠障碍的文献,并将其题录文摘信息导入到 EndNote 中。
2. 利用 EndNote 的在线检索功能,在 PubMed 中利用主题词检索有关艾滋病护理的相关文献,将前 20 条文献记录导入 EndNote 中。
3. 将收集到的部分 PDF 文件导入到 EndNote 中,并尝试更新其题录信息。

(何晓阳　徐成兵)

参考文献

一、专著

蔡莉静，陈晓毅.2009.图书馆期刊管理与服务[M].北京：海洋出版社.
顾萍，谢志耘.2013.医学文献检索[M].北京：北京大学医学出版社.
郭继军.2013.医学文献检索与论文写作第4版[M].北京：人民卫生出版社.
李红梅.2014.医学信息检索与利用[M].北京：科学出版社.
李彭元，何晓阳，耿鹏.2013.医学信息检索实习指导[M].北京：人民卫生出版社.
李彭元，何晓阳.2010.医学文献检索[M].北京：科学出版社.
李晓玲，符礼平.2014.医学信息检索与利用[M].第五版.上海：复旦大学出版社.
李幼平.2014.循证医学[M].北京：人民卫生出版社.
罗爱静，于双成.2015.医学文献信息检索第3版[M].北京：人民卫生出版社.
马张华.2001.信息组织[M].北京：清华大学出版社.
唐金陵.2015.循证医学基础[M].北京：北京大学医学出版社.
王吉耀，何耀.2014.循证医学[M].北京：人民卫生出版社.
薛晓芳，郝继英，陈锐.2015.生物医药信息检索与利用[M].北京：军事医学科学出版社.
杨玉麟.2004.信息描述[M].北京：高等教育出版社.
叶继元.2007.期刊信息资源建设研究[M].北京：北京图书出版社.
叶鹰.2004.信息检索：理论与方法[M].北京：高等教育出版社.
俞立君，陈树年.2001.文献分类学[M].武汉：武汉大学出版社.
张琪玉.1997.情报语言学基础[M].武汉：武汉大学出版社.
赵鸿萍.2015.药学信息检索教程[M].南京：东南大学出版社.

二、期刊论文

陈巍，李文兰.2010.期刊h指数、Web即年下载率与影响因子相关性研究——以CSSCI收录图书情报类核心期刊为样本[J].情报科学，28（12）：1832-1836
杜建，张玢，刘晓婷.2011.期刊影响因子、h指数、相对h指数及特征因子的相关性分析[J].情报杂志，30（2）：23-28
何怡.2011.中外网上学位论文数据库的检索与利用[J].图书馆工作与研究，02：44-45+85
纪婷婷，赵雅玄.2011.PQDT文摘数据库与PQDT全文数据库比较分析[J].医学信息学杂志，08：29-31+39
刘艳华，华薇娜.2010.期刊评价新指标——特征因子[J].情报杂志，29（7）：122-126
马丽华，赵静，王丽娟.2013.CNKI和万方博硕士学位论文全文数据库比较研究[J].科技情报开发与经济，21：128-130+136
秦勇.2014.F1000文献相比其他文献是否更有价值？[J].中华医学科研管理杂志.8，27（4）：463-466；478
盛兴军.2007.专业性、研究型大学图书馆信息空间共享服务的创新模式——以印第安纳大学布鲁明顿分校信息共享空间服务模式为例[J].情报科学，12：1838-1842+1864
王奇，刘丽华，高岩.2016.刍议美军军事医学科研机构[J].解放军医院管理杂志，23（4）：396-398
叶继元.2015.学术期刊质量评价具有多元性与复杂性[J].清华大学学报（哲学社会科学版），30（2）：182-186
俞立平.2015.学术期刊h指数的时间演变规律研究[J].情报杂志，34（1）：96-99

三、其他

国家图书馆分类法编辑委员会编.2010.中国图书馆分类法[M].第五版.北京：国家图书馆出版社.
美国（US）-专利信息公共检索资源使用指南[EB/OL].（2015-07-10）[2016-07-21]http://www.sipo.gov.cn/wxfw /zlwxxxggfw/ hlwzljsxt/hlwzljsxtsyzn/index.html
欧洲专利局（EP）-专利信息公共检索资源使用指南[EB/OL].（2015-07-10）[2016-07-21]http://www.sipo.gov.cn/ wxfw/ zlwxxxggfw/ hlwzljsxt/hlwzljsxtsyzn/index.html
日本（JP）-专利信息公共检索资源使用指南[EB/OL].（2015-07-10）[2016-07-21]http://www.sipo.gov.cn/wxfw/ zlwxxxggfw/ hlwzljsxt/hlwzljsxtsyzn/index.html
世界知识产权组织（WO）-专利信息公共检索资源使用指南[EB/OL].（2015-07-10）[2016-07-21]. http://www.sipo.gov.cn/wxfw/ zlwxxxggfw/hlwzljsxt/hlwzljsxtsyzn/index.html

中华人民共和国（CN）-专利信息公共检索资源使用指南[EB/OL].（2015-07-13）[2016-07-21]http://www.sipo.gov.cn/wxfw/zlwxxxggfw/hlwzljsxt/hlwzljsxtsyzn/index.html

中文社会科学引文索引（SSCI）简介[EB/OL].（2016-02-26）[2016-07-13] http://cssrac.nju.edu.cn/a/cpzx/zwshkxwsy/sjkjj/20160226/1141.html

朱强，何静，蔡蓉华. 2015. 中文核心期刊要目总览（2014年版）[M]. 北京：北京大学出版社.

专利检索及分析系统帮助[EB/OL]. [2016-07-18] http://www.pss-system.gov.cn/sipopublicsearch/sysmgr/showHelp-forwardShowHelpPage.shtml

《中国大百科全书》总编辑委员会. 1993. 中国大百科全书·图书馆学情报学档案学[M]. 北京：中国大百科全书出版社.

2015 Journal Citation Reports Science Edition[EB/OL].（2016-06-17）[2016-07-13] http://admin-apps.webofknowledge.com/JCR/JCR

2015 Journal Citation Reports Social Sciences Edition[EB/OL].（2016-06-17）[2016-07-13]. http://admin-apps.webofknowledge.com/JCR/JCR

2015年版中国科技核心期刊目录[EB/OL].（2015-12-01）[2016-07-13] http://www.istic.ac.cn/tabid/519/default.aspx

Arts & Humanities Citation Index[EB/OL].（2016-06-17）[2016-06-18] http://www.webofknowledge.com/wos

Products[EB/OL].[2016-06-17] http://olabout.wiley.com/WileyCDA/Section/id-404508.html

附　　录

附录1　国内外主要图书分类法简介

一、《中国图书馆分类法》简介

《中国图书馆分类法》简称《中图法》（原称《中国图书馆图书分类法》）是我国建国后编制出版的一部具有代表性的大型综合性分类法。《中图法》初版于1975年，1999年出版了第四版，2010年出版了第五版，是当今国内图书馆使用最广泛的分类法体系。《中图法》采用拉丁字母与阿拉伯数字相结合的混合制号码进行编号，以大写字母标记基本大类，字母段之后使用阿拉伯数字标记各级类目，当分类号数字部分超过三位时，从左至右每三位数字之后加一圆点"."将分类号数字分隔，目的在于使号码段落清晰、醒目，为了进一步细分类目或形成新主题类号，还采用了组配方法和复分表以及多种辅助标记符号。

《中图法》以科学分类为基础，结合图书资料的内容和特点，根据通用的基本学科划分和专业划分并考虑习惯的知识领域划分，将所有的学科分为22个基本大类，用22个英语字母表示，称为一级类目；往下展开又分为若干个类，称为二级类目，如医药、卫生类目下分为17个二级类目；再往下展开则分别是三级、四级、五级类目，依此类推。

A　马克思主义、列宁主义、毛泽东思想、邓小平理论
B　哲学、宗教
C　社会科学总论
D　政治、法律
E　军事
F　经济
G　文化、科学、教育、体育
H　语言、文字
I　文学
J　艺术
K　历史、地理
N　自然科学总论
O　数理科学和化学
P　天文学、地球科学
Q　生物科学
R　医药、卫生（第一级类目）
R1　预防医学、卫生学（第二级类目）
　R11　卫生基本科学　　（第三级类目）
　　R123　水与给水卫生　（第四级类目）

R123.5　给水卫生　（第五级类目）
R123.5-64 给水卫生图谱（复分）
　　R2　中国医学
　　R3　基础医学
　　R4　临床医学
　　R5　内科学
　　R6　外科学
　　R71　妇产科学
　　R72　儿科学
　　R73　肿瘤学
　　R74　神经病学与精神病学
　　R75　皮肤病学与性病学
　　R76　耳鼻咽喉科学
　　R77　眼科学
　　R78　口腔科学
　　R79　外国民族医学
　　R8　特种医学
　　R9　药学
S　农业科学
T　工业技术
U　交通运输
V　航空、航天
X　环境科学、安全科学
Z　综合性图书

二、《杜威十进分类法》（DDC）简介

　　《杜威十进分类法》即 DDC（Dewey Decimal Classification）是由美国麦维尔·杜威（Melvil Dewey）编制，于 1876 年首次出版的综合性等级列举式分类法，是现代文献分类法史上的一个重要里程碑，它是世界上现行文献分类法中流行最广、影响最大的一部分类法。其用阿拉伯数字十进（小数）制号码作标记符号，分为 10 个大类（下列类名引自 DDC 第 22 版）：

　　000　计算机科学、资讯与总类
　　100　哲学和心理学
　　200　宗教
　　300　社会科学
　　400　语言
　　500　科学（指自然科学）
　　600　技术应用科学
　　700　艺术与休闲

800 文学
900 历史、地理与传记

每一大类之下又展开为9个类和1个"总论"类，合成10个类，称之为门。每门之下，又分为9个小类及1个"总论"性的类目，共合成10个类，称之为纲。以此类推，逐级细分，细分出来的类目统称为子目。如：

600 技术(应用科学)总论（门）
    610   医学（纲）
        611   人体解剖学，细胞学，组织学   （三级子目）
          611.1   人体解剖学   （四级子目）
    612   人体生理学
    613   健康的推动
    614   疾病的发生及预防
    615   药理学及治疗学
    616   疾病
    617   外科学及相关医学专科
    618   妇科学及相关医学专科
    619   实验医学

三、《国际十进分类法》（UDC）简介

《国际十进分类法》即 UDC(Universal Decimal Classification)，又称为通用十进制分类法，由比利时人奥特勒（Paul Otlet）和拉封丹（Henri La Fontaine）于1905年在《杜威十进分类法》的基础上编成第一版，是目前国际上使用最广泛的一部体系－组配式多文种综合性文献分类法，由主表和辅助表及索引组成。UDC共分4种版本，及完全版，中型版，节略版和专业版，以英文中型版为例介绍主表类名：

0   总类、科学和知识
1   哲学、心理学
2   宗教、神学
3   社会科学
4   （空，1964年前为语言类，后并入第8类）
5   数学和自然科学
6   应用科学、医学、技术
7   艺术、娱乐、体育
8   语言、语言学、文学
9   地理、传记、历史

UDC 类目采取阿拉伯数字作为分类号码，区分程度比 DDC 详细，按照从一般到特殊的原则，逐级进行区分，形成层层展开、详细列举的等级类目体系，分类号码的级数体现了类目的等级。其每一大类用一位阿拉伯数字表示，个位数（0～9）标记一级类，十位数（00～99）标记二级类，百位数（000～999）标记三级类，以下每扩展（细分）一级，就加一位数，每三位数字后加一小数点。如：

	6	应用科学、医学、技术（一级类）
	61	医学类　　　　　　　　　　　（二级类）
		611　人体解剖和比较解剖学
		612　人体生理学　　　　　　　（三级类）
		612.1　血液、心血管，循环系统（四级类）
	613	卫生学、保健学和个人健康
	614	公共健康和预防医学
	615	药理学、毒理学及治疗学
	616	病理和临床医学
	617	外科、整形外科、眼科及相关专科
	618	妇产科学
	619	实验医学

附录2　MeSH 范畴表主要类目

Medical Subject Heading Categories and Subcategories

A. Anatomy（解剖学）

- A01　Body Regions　　身体各部位
- A02　Musculoskeletal System　　肌肉骨骼系统
- A03　Digestive System　　消化系统
- A04　Respiratory System　　呼吸系统
- A05　Urogenital System　　泌尿生殖系统
- A06　Endocrine System　　内分泌系统
- A07　Cardiovascular System　　心血管系统
- A08　Nervous System　　神经系统
- A09　Sense Organs　　感觉器官
- A10　Tissues　　组织
- A11　Cells　　细胞
- A12　Fluids and Secretions　　体液和分泌物
- A13　Animal Structures　　动物结构
- A14　Stomatognathic System　　口颌系统
- A15　Hemic and Immune Systems　　血液和免疫系统
- A16　Embryonic Structures　　胚胎结构
- A17　Integumentary System　　皮肤系统
- A18　Plant Structures　　植物结构
- A19　Fungal Structures　　真菌结构
- A20　Bacterial Structures　　细菌结构
- A21　Viral Structures　　病毒结构

B. Organisms（生物）

  B01 Eukaryota   动物
  B02 Archaea   藻类
  B03 Bacteria   细菌
  B04 Viruses   病毒
  B05 Organism Forms 有机形态

C. Diseases（疾病）

  C01 Bacterial Infections and Mycoses 细菌感染和真菌病
  C02 Virus Diseases 病毒疾病
  C03 Parasitic Diseases 寄生虫病
  C04 Neoplasms 肿瘤
  C05 Musculoskeletal Diseases 肌肉与骨骼疾病
  C06 Digestive System Diseases 消化系统疾病
  C07 Stomatognathic Diseases 口颌疾病
  C08 Respiratory Tract Diseases 呼吸道疾病
  C09 Otorhinolaryngologic Diseases 耳鼻喉疾病
  C10 Nervous System Diseases 神经系统疾病
  C11 Eye Diseases 眼疾病
  C12 Male Urogenital Diseases 男性泌尿生殖系统疾病
  C13 Female Urogenital Diseases and Pregnancy Complications 女性泌尿生殖系统和妊娠并发症
  C14 Cardiovascular Diseases 心血管系统疾病
  C15 Hemic and Lymphatic Diseases 血液和淋巴疾病
  C16 Congenital, Hereditary, and Neonatal Diseases and Abnormalities 先天性、遗传性及新生儿疾病和畸形
  C17 Skin and Connective Tissue Diseases 皮肤和结缔组织疾病
  C18 Nutritional and Metabolic Diseases 营养和代谢疾病
  C19 Endocrine System Diseases 内分泌疾病
  C20 Immune System Diseases 免疫性疾病
  C21 Disorders of Environmental Origin 环境诱发的疾病
  C22 Animal Diseases 动物疾病
  C23 Pathological Conditions, Signs and Symptoms 病理状态、体征和症状
  C24 Occupational Diseases 职业病
  C25 Chemically-Induced Disorders 化学物质导致疾病
  C26 Wounds and Injuries 创伤和损伤

D. Chemicals and Drugs（化学品和药品）

  D01 Inorganic Chemicals 无机化合物

D02	Organic Chemicals	有机化合物
D03	Heterocyclic Compounds	杂环化合物
D04	Polycyclic Compounds	多环化合物
D05	Macromolecular Substances	大分子物质
D06	Hormones, Hormone Substitutes, and Hormone Antagonists	激素、激素代用品和激素拮抗剂
D08	Enzymes and Coenzymes	酶和辅酶
D09	Carbohydrates	碳水化合物
D10	Lipids	脂类
D12	Amino Acids, Peptides, and Proteins	氨基酸、肽和蛋白质
D13	Nucleic Acids, Nucleotides, and Nucleosides	核酸、核苷酸和核苷
D20	Complex Mixtures	复合混合物
D23	Biological Factors	生物因子
D25	Biomedical and Dental Materials	生物医学和牙科材料
D26	Pharmaceutical Preparations	药用制剂
D27	Chemical Actions and Uses	化学作用和用途

E. Analytical, Diagnostic and Therapeutic Techniques and Equipment（分析、诊断、治疗技术与设备）

E01	Diagnosis	诊断
E02	Therapeutics	治疗性
E03	Anesthesia and Analgesia	麻醉和镇痛
E04	Surgical Procedures, Operative	外科手术
E05	Investigative Techniques	研究技术
E06	Dentistry	牙科学
E07	Equipment and Supplies	设备和供应

F. Psychiatry and Psychology（精神病学和心理学）

F01	Behavior and Behavior Mechanisms	行为和行为机制
F02	Psychological Phenomena and Processes	心理现象和过程
F03	Mental Disorders	精神疾病
F04	Behavioral Disciplines and Activities	行为学科和活动

G. Phenomena and Processes（现象和过程）

G01	Physical Phenomena	物理现象
G02	Chemical Phenomena	化学现象
G03	Metabolic Phenomena	代谢现象
G04	Cell Physiological Phenomena	细胞生理学现象
G05	Genetic Phenomena	遗传学现象
G06	Microbiological Phenomena	微生物学现象
G07	Physiological Phenomena	生理学现象

G08　Reproductive and Urinary Physiological Phenomena　生殖和泌尿生理现象
G09　Circulatory and Respiratory Physiological Phenomena　循环和呼吸生理现象
G10　Digestive System and Oral Physiological Phenomena　消化和口腔生理现象
G11　Musculoskeletal and Neural Physiological Phenomena　肌肉、骨骼和神经生理现象
G12　Immune System Phenomena　免疫系统现象
G13　Integumentary System Physiological Phenomena　皮肤系统现象
G14　Ocular Physiological Phenomena　视觉生理现象
G15　Plant Physiological Phenomena　植物生理现象
G16　Biological Phenomena　生物学现象
G17　Mathematical Concepts　数学概念

H. Disciplines and Occupations（学科与职业）

H01　Natural Science Disciplines　自然科学学科
H02　Health Occupations　卫生职业

I. Anthropology, Education, Sociology and Social Phenomena（人类学、教育、社会学和社会现象）

I01　Social Sciences　社会科学
I02　Education　教育
I03　Human Activities　人类活动

J. Technology, Industry, Agriculture（技术学、工业、农业）

J01　Technology, Industry, and Agriculture　技术学、工业和农业
J02　Food and Beverages　食物和饮料

K. Humanities（人文科学）

K01　Humanities　人文科学

L. Information Science（信息科学）

L01　Information Science　信息科学

M. Named Groups（指定群体）

M01　Persons　人

N. Health Care（卫生保健）

N01　Population Characteristics　人口特征
N02　Health Care Facilities, Manpower, and Services　卫生保健设施、人力和服务
N03　Health Care Economics and Organizations　卫生保健经济与组织
N04　Health Services Administration　卫生服务管理

  N05 Health Care Quality, Access, and Evaluation 卫生保健质量、实施与评估
  N06 Environment and Public Health 环境与公共卫生

V. Publication Characteristics（出版物特征）

  V01 Publication Components 出版物组成
  V02 Publication Formats 出版格式
  V03 Study Characteristics 研究特征
  V04 Support of Research 研究支持

Z. Geographicals（地理学）

  Z01 Geographic Locations 地理位置

（张精理）

附录3 MeSH 副主题词等级表

MeSH Topical Subheading Hierarchies

analysis 分析
  blood 血液
  cerebrospinal fluid 脑脊髓液
  isolation & purification 分离和提纯
  urine 尿
anatomy & histology 解剖学和组织学
  blood supply 血液供给
  cytology 细胞学
    pathology 病理学
    ultrastructure 超微结构
  embryology 胚胎学
    abnormalities 畸形
  innervation 神经支配
chemistry 化学
  agonists 激动剂
  analogs & derivatives 类似物和衍生物
  antagonists & inhibitors 拮抗剂和抑制剂
  chemical synthesis 化学合成
diagnosis 诊断
  pathology 病理学
  radiography 放射照相术
  radionuclide imaging 放射性核素成像
  ultrasonography 超声检查
etiology 病因学
  chemically induced 化学诱导

    complications 并发症
      secondary 继发性
    congenital 先天性
    embryology 胚胎学
    genetics 遗传性
    immunology 免疫学
    microbiology 微生物学
      virology 病毒学
    parasitology 寄生虫学
    transmission 传播
  organization & administration 组织与管理
    economics 经济学
    legislation & jurisprudence 立法和法学
    manpower 人力
    standards 标准
    supply & distribution 供应和分配
    trends 发展趋势
    utilization 利用
  pharmacology 药理学
    administration & dosage 投药与剂量
    adverse effects 副作用
      poisoning 中毒
      toxicity 毒性
    agonists 激动剂
    antagonists & inhibitors 拮抗剂和抑制剂
    contraindications 禁忌症
    diagnostic use 诊断应用
    pharmacokinetics 药代动力学
  physiology 生理学
    genetics 遗传性
    growth & development 生长和发育
    immunology 免疫学
    metabolism 代谢
      biosynthesis 生物合成
      blood 血液
      cerebrospinal fluid 脑脊髓液
      deficiency 缺乏
      enzymology 酶学
      pharmacokinetics 药代动力学
      urine 尿

　　　　physiopathology　　病理生理学
　　　　　　secretion　　分泌
statistics & numerical data　　统计学和数值数据
　　　　epidemiology　　流行病学
　　　　　ethnology　　人种学
　　　　　mortality　　死亡率
　　　supply & distribution　　供应和分配
　　　　utilization　　利用
therapeutic use　　治疗应用
　　　administration & dosage　　投药与剂量
　　　　adverse effects　　副作用
　　　　contraindications　　禁忌症
　　　　poisoning　　中毒
therapy　　治疗
　　　　diet therapy　　膳食疗法
　　　　drug therapy　　药物疗法
　　　　nursing　　护理
　　　prevention & control　　预防与控制
　　　　radiotherapy　　放射疗法
　　　　rehabilitation　　康复
　　　　surgery　　外科学
　　　　　transplantation　　移植
classification　　分类
drug effects　　药物作用
education　　教育
ethics　　伦理学
history　　历史
injuries　　损伤
instrumentation　　仪器和设备
methods　　方法
pathogenicity　　致病力
psychology　　心理学
radiation effects　　辐射效应
veterinary　　兽医学

（张精理）

索　引

B

百分位　218, 219, 220, 225, 229, 230
被引半衰期　37, 38, 184, 185, 222
被引频次　49, 51, 52, 53, 102, 150, 159, 184, 185, 186, 191, 193, 194, 199, 204, 205, 210, 216, 217, 229, 230, 231
不列颠百科全书　22, 135
布尔逻辑运算符　22, 23, 24, 42, 44, 59, 99, 166
布拉德福定律　6

C

参考咨询　25, 26, 27, 191
超星数字图书馆　132, 133

D

电子期刊　5, 40, 145
电子图书　5, 40, 132, 138, 139, 141, 142, 144, 145
定题服务　25, 27, 125
多媒体数据库　22

E

二次文献　5, 21, 37, 187, 210

F

发明专利　199, 256, 258, 262, 263, 267
分类数据检索　95, 96
分类语言　8, 15, 20
分子式检索　18, 114, 120, 126
副主题词　12, 13, 14, 15, 20, 41, 45, 46, 53, 55, 56, 59, 60, 64, 65, 67, 78, 80, 84, 86, 90, 182
覆盖度　2

G

概念代码检索　98
高被引论文　216, 217, 218, 219, 220, 221, 228, 229, 232
高水平论文　216, 217, 218

公告号　258
公开号　258
关键词　1, 12, 16, 18, 19, 22, 30, 44, 51, 52, 53, 71, 84, 111, 112, 147, 150, 152, 153, 154, 157, 161, 179, 184, 186, 190, 191, 196, 213, 233, 234, 235, 236, 237, 240, 242, 246, 247, 248, 249, 254, 266, 292, 302
馆藏目录　19, 30
馆际互借　19, 25, 28, 32
国际标准连续出版物号　4, 59, 161
国际标准书号　3, 161
国际合作论文百分比　229, 232
国际十进分类法　8, 10, 11
国际专利分类法　257

H

号码检索　18, 263, 266
核心期刊　7, 17, 18, 27, 36, 37, 38, 52, 147, 149, 152, 154, 190
黑色文献　6
化学反应检索　121
化学和生化名称检索　98
灰色文献　6
会议文献　4, 75, 184, 228, 233, 243, 251, 254

J

机构检索　42, 49, 50
基本科学指标　215
基金检索　42, 50, 146, 150, 233, 251
即年指标　37, 222
疾病检索　40, 75, 78, 79, 80, 84
计算机检索方法　17
检全率　17, 18, 19, 20, 77, 81, 84, 148
检索标识　8, 19
检准率　17, 18, 19, 20, 65, 81, 84, 102, 193, 240
结构检索　114, 116, 118, 119, 120, 121, 122, 195, 199, 200, 202

· 326 ·

截词符 23, 24, 94, 99, 173
军事医学网站 269, 273
军事医学信息 267, 269, 273

K

考克兰图书馆 177, 178, 180, 182
科技查新 20, 25, 26
科技文献 2, 3, 4, 6, 7, 27, 185, 233
科学分类 1, 315
科学计量学 3
款目词 12, 13, 45, 56, 64, 81, 82, 84

L

来源文献量 37
联合目录 19, 32, 33, 34
临床实践指南 170, 171
零次文献 5, 6
漏检率 19, 20
论文影响分值 184, 185
论文影响力 222

M

马丁代尔大药典 106
美国药典/国家处方集 106

O

欧洲药典 105, 106

P

平均引文率 218, 219

Q

期刊规范化的引文影响力 229
期刊引证报告 38, 222

R

热点论文 215, 216, 217, 218, 220, 221, 222, 228
日本药典 106

S

三次文献 5, 22, 25

设备检索 75, 79, 80
申请号 258, 259, 260, 266
识别码检索 99
实用新型专利 256, 258
世界书目 34, 35
事实数据库 22, 107
手工检索方法 16, 17
书目数据库 21, 22, 58
树形结构表 14, 46, 82, 83, 85
树状结构号 14
数值数据库 22
索书号 29, 30

T

特征因子 38, 184, 185, 222, 314
特种文献 6, 233, 268
通用复分表 9
同族专利 258, 264
图书分类 8, 9, 10, 12, 28, 29, 133
图书排架 29
推荐级别 169

W

外观设计专利 256, 258, 262, 265
万方数据知识服务平台 145, 155, 156, 157, 158, 159
维普期刊资源整合服务平台 145, 152
位置检索 20, 75
文献传递 25, 28, 155, 238, 239
文献分类 2, 9, 10, 11, 150, 235, 257, 314, 316
文献管理软件 74, 88, 208, 212, 214, 254, 287, 299, 303
文献集合 7, 15, 16, 142
文献计量学 3, 36, 38, 229
文献数据库 12, 15, 17, 18, 21, 24, 39, 41, 109, 142, 145, 171, 172, 177, 187, 190, 210, 266, 267, 269, 287, 288, 299
文献需求集合 15, 16
物质检索 110, 114, 116, 117, 127, 130
误检率 19, 20

X

相对于全球平均水平的影响力 229

新颖度 20, 222
信息计量学 3
信息检索语言 7, 8
学科分区 222, 225
学科服务 27
学科规范化的引文影响力 229, 230, 231
学科基准值 215, 218
学科排名 218, 219, 220
学术期刊 11, 35, 36, 38, 58, 146, 156, 184, 185, 187, 215, 242, 289, 291, 299, 314
学位论文 4, 5, 6, 21, 28, 40, 41, 111, 146, 155, 156, 157, 233, 234, 235, 236, 237, 238, 239, 240, 242, 243, 287, 289, 297, 314
循证医学 69, 75, 169, 170, 171, 172, 173, 314

Y

研究前沿 216, 217, 218, 221, 236
药物检索 40, 75, 78, 79, 80, 83
药学数据库 105, 107, 109
药学网站 105, 107
一次文献 5, 22, 25
医学主题词表 12, 15, 41, 45, 53, 147, 181, 182
引文检索 8, 18, 42, 51, 52, 187, 188, 189, 190, 191, 192, 193, 194, 298
引文数据库 146, 184, 186, 187, 188, 189, 190, 194
引文影响力 229
引文语言 8
引用半衰期 37, 222
引用阈值 215, 220
引证关系图 207, 208
英国药典 105
影响因子 37, 38, 177, 184, 185, 186, 210, 222, 223, 224, 225, 226, 227, 287, 294, 295, 314
优先权日 258

Z

证据水平 169
中国科技期刊引证报告 38
中国科学引文数据库 190
中国生物医学文献数据库 20, 22, 172
中国图书馆分类法 9, 28, 41, 47, 53, 314, 315

中国药典 105, 109
中国知网 145, 146, 188, 189, 251, 299
中文核心期刊要目总览 37, 38, 315
中文社会科学引文索引 38, 188, 315
主题词 2, 12, 13, 14, 15, 18, 19, 20, 21, 24, 41, 42, 44, 45, 46, 48, 51, 52, 53, 55, 56, 58, 59, 60, 63, 64, 65, 67, 69, 70, 75, 78, 80, 81, 82, 83, 84, 85, 98, 101, 133, 134, 147, 181, 182, 184, 196, 313, 320
主题检索 12, 15, 42, 45, 46, 48, 55, 56, 57, 63, 69, 94, 111, 182, 184
主题语言 8, 12, 15, 20
主题字段检索 93, 196
专家检索 160, 161, 162
专利号 1, 18, 21, 99, 114, 127, 258, 263, 264, 266
专利检索 18, 111, 114, 256, 257, 259, 262, 264, 265, 267, 315
专利说明书 4, 256, 257, 263, 264
专利文献 4, 107, 119, 120, 233, 256, 257, 258, 259, 261, 263, 264, 266, 267
专用复分表 9
自动词语匹配 59, 60, 61
总被引频次 37, 49, 51, 185, 230, 232

其他

Best Practice 170
BIOSIS Previews 20, 92, 93
BMJ Clinical Evidence 172
CALIS 28, 33, 34233, 237, 239
ClinicalKey 170
CPCI 194，252, 253, 254, 255
DDS 239, 242
Embase 12, 14, 22, 40, 75, 76, 77, 78, 79, 80, 81, 82, 84, 86, 87, 88, 89, 90, 91, 107, 172, 196
Emtree 12, 14, 75, 77, 78, 81, 82, 83, 84
EndNote 88, 102, 151, 162, 194, 204, 208, 209, 212, 214, 299, 300, 304, 305, 307, 308, 309, 311, 312, 313
ESI 阈值 220
F1000 66, 67, 72, 73, 210, 211, 212, 213, 214, 314
H 指数 184, 185，314
InCites 227, 228, 229, 230

Integrity　107
Medline　14, 17, 21, 22, 23, 57, 58, 63, 66, 70, 92, 109, 142, 172, 194
NoteExpress　151, 155, 159, 287, 288, 289, 290, 291, 292, 293, 294, 295, 296, 297, 298, 299
NTIS　267, 268, 269, 286
PICO 原则　170, 172
PQDT　239, 240, 241, 243, 314
PubMed　12, 20, 22, 24, 39, 57, 58, 59, 60, 61, 62, 63, 64, 65, 66, 67, 68, 69, 70, 71, 72, 73, 75, 80, 81, 99, 107, 172, 177, 181, 196, 210, 211, 213, 269, 287, 289, 290, 291, 299, 300, 302, 313
ScienceDirect　22, 159, 160, 161, 162, 163
SciFinder　20, 107, 109, 110, 111, 112, 113, 114, 116, 119, 121, 125
Scopus　187, 213
UpToDate　170
Web of Science　18, 38, 92, 93, 101, 102, 103, 186, 187, 190, 194, 195, 196, 197, 199, 201, 202, 203, 204, 205, 207, 208, 209, 215, 216, 218, 223, 225, 227, 228, 230, 252, 253, 254, 267, 287, 300, 303, 304